抵抗権と人権の思想史

欧米型と天皇型の攻防

森島 豊

教文館

大木英夫先生
故古屋安雄先生　に本書を献ぐ

まえがき——戦争体験者無き時代に備えて

そう遠くない将来、第二次世界大戦を体験した者が地上からいなくなる日が必ず訪れる。本書の読者はあの体験をした方々の生の声を聴いた最後の世代になるだろう。この時代の過渡期に日本人は一つの大きな決断を迫られている。それが日本国憲法を改正するか否かである。

日本国憲法には、時代を超える価値が内に含まれている。特に基本的人権は、「人類の多年にわたる自由獲得の努力の成果であって、これらの権利は、過去幾多の試練に堪え、現在及び将来の国民に対し、侵すことのできない永久の権利として信託されたもの」（憲法第九七条）である。しかし、人権という文化価値は形成途上の歴史的産物であり、完全なものではない。歴史の中では逆行することもある。戦後七五年となる今、上記の基本的人権を謳う日本国憲法の存在が崩れかかっている。自民党改憲草案をはじめとして、日本の人権は戦後はじめての危機的状況に直面しているのである。

人権には時代を超える普遍的な価値がある。問題は、その価値を自覚していない人間が行く末を担っていることである。自覚していないとは、人権を法律に定めて保障しようとした原動力と歴史的経緯を認識していないということである。これまでは痛ましい戦争体験者の反省を通して本能的に人権が死守されてきた。問題はその存在を失うこれからの時代である。人間がつくったものはいつか崩れていく。時間が経ち、衝撃が加わると、ひびが入り、メッキも剝がれる。しかし、それをつくった人は、それを直すことができる。形成過程を知っているので、修正することもできる。形成原理を知っているからである。

現在、時代の変化と共に、古い日本の人権（天皇型人権）が形成原理に基づいて修正を始めている。時代の変化とは、時代を生きる人間の交代を意味する。そこで危機（語源は「分かれ目」）が生じる。その分かれ道は歴史的価値を自覚的に受容し、継承することにかかっている。形成していくのは、その時代を担っている人間である。多くの日本人は戦後享受した人権（欧米型人権）の維持の仕方がわからない。なぜならば、外から与えられたものを使っているからである。したがって、この国に生きる人間が法制化した人権の形成原理を自覚し、「人類の多年にわたる自由獲得の努力の成果」を自分のものにしなくてはならない。人権を法制化へと向かわせた力は、人権を護り、発展させる力にも成り得るのである。

本書は、人間の自由と平等、そして法に定められた基本的人権が、キリスト教を背景として生まれ、発展してきた歴史を通観し、他方でその人権の確立を阻む仕組みが日本にあることを紹介し、読者がそれぞれの仕方でこれからの日本の形成を思索する道具として提供するものである。

＊

ところで、なぜ人権の危機は戦後七〇年経ってから訪れたのだろうか。筆者が幼い頃、まだベルリンの壁やソ連が存在していた。当時、ベルリンの壁やソ連が崩れるとは思ってもいなかった。否、あの時代を生きていた人間は、マルクス主義に基づく国家体制がわずか七〇年の短命に終わるとは、誰も予想していなかったのである。日本では二〇一六年一一月三日に日本国憲法制定七〇年を迎えた。翌年の二〇一七年の憲法記念日（五月三日）には日本国憲法施行七〇年を迎えた。二回目の東京オリンピックを迎える現在（二〇二〇年）、八〇年を迎えられるかどうかの過渡期を過ごしている。戦後を生きてきた人間にとって、こんなことが起こるとは誰も予想していなかったであろう。

「人生の年月は七十年程のものです。健やかな人が八十年を数えても、得るところは労苦と災いにすぎません」（詩編第九〇篇一〇節）。

七〇年、八〇年というのは、一人の人間の言葉と意志が届けられる平均寿命である。その世代に受け入れられたものが普遍的な価値であるかどうかは歴史が判断する。その一つの区切りが七〇年だとするならば、現在は戦後に享受した日本国憲法の内実に、時代を超える価値があるかどうかを歴史に問われている過渡期である。問われているのは、その憲法を生きている私たち自身のあり方である。

七〇年単位で起こっている二つの崩壊現象は真逆の動きである。ヨーロッパで起きた出来事は人権を形成する方向へ向かう運動であり、日本で起きているのは人権を崩していく動きである。今や日本には歴史的な時代の波が迫っている。福島で起きた原発事故は津波によって電源を失った。いくら優れたものでも全電源（エネルギー）を喪失してしまえば、人間に害を及ぼす力を制御することはできない。現在日本は時代の波に襲われ、人権を擁護する電源を失いかけている。

人権は、どのような土壌で生まれ、どんな戦いを成分として成長してきたのか。なぜキリスト教が関係し、日本国憲法にも影響しているのか。にもかかわらず、どうして反動的な社会勢力が成長するのか。こうした疑問を少しずつ解きほぐしながら、そこへと向かわせたエネルギーを明らかにし、「人類の多年にわたる自由獲得の努力の成果」へと至った歴史の現実に案内したい。そうすることによって、キリスト教国ではない日本で、今後どのようにして人権の発展が可能となるか、その新しい道を発見することができるだろう。

＊

戦争体験者無くしてこの道を継承することができるか不安もあるだろう。これまで実践的な活動を牽引してきた気骨のある思想的指導者との別れを次々と経験している今日、残されていく者たちの心細さは恐怖にも似た気持ちを含ませている。しかし、思えば先達たちも同じような別れを経験したはずである。旧約聖書に登場するエリシャは、先輩預言者エリヤとの別れを通して、預言者としての歩みを継承していく。「わたし〔エリヤ〕があなた〔エリシャ〕のもとから取り去られるのをあなたが見れば、願いはかなえられる。もし見なければ、願いはかなえられない」（列王記下第二章一〇節）。大事なことは、次の世代が先輩たちとしっかり別れを経験できているかである。

一〇五歳まで生きた日野原重明氏は亡くなる前に「別れとはすでに出会いの中に含まれている」（『生きていくあなたへ』幻冬舎、二〇一七年、五七頁）と言い残した。生きているうちはその人の伝えたかったことが何であるかわからないことがある。その存在を失ってはじめて、その人の言葉、生き様、メッセージを再確認することができる。国連難民高等弁務官の緒方貞子氏を亡くして、はじめてその存在と意味を知った人がいるだろう。ペシャワール会の中村哲氏を失ってはじめてその人と出会った者もいるだろう。「別れとは、出会いの中にあり、悲しく静かに僕たちが出会った本当の意味を確認させてくれる」（前掲書五八頁）。

別れを経験した世代は主体性を持って新しく歩み出すことができる。「人類の多年にわたる自由獲得の努力の成果」とは、いくつもの別れを経験した人々が記憶として継承し続けた民族と世代を超えた人類の遺産である。本書が、これからを生きていく者たちと、あの時代を生きていた者たちの新しい出会いとなることを願っている。

目次

第四章　人権理念の法制化過程……132

第二部　天皇型平等と人権――日本における抵抗権確立の壁　183

終章　日本における人権確立の課題と展望……319

装丁　桂川　潤

凡例

1. 〔 〕は筆者の判断によって必要と思われる文ないし語句を付加したものである。
2. 聖書の引用は、原則として『聖書　新共同訳』（日本聖書協会、一九九七年）に従った。
3. 引用は原則として原文の表記に則ったが、読みやすさを考慮し、文語体のカタカナはひらがなに変更し、適宜濁点を補った。また歴史的仮名遣いを現代かな遣いに改め、適宜句読点を付した。難読または誤読のおそれのある字句にはふりがなを振った。

抵抗権と人権の思想史——欧米型と天皇型の攻防

序論　人権思想と宗教的要素

第一節　はじめに

第一項　日本の人権概念

一般的に「人権」と言うと万国共通の概念と思われるかもしれない。けれども、日本には自然権や天賦人権とは異なる日本独自の人権概念が存在する。それは日本の歴史と文化・伝統を重んじる人権である。その典型的なるものは自民党改憲草案に示された「新しい人権」に表れている。『日本国憲法改正草案　Q&A　増補版』（以下『Q&A』）では「新しい人権」について次のように説明している。

権利は、共同体の歴史、伝統、文化の中で徐々に生成されてきたものです。したがって、人権規定も、我が国の歴史、文化、伝統を踏まえたものであることも必要だと考えます。現行憲法の規定の中には、西欧の天賦人権説に基づいて規定されていると思われるものが散見されることから、こうした規定は改める必要があると考えました。(1)〔傍点筆者〕

「西欧の天賦人権説」とは異なる日本の「歴史、文化、伝統を踏まえた」人権を想像できないかもしれないが、実はすでに日本特有の人権なるものが存在している。たとえば明治の評論家山路愛山は、欧米とは異なる日本の伝統思想に基づく人権があることを早くから指摘していた[2]（第二部第六章参照）。明治から昭和にかけて活躍した経済学者・思想家の河上肇も日本の人権は天賦人権ではなく「国賦人権」であると主張した[3]（終章参照）。その意味で言えば、自民党が主張する「新しい人権」は決して新しいものではない。それどころか、日本特有の人権理念は「みんなと一緒」や「機会均等」という価値で教育現場や文化慣習に浸透しており、精神的に日本人にとって馴染みのある人権となっている。本書の一つの目的は、日本特有の人権理念の特質を明らかにするために、欧米と日本の人権の生成過程をたどり、両者の相違を描き出すことにある。

日本の人権は欧米の人権思想と対峙しながら時代の中で柔軟に対応し、自らを醸成してきた。日本は欧米の人権理念を否定することなく、また自らのアイデンティティーを崩すことなく、絶妙なバランスで両者を総合しようとした。明治以降の日本政府は外交的に欧米の要素を受容し、内政的に日本精神を重んじてきた。しかし満州事変にはじまる十五年戦争前夜、日本は自らの伝統思想に重心を乗せ過ぎてバランスを崩し、誰も止めることができない戦争へと国民全体を暴走させた。日本の伝統思想を重んじる人権理念が国民をして軍部の暴走を助長させる装置となっていたことは本論で明らかにするが（第六章参照）、人権思想における欧米と日本の均衡が崩れると悲劇的な出来事が起こり得ることを歴史は物語っている。第二次世界大戦後は法的に欧米の人権を重んじながら、精神的に日本的であり続けるという仕方でバランスを調整してきた（終章参照）。しかし現在、日本は再び伝統思想に基づく人権へと全体の重心を傾けている。この場合の伝統思想とは政治的な政策によって作られた皇室祭祀と結びつく神道思想を意味している。

第二項　日本国憲法が示す人権の行方——憲法第九七条の重要性

日本の人権と欧米の人権のバランス崩壊は、日本国憲法の最高法規にある憲法第九七条をめぐる日本の動向に物語られる。

第九七条　この憲法が日本国民に保障する基本的人権は、人類の多年にわたる自由獲得の努力の成果であって、これらの権利は、過去幾多の試錬に堪え、現在及び将来の国民に対し、侵すことのできない永久の権利として信託されたものである。

自民党の改憲草案では、基本的人権に関する上記条文を全文削除することにしている。二〇一二年に出された『日本国憲法改正草案　Q&A』第一版ではこの部分の改正理由について一切言及していないが[4]、自民党改憲草案の憲法改正推進本部起草委員会の事務局長を務めた礒崎陽輔は講演の中で以下のように説明した。

今回我々も見たのがですね、いわゆる天賦人権説、習ったと思うんですがね、いわゆるヨーロッパの市民革命によって人権は獲得されたと。そのときに、これはもともと、自然権であると、神様から与えられた権利であるという書きぶりのところが、日本国憲法のところに〔あるのです〕。この神様がですね、日本の神様じゃないんですね。いうまでもなくキリスト教の神様からいただいた。日本は神道、仏教でありますから、なんでキリスト教の神様から与えられた天賦人権説の〔系譜をとらなくてはいけないのか〕。それ全部削りました。九七条というのがあったんですけども、全部ストーンと、一条落とすところがありますけど。いわゆるキリスト教の神様から人権を与えられたということにはしないと、そういうところ、その辺も考えたわけです[5]。

この発言から憲法第九七条の全文削除の意図が、キリスト教の影響によって形成された欧米の人権を退け、日本の伝統宗教に基づく人権の法制化を目指しているとわかる。バランス崩壊の危機を物語っているのは、日本人のあり方を根底から変革するこの提案が、憲法第九条のような国民的議論にならないことにある。メディアもジャーナリストもこの点に注目することがない。自民党の改憲に反対する学者たちもこれに言及することが極めて少なく、指摘した法学者がメディアにとりあげられることはほとんどない。おそらく、憲法第九七条が全文削除される可能性を日本人の大多数が認識していないであろう。

　国民的議論にならない理由は二つ考えられる。一つは憲法第九七条に憲法第九条のような国民的議論となる下地がないことである。憲法第九条は戦後の平和国家を目指した日本を象徴しており、全国的に広がった「九条の会」に見られるように国民のアイデンティティーとなった。それに対して基本的人権は精神的にまだ日本人のものとなり得ていない。二つ目は、二〇一三年に発行された自民党の『Q&A』増補版での説明である。そこで「我が党の憲法改正草案では、基本的人権の本質について定める現行憲法九七条を削除しましたが、これは、現行憲法一一条と内容的に重複していると考えたために削除した(6)」と説明した。重複を避けるための削除という説明は人々の関心を九七条の本質から逸《そ》らせ、この問題について思考停止にさせた。けれども、重複している一一条における人権内容が日本の「歴史、文化、伝統を踏まえた」ものへの変更と考えれば(7)、民族的枠を越えた「人類の多年にわたる自由獲得の努力の成果」という九七条の文言が思想的に不都合なことは明らかである。問題はその是非をめぐる議論が公共の場で取り扱われないことである。

　憲法第九条は重要である。しかし、憲法第九七条もそれに劣らず重要である。九条が対外的な日本のあり方の変化とすれば、九七条は日本人の日常生活における変化となる。これに警鐘が鳴らないことは、精神的な領域にある日本の伝統的人権が法制化されることを可能にし、戦前のように精神的にも法的にも日本の人権思想が国民を支配し、個を重んじる欧米的な人権思想によってかけられていた歯止めが失われることを意味する。現在、日本における基本的人権は戦後最大の危機的状態を経験しており、憲法第九七条が日本国憲法の示す人権の行方とこれからの日本人のあり方を定める一つのバロメーターとなる。

近年、人権思想における欧米と日本の要素が均衡を崩した一つの契機は、民主党政権崩壊（二〇一二年）以降徐々に明らかになった日米の政治外交関係の体質が国民に周知されたことにある。以前は、日本的な要素を強調すると、必ず反発する立場が現れ、均衡が保たれていた。ところが、現在は反発する立場を含めて全体が日本的な要素へと傾斜している。しかも、多くの国民はそのことに気づいていない。

第三項　「右」と「左」の動向

二〇一二年以降憲法改正の動きが強くなる中で、「右」や「左」と呼ばれる立場があるが、結果として「右」に傾いていることは与党自民党の圧勝が証明している。社会は、伝統的な日本精神を重んじる「日本会議」の台頭に驚きながら(8)、国民の大多数がその立場を支持する与党を選んだ現象に理解が追いついていない。一方は国民が復古主義を求めていると錯覚し、他方はなぜ国民が戦前回帰に向かうのか理解できない。両者は「民主主義」「人権」「自由」「平等」「平和」と共通の用語を使うので、特に「左」と呼ばれる人々が「右」を支える動きをしていることに気づいていない。

試みに、安倍晋三が率いる政権の支持者を「右」、批判者を「左」として両者の共通項を確認すると、天皇とアメリカという存在が出てくる。「右」と「左」の立場は対立しているように見えるが、深層において天皇の存在を肯定し、アメリカから離れ、憲法を改正するという仕方で同じ方向に傾斜している。「右」の立場は政治的・経済的に対米追従姿勢であるが、精神的には憲法と歴史観を押しつけたアメリカからの独立を主張し、天皇制と結びつく日本精神の復興を求めている。たとえば、「日本会議」の常任理事で、安倍晋三と立場の近い伊藤哲夫は、『日本国家の「かたち」を考える』の中で「『国家の機軸』としての天皇の本質的位置」(9)を明確にするために、「明治憲法に込められた『天皇観』『国家観』(10)」を確認し、その根幹に関わる記紀神話を解説し、教育勅語や大日本帝国憲法を重んじた憲法改正を訴えている[11]。

意外に思うかもしれないが、「左」の立場も同じ方向に動いている。天皇を人格者として尊敬し、かつ同情し、元凶をつくったアメリカを否定する。『永続敗戦論』で名が知られる白井聡は、その次に著した『国体論――菊と星条旗』のはじまりを天皇の「お言葉」(二〇一六年八月八日)を聞いた「衝撃」と「感慨」からはじめ、結びを「今上天皇の今回の決断に対する人間としての共感と敬意」で終えている[12]。彼は「お言葉」に秘められた思いに応えるべく、対米従属を可能にさせたアメリカを頂点とする戦後日本の構造を探り、「アメリカを事実上の天皇と仰ぐ国体において日本人は霊的一体性を本当に保つことができるのか[13]」と問い、失われている日本の精神的支柱の復興を暗示している。論理的に考えれば、彼の主張は天皇を本来の精神的霊的支柱の位置に戻すかつての日本の国体へと至るだろう。同じく「左」の立場で、日本の対米従属の体質を公文書から明らかにした矢部宏治は、『日本はなぜ、「基地」と「原発」を止められないのか』の中で、沖縄や福島の人権侵害や官僚・政治家の立憲主義否定に遺憾の念を表明する「現在の明仁天皇、美智子皇后のおふたりに対しては、大きな尊敬の念をもっています[14]」と敬意を表し、一方でアメリカを否定し、最終的に「憲法を自分たちの手で書き、それにもとづき占領軍を撤退させる。それしかない[15]」と改憲論に至っている[16]。つまり、「右」も「左」も天皇の存在を重んじ、アメリカを否定し、立場が違えども「憲法改正」ということでは同じ方向に動いている。もちろん、それぞれの立ち位置は異なっている。一方(右)は政治的に、他方(左)は人格者として天皇を重んじている。アメリカについても、一方は政治的経済的に従属しながら思想文化的に距離を保ち、他方は民主的な文化価値を重んじながら、政治的軍事的方針を批判している。詳細をみればアクセントが異なっているが、歴史的動向としてみれば一定の方向性を持っており、全体のバランスが日本の伝統重視へと傾斜しているのである。

両者は憲法第九条について立場を異にしているが、人権については日本の伝統を重んじて足並みを揃えていくことになる。事実、憲法第九七条や基本的人権についての内容変更に批判の声はあがらない。我が国には日本の歴史と文化を重んじる人権概念が存在しており、欧米の人権理念と衝突しながら、妥協と共存を繰り返す歴史をたどってきた。日本で成立している人権とは、欧米の人権のようでありながら、実は日本の人権なのである。昨今天皇の下ですべてを平準化するこの隠れた理念を「一億総活躍社会」という仕方で明確に語り出したので、多くの日本人は「みんなと一緒」という懐かしい響きと共に魅力を感じている。欧米の人権が確立していると思い込んでいる人々には、この日本人の動きが捉えられず、混乱しているのである。

両者の立場を直視すれば「右」も「左」も悲劇的な出来事を望んでいない。一方の立場（左）は歴史的悲劇を繰り返したくないのであり、他方（右）は日本人の誇りを取り戻したいのである。ボタンのかけ違いは日本の人権の特徴を知らないことで起こり、悲劇は国民を暴走させるメカニズムの認識のずれから始まる。先の十五年戦争に向かわせた指導者たちは、国民が軍部の暴走を加勢する起爆装置とは知らずに日本的要素を貫く方向へ舵を切った。しかし、思想史的に見れば明治末期にバランスを崩す下地ができており、装置はすでに起動していた。戦後日本は解放として占領軍による欧米化が推し進められたため、これまで日米関係を好意的に受け止めた日本人によって両者のバランスを保っていたが、日米同盟の政治的本質を知ってしまった今、その時代は終わりを迎えようとしている。

法は人間が形成するものであるから、その共同体に生きる人々が「人間とは何か」ということをはっきりとさせていることが必要である。どのような人間が人間らしいのか、その価値基準が確かであるときに、どのような日本人と国家を形成したいのかが定まる。憲法改正自体は悪なのではなく、それによってどのような人間と国家を形成するのか国民的認識を新たにする必要がある。その是非について、歴史的知識を踏まえた国民的議論を経た上で、形式的でない民主的な決断を下すのならば、改憲には意味があるだろう。残念ながら、日本にはまだその下地ができていない。本書は日本と欧米の人権の特徴を思想史的に明らかにすることで、読者がそれぞれの仕方でこれからの日本の形成を思索し、思想的な下地を形成する道具として提供するものである。

第二節　学者たちの伝統思想への傾斜

人権が法制化していく過程には宗教的要素と政治的要素が複雑に絡み合っている。日本において人権における宗教的要素に敏感であったのは為政者たちである。彼らは国家統一のために宗教的要素を利用したので、日本の伝統的な宗教・文化を重んじる傾向を持っていた。一方、学者たちの多くは人権における宗教的要素を認めない。ところが、近年立場の違う両者がそれぞれの仕方で日本の伝統思想を重視する方向へと傾斜している。日本文化を重んじることは悪いことではない。しかし、明治期以降の「国体」の中で醸成された「日本的なるもの」は、冷静かつ客観的に検証しなければならない。この点において学者たちの伝統思想に対する評価は戦後と現在で徐々に反対方向へシフトしてきている。ここではその要因を思想史的に注目したい。

第一項　法学者と政治家の認識の相違

政治家たちは人権における宗教的要素と政治的要素に鋭い感覚を示した。たとえば、先ほど触れた政治家磯崎陽輔の発言には人権における宗教的要素と政治的要素が表れている。彼は欧米と日本の人権の相違が、キリスト教と神道・仏教という宗教的要素の違いにあると指摘した。欧米の人権はキリスト教に基づき、日本の歴史と文化・伝統を踏まえた人権は神道・仏教に基づく。この発言には政治的な力が強く働いているが、人権の歴史的生成過程をたどると彼の認識は間違っていない。欧米の人権はキリスト教の影響を受けており、日本の人権は皇室祭祀と結びついた神道に基づいている。

政治的動機に左右されない学者たちは人権における宗教的要素を認めない。特に宗教的要素をめぐる法学者と政治家の立場の相違は、様々な場面で両者の距離感を際立たせる。たとえば、二〇一五年に集団的自衛権について憲法審査会に招かれた三人の憲法学者がこれを違憲と判断したことについて、政治家の高村正彦（当時自民党副総裁）は次のように述べた。「私たちは……国民の命と平和な暮らしを守り抜くために、自衛のための必要な措置が何であるかについて考え抜く責務があります。これを行うのは、憲法学者でなく、我々のような政治家なのです」[17]〔傍点筆者〕。高村の判断に政治的要因が働いていることは明らかであり、見解の相違も宗教的なものではないが、その政治的動機を貫けば宗教的要素が顔を出す。政治家が使命とする「国民の命と平和な暮らし」は、自衛のための軍事的措置だけでなく、国家の秩序維持と結びついており、その政治力と切り離せない一つが宗教的な要素だからである。たとえば、高村も「みんなで靖国神社に参拝する国会議員の会」に名を連ねる。明治以降、神道は日本の国家統一に重要な役割を果たした。反対に、キリスト教は為政者たちの政治的感覚から国家体制を崩す危険性があることを見抜かれ、かなり早い段階で弾圧の対象とされた。同様にキリスト教の影響を受けた人権思想も警戒された。つまり、人権における宗教的要素は、学者たちではなく政治的センスを働かせた為政者たちによって認識されてきたのである。

第二項　憲法学者の立場

政治的判断から切り離して学問の自由を求めた学者たちは、多様な価値観の共存のために人権における宗教的要素を認めない。欧米の人権思想に多く負っている日本の法学者も、人権が法として定められていく歴史的過程に宗教的要素、すなわちキリスト教の影響があることを知りながらも、その積極的な意義を認めてこなかった。宮沢俊義の次の言葉がそれをよく表している[18]。

キリスト教が少しも人権思想の推進に役立たないどころか、反対にその冷却に寄与しているとみられる場合すらないわけではないことが注意されよう。ここにいう人権の概念は、キリスト教の子でないばかりではなく、どの宗教の子でもない。……ここにいう人権は、本質的には、宗教をはなれて成立するものであり、また宗教にかかわりなく、根拠づけられるものである。[19]

これが、日本の憲法学を牽引してきた中心的立場である。もちろん、宮沢も人権の成立過程にキリスト教の影響がまったくないとは考えていない。「人権の概念が、ある範囲において、キリスト教思想、ことにプロテスタント思想によって、強く推進されたことは事実であろう」[20]と述べている。さらに、「プロテスタント思想がそれを推進することに非常に貢献したことは、明白な歴史的事実である」[21]とまで言っているように、歴史の中でキリスト教、特にプロテスタントの影響があることを認めている。けれども、宮沢は「キリスト教が少しも人権思想の推進に役立たないどころか、反対にその冷却に寄与している」と判断した。その理由は彼の考える人権の根拠にある。彼は人権を、「すべての人間は、本質的に、自由な存在として取り扱われること」という「人間性」で捉えた。[22]「かような意味の人間の自由な存在への要請が、ここにいう人権にほかならない」[23]。この人間性の根拠を宗教に求めれば、他宗教や無神論者たちに対する妥当性が失われる。したがって、宮沢は宗教的色彩を持たない自然法の概念を推進した。[24]この考えでいくと、「キリスト教が少しも人権思想の推進に役立たないどころか、反対にその冷却に寄与している」ということになるのである。

第三項　自由をめぐる戦後と現代の認識変化

人権の根拠を「自由」に置く見方は学者たちの賛同を得たが、近年この分析方法が日本の伝統思想を再評価する方向へ向かわせている。その変遷を思想史的な観点から確認してみよう。

人権を「人間の自由な存在への要請」という「人間性」で捉える見方は、様々な価値観が共存している近代社会で積極的に受け止められてきた。その受け止め方は欧米の自由思想を評価し、日本の伝統思想から切り離して考えることが多かった。特に第二次世界大戦後は戦中の思想的締め付けを経験した反省から、欧米の自由思想に学び、日本の思想と区別して受け止める見方が大勢を占めていた。丸山眞男の次の言葉は戦後思想家の代表的な姿勢を物語っている。

われわれは今日、外国によって「自由」をあてがわれ、強制された。しかし、あてがわれた自由、強制された自由とは、実は本質的な矛盾である。自由とは日本国民が自らの事柄を自らの精神を以て決するの謂いに外ならぬからである。われわれはかかる真の自由を獲得すべく、血みどろの努力を続けなければならないのである。(25)

「真の自由を獲得すべく、血みどろの努力を続けなければならない」という決意は、憲法第九七条の「人類の多年にわたる自由獲得の努力の成果」を継承する言葉として聞くことができる。当然、そこでは日本とは異なる欧米の自由思想を日本人のものとすることが目指され、自由をめぐって日本と欧米の隔たりを思想史的に確認することが求められた。このとき日本の伝統的な思想は批判の対象とされてきた。

ところが、時間の経過と共に戦後が遠くなってくると、欧米と日本の思想的相違よりも共通性が注目されてきた。東アジアまたは日本の中に欧米と類似する自由の理念があるので、人間性の基軸としての自由は両者の相違を曖昧にしたのである。たとえば、アメリカの学者ウィリアム・セオドア・ドバリーは「一九世紀に西欧の自由主義（liberalism）および個人主義（individualism）という概念」が「中国の伝統的な思考にとって異質なものではなかった」(26)と述べて、欧米と東アジアに思想的隔たりを認めない。近年これを日本との関係で考察したのが『生命観の探究』を著した鈴木貞美である。鈴木は文化的相違を越える共通理念として「生命」に注目し、生物学の「リセプター」（receptor）という概念を利用して自由や平等をめぐる日本思想史の見直しを試みた。(27)リセプターとはこの場合、外からきた新しい思想を受け止める機能を意味している。彼は日本の伝統的な思想が「新しい要素を受けいれることによって既存の概念編成が編み変えられる」[28]という仕方で外来の観念が「日本化される」[29]と考えた。欧米と日本の思想の接触を受容と変容という仕方で分析するこの理解は、両者を対立的に捉えない。むしろ「『西欧文化』と『伝統文化』という二つの対立項で考えること自体を、そして『近代化すなわち西欧化』という図式を再検討すべきだ」[30]と、欧米と日本の隔たりを認めない方向に解釈した。

第四項　日本の平等思想の系譜

欧米と日本を区別しつつも、その本質的な相違を認めようとしない理由は、日本の伝統的な思想に近代の自由や平等の理念に近いものがあるからである。本書が注目する日本の平等観について言えば、欧米化が進む明治以前にも平等理念は存在していた。たとえば、平安時代に最澄は仏になれる可能性について、「この諸《もろもろ》の衆生《しゅじょう》は皆なこれ我が子なれば、等しく大乗を与えて、人の独り滅度《めつど》を得ることあらしめず、皆な如来《にょらい》の滅度を以て、而もこれを滅度せしめん」〔傍点筆者〕と述べて、仏性平等の立場を主張した[31]。主著『顕戒論《けんかいろん》』でも「自他平等に同じく法性に入るの明拠を開示す」[32]と述べて、仏性における人間の平等を説いた。

近代思想の萌芽と発展を日本思想の中に見ようとした学者たちは、宗教的要素と結びついた最澄の平等理念に注目しない。その理由は、近代思想の萌芽としての平等思想を近世身分制批判と結びつけて考えるからである。したがって、彼らは封建社会で四民平等を主張した思想家に注目する。たとえば、カナダの外交官で日本の歴史研究家でもあるハーバート・ノーマンは、一八世紀前半から中頃に生存していたと考えられる安藤昌益に注目する。昌益は「人倫世に於て、上無く下無く、貴無く、賤無く、富無く、貧無く、唯自然常安なり」[33]と自然状態における人間の平等を説いており、ノーマンをして「〔昌益の〕平等論は私の知るところでは明治初年に自由民権運動が発生する前の日本思想史において唯一のものである」[34]と言わせている。「封建社會の内部における近代思想の胎生《たいせい》とその發展を、平等という焦點において捉え」ようとした櫻井庄太郎は、「昌益以外にも平等思想を説いたものがまったくいなかったとは言えない」と述べ、「少數の識者、先覺者は例外的に人間の平等を考えていた」と西川如見《じょけん》、海保青陵《かいほせいりょう》、佐藤信淵《のぶひろ》の名前を挙げている[35]。彼らは封建的身分社会の中で経済的・教育的次元における平等を説いた。彼らの考えでは、売買という契約関係や教育の機会に階級や社会的地位が問題とならない。櫻井は昌益を含めたこれらの平等思想を成立させる主要契機が「崩壊の過程をたどりつつあった封建社會そのものであった[36]」と分析した。これらの日本における平等思想の系譜は、欧米思想の影響を受けなくても日本人が平等理念を生み出せたという理解に導く。

けれども、第二次世界大戦を経験している櫻井は日本の中にある平等思想を欧米思想から分離して考えることに慎重な姿勢を示した。たとえば、青陵を除く三人が当時西洋の思想と唯一接点のあった長崎で学んだ経験を指摘して、欧米思想の影響を仄《ほの》めかす[37]。長崎での学びを検証できないにもかかわらずそのように述べるのは、欧米と日本に本質的な相違が思想的にあると感じていたからであろう。櫻井のその姿勢は封建社会における近代思想の発展を研究した羽仁五郎に対する批判にもあらわれている。羽仁は「百姓町人たちの團結はついに徳川封建専制政治の倒壊から明治維新の四民平等の實現に至った[38]」と判断するが、櫻井は「明治維新によって果たして四民平等は實現したであろうか[39]」と疑問視する。そして「人間にたいする平等の意識と平等の取り扱いとが社會に普及・徹底することは、急速にはとうてい望みえなかった……それ故、明治維新によって四民平等はただ法によって規定された限りにおいて實現されたにすぎない」と判断して、伝統的日本思想に欧米の平等思想があることを否定した[40]。

第五項　幕末・明治前後の思想的連続と非連続

欧米と日本の思想に共通性を見出すか、あるいは隔たりがあると見るかは、幕末明治を境にしてその前後の思想を連続的に認識するか（共通性）、非連続的に判断するか（隔たり）に現れてくる。櫻井はここに思想的連続性を認めない。その理由は明治維新後に活躍した加藤弘之、西周、中村正直《あまね》、福沢諭吉の平等思想が「主として西歐思想の影響のもとにはぐくまれたものであって、前述した如見、昌益ら江戸時代の日本の思想家の影響を直接受けていないと考えられる」[41]からである。江戸時代の平等思想が維新時代の思想家に影響しなかった理由は、「同じ時代に生きた多くの思想家の中で、平等思想を抱いていた學者、思想家がかれら〔如見、昌益たち〕を除いて極めて稀れであったこと、またかれらの平等思想は、封建制の根底をつきくずす目に見えぬ破壞作用を營んだであろうが、まだ社會的條件が熟していなかったために、当時の社會の指導的な力となることができなかった」[42]ことが考えられている。以上のことから、維新時代に平等思想を主張した思想家は、日本の思想ではなく、欧米の思想の影響を受けているので、日本の近代思想（欧米的）と伝統思想（日本的）を非連続的に捉えている。

これに対して、戦後生まれの鈴木貞美は次のように述べて思想的連続性を主張する。

「天賦人権論」が広範に支持されたのは、武士層にも民衆にも、もっと別の社会的な平等観念が、すでにあったからではないか。そこまではいかなくとも、少なくとも、それを受けとめやすくした思想、「生まれながら平等」ではなく、万人が社会的に対等であり、平等であるという観念が彼らのなかに広く根づいていたと考えてみるべきなのではないか。[43]

これを立証するため江戸時代の思想家である貝原益軒《かいばらえきけん》や石田梅岩《ばいがん》に注目し、彼らの平等思想の基盤に「天道思想」があったと指摘する。[44]天道思想とは、たとえば道徳の実践に関して「太陽が等しく人びとを照らすように、士農工商の身分をこえて行うべきことで、その意味で、みな対等である」[45]という考えである。幕末維新の思想家も天道思想に基づいて天賦人権を理解し、「福沢諭吉らは天道思想にのっとって『平等』を説くことができた」[46]

と分析する。そして、「すでに、江戸時代のうちに、いのちの自由・平等思想がひろがり、身分制度も金の力でグズグズになっていたため、デモクラシーは至極当然のことのように受けとめられた[47]」と理解し、「西洋の民主主義を真似しなければ、遅れてしまうという考えより、熟し柿が、ちょっとつついただけで、木から落ちるようなところまで、平等思想がひろくゆきわたっていたからではないか、と私は考えている[48]」と結論した。要するに、日本にも近代平等思想を生み出す土壌があり、日本の伝統思想に欧米の近代思想との共通性があると考えた。

以上のことから次のことが明らかになる。戦後直後の日本思想史研究は、幕末維新前後の思想を非連続的に理解することで欧米と日本に思想的な隔たりを認めていた。具体的には、日本の伝統思想に非人権的な思想的要因を見ようとした。ところが、近年では幕末維新前後の思想を連続的に理解し、欧米と日本の思想的共通性を認める傾向が生まれている。この傾向は日本の伝統思想の再評価につながる。彼らは日本の伝統思想に近代思想の萌芽を見出そうとし、日本思想から人権思想の可能性を見るのである。

ところで、日本の伝統思想に近代思想の萌芽があるとするならば、言論統制を敷き、思想や宗教を厳しく取り締まった戦時中の思想的淵源はどこにたずねられるのだろうか。この問いへの解答を鈴木貞美の理解に求めてみよう。

第六項　皇国イデオロギーと伝統思想の非連続性

鈴木によれば、日本の思想は欧米の思想を受容する際にリセプターの役割を果たし、変容するため、「概念の編成がえ（reformulation of conceptual system）」による「文化変容」が起こると考える[49]。この分析方法で捉えると、戦時中の思想はどこかの時点で変容したものと解釈できるので、十五年戦争に突き進んだ日本の「皇国イデオロギー」を伝統的な日本思想と分離して理解できる。彼は具体的に一九三七年を境にして日本の状況変化に注目し、皇国イデオロギーと伝統思想の非連続性を実証しようとする。天皇を神格化したことも、「帝国憲法制定後、昭和初年代まで、言論界では立憲主義が支配的だった。とりわけ一九一一年の天皇機関説論争以降、一九三五年まではは天皇機関説が公認されていた。加藤弘之によって提唱された家族国家論も、穂積八束《やつか》の血統国家論も、『国家神道は宗教ではない』とした政府見解に規定されており、その意味で天皇を神格化していたわけではない[50]」として、伝統思想との連続性を認めない。昭和天皇が即位した当初も「洋式の軍服を着、白馬にまたがったその姿が印刷され、婦人雑誌の付録として頒布《はんぷ》され」る等の様子から、「昭和初年代の天皇のイメージは『現人神』からは遠い」と述べ、皇国イデオロギーと伝統思想との非連続性を主張する[51]。

それでは日本の民族主義的皇国イデオロギーの源流はどこにあるのだろうか。鈴木は帝国大学憲法学教授であった筧《かけい》克彦（一八七二―一九六一年）の思想にその原因を見出し、彼の影響が中国戦線で死に「軍神」として祀られた杉本五郎の遺書『大義』に及んだとみる[52]。つまり、筧以前には天皇を神格化する思想や国家神道による民族一体の思想はなかったということである。明治天皇即位の詔勅にある「神ながらの道」が大正天皇の即位の詔勅に登場せず、筧に進講をうけた昭和天皇即位の詔勅に「神ながらの道」が再登場したこともその根拠とする[53]。筧の「日本民族一心同体の基礎」としての宗教思想は、鈴木によれば、一九世紀ドイツ・プロテスタンティズムの神学者シュライアーマハーからの影響としている。

筧克彦は、この「宗教すなわち絶対に依存しようとする精神傾向」という宗教の定義を、日本神話の神がみとその「表現」である「天皇」への「帰一」（神人帰一、人人帰一）の心と読みかえるのだ。それによって、神話の神がみと天皇とが絶対化される。そして、無限者との一瞬の合一という体験を保障する精神共同体という理念、および、その歴史性を、日本民族の「一心同体」の理念とその歴史性におきかえて論じている。シュライアーマハーの宗教論、キリスト教論をつごうよく換骨脱胎《かんこつだったい》しているのだ。ドイツ神秘主義を根にもつシュライアーマハーによる一種の「神人合一」論によらなければ、このような観念は構成しえない[54]。

鈴木は、シュライアーマハーの宗教思想を受容した神道思想がリセプターの働きをして変容し、「神話の神がみと天皇とが絶対化」する民族的一心同体の宗教的国家思想が生まれたと解した。その筧の思想は当時社会に受け止められなかったが、日中戦争の激化と彼の思想的影響を受けた杉本五郎の遺書により日本社会へ浸透し、軍部主流派への影響から近衛文麿内閣の「東亜新秩序声明」と「大東亜共栄圏」構想に至り、「超国家主義」と呼びうるものが形成されたと分析する。(55)

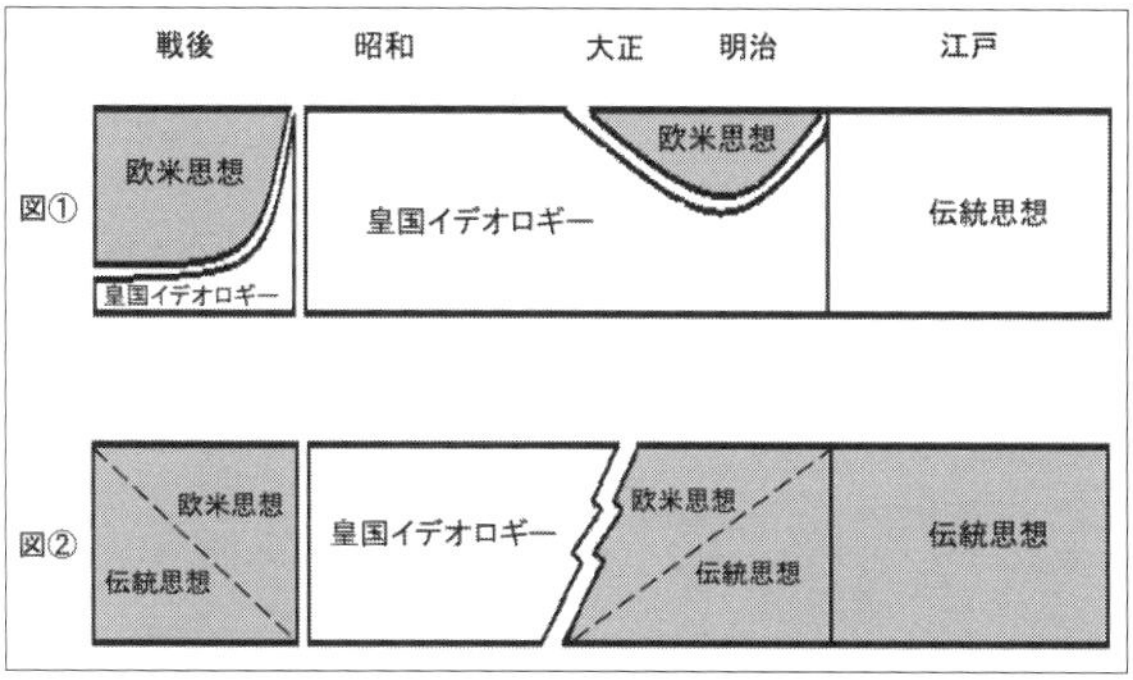

皇国イデオロギーと日本の伝統思想の相関図

鈴木は、人権を踏みにじる戦争中の思想的要因を筧克彦に見ることで、日本の古くからある伝統思想と皇国イデオロギーのつながりを断ち切り、伝統的な日本思想の再評価を可能にする道をひらいたのである。

以上のことから、戦後と近年の思想家では歴史評価に変化が起こっていることがわかる。戦後の日本思想史研究は、幕末維新前後の思想と欧米思想を非連続的に理解し、欧米と日本の間に思想的隔たりを認め、戦争中の皇国イデオロギーと伝統思想に共通性を見出そうとしていた。単純に図式化すると、図①のように皇国イデオロギーを日本の伝統思想の展開に見るので、その意味で両者の思想は連続している。その内容が近代的人権思想と矛盾しているので、欧米思想と幕末維新前後の思想は非連続的になる。ところが近年では幕末維新前後の思想と欧米思想を連続的に理解し、日本の伝統思想に欧米との共通性を求め、皇国イデオロギーと伝統思想を切り離して理解する傾向が生まれている。図②にあるように、皇国イデオロギーは突然変異によって発生したため、伝統思想とのつながりはない。むしろ日本の伝統思想の中に欧米思想との共通性を見出すので、幕末維新前後の思想と欧米思想は連続的になる。図②の解釈を生み出す一つの要因は、人権の根拠や人間性の基準を「自由」の概念に定め、「自由」「平等」等の一般的な要素をして人権の歴史的生成過程を分析する方法にある。そのため、異なる宗教的要素から成り立つ欧米と日本の思想的差異が曖昧にさせられ、本質的に異なる人権内容を混同する事態が生じている。それでも戦争を体験した思想家たちは、経験的に日本思想に対するある感覚を有していたため、欧米と日本の思想的共通性を見出すことに慎重であった。ところが近年、人権を抑圧された戦争による教訓を体験していない思想家によって、伝統的な日本の文化や思想を安直に再評価する解釈が生じているのである。

第三節　本書の問題設定と方法

第一項　欧米の思想的特徴

欧米の思想を受容する際に、日本の思想がリセプターの役割を果たし変容していくという視点は、理解できる側面がないわけではない。実際に維新以降の思想家を見ても、欧米の思想そのものではなく、日本に適した仕方で受け止めている形跡がある。しかし、欧米の近代的な思想を日本の伝統思想の中に見出し、欧米と日本の本質的な相違を曖昧にしていく傾向は、「西欧産の『自由主義』についての何らかの基準をたてて、それに従ってその対応物を他者の中に発見するという方法に甘んじる限り、他者としての非西欧圏の文化の内在的理解、構造的理解には入れないであろう(56)」と指摘する宮村治雄の批判がここでも当てはまるのではないだろうか。確かに欧米の思想と類似した概念が日本の伝統思想にあるけれども、「似て非なるもの」の「非」の側面を曖昧にすると、それが歴史にもたらす影響を捉えられないであろう。

特に鈴木の「概念の編成がえ」による「文化変容」という理解は、日本の伝統思想の本質も変容するという見方を促すので、日本に内在する本質的な消極的要素を捉えられない。実際に、彼の理解を論理的に進めれば、日本の民族一心同体の宗教国家としての思想は、シュライアーマハーの宗教思想と神道思想の化学反応によって生まれたものとなり、筧克彦による想定外の突然変異によって登場したことになり得る。さらに江戸時代の日本思想を「熟し柿が、ちょっとつついただけで、木から落ちるようなところまで、平等思想がひろくゆきわたってい(57)た」、「デモクラシーは至極当然のことのように受けとめられた(58)」とする捉え方は、欧米化を待つまでもなく民主主義は成り立つという理解を促す。けれども、それでは近年の学問や報道言論の自由への圧力、さらには三権分立を危ぶむ日本の非民主的な傾向を説明できない。筧の思想の復興として説明したとしても、日本における基本的人権がかつての日本の伝統思想に基づく人権に戻ろうとしている現在、鈴木の理解ではその危険性を見抜くことも自らを守ることもできない。さらに本論で詳述する幕末の思想家長谷川昭道《しょうどう》を見れば、意図的政策的に「文化変容」を実施し、教育手段を通して天皇赤子や皇道思想を主張し、のちの皇国イデオロギーの下地を作っていた。このことからも皇国イデオロギーと日本の伝統思想を分離する鈴木の仮説は成り立たなくなるだろう（第二部第六章参照）。

本書では、人権の成立過程に宗教的要素が影響していることに注目して、欧米と日本における人権理念の質的な差異を解明したい。特に欧米の思想の特徴はキリスト教の影響と切り離すことができない。この点を鋭く分析したのは、日本における自由の思想史をたどった宮村治雄である。彼はキリシタンの文献によって「日本社会は、初めての『西洋との出会い』を経験した(59)」と述べ、その特徴を「キリシタン神学のテーマは、いうまでもなくキリストの贖罪という教理と結びついて成立していた(60)」と指摘した。つまり、欧米と日本の思想的な差異にキリスト教の贖罪思想があることを見出したのである(61)。この点に立ち止まって考察しよう。

鈴木貞美も欧米の自由・平等と日本との相違にキリスト教的要素があると認識しているが、その違いが表面的にしか捉えられていない。彼は次のように説明した。

中世以降のヨーロッパの場合、どんなに「自由」にふるまっても、キリスト教の全知全能の神の前での「自由」が基本であり、それにそむくと罰を受けることになる。だから、「嘘をついてはいけない」「正直であること」なども、キリスト教のモラルとされている。嘘をついてはいけないことなど、儒教でも、仏教でも基本的なモラルだが、東洋には全知全能の神が見張っているという考えはない。日本では八百万の神などが大勢いることになっていたが、見張り手が多い分、たいへんだなどとは考えなかった。そこが根本的にちがう。(62)

政治的要素に注目すれば、キリスト教のモラルは、鈴木が言うように、中世ヨーロッパのキリスト教会をして人々の倫理的行いを制御する働きを持っていたかもしれない。しかし宗教的要素に限定してみれば、鈴木の自由の理解は大雑把過ぎる。キリスト教における「自由」は、神の前での人間の自由以前に、神自身の存在を表す言葉として用いられた。

宮村はキリシタンの文献からこの点を指摘している。彼は「『自由』ないし『自由自在』が、キリスト教の神『デウス』の特質を示す言葉として意識的に動員されていた(63)」と述べている。「諸善万徳《しょぜんまんどく》の御源、量りなき御智慧、万事叶い玉う御自由自在の御主(64)」である神は、自由なる意志決定によって天地万物を創造された。この世のあらゆる諸力から自由な存在である神は、罰や強迫観念をもたらす存在ではなく、愛と憐れみとして自己を啓示された。旧約聖書には神の選びを語る次の言葉がある。「主が心引かれてあなたたちを選ばれたのは、あなたたちが他のどの民よりも数が多かったからではない。あなたたちは他のどの民よりも貧弱であった。ただ、あなたに対する主の愛のゆえに……主は力ある御手をもってあなたたちを導き出し、エジプトの王、ファラオが支配する奴隷の家から救い出されたのである」(申命記第七章七—八節)。ここで言い表されている神の愛の自由意志は聖書に一貫している。すなわち、キリスト教では「罰」よりも「愛」が勝っている。その根拠がイエス・キリストの十字架の出来事である。人間の自由意志は十字架に示された神の自由なる愛の意志に基礎づけられていた。イエス・キリストによる救済はあらゆる罪の奴隷となっている人間を解放し、「真実の心の自由を得る事[65]」に関わっている。宮村はキリシタンの文献を通して彼らの自由を考察し、「神の子にして救世主であるキリストの贖罪とその言葉が伝える『真実』こそ『心の自由』をもたらす[66]」ことを理解し、その自由は「単なる障害・拘束からの自由ではなく、『隷属』からの解放という決定的に新しい意味が盛り込まれていた[67]」と判断した。そして「解放する」という自由の意味の成立には「キリシタン文献が決定的に関与しており、それなしにはあり得なかったといって過言ではない[68]」と断言している。

人間に解放をもたらす神の本質としての自由の超越性は、封建的日本社会において常に批判の対象にさらされた。なぜならば、自由なる神への忠誠は、世俗の君主への忠誠に勝り、むしろ君主の存在を相対化したため、絶対的な権力で統治した君主から徹底的に攻撃された。宮村は「キリシタンの『神の自由』の超越性を徹底的に否定して『自由』を世俗の内部に封入しようとするところに成立[69]」した日本的な「自由」が、『破切支丹』（一六六二年）を執筆してキリスト教批判をした鈴木正三から石田梅岩を経て「心学」説教師に引き継がれていき、江戸時代全体を通じて説き続けられたと指摘している[70]。つまり、カトリックを通して日本に入ってきたキリスト教の自由の理念は、日本的自由に変容したため、継承されなかったのである。

欧米の思想の特徴をキリストの十字架による贖罪思想にあると見抜いた宮村の洞察は鋭かった。けれども、彼はその視点から欧米と日本の隔たりを生み出す思想史的な考察を展開しなかった。カトリック教会によって伝えられた自由の理念は「否定媒介的にして[71]」新たに日本的な自由の理念を展開したけれども、それ自身（キリスト教的自由）は徹底的に批判され日本人に継承されていない。にもかかわらず日本における欧米思想を、宗教的要素ではなく自由の概念を基準に抽出するので、欧米と日本の思想的隔たりに注目した宮村自身がその決め手を見失っている。福沢諭吉の「権力の偏重」という「一国人民の気風」に日本の特質を見たり、(72)中江兆民の「専擅《せんせん》」と「自由」の間の原理的対立に見出そうとするが、(73)結局のところその原理を生み出す思想的要因にまでは届かなかった。しかし宗教的要素に注目すれば欧米と日本の思想的特徴との相違は明らかなのである。

第二項　人権における宗教的要素

本書では、欧米の人権理念の形成過程にキリスト教の影響があることの積極的な意義を認識することで、日本との相違を明らかにしたい。特に超越的存在に支えられた自由の理念のプロテスタント的展開に注目する。それは贖罪信仰を前面に出すのではなく、「抵抗権」という仕方で展開したため、非宗教的な人々にも受け入れられた。プロテスタント教会が生み出した抵抗権は、暴君が統治したとき、その理念に共感する社会勢力を形成し、欧米の人権理念の法制化を支え、明治の日本の思想家にも影響を与えた。

イギリスの政治哲学者フィッギスは、政治や法の近代思想の萌芽に宗教的要素があることを次のように言った。

全体として、宗教的動機が宗教改革の時代のみならず、その後一世紀またはそれ以上の間政治の考え方の基底にあり、法的方法がその形式を規定した。……一般的に言えば、われわれが知っているような政治的自由や世俗的政治学が生まれたのは、相反する宗教の衝突とその生存をかけた戦いの中においてであった。(74)

……

われわれの政治学は教会の争いに多くのものを負っているが、われわれはそれを軽蔑しがちであり、あるいは神学上の争いに多くのものを負うているが、それを無視する。一七世紀末このかた政治思想がきわめて神学的であったという事実のために、われわれはその方法を理解しえず、殻のなかの核を見分けることができない……独立宣言や人権宣言の朗々たる語句は独創的発見ではない。それはあらゆる時代の相続人、七〇の世代にわたる文化の感情や思想の受託者である。[75]

フィッギスの理解に沿う形で基本的人権の思想史的研究をした野田良之も次のように言う。

神学的な土台のうえにない政治や法の理論は、この時代には、例外はあるが、ほとんど重要性をもたないとすらいえる。したがってキリスト教やその神学にたいして、これを非近代性の代表のように考え、十分な検討を経ることなく、軽視ないし無視することは、この時代の思想を正しく理解しようとする者の厳にいましむべきことである。[76]

近代思想の基底に宗教的要素があることを積極的に評価したこれらの研究は歓迎すべきであり、学ぶべきところが多くある。しかし、彼らの研究は政治学的観点からのアプローチであるため、この場合の宗教的要素や神学は教会闘争に終始し、闘争に至る信仰運動と神学的原理に注目したものではない。

本書が一つの手引きとするのはゲオルク・イェリネックの研究である。[77] イェリネックは人権の法制史的研究により近代人権思想の法制化に宗教的要素があることを広く知らしめた。彼は「人権を法律として宣明することが信教の自由に起因する」[78]ことを、ロジャー・ウィリアムズを通して歴史的に検証し、その思想が一八世紀に広くアメリカに普及し、アメリカ諸州の憲法の中に初めて実現したことを実証した。その理念をさかのぼったときに、「生来の不可譲の人権という観念が、まず最初に、改革派教会とその分派の内部における政治＝宗教闘争の中で人々に決定的な力を与えるものに成長していった」[79]ことを明確に示した。彼の優れた点は政治的な教会闘争の背後にある信仰運動に目を向け、「生来の神聖な諸権利を法律によって確定せんとする観念は、その淵源からして、政治的なものではなく、宗教的なもの」[80]であり、「福音が告知したもの」[81]であることを明らかにしたことである。ドイツのプロテスタント神学者エルンスト・トレルチは、イェリネックが人権理念を「ピュウリタン的＝宗教的諸原理から導き出した」[82]ことを高く評価し、彼の研究を通して人権法制化の背後に「宗教的確信というエネルギー」[83]のあったことが明らかになったと指摘した。

イェリネックの関心は、「どのような原因で、ある思想が現行法にまで高められ、他の思想が憲法的に承認される道を閉ざすことになるのか、……それらの理念を現行法に転化した生きた歴史的な諸力は何であったのか」[84]ということであった。そして、「フランスの憲法制定国民議会が公布した《宣言》」が「ヨーロッパの憲法史にとってどのような意義を持っているのか」という点から検討し、[85]「アメリカ諸州の《宣言》がフランスの《宣言》に先行する」ことを実証し、「フランス人がアメリカの《宣言》を模範として用いた」ことを明らかにした。[86]トレルチはアメリカ憲法からフランス憲法へ向かった歴史的動向をそこで止まらせず、「さらにフランス憲法を出てほとんどあらゆる近代憲法一般へと進んでいった」[87]と指摘した。本書ではトレルチの指摘に沿う形で、イェリネックの思想史的研究をアメリカで終わらせず、日本国憲法の成立にまで視野を広げている。

イェリネックの研究に依拠しながら、それをピューリタニズムの神学思想史から日本への影響を考察したものに大木英夫の優れた研究がある。[88]本書と大木人権論との違いは、独立宣言から第二次世界大戦後まで時代を飛び越したＧＨＱからの影響（大木人権論）ではなく、それ以前に、特に日本国内の自由民権運動家たちへのキリスト教人権思想の影響に注目することである。自由民権運動家の多くは自覚的にキリスト教に近づいていた。従来の研究では、キリスト教と自由民権運動の親密性に気づきながら、多くがその関係の意味を無視してきた。本書では、彼らが吸収したプロテスタント的思想に基づく人権理念が潜在的な仕方で日本人の主体性に関わり、日本国憲法成立に影響したことを実証する。

日本国憲法の成立については様々な立場があり、占領軍に「押しつけ」られたとする議論が時折なされるが、[89]最近研究の進展によりそれとは違う見方が多く紹介されるようになってきた。そこで重要な存在が法学者鈴木安蔵である。彼は吉野作造を通して自由民権運動家の植木枝盛の私擬憲法を発見し、その影響のもとで憲法草案を作成し[90]、GHQがこれを大いに採用したという経緯がある（第一部第五章参照）。つまり、日本国憲法の成立は形式的に占領軍に押しつけられたが、精神的には日本人の主体性が関わっているという見方である。この時に鈴木が参考にした明治時代の私擬憲法の多くはアメリカの独立宣言等から影響を受けていた[91]。鈴木安蔵に至る一連の重要人物たちに共通していることがキリスト教の影響を潜在的に受けていることである。

本書では彼らに与えたキリスト教の影響を「抵抗権」に焦点を絞って、人権法制化の思想史的考察を一貫させる。野田良之や小貫幸浩も近代基本的人権の背後にある抵抗権の重要性に注目しているが[92]、彼らが政治思想と法理論の観点で古代から一六世紀までをたどったのに対して、本書は信仰運動の影響に注目して一六世紀からアメリカ独立宣言を経て、日本の自由民権運動から日本国憲法制定までを捉え直す。人権法制化過程におけるキリスト教の潜在的な影響は、「抵抗権」として顕在化しており、これらの思想史的なつながりを結びつけているのである。

第三項　抵抗権を拒む日本の為政者

欧米と日本の人権における思想的相違はキリスト教の影響を受けた抵抗権の有無にある。プロテスタント教会において展開した抵抗権の思想は、信教の自由を含め人権理念の法制化を支える役目を果たしてきた。キリスト教の贖罪信仰に懐疑的な理神論者たちにも抵抗権は支障なく受け入れられた。一方、それは日本の為政者が最も警戒したため、抵抗思想を育むキリスト教は常に弾圧の対象とされた。戦後の日本の憲法学の主流はこの点を無視してきた。さらに、鈴木安蔵の憲法草案で明記されていた抵抗権や革命権の条文は、憲法研究会の最終段階で削除された。詳しい経緯は本論で紹介するが、日本国憲法には明文化された抵抗権が存在しない（第二部への導入的結語参照）。その最大の要因の一つは、日本の国民に浸透している伝統的日本の精神にある。これが抵抗権の確立を受け止めさせなかったのである。

日本の為政者たちがキリスト教を警戒したのは抵抗思想との関係が強い。この点について興味深い逸話がある。(93) 豊臣秀吉が九州平定のために筑前筥崎（福岡市）を訪れた時、秀吉の夜のお供をする娘を調達するため、仏教の聖職者であった一人の側近が有馬領（島原）に出かけた。ところが、そこで声をかけられた少女たちは天下人の誘いに「否」と答えた。驚いた側近が「なぜか」と問うと、「私はキリシタンですから」と答えたそうである。(94) この報告は秀吉にとって衝撃的な事件となった。その証拠に、この報告を聞いたその夜、かの有名な「伴天《ばて》連《れん》追放令」すなわち宣教師の国外追放を発令した。宣教師たちはその日のお昼に秀吉と和やかな会食の時を過ごしたあとだったので、この知らせに耳を疑い、事態を理解できなかった。けれども、この発令の原因の一つは彼女たちが秀吉の命令を拒んだことにある。当時、太閤の命令に逆らう存在はどこにもいなかった。間違ったことであっても、「右を向け」と言われれば右を向き、「死ね」と言えば切腹した。そのような時代の天下人にわずか十代の小娘が抵抗した。秀吉は、当時財産程度にしか受け止められていなかった小娘をして、天下人に抵抗し得る精神を与えたキリスト教に恐れを感じた。この精神を大名が持てば危険だと考えたのである。

果たして、その危惧は高山右近において確かめられた。右近は秀吉から信任のあつかったキリシタン大名であった。その秀吉から棄教を迫られたとき、右近は次のように言った。

> 私は日常、心魂を傾けて太閤様にお仕えして参りました。今といえども、太閤様のおためなら、脳髄をくだき、土まみれにしてもいといません。ただ一つの事以外には太閤様のご命令には絶対に背くものではないのです。その一つの事、信仰を捨てて、デウス（神）に背けとの仰せは、たとえ右近の全財産、生命にかけても従うことはできないのです。それはデウスとの一致こそわれわれ人間がこの世に生まれた唯一の目的であり、生活の目標でありますから、デウスに背くことは人間自らの存在意義を抹消することになります。キ

リシタン宗門に入った人はこのことを皆、よく心得ているのです。[95]〔傍点筆者〕

天下人への絶対服従を拒む精神を恐れていた秀吉は、この出来事により確信を得て、徹底したキリシタン迫害を進めていく。今日、聖人の列に加えられている二六人の信者の処刑はその象徴的な事件である（日本二十六聖人）。重要なポイントは、この方針が支配者の交代においても変わることがなかったことである。たとえば、徳川家康においても同様の出来事が起こり、彼に恐れを抱かせた。家康がキリシタン禁令を発布し、棄教を迫ったとき、ジュリアおたあを含む三人の侍女がそれに抵抗した。そのことについて以下の報告がある。

この三人については、王（家康のこと）が信仰を捨てるように命じた。まずこわがらせるために彼女らを牢屋のような一室に閉じ込めた。しかし、この公方家の重だった三人と他の多くの婦人がそこへ行ったとき、キリシタンに対する王の怒りや、彼に従わないならば受けるべき厳しい裁きに対し抵抗を続け、皆キリストの教えを捨てるよりもいかなる拷問でも凌ぐ覚悟をしている、と勇敢に答えるばかりであった。[96]〔傍点筆者〕

家康は、彼女たちの固い決心を知ったとき、憤慨して「自分の命令に服さないのをゆるすことができない」[97]と述べたと言われる。ここからさらに厳しいキリスト教弾圧が繰り広げられていった。

日本の為政者たちは、絶対服従の存在として自己を神格化していった。[98]自己神格化は絶対服従を作る手段であったので、それに勝る宗教的存在（神）が不都合になる。したがって、国権と結びつかない宗教は根絶させられた。彼らは為政者に勝る存在を根拠にして起こる抵抗精神に恐れを抱いていたのである。そのターゲットの中心には常にキリスト教の存在があった。幕府から明治政府に政権が変わっても、この点は変わらない。明治政府も浦上四番崩れを起こした。[99]有名な内村鑑三の不敬事件もキリスト教信仰との関係で現れた。[100]一八八九（明三二）年八月三日には、明治政府によって宗教教育を禁止した「文部省訓令第十二号」が発布された。[101] この訓令はキリスト教を標的にしたもので、宗教教育をすると上級学校への進学や徴兵猶予の特典消失を意味していた。今日で言うと、高校を卒業しても卒業資格を認められず、大学進学できないことである。もはや宗教教育を続けることは、学校にとっても生徒にとっても不利益でしかなかった。多くのキリスト教学校はこの訓令に抵抗したが、いくつかのミッション・スクールはキリスト教の看板を下ろした。

昭和に入ってもキリスト教弾圧は存在した。戦時中、政府はキリスト教のグループの一つホーリネス系の教会（第六部「日本聖教会」、第九部「きよめ教会」「東洋宣教会きよめ教会」）を弾圧した。[102] 一三四名の牧師が検挙され（一九四二年に九七名、翌年一七名追加、外地の二〇名）、二七〇の教会が解散させられ、[103] 五名が獄死、二名が出獄後に死亡した。[104] 彼らが尋問で問われたのは、天皇とキリスト、どちらが神か、どちらに従うのか、というものであった。これは政府に従わなければどうなるかを見せつけるために行われたが、効果はてきめんであった。多くの日本の教会は国家に追従していったのである。

これらの出来事が物語っていることは、日本では近世の封建制の時期だけでなく、近代の中央集権国家の建設を目指す中でも、初めから抵抗権に至る思想的萌芽を摘み取っていたということである。明治維新は欧米の文化を取り入れたが、政治体制としては天皇を元首とする王政復古であった。為政者に従わない存在と思想は許されなかった。逆に言えば、為政者に従う限りにおいて自由を得られた。その意味で言うと、大正デモクラシーは「檻の中の自由」であった。

欧米の思想の影響を受けた学者たちの中には、国家の行動に抗議の声を上げる者もいた。けれども、理念の実現には、正義と共に、それに共感した社会勢力が必要である。日本においては、国権に属す政治的センスを持つ集団が社会勢力の形成に成功し、民衆の側に立つ欧米の人権理念の代表者は社会勢力を作り損ねた。それは現在も変わるところがないだろう。権力を持つ為政者が優位であることは言うまでもないが、民衆の中に抵抗勢力を作り得た欧米を考えると、日本の民衆の側に何かが欠けていることになる。民衆に求められるのは無秩序な抵抗ではなく、非人道的なことを強制されたときに抵抗する人民の権利意識である。その基準と根拠が明確になっているときに社会勢力が生まれる。しかし歴史の中ではそれだけではなかった。学者と為政者の社会勢力の形成要因の相違をつきつめていけば、その一つに宗教的要素の有無ということが考えられる。もちろん、学者たちに求められることは宗教性ではない。むしろ宗教国家でない社会の中で、いかにして宗教的要素に代わる抵抗権の根拠を見出せるかということである。そのためには生成過程における宗教的要素の意義を理解しなくてはならない。

第四項　天皇型平等と人権

維新政府による新国家体制の背後には日本独特の宗教的要素が存在する。それは皇室祭祀と結びついた日本精神である。しかもこの動きには純粋な宗教的動機ではなく、国家統一を模索する政治的働きかけが作用している。その政策は江戸時代と明治以降で方法が異なっている。江戸時代では鎖国によるキリスト教排除によって抵抗思想を根絶やしにしたが、維新政府は開国したことによって同じ方法を外交上採用することができなかった。したがって、明治以降はキリスト教を受容しながら、抵抗思想を骨抜きにする方法が模索された。さらに欧米の思想が日本に流入することによって、庶民たちの平等や市民権への要求が高まり、政府はこれに応える必要にも迫られた。そして様々な力が働く中で、神的存在である天皇を中心とする日本独特の平等理念と人権が醸成されていったのである。本書ではこの日本の平等理念と結びついた人権に注目する。

鈴木貞美が指摘したように、日本には「『生まれながら平等』ではなく、万人が社会的に対等であり、平等であるという観念[105]」が浸透していたと考えられる。鈴木はそれらがリセプターの働きを通して受容・変容していく積極的側面を捉えようとした。本書ではその平等思想がもたらした消極的な側面に注目し、戦争中の皇国イデオロギーを支える力になったことを思想史的に確認する。この平等理念は幕末明治にかけて発展した「一君万民」

や「天皇赤子」という統一原理と結びついた。本書ではそれを「天皇型平等」と呼ぶ(106)。日本には、先に紹介した安藤昌益を代表とする平等観や平等理念が江戸時代の民衆に存在した。けれども、それらは社会勢力として指導的な働きを担えなかった。明治以降の日本で社会勢力となり、国家形成に大きな影響を与えた平等思想は、日本精神を重んじる皇室と結びついた、伝統的宗教要素により形成された「天皇型平等」であった。この平等は身分の違いを越えて万民が君主に忠誠を尽くす権利で、これを日本では人権と認識した（第二部第七章参照）。現在の自民党改憲草案が主張する「我が国の歴史、文化、伝統を踏まえた」人権の淵源は、思想的構造原理からここへさかのぼる。この人権をわれわれは「天皇型人権」と呼ぶ。

　本書では便宜上、欧米の人権を「欧米型人権」と呼んで「天皇型人権」と区別する。同じ「人権」という言葉でもその構造原理は異なる。特徴の一端を紹介すると、欧米型人権は個の確立を重んじ、抵抗権を容認する。一方、天皇型人権は個と抵抗権の確立を阻む。両者の相違の要因は、抵抗権の根拠となる君主に勝る存在の有無である。欧米型では、聖書が証しする神の存在を根拠として、聖書的福音の影響を受けた社会勢力が人民の権利を侵害する国王に対して抵抗する運動を起こした。天皇型は、天皇を神的存在に位置づけて国家再建を目指したので、君主に勝る存在（神）の確立を容認できなかった。興味深い点は、日本においても欧米型人権が影響するのだが、欧米のような社会勢力として主流になることはなく、潜在的な影響にとどまることである。しかも、天皇型人権の理念は、大正から昭和にかけて、製作者たちの想定を越えて、政府も操ることができないほど熱狂的な行動をとり、軍国主義の台頭に一役を買った。君主に抗う抵抗権を認めない万民の平等理念は、忠誠理念と結びついているため、神的存在に支えられた正義の戦いをはじめるとき、国民全体をして自らへの歯止めを失うことを歴史が教えている。さらに、この基本的な構造原理は戦後もＧＨＱを通して残されており、日本の国民性と政治的な動向を形作る一つの要素となっている（終章参照）。近年勢力を伸ばしてきた日本的要素を重んじる人権はその方向へ傾斜していることの証拠である。

第五項　本書の特徴と構成

これまでの考察から政治家も学者も日本の伝統的な思想を重視する方向へ傾斜していることを確認した。政治家は国家統一原理において伝統的な宗教要素を求め、学者たちは普遍的な自由や平等の理念を日本の伝統思想に求めている。欧米の思想とくらべると、伝統思想に欠いているものは抵抗権の思想である。本書の一つのポイントは、歴史において人権が法律として保障されていく中で、抵抗権が大きな役割を果たしたことである。その抵抗権の確立と人権の発展に宗教的要素が影響している。特に、人権を法律として定めていく過程には、キリスト教プロテスタントの影響がある。

日本の為政者たちは、鋭い政治的感覚によって、学者たちに勝って、抵抗の思想的基盤にキリスト教の影響があることを敏感に見抜いていた。その感覚は的を射ていた。そのため、日本では政治的政策によって抵抗権の確立に必要な思想的基盤が弱められてきた。それは同時に、日本において基本的人権の形成と発展に必要な動力を欠いていることを意味している。そこで、日本と欧米の人権の生成過程をたどりながら両者の相違を明らかにし、天皇型人権が内在的に持つ危険性を認識した上で、現在直面している思想的課題に向き合いたい。人権は、どのような土壌で生まれ、どんな戦いを成分として成長してきたのか。なぜキリスト教が関係し、日本国憲法にも影響しているのか。にもかかわらず、どうして歴史に反動的な社会勢力が成長するのか。こうした疑問を少しずつ解きほぐしながら、人権法制化へと向かわせたエネルギーを明らかにし、「人類の多年にわたる自由獲得の努力の成果」へと至った歴史の現実に案内したい。そうすることによって、キリスト教国ではない日本で、今後どのようにして人権の発展が可能となるか、その新しい道を発見することができるだろう。

本書の構成を簡単に紹介する。第一部では、人権成立の道のりをキリスト教の影響を通して観察し、特に日本国憲法の制定に与えた影響をたどり、そこから見えてくる日本における人権確立の課題とその克服の道を探っていく。[107] 換言すれば、欧米型人権思想の法制化の過程をキリスト教の要素を通してたどり、日本国憲法の制定に与えた影響までを考察する。第一章では、人権理念の源泉としての聖書的人間観を創世記の記述から紹介し、その影響が人間観に与えた歴史的妥当性を確認する。第二章では、理念としての抵抗権の形成過程をマルティン・ルターとジャン・カルヴァンの教会改革運動を通して紹介する。第三章は、人権理念の成立過程をイギリスで展開したピューリタンたちによる教会改革運動を通してたどる。注目する点は、人権理念がカルヴァンによって提唱された抵抗権の理念に支えられて醸成されることである。さらに抵抗権の根拠が「人民の福祉」という言葉で展開し、非宗教的な勢力に浸透する点である。第四章では、イギリスで未成立に終わった人権の法制化がアメリカにおいて成立した経緯を紹介する。特に、政治的要素が強い中で、宗教的要素がどのような影響を与え、法制化へと至らせたかを、信仰復興運動の影響を通して考察する。第五章では、欧米で展開されたキリスト教人権理念の日本への影響を、植木枝盛、吉野作造、鈴木安蔵に注目して考察し、日本国憲法成立に与えた影響を実証する。第一部の最後には、日本へのキリスト教人権思想の影響が潜在的であった理由を、憲法研究会メンバーによる鈴木安蔵の抵抗権・革命権の項目削除に注目して考察し、第二部への導入とする。

　第二部においては、日本において抵抗権の確立を阻んだ天皇型人権思想の仕組みと形成過程を、幕末・明治の政治的宗教的政策から解明し、現代への影響を考察する。第六章において、日本独特の平等原理を「天皇型平等」と名付けて、その思想的淵源を「一君万民」と「天皇赤子」に注目して幕末に探り、欧米で展開された人権理念との相違を明らかにした上で、天皇型の思想的問題を浮き彫りにする。第七章では、天皇型平等理念を軸にして成立した日本独特の人権理念を「天皇型人権」と名付けて、その形成過程を明治政府の政策からたどる。その際に、欧米型人権が日本に流入したにもかかわらず、確立できなかった要因を、抵抗権に注目して考察する。第八章では、抵抗権の継承者になり得たはずの日本のキリスト教会が影響力を発揮し得なかった要因を、政治的な側面と神学思想的な側面から考察する。そして最後に終章で、宗教的要素によって発展した人権の歴史形成力を、今日の様々な価値が共存している日本の社会の中で、どのように確保することができるのかということを扱う。近代社会が常に問われているのはこの問題である。

本書に何らかの新しいものがあるとすれば、第一にイェリネックのテーゼを日本にまで広げて見せて、日本国憲法の成立にまで妥当することを実証し、抵抗権で全体の歴史的動向に一貫性を与えたことである。第二は、イェリネックが指摘したキリスト教の影響を受けた人権が日本で完全に土着化しない要因を、日本独自の宗教的要素に基づく人権理念から解明していることである。したがって、本研究の独自性が発揮されるのは第五章以降にあり、第二章から第四章の欧米における抵抗権と人権の形成についてはイェリネックを手引きにして、既になされている先行研究を参考にしている。特に人権におけるピューリタニズムの影響については大木英夫の業績に多く負っていることを特記しておかなければならない[108]。それでも、抵抗権の根拠が「神意」から「人民の福祉」へと推移した思想史的系譜に注目し、それが世俗化ではなく、宗教的要素に基づいていたことを確認できたことは、本書の研究による成果である。

最後に、本研究が日本国憲法第九七条に記されている名文に示唆を受け、その言葉の実証を試みていることを述べておく。「この憲法が日本国民に保障する基本的人権は、人類の多年にわたる自由獲得の努力の成果である」と謳っているように、人間の生きる権利を法として保障していくには長い道のりが必要とされた。その歴史過程の中で宗教的要素があることは確かであるが、宗教国家ではない現代の日本社会の中で、いかにして人権法制化の動力を自分たちのものとするかが最大の課題である。そのヒントを、人権を確立してきた長い歴史的経緯から得ようとするのである。そのために、まず「人類の多年にわたる自由獲得の努力」を支えた力を知ることから始めよう。

第一部　欧米型人権の形成過程と日本国憲法への影響

第一章　源泉としての聖書的人間観

第一項　史上初の憲法における人権の根拠

歴史の中で人権理念を最初に成文化した法や宣言において、彼らの権利を支える根拠は「創造主」であった。その一つ、日本の自由民権運動家に大きな影響を与えた「アメリカ独立宣言（一七七六年）」は以下のように謳っている。

われわれは、次の真理は別に証明を必要としないほど明らかなものであると信じる。すなわち、すべて人間は平等につくられている。すべて人間は創造主によって、誰にも譲ることのできない一定の権利を与えられている。これらの権利の中には、生命、自由、そして幸福の追求が含まれる。これらの権利を確保するために、人びとの間に政府が設置されるのであって、政府の権力はそれに被治者が同意を与える場合にのみ、正当とされるのである。[1]〔傍点筆者〕

また、同年に制定されたペンシルヴァニア州の憲法にも以下の文言がある。

およそすべての政府は、社会の安全と保護を目的として樹立され維持されるべきであり、また社会を構成する諸個人が、自然権や生命の創始者〔神〕が人間に授けた恩恵を享受できるようにすべきである。したがって、このような政府の偉大な目的が達成されないときには、いつでも人民には全体の合意に従って政府を変革し、自らの安全と幸福とを増進するために必要と考えられる諸措置を講じる権利がある。(2)〔傍点筆者〕

上記の宣言と憲法では、聖書の天地創造で語られる神を根拠に人権を主張している。具体的に言えば、聖書が語る神につくられた人間の本来的あり方を根拠として、それに反した強制力に抵抗する権利を主張した。今日、進化論的人間観が一般的になっている中で創造主を根拠とする論理は通用しなくなっているかもしれないが、歴史の中で人権が主張された時、人間とは本来どのような存在であるかという人間観が基準になっていたことは重要である。「人間とは何か」という人間観が曖昧になっているところでは、「人間」の基準が不明確なので、非人間的な扱いが生じやすい。今日の多文化社会における人権擁護の難しい問題は、国や立場によって「人間らしい」基準が異なることである。ある場所では自由意志が保障されている状態を呼び、他の場所では上の者に従う存在を理想の人間像とする。異なる文化価値の中で人権の確立を思索する大事な出発点は、歴史において人権理念が形成されていく中では、聖書的人間観が基盤となっていた事実である。

第二項　創造物語

聖書的人間観を簡単に言ってしまえば、「神の前では皆平等である」ということである。現在では当たり前と思える理念であるが、歴史の中では自明なことではなかった。事実、今日でも現実の社会の中で不平等に感じる出来事がある。かつてはもっと厳しい仕方で、身分や性別や人種によって人間の平等に生きる自由と権利が認められない時代があった。そこから人間の平等に生きる権利を社会的共通の価値にまで至らせた過程に、聖書的な人間観が影響していた。

聖書は読み方によれば、最初から男女差別を物語っていると解釈できる箇所がある。最初に男がいて、女は男の骨からつくられたという物語がそれである（創世記第二章二一節以下参照）。けれども、書かれている順序に従えば、最初につくられたのは男ではない。

神は御自分にかたどって人を創造された。
神にかたどって創造された。
男と女に創造された。（創世記第一章二七節）

聖書は神が「御自分にかたどって人を創造された」とき、一人の人間がつくられたと物語っていない。「男と女」が「創造された」と語っている。要するに、人間は他者（自分と異なる存在）と一緒に生きる存在なのである。

創世記の記述によれば、つくられた存在はすべて「究めて良かった」と言われている（第一章三一節）。けれども、その人間は罪を犯す。聖書が語る罪は神から離れることである。換言すれば、神の意に背くことである。人間の意に背くことが罪なのではない。むしろ、人間の経験や価値観を絶対視して、善悪の根拠を自らに置き、自らを基準にして聖書が語る神の意志を曲げることを罪と呼んでいる。創世記ではそれを物語形式でアダムとエバが禁断の果実を食べる場面で伝えている。彼らが食べたのは林檎《りんご》ではなく、(3)「善悪の知識の木」（創世記第二章一七節）の果実であった。その実を食べることは「善悪の選択と判断を自ら立てること」(4)を物語っており、己の知恵に頼り、神に尋ね求めないことを意味していた。つまり、創世記の原罪物語は、人類史の遺伝的な最初の罪を物語っているのではなく、どの時代に生きる人間も神から離れる時に必ず起こる最初の出来事、すなわち善悪の根拠を自らに置くことを物語っている。

善悪の判断基準を自らに置く同様の現象は、歴史の中で形を変えて、個人でも国家レベルでも行われている。一つの共同体の価値観を絶対的な価値と認め、それ以外の共同体や人間を悪と決めつけたなら、善悪の根拠を自分に置いていることになるだろう。黒人に対する人種差別はその典型的な事例である。聖書の認識では、善悪の根拠を自分に置くことから自由な人間はおらず、すべての人間が罪人である。(5) その罪ある人間を見捨てない存在が「あなたを創造された神である」と言われる。聖書の言葉を通して救済（贖罪）体験をした人々は神を賛美した。国王や国家がこれを禁止したときは、聖書的神の存在が彼らの抵抗思想を支えた。歴史の中では、ピューリタンたちが暴君による非聖書的命令を非人間的・奴隷的な人間扱いと呼んで国王に抵抗した。(6) 彼らは救済体験に支えられており、創造主が神へと向かう人間の存在価値を重んじると確信していた。関連する聖書の言葉に以下のものがある。

ヤコブよ、あなたを創造された主は
イスラエルよ、あなたを造られた主は、今こう言われる。
恐れるな、わたしはあなたを贖う。
……
わたしは主、あなたの神
イスラエルの聖なる神、あなたの救い主。
……
わたしの目にあなたは価高く、貴く
わたしはあなたを愛し
あなたの身代わりとして人を与え

国々をあなたの魂の代わりとする。
恐れるな、わたしはあなたと共にいる。（イザヤ書第四三章一―五節）

聖書の人間観は、性善説や性悪説という概念で単純に捉えることはできない。ジョン・ロックが言うように「人間が存命させられるのは神がその存在を喜ばれているからである」[7]。罪を犯すにもかかわらず、その存在と共に生きることを喜ぶ神が「あなたを造られた主（創造主）」であると語られている。この聖書的創造主が王政を制定し、君主よりも上位に位置するので、人権主張の根拠となった。

第三項　新しい共同体の人間観

救いの民の対象となる人間が、ユダヤ民族に限定されず、聖書本来の世界規模である人類へと広がる根拠は、新約聖書におけるイエス・キリストの十字架の行為にある。「小聖書」と呼ばれる箇所の「世を愛された」という言葉がそれを表している。

神は、その独り子をお与えになったほどに、世を愛された。独り子を信じる者が一人も滅びないで、永遠の命を得るためである。（ヨハネによる福音書第三章一六節）[8]

「世の罪を取り除く神の小羊」（ヨハネによる福音書第一章二九節）として遣わされたナザレのイエスは、ユダヤ民族を越えて「世」を救う存在として認識された。キリスト教会も早い段階でユダヤ人以外の異邦人伝道へと向かった。古代世界では、立場や役割の違いで存在に価値の優劣がつけられる。王と民、貴族と庶民、金持ちと貧乏、このような違いで存在価値に優劣がつけられ、差別が起こる。一般社会における身分格差と宗教共同体における神の前の平等という矛盾を抱えた教会は、信仰の原理でこの現実を受け止めなければならなかった。そこで新約聖書はたとえ話を用いて次の言葉を残した。少し長いが引用する。

体は一つでも、多くの部分から成り、体のすべての部分の数は多くても、体は一つであるように、キリストの場合も同様である。つまり、一つの霊によって、わたしたちは、ユダヤ人であろうとギリシア人であろうと、奴隷であろうと自由な身分の者であろうと、皆一つの体となるために洗礼を受け、皆一つの霊をのませてもらったのです。体は、一つの部分ではなく、多くの部分から成っています。足が、「わたしは手ではないから、体の一部ではない」と言ったところで、体の一部でなくなるでしょうか。耳が、「わたしは目ではないから、体の一部ではない」と言ったところで、体の一部でなくなるでしょうか。もし体全体が目だったら、どこで聞きますか。もし全体が耳だったら、どこでにおいをかぎますか。そこで神は、御自分の望みのままに、体に一つ一つの部分を置かれたのです。すべてが一つの部分になってしまったら、どこに体というものがあるでしょう。だから、多くの部分があっても、一つの体なのです。目が手に向かって「お前は要らない」とは言えず、また、頭が足に向かって「お前たちは要らない」とも言えません。それどころか、体の中でほかよりも弱く見える部分が、かえって必要なのです。……一つの部分が苦しめば、すべての部分が共に苦しみ、一つの部分が尊ばれれば、すべての部分が共に喜ぶのです。あなたがたはキリストの体であり、また、一人一人はその部分です。（コリントの信徒への手紙一第一二章一二―二七節）

この言葉から、体の比喩を用いて、役割が違うけれども存在価値が等しいとする理解がキリスト教会で生まれた。現代社会の中でもそれぞれの立場と役割があり、それにしたがい責任が異なることがある。たとえば、教員は学生ではなく、学生にない責任を負っている。けれども、存在としての価値は、教授であろうと学生であろうと神の前では皆等しい。このような理解が通用しない身分制の時代に、この世の社会とは異質な価値を共有する共同体（教会）が二千年前に生まれた。その共同体では、同じ論理で役割だけでなく、様々な相違を乗り越えていく人間観が育まれていった。

あなたがたは皆、信仰により、キリスト・イエスに結ばれて神の子なのです。洗礼を受けてキリストに結ばれたあなたがたは皆、キリストを着ているからです。そこではもはや、ユダヤ人もギリシア人もなく、奴隷も自由な身分の者もなく、男も女もありません。あなたがたは皆、キリスト・イエスにおいて一つだからです。（ガラテヤの信徒への手紙第三章二六―二八節）

以上のようにして、民族、身分、性別の違いが救いの条件とはならず、それらが存在価値において決定的な違いを持たないことがはっきりと認識される共同体ができたのである。もちろん、キリスト教会がこの点において完全であったのではない。この勧告の言葉も初代キリスト教会の人々に向けて語られていた。つまり、初期のキリスト教会においてすでに身分や役割の違いから生じる差別が存在し、それを戒める言葉として先の言葉が語られた。その後の歴史の中でも身分や人種の違いによる差別が繰り返し生じた。その現実に対して、信仰に基づく世界観・人間観を示した聖書の言葉は、いつの時代も原点に戻ろうとする運動の思想的基盤となっていた。この聖書的人間観が、意識的であれ、無意識的であれ、キリスト教の伝統に生きる人間に影響を与え、文化価値を形成した。これがのちに日本にも入ってくるのである。

第四項　聖書的人間観の日本への影響

日本への聖書的人間観の影響は、すでにザビエルたちのキリスト教伝来の時期に見ることができる。キリスト教が伝来した当時、日本語も十分に話せなかった宣教師を通して、日本人に聖書の信仰が伝えられた。しかも、その伝播は今日に勝る勢いであったと言われている。秀吉による弾圧が始まる前の一五八〇年代には約三五万人のキリスト教信者がいたと考えられている。(9)当時の人口の比率から考えると一％をはるかに越えており、今日の比率より多い。(10)

日本語ができない彼らはどのようにして福音を伝えることができたのであろうか。一般的には領主の改宗による集団入信が指摘されている。(11)一方で指摘されるもう一つの理由は、宣教師たちが庶民のところへ出かけていって葬儀をしたことである。(12)宣教師は葬儀で庶民の遺体を丁寧に葬ったと言われている。当時、お墓は裕福な家柄の者しか所有していなかった。庶民が死ぬと、葬儀をしないで死体を始末するのが一般的であった。「野捨て」と呼ばれる遺体遺棄も珍しくなかったと言う。死とは忌み嫌うものであるから、人の目にも触れないように「犬のごとく」始末されていた。(13)けれども宣教師たちは、その死んだ体を丁寧に扱って、遺体に触れ、葬りをした。動かなくなった大事な家族の体を、忌み嫌う穢れたものとしてではなく、神の作品として、神が甦らせてくださる体として丁寧に扱った。(14)そのことが理屈ではなく、目で見る仕方で伝わり、深い慰めとなったと言われている。たとえば、宣教師たちの次のような報告が残されている。

> 異教徒〔日本人〕等はわが死者を葬る方法を見て大に感激せり。我等が初めて死者を葬りしとき、三千人余りこれを見んとして来会せり。ただしその盛大なるがためにあらず、当国においては己の父なりとも、死すれば彼らが用うる門よりせず、後門より埋葬場に運びて他人に見られざるようにせるが、キリシタン等が最も貧窮なる者に対しても、富者に対すると同一の敬意を表するを見て、その博愛と友情とを認め、我等がかくのごとくして葬儀を行うがゆえに大に感じ、我等の主キリストの教に勝る者なしと言いえり。(15)〔傍点筆者〕

家畜のように始末されてきた庶民にとって、キリスト教の葬儀は新しい自己認識を与えた。一言で言えば、自分たちは捨てられる存在ではないのだ、ということである。「最も貧窮なる者に対しても、富者に対すると同一の敬意を表する」という一節には、後で触れるパトニー会議で生得権を主張したピューリタンたちと同じ響きを持っている（第三章参照）。ここに人権理念に対する感覚が、理屈ではなく心に芽生えていることがわかる。明日は死ぬかもしれない自らの存在も、無で終わるのでなく、神に貴ばれている存在という認識を与えた。その現実を理屈ではなく目で見る仕方で伝えた葬儀は、日本に生きる人間を「感激」させた。キリスト教に対して罵倒する者たちも、彼らの家族の葬儀を通して心が慰められ、洗礼を受ける者があったと言う。(16) この動きには人権意識を芽生えさせるエネルギーが含まれていた。けれども、日本ではそこから人権を保障させる運動へ展開する歴史が起こらなかった。その理由の一つは、日本が欧米と違ってキリスト教国ではなかったので思想的な下地ができておらず、キリスト教的精神が浸透する前に政府の宗教政策によってその芽が摘み取られたからである。

キリスト教葬儀の動きに危機を感じたのは仏教界である。宣教師たちは「死者の葬式と病院」を「異教徒を教えに導く二つの事業」とした。(17) これに危機感を持った仏教界が、自分たちも葬儀について考える必要に迫られ、何百年もかけて整えてできたのが檀家制度だと言われる。(18) 江戸時代におけるキリスト教伝道への対抗と根絶を目的として形成されてきた日本特有の死者儀礼（墓地と仏壇）は、今日でも他宗教の入り込む通路を狭めているが、日本の国民生活の中に現在も浸透しており、日本精神の文化意識の形成に一役を担っている。

宣教師たちは創造主なる神を伝える重要性を認識していた。ザビエルは訪日する前に、日本を訪れたことのあるポルトガル商人アルヴァレスに日本事情の報告を依頼し、日本の宗教事情をある程度聞いていた。(19) また、一五五七年にガーゴが書いたと言われる『日本および諸宗派の誤謬の摘要』には、日本の各宗教の内容がよく捉えられていた。(20) これらの情報から「日本人が創造主の観念を全く知らないことをザビエルは来日前から知っていた」(21)

のである。『神道事典』ではこの事実を次のように報告している。

彼〔ザビエル〕は「何よりも世界創造の教義から始めなければならない」と述べ、ザビエルの後の宣教師らも日本への布教を始めるにあたり神道の創成神話をくわしく調査した。つまり日本人の考えている創成神話を調査し、それらの誤謬を指摘することを通して日本人に世界創造のドチリナ（教義）を植えつけようとしたのである。(22)

カトリックの宣教師たちは日本が全世界を創造された神を知らないことを知り、日本人に聖書の創造主を伝える必要があることを認識していた。ザビエルはこの認識で日本にやってきた。結果として、それらの伝道方法は、日本に生きる庶民の存在を肯定する神の存在を伝え、福音として広まった。キリシタン弾圧が始まっても、君主の命令に抵抗してキリスト教信仰に生きようとした日本人の心の確信は、自己の存在を肯定する聖書にある神の存在であったのである。

第五項　非聖書的動向

聖書的人間観は日本においても庶民に大きな影響を与えたが、抵抗権や人権へと向かわせる社会勢力を生み出すには至らなかった。唯一「島原の乱」という抵抗運動が現れたが、政治的圧力によってキリスト教の影響は根絶やしにされた。キリスト教国であった西欧においても長い間、抵抗権や人権へと向かわせる社会勢力は生じなかった。なぜならば、政治的要求によって、聖書の理解を曲げることが教会を通して行われたからである。国家統一のために宗教を利用すると、宗教が本来の信仰のあり方から離れていくことが今日でも見受けられる。キリスト教も国家と結びついた時、建築から倫理まで、文化形態の大部分において非聖書的な仕組みを築き上げてきた。たとえば、キリスト教がローマ帝国の国教になって以降、政治的要求により聖書の解釈が曲げられていった。聖職者と信徒の間で存在価値に格差が起こり、立場によって救われる存在とそうではない存在とに分けられた。聖域と俗域と呼ぶように、社会の領域が線引きされた。キリスト教信者であれば誰にでも招かれていたはずの聖餐卓に仕切りが作られ（写真）、聖職者と信徒の距離は離れていった。ゆっくりと時間をかけてその社会形態が形成されていき、神の前に皆が平等である教会共同体は失われていった。キリスト教が少数者の信仰ではなくなり、国家共同体の共通の所有物になったとき、聖書の言葉は内面化され、あるいは個人化され、社会のあり方に向けられなくなったのである。識字率の低さは、聖書の言葉を庶民から遠ざけ、文化形態を疑問視する意識を失わせた。

この非聖書的な世界観や人間観に対して抗議をし、社会的な力となって現れるには、実に千年単位の時間が必要とされた。その歴史的出来事が、マルティン・ルターに代表される教会の改革運動である。その運動の先に、人民の中から暴君の命令に抵抗する権利があるという理念が形成されていった。次に、抵抗権の形成をめぐり、発端となる教会の改革運動がなぜ起こり得たのか、その要因を社会的背景からたどってみよう。

聖餐卓を仕切る障壁

第二章　抵抗権の形成過程

第一項　ルターと潜伏キリシタン

左頁のレリーフは有名なヴォルムス帝国議会の一場面である。真ん中に立っているのはマルティン・ルター、左に腰かけているのはカール五世である。ルターは、自説の撤回を求められて次のように答えたと言われている。

聖書の証言と明白な議論によって説得されるのでなければ、私は自分が挙げた聖書の言葉に服し続ける。私の良心は神の言葉に捕らえられている。……私は一言であっても撤回することはできないし、撤回しようとも思わない。なぜならば、良心に反することは正しくも安全でもないからである。私はここに立っている。それ以外のことはできない。神よ、私を助けたまえ。アーメン(1)。

この出来事はヨーロッパの人々の心にルターという存在を刻み付けることになった。当時、一人の人間が皇帝に逆らうことなど考えられなかったからである。帝国議会の答弁を通してルターの言葉はさらに広まった。しかし、ルター自身はこの戦いで精神的苦痛を重ねた。世界を代表する教会組織を敵にした戦いに巻き込まれたので、今日で言う「うつ病」を患ったと考えられる(2)。皇帝の言うとおりに自説を撤回していれば楽であっただろう。彼にとって自説を貫くことは処刑されることを意味し、そこに何ら社会的利益を見出すことはできなかった。

ヴォルムス帝国議会のレリーフ

日本でも潜伏キリシタンが棄教しない姿を見て不思議に思う者は多い。何の利益にもならないからである。役人でさえ、表面的に支配者に合わせて、心の中で信じる「面従腹背」を勧めた。高山右近の周りにはそのように提言する者が多くいた。けれども、彼らには支配者に勝って従う存在（神）がいた。しかも、その存在は自らを人間として生かす救い主であった。その意味で、ルターと潜伏キリシタンは同じ原理で動いていた。彼らは支配者に勝る価値に捕らえられていたのである。それゆえルターは皇帝や教皇の命令に抵抗した。

ルターから始まるこの運動は、日本の潜伏キリシタンに生じなかった一つの文化価値を後の時代に生み出した。それが抵抗権と人権である。抵抗自体はどの時代にも主張された形跡があり、中世時代に抵抗権と結びつく思想が存在した(3)。野田良之によれば抵抗の思想が抵抗権の思想になるためには「少なくともキリスト教とローマ法思想とゲルマン法思想とこの三つの歴史的要素が働いている(4)」と指摘している。しかし、それが一部の高官に限られた権利義務でなく、社会的な価値として発展していくのは、プロテスタント教会の運動によっていた。彼らの聖書に基づく神への服従が、歴史の中で抵抗権を生み出し、人権意識を支える原動力となっていく。本章では、どのようにして抵抗権の理念が成立し、新しい社会の形成原理となったのかをたどっていきたい。

第二項　「宗教改革」という誤訳

一五一七年一〇月三一日、若き修道士マルティン・ルターによってヴィッテンベルクの城教会の扉に『九五箇条の提題』が貼り付けられたところから教会の改革運動が始まった。日本ではこの運動を「宗教改革」と呼ぶが、これは誤訳である。プロテスタントとカトリックは違う神を信じているのではなく、宗教が変わったのではない。実際は教会をリフォーム（再形成）しようとした。したがって、この運動は「教会改革運動」である。

教会改革運動が、のちに信教の自由を求める運動に変わり、今日の人権理念の形成へと向かっていく。この動きを支え、発展させたのは、抵抗権という理念であった。この抵抗権が日本国憲法成立に至る人権思想史の通奏低音となっていく。

抵抗権という思想自体は様々なところで主張されたけれども、社会的な価値として発展し、歴史を形成する力として展開したのは、ルターではなく、ジャン・カルヴァンの影響に負っている。けれども、近代社会への思想史的影響を考えるとき、両者の関係は切り離せない。彼らの思想は、民主主義、資本主義、人民主権、人権など、今日の様々な文化価値の形成に影響を与えた。それらの価値が発展していく根底には、常に抵抗権が存在した。しかも、両者は教会改革というきわめて宗教的な関心で動いた人間である。その運動がなぜ近代社会の形成原理を生み出すまでに至ったのかを改革運動前夜にさかのぼって考察する。

第一節　改革運動前夜

教会改革運動が起こる要因には、社会的要因と政治的要因と宗教的要因の三つが考えられる。(5) これら三つの要因による教会への不満の頂点とマルティン・ルターの行動が重なり、激しいエネルギーが噴出した。この三要因とキリスト教の関係を社会的背景から確認しよう。

第一項　社会的要因――反聖職者主義

中世ヨーロッパ社会では、支配者層だけでなく、社会の構成員である民衆すべてがキリスト教徒であった。厳密に言うと、ほとんどの人が幼児洗礼を受けており、それなしには生活できない社会制度が確立していた。歴史家ロバート・スクリブナーが「中世の『キリスト教ヨーロッパ』はほとんどキリスト教的ではなかった」[(6)]と指摘するように、ヨーロッパ社会の宗教的行動は聖書的信仰でなく、政治的制度によるキリスト教文化であった。通過儀礼（誕生、結婚、埋葬）は教会を必要とした。未受洗者は社会生活が保障されなかった。今日で言えば住民票がないのと同様の意味を持った。教会に関わらない生活が想像できないほどキリスト教は生活文化と密着していたのである。

その背後で、民衆による教会への不満が高まっていた。理由の一つは聖職者の不道徳である。神学者のアリスター・マクグラスは聖職者のスキャンダラスな幾つかの事例を紹介している[(7)]。たとえば、教皇アレクサンデル六世には七人の子どもがいたという衝撃的記録がある。聖職者は生涯独身を誓約している。ところが、この忌忌《ゆゆ》しき事情が知られていたにもかかわらず、彼は賄賂を用いて教皇となった。また、ある権力者の孫がジュネーブの司教に任命されたが、その孫は八歳であったという記録がある。他にも、フランス、サンスの大司教アントワーヌ・デュ・プラーは、自分の司教座聖堂でのミサに一度しか参加しなかったが、その一度とは彼自身の葬儀であったという。現代で言えば、県知事が一度も県議会に出席しなかったようなものである。これら聖職者の腐敗は、教会内部に巣食う政治的動機が助長した。聖職者はその質や人格ではなく、金と権力によって選ばれていた。もちろん、アッシジのフランチェスコのような偉大な聖職者や群れもあった。けれども、政治権力と近い位置にある教会では、ルターが指摘するように「『もっとも神聖でもっとも教会的』と呼ばれている者が、世俗そのものよりも世俗的な存在となり果てているありさま」[8]であった。

教会への不満は、高位聖職者の悪評判だけでなく、民衆と身近な低位聖職者を通して積み重ねられた。民衆が慕らせた不満は聖職者の怠慢に対してである。カトリック教会は第二バチカン公会議（一九六二―六五年）までラテン語でミサを行っていた。一般の民衆の多くはラテン語が理解できなかったが、この時代一部の富裕層の中から徐々に識字率が上がり、司祭が式文でラテン語の発音や言葉を間違っていることに気づきはじめた。今日の日本では宗教家の不祥事や怠慢が世間を賑わせても、軽蔑以上の感情が起きないので、当時の民衆の不満を不思議に思うかもしれない。けれども、国民の税金で働いている政治家が横領していれば不満は高まるし、国会で政治家が漢字の読み間違えをすれば「しっかりしろ」と言いたくなる。その感覚に似ているが、当時の教会は民衆からの様々な税の仕組みで成り立っていた[9]。さらに聖職者は道徳的模範以上の存在価値を持って受け止められていた。世界の安定は教会の力によっており、国家も教会に従う存在であった。すべての正義の判断の中心は教会にあり、社会的に重要な記録資料は教会に保管されていた[10]。教会の聖職者たちは「教会的身分」と名づけられ、「世俗的身分」と呼ばれる聖職者以外の人々は、教会に献金し、聖職者に祈られることで神聖に与ると考えていた[11]。ところが、聖職者の方が道徳的に乱れており、救いを求める民衆は教会に不信感を抱かざるを得なかった。自然災害による経済不況に見舞われた際に、税金を免除されていた聖職者や教会が収穫した農作物を高値で売ったことは[12]、人格性に対する不満と疑いをさらに高めた。

第二項　政治的要因――領邦国家の自立

教会への不満は民衆だけでなく、国家にもあった。この場合の不満は民衆が抱いたものとは異なり、教皇権からの自立を求める領邦国家の政治的な要求からきていた。背景には複雑なヨーロッパ社会の政治構造がある。当時、教会は民族や国境を越えて世界を一つにする力であった。この中世ヨーロッパの社会形態をエルンスト・トレルチは「コルプス・クリスチアーヌム（*Corpus Christianum*）[13]」と呼称した。言葉の意味は「キリストの体」であるが、中世ヨーロッパ世界が宗教的要素を用いて、教皇を頂点とする教会により一つの体のように統一されていた。教会にはスキャンダルもあったが、基本的に民衆は教皇を慕い、政治的要素の強い国王よりも宗教的要素の強いローマ教皇の言葉に従う心を持っていた。教皇権と皇帝権の抗争は長期にわたって争われたが、神聖ローマ皇帝ハインリヒ四世がグレゴリウス七世に破門の解除を求めた「カノッサの屈辱」（一〇七七年）以降は、教皇権の優位が認められるようになっていた。一一九八年一〇月インノケンティウス三世による『いわば世界の創始者』では、教皇を太陽、皇帝を月にたとえて、「その効力と同様に地位においても、太陽に劣る[14]」と述べて、教皇の優位性を主張した。また、教皇ボニファティウス八世（在位一二九四―一三〇三年）の勅書『ウナム・サンクタム』では「現世的権威は霊的権威に従うべきものである[15]」と宣言され、ルターが指摘するように「教会権力が世俗権力に優越する[16]」という権力構造の根拠として主張された。その権能は信仰上の問題だけでなく、領邦国家や帝国都市の裁判権の侵害として世俗的な問題にも及んでいたため、世俗権力の不満の対象となっていた[17]。さらに様々な仕方で実施されたローマ教会への金銭の流出は、教会権力への不満を募らせ、改革運動前夜には世俗権力の優位性を求める動きが高まっていた。

領邦国家の勢力の高まりは、ローマ教会と神聖ローマ帝国との関係を通してより明らかになる。ドイツ諸侯の連合体をなしていた神聖ローマ帝国の皇帝は、七名の選帝侯による選挙によって選ばれていた。そのうちの三名は大司教でローマ教会と不可分の関係であった。選ばれた王はローマ教皇による戴冠を経て皇帝となり、「教会と教皇の守護者としての地位を象徴する司祭への叙任」と「古代ローマ皇帝を直接継承するヨーロッパ唯一の皇帝」として、霊的存在であると同時に世俗的存在であることが示されていた[18]。また、神聖ローマ帝国の安定を支えた存在として聖界諸侯が存在した。彼らは聖職者でありながら、領邦の支配者でもあった。ピーター・ウィルソンの報告によれば、一五二一年の帝国台帳に世俗諸侯二四名に対して、聖界諸侯が五〇名、高位聖職者が八三名、伯が一四三名存在していた。[19]教会の高位聖職の位は富と権力に結びついていたので、貴族の息子たちにとって司教になることは権力を握る賢い選択であった。当然、政治的関心の強い聖職者の存在は民衆の反聖職者意識を強めた。

この構造からもわかるように、神聖ローマ皇帝は常にローマ教会の顔色を意識しなければならなかった。それは同時に、世俗のドイツ諸侯にとって、ローマ教会の存在が政治的・経済的に強い批判の対象となっていることを意味した。経済的には多額の金銭が自国からローマへ流出することが不満を募らせた。政治的には、自国の大司教や司教の任命を教皇から妨害され、より大きな自治を求めて便宜を図ろうとすれば、その見返りに多額な費用が教会に求められることに起因する。以上のようにヨーロッパ社会は教皇権という宗教的要素によって成り立っていたので、領邦国家もカトリック教会の権威からの自立を求めていたが、当時教皇に代わる宗教的存在は想像すらできなかったのである。

第三項　宗教的要因——非聖書的事実の発見

教会改革運動に欠かすことのできないもう一つの要因が、信仰の内容に関わる問題である。ここでは聖書の言葉に従う運動と贖宥状の問題を紹介する。

聖書の誤訳発見

教会の改革運動が起こる背景には、教会が語っていることと、聖書の語っていることが相違していたという驚くべき発見があった。その発見をもたらしたのはルネサンスと呼ばれる運動である。このことから「ルネサンスなくして宗教改革なし」とまで言われている。[20]

教会改革運動が始まる前夜、ルネサンス時代に「古典語・古典文学の研究[21]」をする学者たちの運動が起きた。

この運動は人文主義運動（ユマニスム）とも呼ばれているが、[22] その特質は、教会の権威や神中心とする世界観や人間観から解放し、言語学的古典研究を通して、普遍的な教養を身につけ、人間の尊厳を確立することを目指すことにあった。背景には、一方で新大陸や自然科学の新しい発見があり、他方で中世末期の教会に対する失望もあって、教会の権威から自由なところで学問的な思索をする要求が高まっていた。しかも当時の科学的な新発見が、中世の教会が描いていた世界観と異なっていたので、真理探求への好奇心に火をつけた。そこで彼らは、川の水の源流が最も澄んでいるように、すべての源泉にさかのぼることで秘められた真理に至ることができると考え、古典研究を進めた。「源泉に戻れ（ad fontes）」というスローガンがその性格を要約するように、彼らは教父時代の古典を競って読み始めた。古典的言語研究へと向かわせる背景には、ビザンチン帝国の崩壊も関わっている。[23] コンスタンティノポリスが陥落（一四五三年）したことで、西方に逃げてきたギリシア語を話す知識人と接触することになり、西方世界でギリシア語の復興とギリシア古典への関心を呼び起こした。こうして言語研究が進められ、原典をギリシア語やヘブライ語の原語で読み始める運動が起こったのである。

この運動の目的は普遍的な教養を身につけることにあった。「教養がある」という表現は、現代では社会人として必要な広い文化的な知識を持っている人間を指すが、本来は古典をよく読んでいる人間を意味していた。古典というのは、時代を越えて読まれ続けている書籍である。その言葉には、一つの時代に限定されず、時代を越えて、どの時代に生きる人間にも認められる人間観、世界観が語られている。その言葉に耳を傾けることで、普遍的な人間や世界のあり方を知り、人間の尊厳の確立を求める運動となった。この運動は、ある者を、新しい生き方を求めて古代ギリシア・ローマの学問に向かわせ、あるいはまたキリストや使徒たちの純粋な生活態度を求めて新約聖書や初期キリスト教文献に向かわせた。[24]

彼らは聖書を原典にさかのぼり原語で読もうとした。西欧文化が疲弊し、方向性を見失い、崩壊した教会に活力を取り戻させるために、使徒時代の文献にさかのぼって「もっとキリストの教えに近いもの[25]」を望み、生命力と純真さの復興を夢見たのである。元来、旧約聖書はヘブライ語、新約聖書はギリシア語で書かれていた。中世の教会ではそれらの聖書をヒエロニムス（三四七―四一九／四二〇年）がラテン語に翻訳したウルガータ聖書で読んでいた。その底本となっていた聖書を原語で読もうとした。ところが、彼らはウルガータの誤訳や異読を見つけてしまう。一五一六年に出版したエラスムスの新約聖書のギリシア語校訂版はこの事実を世に知らしめ、人々の意識に変化をもたらした。しかも、その箇所が教会の重要な教えの根拠となっている箇所であり、本来聖書に書いていない言葉を挿入していたことが判明したのである。[26]

この事実は、教会が教えていることと、聖書が語っていることが違うということを示した。教会と聖書、どちらに従わなければならないのかという問題と直面したのである。今日的に言い換えると、政治家が言っていることと異なる公文書（密約）を発見した学者のような心境に似ているかもしれない。どちらの言葉が正しいのか。当時の学者たちは、心の内で「やはり聖書の言葉でしょう」ということになったのである。この流れは、のちの教会の改革運動家にも影響し、「聖書のみ」というスローガンとなっていく。この重要な事実を知っていたのは、ごく一部の学者たちに限られ、ほとんどの民衆は知ることがなかった。

贖宥状

ルターの改革に欠かせない贖宥状の問題に移ろう。世界史でも学ぶ悪名高き贖宥状であるが、その元来の意味はあまり知られていない。誤解されているけれども、これを購入すれば赦しを得られると教会は理解していない。元来は罪の赦しへの感謝という考えに基づいていた。[27]お金を献げるのは感謝の表現であって、赦しの条件ではなかった。ところが、ルターが登場する時代には誤解が生じ、しかもそれを助長するような宣伝が教会の公的機関を使って行われていた。まずは、贖宥状が発布される背景を紹介する。

当時、教会は十字軍遠征のための費用とサン・ピエトロ大聖堂改築のための資金を求めていた。その問題解決のための一つとして提起されたのが贖宥状である。信仰に基づいて考案された贖宥状であったが、実際民衆に伝えられるときには、それを購入すると罪の赦しを得られるという理解に曲げられていた。しかも、民衆たちは自分の救いだけを求めたのではない。愛する者が死んだとき、その魂が煉獄を免れ、永遠のいのちを確保し得るようにと買い求めたのである。煉獄というのは、死者が天国に行く前に、残っている罪を浄化するために通らなければならない中間地帯である[28]。この考えは六世紀に大グレゴリウスによって打ち出され、次第にその場所がどんなに恐ろしい場所であるかが強調され、同時に煉獄をなるべく早く通過するための近道が用意されるようになった。贖宥状はその一つとして利用されるようになったのである。

ローマ教会は資金集めのために、贖宥状の売り出しキャンペーンを行った。このために派遣された修道士ヨーハン・テッツェルは、次のような宣伝文句を掲げた。「コインが賽銭箱でチャリンと鳴ると、煉獄から魂が飛び出る[29]」。この手法は多くの民衆の心を惹きつけることに成功した。死後の世界に安定の保障を目論む投資家は、自分と家族の煉獄での苦しみを帳消しにしようとこれに飛びついた。実際に多額の資金が集められ、今日の荘厳なサン・ピエトロ大聖堂の一部を彩っている。しかし、それは聖書が語っている救いとは違っていた。このような歴史的背景の中からマルティン・ルターが現れたのである。

第二節　プロテスタント教会の形成過程

第一項　改革の火種

一六世紀からヨーロッパ世界に教会改革の火が広がっていき、カトリック教会とは異なる教会組織、プロテスタント教会が形成されていった。改革の火種はマルティン・ルターがヴィッテンベルクの城教会の扉に『九五箇条の提題』（以下『提題』）を貼り付けたことから始まったと言われている。今日、ヴィッテンベルクの城教会の扉は観光客用に作り変えられており、ルターの行動が伝説的に受け止められているが、ブラシュケはそれを疑い、「実際にヴィッテンベルクの城教会の扉に一五一七年一〇月三一日に張り出したのか、あるいはそれが翌日のことだったのか、あるいは彼はそれを他の方法でのみ公開し、広めていったのか」[30]という三つの解釈と議論を紹介している。そのどれかが真実であったとしても、ルターが『提題』を扉に貼り付けたこと自体は劇的なことではまったくなかった。むしろ期待していたことは何も起こらなかった。その理由に二つの根拠を挙げることができる。一つは、ヴィッテンベルクの城教会の扉の役割である。当時ヴィッテンベルクの城教会の扉は掲示板の役割をなしていた[31]。あの扉に何かを掲示することは日常のことであり、特別な出来事ではなかった。貼り付けた時にはすでに他の張り紙が貼り付けられていた可能性が考えられる。ルターの『提題』はその一つであった。二つ目は、あの『提題』がラテン語で書かれていたことである。ルターは贖宥状を含めて学問的な討論会の開催を求めて大学関係者に呼びかけた。アッポルドによれば、「西ヨーロッパの人々の九五％は宗教改革の頃になっても字が読めなかった」と指摘している[32]。ドイツ語でさえ読むことのできない一般の民衆が、ラテン語で書かれた『提題』を読めたとは考えられない。実際、討論会には誰も集まらず、会自体が実現しなかった。おそらくあの日、他の紙に混じって、ルターの『提題』も同じように虚しくなびいていたであろう。

ところが、ルターの予想しなかった出来事がその後に起きた。彼によって各地の大学に送りつけられた『提題』は、各大学に広がり、ドイツ語に訳されて諸侯や一般民衆の手に渡った。すると、人々の間に大きな反響を呼び、止めることができない運動に展開していった。今日で言えば、正義感にかられてインターネットに投稿した文章が拡散し、本人が意図しない大きな運動に発展していったようなものである。一旦炎上した火は誰も消すことができなかった。その火は人々の心につけられたからである。

ルターは当初決してカトリック教会から分離しようとは考えていなかった。さらに言えば、贖宥状自体は否定していなかった。彼が批判をしたのは、その間違った運用である。彼に教皇や教会の制度的変革をする意図はなかったし、事態が大きくなってからは誤解を解くため教皇との面談を求めた。つまり、ルターは当初カトリック教会にとどまっていたかったのである。ところが、運動は個人的信仰の次元を越えて、政治的社会問題に発展していった。当初教会当局は、田舎の一修道士の問題提起など気にもとめていなかった。けれども、そう言っていられないほど深刻な状況になったので、事態の収拾を図るため、教皇はルターを破門する動きに出た。

第二項　抗議（プロテスト）運動

国家の政治的介入

これまで教会改革運動が勃発する経緯の中で、社会的要因、政治的要因、宗教的要因という三つの要因があったことを紹介した。それらは民衆の反発、国家の反発、宗教的反発を引き起こす要因であった。これら三つの要因が合わさって歴史的出来事になったと考えられる。もちろん、これら思想史的な要因以外にも、印刷技術やルターの肖像画が改革運動を広範囲に影響させたとする研究もある。(33) またベルント・メラーの『帝国都市と宗教改革』以降、プロテスタント教会を生み出した改革運動が都市共同体の運動であるとする研究が増えた。(34) その後ディケンズによって「ドイツの宗教改革は都市的な出来事であった」(35)と表現され、「都市なくして、宗教改革なし」(36)という標語まで生まれた。他にもこの運動には様々な影響があったと考えられるが、これを歴史的出来事へ導いた最も大きな要素は政治的要因と言える。もちろん、宗教的要因は欠かせないが、それだけではあの歴史的運動は起こらなかった。なぜならば、ルターと同じような主張をした人物は他にもいたからである。たとえば、一九世紀イギリスの神学者R・W・デールはラトラムヌス（?―八六八年）に注目し、その主張が「ルターの教理以上にトリエント公会議にとって遥かに都合が悪いものである」(37)と指摘している。歴史上にはルター以上に鋭い指摘をしている人物がいた。けれども、その時代に改革運動が起こることはなかった。また社会的要因について言えば、民衆の教会批判はいつの時代でも存在する。日本でも、政府に対する不信や不満はいつの時代でも見受けられる。けれども、それだけでは歴史的改革運動にまで発展しない。この運動にどの要素も欠かせないが、歴史的出来事となる決め手は、宗教的要素が政治的な動きと結びついたことにある。

プロテスタント教会の誕生

政治的介入について具体的に見ていこう。ルターを支えたのは領邦国家であった。国家も当初はルターに関心がなかったけれども、民衆の反応を見逃さなかった。この政治的動きを助長したのは、ドイツの国家主義者たちである。彼らは、フランスや他国に対して対抗心を持っており、何よりもローマの教会がドイツの民衆から贖宥状などで金を巻き上げることに不満を持っていた。そして、ナショナリズムを利用してドイツをローマから解放する理想像を描き、愛国心を奮い立たせていた。

ルターは、ドイツをローマから解放する正当な根拠として必要条件を満たした最適の存在であった。その意味で担ぎ上げられた側面がある。実際に、彼は後戻りができないほど、この運動の中心に置かれていった。ローマ・カトリック教会に不満を持っていた領主たちはルターを支持した。カトリック教会は、これを無視できなくなり、あの手この手で意見の撤回を求めた。困難な立場に追い込まれたルターを匿《かくま》ったのも領主であった（ザクセン選帝侯フリードリヒ三世）。有名なヴァルトブルク城で聖書をドイツ語に翻訳したのはこの時である。

ルターは最初カトリック教会の誤りに反対していたが、新しい教会組織を作ることは意図していなかった。ところが、各地でルターの影響による運動が展開するうちに、聖書に基づく教会のあり方を考えざるを得なくなった。広大な領土を所有していたカール五世は、自身の地位の安定を目論見、第一回シュパイエル帝国議会を開いて、諸侯が領内で行うルターの教会改革を認めた。けれども、一五二九年二月第二回シュパイエル帝国議会ではこの決先の寛容政策を一方的に取り消した。これに対してルターを支持する六人のドイツ諸侯と一四の都市はこの決議に「抗議（ラテン語でプロテスタティオ）」の表明文書を提出した。彼らは、すべて神の言葉に反するものには同意できないので、このことを「神の前で抗議し、証明しなければならない」と宣言した。「プロテスタント教会」という呼称は、この議会で抗議したことに由来し、あだ名として呼ばれ続け、今日に至っている。

ここで重要なことは、彼らが直接的には皇帝に、間接的には教皇に対して抵抗したことである。その根拠は神の言葉に反していることであった。改革の原理は、聖書の言葉に基づき、聖書に語られていることと異なるあり方への抵抗であった。改革運動には様々な政治的意図も働いていたが、抵抗の根拠は聖書の言葉だったのである。

第三項　ルターの功績と課題

人権思想の観点からルターが残した功績について、「信仰義認」と「万人祭司」という主題から確認しておく。これらは人権と関わりない神学的な主題に見えるが、不思議な仕方で人権思想につながるのである。

信仰義認

マルティン・ルターは歴史の中で偉大な働きをした。彼は世界を揺るがし、歴史を動かした出来事の中心に立っていた。何よりも、当時誰も想像することができなかった、カトリック教会と異なる教会組織を生み出した。当初はカトリック教会の内的改革を目論んでいたが、歴史においては教皇権から独立した教会の形成という果実を生み出した。

様々な偶然と歴史的背景を通して出来事となった改革運動であるが、それでもこの運動はルターの才能とセンスに多く負っていた。ルターは学者たちの改革運動を民衆運動に転換した。聖書をドイツ語に翻訳し、彼の主張もドイツ語で読めるようにした。歯切れ良くその場に応じて活き活きと語る彼の言葉は、敷居の高い神学的話題を一般的で魅力あるものにした。また、田舎の一修道士が国会に召喚され、審問の機会が与えられたことは驚きであり、そこで自説を取り消さなかったことはそれ以上の驚きとして民衆の心に刻み込まれた。このようなことは中世においてなかったからである。

重要なことは、彼がいのちの危険を顧みずに抵抗し得た要因である。それを支えたのは、聖書の言葉に基づく救済体験であり、そこから見えた新しい人間観である。ルターは非常に真面目な人間であった。自らの罪責感情から解き放たれるために、教会の教えるあらゆる苦行をこなした。けれども、それらは罪責感情から彼を自由にすることはなかった。そんなある日、ローマの信徒への手紙第一章一七節の言葉を通して「信仰によって義とされる」という言葉と出会い、回心を経験した。これがのちに「信仰義認」と呼ばれる教義として主張される。

この時の「義」とは、倫理的正しさではなく、神との正しい関係に入ることである。卑近な例を用いれば、親子の関係に似ている。何もできない赤ん坊が親を呼び、親がその存在を愛し、受け止めている親子愛の関係である。神との関係も同様で、なにか良い行いをしたから正しい関係にあるのではなく、神に呼びかける（信仰）ことによって、神がその関係を喜ばしいものと認めてくださるという教えである。この聖書的信仰から、ルターは贖宥状を購入しなければ救われないという考えに抗議した。彼の聖書理解によれば、救いは無償で、功績なしに与えられる神の賜物であって、信仰によって受け取られるものだからである[38]。

これは聖書の言葉に基づく人間観の復興となった。倫理的にも、存在的にも、他者に劣っているとしても、神はその存在を受け止めており、価値ある存在と認められている。この主張が福音として多くの人々の心に届いた。けれども、この信仰義認には課題もあった。それは個人主義と倫理の問題である。信仰というのは、〈神〉と〈私〉の関係である。それは内的な問題になるので、個人主義になりやすい。信じれば義とされることは、極端に解釈すると、良い行いをしなくても祈れば良いということになる。すると、倫理が後退するのである。この特徴を象徴するようなドイツでの逸話がある。日曜日に教会に行こうとすると、ルター派の家庭の妻が庭の水やりをしていた。教会に行かないのかと尋ねると、「わたしはルター派だからいいの。信仰義認よ！」と言ったそうである[39]。この女性の発言に典型的であるが、教会の必要性が乏しくなり、個人主義になり、生き方の伴わない信仰のあり方が現れた。換言すれば、信仰と倫理が結びつかない課題が残ったのである。ルター自身もこの問題に気づいており、神の恵みによる自発的な隣人愛への行為を主張した[40]。けれども、行いを救いの条件とする当時の傾向に対峙するためにも信仰義認が強調され、倫理が後退して受け止められていったのである。

万人祭司

ルターのもう一つの功績は、この世における聖域と俗域の区別を取り除いたことである。中世の時代には、精神的にも社会的にも、教会とそれ以外の領域が区別されていた。聖職者と一般人の間は「教会的身分」と「世俗身分」という仕方で区別され、存在価値においても差別化されていた[41]。それは見える形で無意識に伝達された。都市の教会も山の上の修道会も、一目で教会の施設とわかる仕方で作られた。教会にはポータル（門）と呼ばれる装飾された入り口がある（写真）。これは「わたし〔イエス・キリスト〕は門である。わたしを通って入る者は救われる」（ヨハネによる福音書第一〇章九節）という聖書の言葉に基づいて製作されている。ポータルを通して、教会の中に入ることは神の世界に入ることであり、その外は俗なる世界であることが、目で見える仕方で教えられていた。この世の仕事をすることは、汚れた働きをすることであり、聖職者は神に仕えているので、聖なる世界に生きていると考えられていた。

ポータル（門）

この世界観に対して、ルターは聖書に基づいて、聖職者と信徒を区別する理解を退けた。ルターは言う。「すべてのキリスト者は真に教会的身分に属するのであって、おたがいの間には職務上の区別以外になんの差別もないのです[42]」。その根拠はコリントの信徒への手紙一第一二章にある聖書の言葉である。すなわち、体の部分には役割が異なるけれども、存在としては平等であるということである。したがって、聖職者と世俗の生活をしている人々の間には、職務上の違いがあるとしても、「身分上の差別は存しない[43]」と主張した。この主張は「万人祭司」と呼ばれる教えに展開する。聖職者だけが神に仕えているのではなく、「わたくしどもはみなひとしく司祭[44]」と言うように、万人（すべての人間）がその働きのままで神に仕えることを説いた。この考えは修道院制の否定につながり、独身を条件とする聖職者のあり方も否定した。ルター自身が修道女であったカタリナ・フォン・ボラと結婚をした。この世の生活を送りながら、神に仕える道があり得るのである。

この教えが意味したことは、聖職者と信徒の間に存在的な価値の違いはないということである。のちの「神の前では皆平等である」という主張は、さかのぼれば聖書に根拠があるが、社会のあり方から見ると「万人祭司」の理解から展開してくる。ルター自身、「彼〔司祭〕は職にある限りは人の上に立ちますが、免官されればほかの人々と同じく一農民もしくは一市民なのであります[45]」と述べており、神の前において皆平等な存在であることを主張した。

教会と国家

最後に、人権思想史から見えるルターの改革運動の課題を指摘する。課題に注目する理由は、ルターの運動から抵抗権が生まれないからである。もちろん、ルターは当時絶対的な権力の象徴であった教皇とローマ教会に抵抗し、ドイツの諸侯に団結して抵抗することを訴えた。たとえば、『ドイツ国民のキリスト教貴族に与う』では「ローマ派の連中は彼らの権力を誇示し、決してそれに抵抗してはならないなどと言うが、これはまったくのでたらめです[46]」と述べており、教会の不正を助長するのならば「狼や暴君に対すると同様、これに抵抗しなければならない[47]」と教皇に対する抵抗を主張していた。次節（第二章三節）で詳述するが、ルターのこの発言をさかのぼるとルター派の法律家や君主たちの主張にたどり着き、抵抗権の思想的系譜の淵源にルター派諸侯の影響のあることがわかる。けれども、ルターの抵抗運動がすなわち抵抗権の理念の成立へと結びつくことはなかった。抵抗する権利は、ルターが残した課題に取り組んだ次の世代によって形成されるのである。

　ルターが残した課題は教会と国家の関係である。この問題はルターの運動が領邦国家に支えられていたことに注目することで明らかになる。歴史的な教会改革運動は、ナショナリズムを柱とする反教皇主義に支えられていた。したがって、実質は教会のトップが教皇から国王に変更しただけで、本質的な自由の問題解決にはなっていなかった。改革者たちは教皇に抗議し、抵抗したが、自分の身柄を保障している王や領主に抗うことは難しかった。ルター派の諸侯たちは神聖ローマ皇帝と衝突した時の自己防衛として抵抗の論理を主張したが、ルターたち改革者が彼らの論理を貫いて自らを保護する君主や諸侯たちに同様の主張をすることは難しかった。それは、ルターが圧政を強いる統治権力者に対して反抗した農民たちの戦い（農民戦争）を支持せずに、領主側についたことにも表れている。

　ルターの教会改革運動は領邦国家に支えられていたため、ここからのちの人権に関わる抵抗権は生まれてこない。教会と国家が結びついている限り、信仰が政治的関心によって曲げられてしまうことは起こり得る。したがって、抵抗権は教会と国家が分離（政教分離）した形態において展開するのである。そのためには次世代の登場が必要であった。そこで登場するのがジャン・カルヴァンである。

第三節　理念としての抵抗権の成立

第一項　受容と発展

人権思想史における最重要人物の一人は、ジャン・カルヴァン（一五〇九―一五六四年）である。(48) 彼はルターほど有名ではないかもしれないが、思想史的にはルター以上に大きな影響を社会に残した。民主主義、資本主義、政教分離などの近代社会の原理にさかのぼると、必ずカルヴァンの影響に出会うことになる。

カルヴァンとルターの年齢差は二六歳である。一五一七年の改革の火種が撒かれたとき、カルヴァンは八歳であった。つまり、彼は改革運動の次世代なのである。それは、混乱した世界の動向を見ながら成長した世代のことを意味する。現代でたとえるならば、アメリカの同時多発テロが起こったとき八歳の世代を考えてみよう。彼らは、その後の世界の動向を見ながら成人した。あの出来事は世界を震撼させたが、国際的なパワーバランスはあの時代から崩れてきた。当初「テロとの戦い」を推し進めたが、その動向を観察しながら成長してきた次世代は、そのあり方に疑問を抱いた。成人したその世代はアメリカでオバマ政権を選んだ。日本では二〇一一年に三・一一の大地震と津波が発生した。その後、日本の復興政策で、原発再稼働やオリンピックや安保法案が取り決められた。今、あのとき小学生だった次世代の子どもたちが、日本の混乱した歩みを見ながら成長している。あるときに、その取り組み方が正しかったのか問いを投げかけるときがくるかもしれない。カルヴァンとはそのような次世代の人間である。世界を揺るがす大きな事件を幼い頃に経験し、混乱した世界情勢の中で成長していく。その様子を見ながら、改革に対する問題を見抜いたのである。

カルヴァンの優れたところは、先達の取り組みを受容して発展させる姿勢に表れている。彼は決して先人の取り組みを全否定することはなかった。歴史の中では、改革を志す人間のなかに、先人たちが築き上げてきたものをすべて壊す動きが起こる。たいていの場合、その後は以前に増して混乱が生じる。けれども、カルヴァンは決して全否定することなく、ルターの改革から良いところを学びつつ、その不備を修正する仕方で、改革運動を継承発展させた。カルヴァンという次世代の人間は「受容と発展」という仕方で改革運動から新しいあり方を思索した。その中から人権思想につながる抵抗権の理念が現れたのである。

第二項　社会的人間観

前節でルターの改革運動の思想的不備を指摘したが、その一つは個人主義であった。カルヴァンは、個人主義の課題に対して信仰の共同体的性格を明らかにした。アリストテレスが人間を「自然の本性において国家を持つ（ポリス的）動物」[49]と呼んだように、カルヴァンは人間が本来「社会的動物」であることを聖書から明らかにした。[50]その根拠は天地創造における人間の創造である。創造物語において、神は一人の人間を創造されたのではなく、「男と女に創造された」（創世記第一章二七節）とある。男と女は互いに別の存在である。性別も役割も性格も異なる。つまり元来人間は、「交わりをなす動物として創造された」[51]のであり、他者と一緒に生きることによって人間らしく存在する社会的存在であることを主張した。

社会的存在とは集団的存在とは異なる。ただ集まれば良いのではない。そこに「秩序」が求められる。カルヴァンは言う。

世界の創造者である神は、人類を野獣のように生きる混乱と無秩序の中に捨て置いたのではなく、各部分がよく建てられた建物のように適所に置かれるようにした。そしてこの秩序が「人間の」とよばれたが、それは人間がつくったからではなく、秩序をもって規則正しい生活を送る生き方が人間固有のものだからである。（『ペテロの第一の手紙註解』第二章一三節）[52]〔傍点筆者〕

この秩序は、他者の存在を強制的に支配するためではなく、神が創造された存在として存在できるように治めるためにある。神は被造物が存在できる場所を確保してからその場所にすべての被造物を置かれた。たとえば、太陽は「光あれ」と言われて造られたのではなく、四日目に創造された。その存在（太陽）が存在できる場（天、空）が確保されてから、存在を喜ばれる存在として置かれた。同様に、人間には他者の存在が存在できる秩序形成の使命が課せられている。この使命に仕える「外的手段[53]」として教会と国家が制定された。その具体的手段は「法」による統治である。「どの人間集団も『法』によって制約されねばならない[54]」。「すべての人のうちにある種の政治的秩序の種がまかれているという事実は動かせない[55]」。したがって、カルヴァンは政治的秩序を重んじた。次にカルヴァンの教会と国家の関係を理解しておこう。

第三項　教会と国家――抵抗権の理念の成立

カルヴァンは、国家権力からの教会の信仰上の独立を要求したことにより、教会と国家の関係におけるルターの二統治説の限界を克服した。特に重要なのは、君主や国家に対する抵抗権を認めたことである。カルヴァンによれば、教会と国家も社会的秩序に仕える共同体である。彼は言う。

神からの権力授与を得ており、神的権威を与えられていて、全く神の役目を代行し、ある意味で神の代官である……これは、かれらがそのつとめを通じて神に仕えるべく、神からの業務を課せられている、ということでなくて何であろうか[56]。

「神の役目を代行」するという言葉にあるように、カルヴァンは教会と国家を神の支配が実現するための神の道具または「外的手段」と考えた[57]。これはなんでもないように聞こえるかもしれないが、当時としては画期的な言葉である。道具ということは、絶対的な存在ではないということを意味する。これまで教会も国家も絶対的な存在であった。その命令に背くことは考えられなかった。けれども、神の支配が実現するための道具であることをはっきりさせることで、その存在を相対化させた。

その上で、国家や君主について、それらは神によって制定されたものであるから、たとえ悪しき支配者であっても服従すべきであり、その命に背くことは神の意に背くことだと明言した。[58] ここまでは、これまでの王権神授説と大して変わりがない。カルヴァンの貢献はこの先である。すなわち、国家も君主も神に従うべき存在であることをはっきりさせた。したがって、君主への服従に一つだけ「例外」を設けた。

もしかれらが、神に反逆して何かを命令するならば、われわれはそれを決して認めてはならない。[59]

ここで神意に背き、神への服従から離れさせるものには抵抗すべきことをはっきりと示したのである。これは「民衆の自由の擁護者」[60]として下位の官憲職にある者に課せられた責任であるが、「一私人ではなくて、今日、人民を擁護するために、王たちのほしいままを抑制する官憲が立てられているならば、……これらの官憲が、職上王たちの凶暴なわがままを断ち切るのを、私は決して禁じない」[61]と述べているように、抵抗権・革命権に通じる理念を主張した。人権思想におけるカルヴァンの優れた貢献は、この理念をプロテスタント教会の最初の組織神学書『キリスト教綱要』に反映させ、広い領域に影響を与えたことである。カルヴァンの中心的立場は聖書に基づく権力者への受動的な服従であるため、抵抗は例外であって積極的な抵抗権を主張していないが、のちの積極的な抵抗権思想への道備へをしたのである。

第四節　抵抗権の思想史的系譜とカルヴァン主義者の展開

第一項　カルヴァンへの影響――ルター派法律家とフィリップ

一五三六年に出版されたカルヴァンの『キリスト教綱要』（以下『綱要』）初版には、すでに君主への服従に一つの例外として抵抗権を設けていたが、そこでは一五五九年のラテン語決定版に記された下位の官憲職に課せられた抵抗権に触れていない(62)。カルヴァンはこの抵抗権の理念をどこから得たのだろうか。近代政治思想の形成を思想史的に研究したクエンティン・スキナーによれば、下位の官憲職による抵抗を合法とする理論はカルヴァンを淵源とするのでなく、初版の『綱要』より七年前の「一五二九年にヘッセンの法律家たちによってはじめて述べられ、すぐそのあとでブツァーやオジアンダー、その他ルター派の著作家たちによって再述された(63)」ものだとする。これを主張したのはヘッセン方伯《ほうはく》フィリップであったが(64)、彼にこの理論を最初に提示したのはアンドレアス・オジアンダーであり、オジアンダーはこの論理をマルティン・ブツァー（一四九一―一五五一年）に負っていた(65)。背景には第二回シュパイエル帝国議会の決議に端を発して、神聖ローマ皇帝がローマ教皇と手を組んで攻撃してきた時に身を守るため、皇帝への抵抗の法的根拠を領邦国家が必要としていた。この問題を法律家と検討していたフィリップは、皇帝権力の条件を「彼自身の直接の臣民の幸福と救済（well-being and salvation）を確保することはもとより、お互いに対する法的な責務を守る道義的義務を含む(66)」と考えることで、責務を履行しない皇帝への抵抗の合法性が主張できるとした。フィリップの抵抗理論は一五二九年一二月の手紙に記されており、一五三〇年一〇月にはルターにも手紙が送られた。ルターは当初「上に立てられた権威に従うべき」（ローマの信徒への手紙第一三章）という聖書の言葉を重んじる受動的服従の立場であったが、トルガウ宮殿で行われたフィリップたちとの討論の結果この理論を受け入れた(67)。カルヴァンはルター派の彼らが見出した抵抗権の論理を、君主への服従の一つの例外として、自らの論理に採り入れたと考えられる。

したがって、スキナーは「受動的服従の理論だけで武装して危機に直面したのはカルヴァンであってルターではなかったということ、そして最初に積極的抵抗の概念を『俗権提携型』宗教改革（'magisterial' Reformation）の政治理論に取り入れたのはルターであってカルヴァンではなかった」[68]とし、「下位官憲職の義務についての理論がルター派によって繰り返されるや、カルヴァン派がその世紀半ばの危機に直面して講じた主な急進的措置は、同じ立憲的議論を取り入れて繰り返すことから成って」[69]いたと、カルヴァン主義者へのルター派の影響を強調した。[70]

第二項　カルヴァンとモナルコマキ

下位の官憲職による抵抗権の思想史的系譜を緊急事態に直面したルター派法律家と神学者たちの取り組みに見てきたが、このことは近代抵抗権思想や人権思想に与えたカルヴァンの功績を貶めるものではない。[71]むしろ「受容と発展」というカルヴァンの特質をよく描き出しており、先達の改革者から吸収して発展させたことがわかる。それればかりか、カルヴァンはこの理念を『キリスト教綱要』に反映させ、広い領域に影響を与えたことで彼の継承者たちに抵抗権思想を展開する道備へを多く残した。事実その後の歴史においては、ルター派でなく、カルヴァンの影響を受けた場所で抵抗権と人権の理念が形成されていく。たとえば、教会と国家の関係と区別や、契約概念の強調、そしてジュネーヴ市民に十戒の遵守の宣誓を求めた実践が挙げられる。[72]のちに積極的な抵抗権を主張した「モナルコマキ（暴君放伐論者）」と呼ばれる著作家たちも、カルヴァンの影響を受けて、君主に抵抗する根拠の一つに神法である十戒に抵触することを挙げた。[73]

もちろんモナルコマキたちに比べると、研究者が指摘するようにカルヴァンは「暴君への抵抗の理由を制限」[74]しており、抵抗は例外であって、基本は「パウロの絶対無抵抗論」と結びついた「受動的服従」を特徴とする消極的な抵抗理論であった。[75]しかし、彼の聖書注解に目を移すと暴君に対する積極的な側面が見える。『綱要』初版の抵抗の根拠で引用した使徒言行録第五章二九節「人間に従うよりも、神に従わなくてはなりません」の聖書注解では次のように述べる。「上に立つ支配者がわたしたちを神からそらせるや否や、彼らは神に対して神聖を汚すうぬぼれとずうずうしさとによってはむかうのであるから、彼らをもとの順位にもど……〔さ〕なければならない。……もし王あるいは統治者あるいは君主が、神の栄光と権利とを弱めて自己を高めようとしても、彼は単に人にしかすぎないだろう……その職務の限度を越える者は、神と対立するのであるから、一切の尊厳と栄誉との称号は剝ぎ取られねばならない(76)」。また別のところでは、「主イエスに属する栄え及びわたしたちが神にしなければならない礼拝を彼に帰するのを禁じるある圧政的な勅令に対して時折抵抗することを、もしわたしたちが宗教のために余儀なくされることがあるなら、その時は、わたしたちは王の権力を犯してはいないと正当に抗議することができる(77)」と積極的な抵抗権を主張する。使徒言行録第五章二九節の言葉はモナルコマキやピューリタンたちが好んで引用した抵抗の聖書的根拠となり(78)、オットー・ギールケが言うように「人間に従うよりは神に従うべきであるとする聖書のあの言葉は、いつでもどこでも妥当する法規範を含んで(79)」主張された。カルヴァンの取り組みは抵抗の合法的論理に聖書的根拠を与え、組織神学的に整えられた『綱要』を通して後継者たちの積極的な暴君への抵抗権を神学的に支えていく契機となった。

　プロテスタント教会は神への服従が人間である支配者への義務より上にあることを根拠とする抵抗権を主張し始め、カルヴァンの影響を受けた人々によってさらに展開していった。その方法は、カルヴァンの権力肯定の契約理解を抵抗へと転換するため、「聖書と世俗の歴史の先例によって裏付け(80)」る仕方である。特に積極的な抵抗を主張するため世俗の歴史が証拠として援用された。カルヴァンの後継者ジュネーヴのテオドール・ド・ベーズは一三の世俗国家の事例から「古代や近代の王国や帝国における明白な事例からこの事〔自明な暴君に対する抵抗権が法的に与えられていること〕を明らかにした(81)」と言う。モナルコマキの一人『ウィンディキアエ』の著者も聖書と並んでローマの歴史から王の位置を確認する(82)。「立憲国家論を形成するための礎(83)」と評されるアルトジウスを研究したギールケは、神政政治の理念からその土台を奪ったのが「古代の〔国家論の〕影響を受けた哲学的な国家論」であったと分析し、それが「人文主義的な傾向」であると指摘した(84)。そこで重要な存在となるのは古代ローマの哲学者キケロ（前一〇六―前四三年）である。

第三項　キケロの再発見――古典哲学とキリスト教思想の接合

キケロはルネサンスを通してプロテスタント神学に一定の位置を持つようになっていた。古典研究を盛んにしたルネサンスの時代には、聖書と並んでギリシア哲学の文献写本が多く発見された。スキナーは、ユマニスト（人文主義者）たちがキケロの作品を発見し、好んで読んだことを報告している(85)。「ユマニスムの父」と呼ばれ「ルネサンスの父」とも言われるペトラルカ（一三〇四―一三七四年）は(86)、キケロを「偉大な天才(87)」と呼び、「彼の天才に魅了されている(88)」と賛辞を述べてやまない。カルヴァンもキケロから多く引用をしている。ホッブス研究者の田中浩は「近代精神の父・キケロ」と呼んで、近代思想の形成発展にキケロの存在が関わっていることを指摘する(89)。田中によれば、キケロは「思想的変動による文化統合(90)」に関わっており、ギリシア古典哲学をラテン語に訳してローマ世界に伝え、アウグスティヌスに引用されることを通して「キリスト教と古典哲学を統合(91)」する存在となり、ユマニストと宗教改革者を通して「古典古代哲学とキリスト教思想との接合(92)」をもたらした。つまり、「ギリシア・ローマ古典哲学とキリスト教思想との相関関係(93)」に近代思想の形成・発展の要因があり、キケロをその重要な存在と見ている。実際にモナルコマキや近代市民革命の担い手たちは、カルヴァンの抵抗理念にキケロの「人民の福祉が最高の法（Salus populi suprema lex）(94)」を加えて抵抗権の根拠とし、近代抵抗権思想と人権の確立に寄与した（この点は第一部第三章三節で詳しく取り上げる）。

以上のようにして、カルヴァンの抵抗権の理念は修正を加えられながらベーズ、ブルトゥス、ノックス、ブキャナン、ラザフォードなどの「モナルコマキ」を経てジョン・リルバーンやヘンリー・パーカー等イギリスのピューリタンたちに継承され、フランス、ネーデルラント、スコットランド、イングランド、そしてアメリカに渡り、生まれながらの人権という考えを伴って、宗教的根拠に基づいて表現されていくのである。(95)

第五節　間奏曲としての問題の先取り――近代社会の課題

第一項　抵抗権の根拠

舞台をイギリスに移す前に、抵抗権をめぐって常に考えておかなければならない問題をここで先取りしておこう。本章では理念としての抵抗権の形成過程をたどってきたが、抵抗権を考える際に重要なことは、支配者に抵抗する根拠はどこにあるのかということである。そのためには、支配者への義務に勝る価値が見出されなければならない。カルヴァンは、神への服従が人間である支配者への義務より上にあることを根拠とする抵抗権の思想を主張した。問題を先取りすると、宗教国家ではない近代社会において、いかにして神に代わる抵抗権の根拠を見出すことができるのかが問われている。

現代の日本は人間である支配者を越える存在への感覚を欠いている。本来日本人は宗教的感覚が強い民族である。それは古くから伝わる民俗宗教の存在や幕末明治以降に天皇を神的存在として受け止めていく国民の動きからも窺うことができる（第二部参照）。けれども、日本は第二次世界大戦を通して人間である神に裏切られたという歴史的傷を負っている。神に対するトラウマがあるのかもしれない。また宗教的感覚があると言っても、国権に勝る宗教は社会勢力としてほとんど存在しなかった。宗教は常に国家と結びつく仕方で存続してきた。優れた宗教家や素晴らしい思想があるけれども、国家の政治的力の前にそれらが社会的な勢力として発揮されることはほとんどなく、生起してもすぐに鎮圧された。キリスト教もその意味において存在感を発揮することはなかった。したがって、日本では国権に勝る抵抗権の根拠と成り得るものを欠いているのである。

一方、支配者を越える存在を単純に社会が宗教に求めるのは危険である。現代において国家や社会は宗教共同体ではない。政教分離の近代社会の中で、支配者への義務に勝る価値を宗教以外のどこに見出さなければならないのか、ということが最大の現代的課題である。これを見出すことが困難なので、思想的に抵抗権の根拠を欠いている。解決の糸口は抵抗権の根拠の変遷を思想史的に確認することで見つけることができる。したがって、一連の考察を終えた後の終章でこの問題に再び取り組むことにする。

第二項　基準となる人間観

先ほどのカルヴァンの抵抗権の思想は「民衆の自由の擁護者」として下位の官憲職にある者に課せられた責任であるが、これは論理的に言えば人民主権に行き着くもので、トレルチは「この狭い橋の上を歩んでカルヴィニズムは、フランス、ネーデルラント、スコットランド、イングランドの偉大な闘争において、民主主義、人民主権、そして諸個人による合理的な社会構成というラディカルな自然法を創り出すまでに至った」と高く評価している。(96) ここで確認しておきたいことは、歴史の中では抵抗権という考え方が宗教的根拠に基づいていたことと、教会と国家の役割を考える中で発展してきたことである。カルヴァンは、国家の役割を、秩序を維持する外的機関と考えた。その使命は貧者や弱者の保護にあって、教会の自律性を侵してはならないとした。具体的には、聖書の言葉を通して語られる神の言葉を妨げることを戒めた。要するに、国家の都合に合わせた非聖書的内容を神の権威で教会に語らせることを禁じたのである。一方で教会の使命は、国家の使命を絶えず思い起こさせることであった。そこに生きる人間と社会を、神につくられた存在として生きられるように、秩序形成のために仕えるということである。(97)

カルヴァンの教会と国家の関係は、他宗教の存在を視野に入れていない点で今日の政教分離とは異なるが、原理的にはそこに行き着くものを含んでおり、トレルチが「民主主義、人民主権、そして諸個人による合理的な社会構成というラディカルな自然法を創り出すまでに至った」と述べた。言い換えれば、デモクラシーと人権は、切り離して考えることができない同一の原理から歴史的に形成されてきた。それらは宗教的根拠に基づいて、神につくられた人間としてのあり方を模索する中で生まれた歴史的産物である。その人間としての生を生きる上で、今のところふさわしいと考えられる政治社会形態がデモクラシーと受け止められている。したがって、歴史においてはデモクラシーも相対化されるが、現在のところそれに勝る社会形態があるかどうかを歴史的に吟味する必要がある。その際には、判断基準がそこに生きる人間が人間らしくあるかにかかっている。何をもって「人間らしい」と判断するかは立場によって異なるが、それは歴史が判断するであろう。今日ではその一つの基準を「人権」という文化価値に見ている。それをさかのぼるとき、その形成過程にキリスト教の影響がある。

いずれにしても、制度のために人間があるのではなく、人間のために制度があるのである。その制度に不備があるとすれば、そこに生きる人間にとって障害となるのであって、形成原理を知っている者は、その人間観を基準にして制度を修正することもできるはずである。この制度と人間の関係が逆転すれば人権が失われていく。今日的課題は、この基準となる人間観を、宗教と切り離して、すべての人間が受け止められる仕方で、どのように捉えることができるか、ということになる。宮沢俊義が取り組んだのはこの問題であったが（序論第二節参照）、彼は歴史を形成した宗教的要素を蔑視し、理想と観念的なものを重視したので、非歴史的にならざるを得なかった。この問題についても終章で取り組む。

第三章　人権理念の形成過程

カルヴァンの主張した、神への服従が人間である支配者への義務より上にあることを根拠とする抵抗権の思想は、のちのイギリスのピューリタンたちにも継承され、生まれながらの人権という考えを伴って宗教的根拠に基づいて表現されていった。その歴史的生成過程は、初めにピューリタンと呼ばれる人々がイギリスに現れ、彼らの信仰運動が、教会改革から信教の自由を求める運動へ変化したことにある。ここでは、なぜピューリタンと呼ばれる人々が現れ、教会改革運動が信教の自由を求める運動に変化したのか、その経緯をたどっていく。[1]

第一節　イングランド国教会とピューリタンの登場

第一項　ヘンリー八世の宗教政策

ヘンリー八世の宗教政策より始まるイングランド国教会は、政治的要因で進められた側面が強いので、教会の内実は従来のカトリック教会のあり方と似ていた。そこでイギリスにおける教会改革運動の徹底を求めた信仰に純粋（ピュア）な人々が、ピューリタンと呼ばれていった。

発端はヘンリー八世の後継者問題にある。通常、世界史ではキャサリン王妃との離婚問題と言われるが、正確には離婚ではなく、結婚不成立の主張である。[2] キャサリンとの間には娘がいたが（メアリー）、男子が生まれないことで死後の政治的混乱を危惧したヘンリー八世は、別の女性（アン・ブーリン）との結婚を必要とした。け

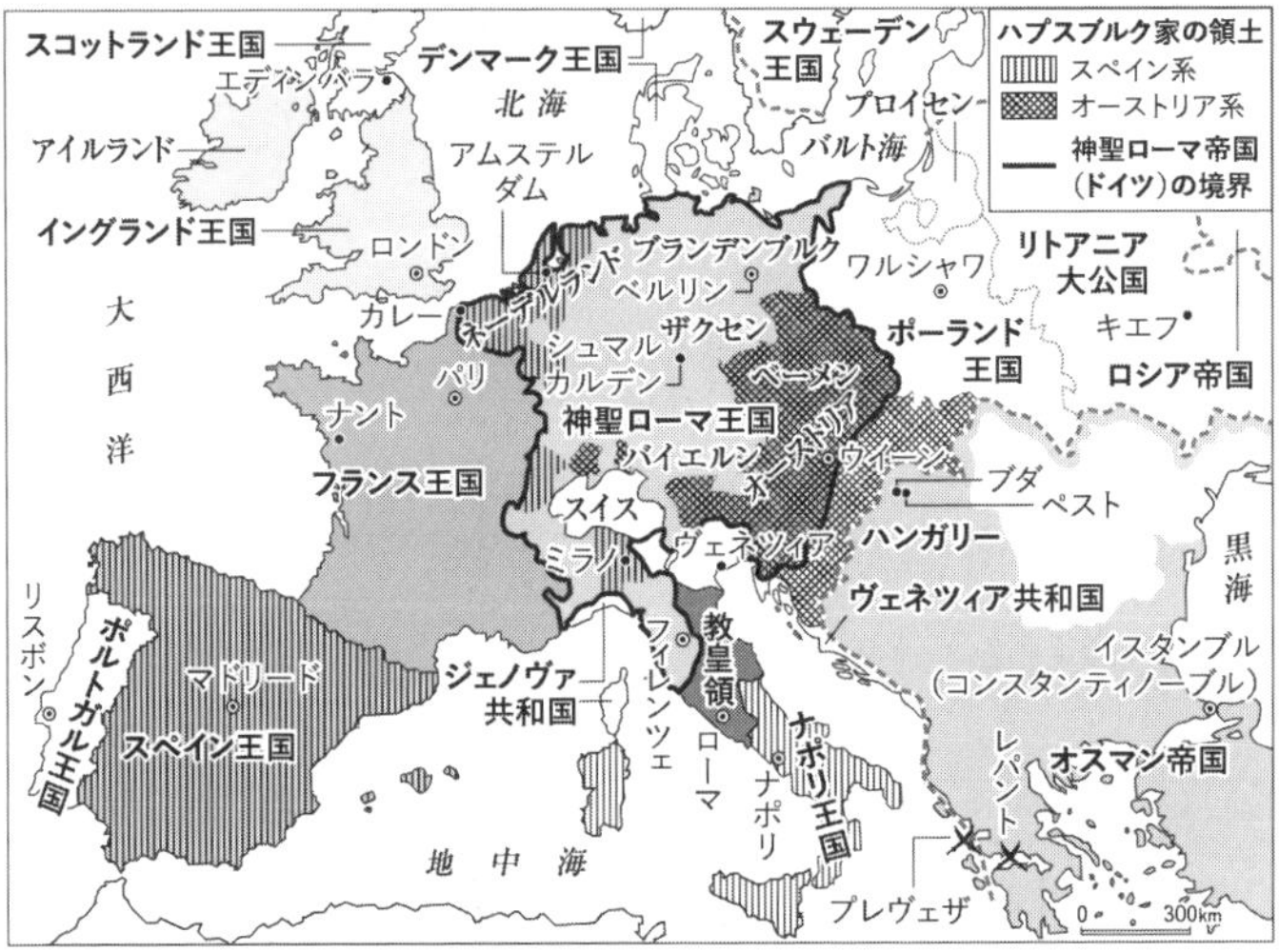

16世紀半ばのヨーロッパ

れども、カトリック教会は結婚を、キリストにより制定され教会に委ねられたサクラメントとしており、「神が結び合わせてくださったものを、人は離してはならない。……言っておくが、不法な結婚でもないのに妻を離縁して、他の女を妻にする者は、姦通の罪を犯すことになる」（マタイによる福音書第一九章六、九節）というキリストの言葉があることから、離婚を禁じていた。ヘンリー八世はそこで離婚ではなく、キャサリンとの結婚を「不法な結婚」と主張して結婚不成立を申し出た。というのもキャサリンは、もともとヘンリー八世の兄と結婚していた。ところが、キャサリンが王妃としてイギリスに来る前に、ヘンリー八世の兄が死んでしまった。結果的に彼女は教皇の特別な許可を得て、ヘンリー八世と結婚をした。ヘンリー八世の言い分は、兄と結婚していたから、キャサリンとの結婚は不成立だということである。しかも、ローマ教皇はこの言い分を当初は認める方向で動いていた。

　ヘンリー八世とローマ教皇は良好な仲であった。ヨーロッパ大陸でルターの教会改革運動が激しくなり、教皇の立場が危うくなってきたとき、ヘンリー八世はルターを論駁する書（『七つのサクラメントの擁護』）を教皇に献呈し、「信仰の擁護者」という称号を与えられていた。この称号はヘンリー八世以後の後継者にも受け継がれ、現在のエリザベス二世の称号の一つにもなっている。通常であれば、教皇に結婚の無効宣言を依頼すれば、それで解決するものと思われていた。ところが、教皇には別の心配事があった。右頁の地図を見てわかるように、当時ローマは神聖ローマ帝国のカール五世に事実上包囲されていた。キャサリンはそのカール五世の叔母であったので、教皇は遠いイギリスの歓心を買うよりも、首元にナイフを突きつけているカール五世の不興を買わないことを選んだ。

　教皇はヘンリー八世に、再婚するならば破門にすることを通達した。屈辱的な通達を受けたヘンリー八世は、教皇との伝統的なつながりを断ち切り、イギリス流の教会改革の実行を決意した。もちろん、国内の聖職者が賛成するはずがないので、彼らを動かすためにナショナリズムを利用した。すなわち、イングランド王に賛同しないものは、外国の勢力（教皇）を支持しているので、国家転覆罪にあたると脅したのである。ほとんどの聖職者はヘンリー八世の主張に同意し、国王が政治的にも宗教的にも最高の権威であることを認めさせた（国王至上令）。ここに、イギリスでただ一つの教会が存在することが定められた。本書ではその教会組織を「イングランド国教会」と呼ぶ。

　この時、トーマス・モア等ごく数人の優れた聖職者を除いて、ほとんどの聖職者はヘンリー八世に不満があったにもかかわらず、抵抗しなかった。権力と結びついた聖職者にとって、抵抗権の根拠となる神に、王に勝る価値を見出すことは難しかった。聖書にもその心を言い当てている言葉がある。

> 議員の中にもイエスを信じる者は多かった。ただ、会堂から追放されるのを恐れ、ファリサイ派の人々をはばかって公に言い表さなかった。彼らは、神からの誉れよりも、人間からの誉れの方を好んだのである。
> （ヨハネによる福音書第一二章四二—四三節）〔傍点筆者〕

これは、抵抗思想を阻害する政治的要素を物語っている。政府による宗教団体の制度化とその政治利用は抵抗する思想を衰退させる。政治的に介入して組織を制度化し、権力に阿《おもね》ることで宗教的エネルギーを喪失させ、抵抗思想の基盤を失わせることが容易にできるからである。為政者にとってこの政策は、国家の統一と抵抗思想の弱体化という利点をもたらした。歴史の中でこの政策は国家によって繰り返し採用されてきた。制度的教会は容易に儀式化する。さらに、聖職者の社会的安定を保障することで、宗教的エネルギーを喪失させることができる。次第に魂の救済への奉仕の精神は失われ、機械的になる。制度が悪なのではない。制度の中に生きる人間において、制度の持つ弊害に抗う精神と思想が未熟なのである。けれども、逆に制度化することで、飢え渇いた魂の要求として、体制に反発する運動が民衆の間から出てくるのも事実である。人権理念はその運動から形成されるのである。

第二項　メアリーからエリザベス一世までの混乱状態

さて、ヘンリー八世の後継者問題には続きがある。二番目の妃アン・ブーリンも娘を産み（のちのエリザベス一世）、男子が与えられなかった。三番目の妃によってようやく男子（エドワード）が生まれたが、わずか九歳で王位についたエドワード六世は、六年間という短い治世で亡くなった。次に王位についたのが、最初の妃キャサリンとの間に生まれたメアリーであった。彼女はイギリスをローマ・カトリック教会と断絶する前の状態に戻すことを目的にした。そして、自分の母親を殺したプロテスタント（イングランド国教会）の聖職者を弾圧した。三百名近いプロテスタント聖職者が焼き殺され、八百名近い人々が大陸へ亡命した。彼女の名前は今日カクテルの名称で残されているが、「ブラッディー・メアリー（血のメアリー）」と呼ばれるようになる。

一般の民衆は、ヘンリー八世の動きが政治的であったので、イギリスで起こっている宗教政策をそれほど認識していなかった。メアリーの統治において身近な聖職者が殺害されたので、国内で何が起こっているのかを知るところとなった。ところが、イギリスが再びカトリック化していく最中に突然メアリーが没した。後継者となったのは、アン・ブーリンとの間に生まれたエリザベスであった。エリザベス一世は、イギリスの国家再建のために、父親がとったイングランド国教会の道を選んだ。その道が意味することとは、宗教とナショナリズムが結びついていくことである。彼女はメアリーによる国内の混乱を見ていたので、優れた政治的感覚で抵抗勢力が出ないように対応した。具体的に言うと、聖職者に厳しい弾圧をすることなく、イングランド国教会に鞍替えすることで、彼らの身の安全を保障したのである。

第三項　ピューリタンの登場

イギリスの教会がカトリックからプロテスタント（イングランド国教会）に戻ったことを聞いて、大陸に亡命していた多くの聖職者はイギリスへと帰還した。その人々の中に、のちのピューリタンと呼ばれる人々が混ざっていた。ピューリタンという名称について、歴史学者の中ではイギリスの長老主義とニューイングランドの会衆派主義に限定する見方や(3)、右派（長老派）・中央派（独立派）・左派（急進派）と分類する見方もある(4)。また「エリザベス体制が許容するよりもさらなる宗教改革と更新を追求した十六、十七世紀の運動」としたり(5)、「イングランド国教会のカトリック化に反対し、個人の信仰の自覚とそれに伴う道徳的緊張の維持を主張する人々の総称」(6)と定義する者もいる。本書ではジェームズ・パッカーの理解に近く、イギリスにおいて聖書に基づく教会の改革運動の徹底を求めた人々に「ピューリタン」という言葉を使用する。彼らは亡命中、カルヴァンをはじめ、大陸の教会改革運動家たちから多くの教えと感化を受けていた(7)。けれども、帰国したイギリスでの改革は政治的な要素が強かったので、教会の内実はカトリックとほとんど変わらず、儀式的であった。したがって、彼らは改革が不徹底であると感じたのである。たとえるなら、アメリカで自由と民主主義を生きた日本人留学生が帰国して、民主主義を標榜しながら、教育の制度、メディア、政治に疑問を感じることと似ているかもしれない。形式を真似ているけれども、原理が貫かれていない実態に疑問を抱いたのである。ピューリタンたちの場合、それが聖書の救済体験に根付いていたため、確信を持って実践活動へと自然に移ることができた。ウッドハウスが述べるように、「ピューリタニズムは聖なる共同体建設のための、またこの世との闘争の問題に妥協と調停により対処するための、確固たる様々の努力を意味する」(8)。また、シンプソンが正しく指摘しているように「ピューリタンたちは、神が宗教改革によって始めたもうたこの恐るべき過程を完成させようという使命感を見いだした」(9)のであり、ヨーロッパ大陸で起こった改革運動を完成させようとしたのである。

けれども、当時は誰がピューリタンであるか見分けることができなかった。ピューリタンの運動は派閥やグループ組織ではなく、元々は聖職者の中に潜在的に存在しており、混ざっていた。換言すれば、集団の中で特定の専門分野に精通しているマニアックな人々がマニアと呼ばれるように、信仰に純粋（ピュア）な人々が「通俗的なあだ名」(10)としてピューリタンと呼ばれていったのである。しかしエリザベスは、カルヴァンの影響を受けた人々（カルヴィニスト）を警戒していたと考えられる。たとえば彼女が新しく主教に任命した一三名のうち、一名を除いてすべてルター派であったということにも示されている。彼女だけでなく、その後王位についた者は、カトリックに対して比較的寛容であったにもかかわらず、ピューリタンには厳しく対処した。このことが物語っていることは、国家統一という政治的感覚がピューリタンたちの持っている抵抗思想の危険性を敏感に察知していたということである。その問題が最初に表れたのは、聖職者の服装の規定においてであった。

第二節　ピューリタニズム運動(11)

第一項　祭服論争

ピューリタン運動の発祥地の一つは、ケンブリッジ大学のトリニティ・カレッジであった。その最初の代表的人物はトマス・カートライトである。[12] 事の発端はエリザベスによる礼拝様式の統一において起こった。礼拝統一はイギリスでただ一つの教会が存在するために必要な政策であった。しかし、この動きが宗教的な動機ではなく、政治的要求からくるので、実際の形式はカトリック教会と同じで、聖職者にカトリック的な祭服の着用を強制した。[13] これはプロテスタントの精神を持つ者にとって我慢のできないことであった。

現代に生きる者にとって、祭服を着ることがどうして深刻な問題になるのか見当がつかないかもしれないが、たとえば日本の国立大学の教員に軍服着用を強制したとすれば想像しやすいかもしれない。おそらく多くの者は、過去の体制に戻るのかと抵抗するのではないだろうか。近年日本の政府が国立大学で国歌国旗斉唱を要求して多くの大学に動揺が走ったが、[14] そのイメージと似ているかもしれない。国家は国を統一するためにユニフォームの着用を求めた。一つの（ユニ）形（フォーム）にすることで統一を図ったのである。しかしピューリタンにとって、その内実は旧体制であるカトリックに戻ることと同じであったので、教会改革運動の徹底を求める人々は、この動きに抵抗したのである。

ところで、これまでの時代、国王に対抗できる存在は教皇しかいなかった。上に立つ存在への服従を拒むには、別の服従する存在が必要となる。けれども、ピューリタンたちは旧体制に戻ることを否定しているので、カトリックの教皇に訴えるわけにいかない。つまり、教皇に頼ることなく、いかにして国王に対抗していくのか、という新しい問題が起こったのである。そこで、大陸の教会改革運動の影響を受けたピューリタンたちの根拠にしたものが「聖書」である。聖書の神を根拠として、神意に背く王の要求に抵抗したのである。

彼らの抵抗を単なる利権を求めた政治運動と見ては、彼らを動かしている動力を捉えることができない。一方で、ピューリタンをただの真面目人間と考えては、歴史を動かしたこの動きを理解することができない。彼らは聖書を通して自分の存在意義を再発見し、救われた経験をしている人間なのである。[15] 卑近な例を用いると、音楽の素晴らしさを経験したジャズの演奏者が、ジャズを禁止されたようなものと言えばイメージしやすいだろうか。その音楽によって新しく自分を見出した者にとって、それを失うことは、自分を失うことと同じなのである。「音楽の無い世界に生きるくらいならば、死んだ方がましだ」という文学的表現と似ているかもしれない。その素晴らしさを知らない者がいるならば、他者に伝えることまでもする。ピューリタン神学者の一人であるトーマス・グッドウィンは、聖書を語る説教を通して回心を体験してから、「心を込めて語り出した。……自分で感じ、味わったように説教し、人生の良き言葉として教えた。彼の最大の願いは罪人をキリストへと回心させることであった」[16]と伝えている。彼が説教するときは、大学人たちが説教を聞きに押し寄せてきた。この現象はピューリタンに共通のものであるが、聖書の言葉を通して自分の存在価値を新しく知る喜びに生きた者にとって、説教者であろうが聴衆であろうが、聖書の言葉のリアリティを失った世界に生きることは耐えられないことだったのである。

政府当局は彼らの運動が体制批判になることを恐れて、統一政策に従う（コンフォーム）ことを求めたが、これに従わなかった者は非国教徒（ノンコンフォーミティ）と呼ばれていった。体制批判者には厳しい処置を講ずる必要があり、従わない者は市民権が保障する権利を期待できなかった。それに従う者と従わない者は明確に区別され、後者は刑罰を科せられる必要があった。体制に不服従を示した彼らがピューリタンであり、そのうちのあるグループが弾圧から逃れるため新大陸アメリカに渡っていくのである。

第二項　インテリ運動から民衆運動へ

カートライトの影響を通して、トリニティ・カレッジの学生たちは具体的な抵抗の意志を実行に移した。わずか三人を除いた全学生が定められた祭服を着用せずに礼拝に集まったのである。これは公然と行われた国家の行き方に対する抵抗の意志表明であった。しかし、これらの抵抗運動はすぐに政府当局によって鎮圧された。カートライトは大学を追放され、彼らの運動は「ピューリタン取り締まり法」（一五九三年）によって弾圧され、息の根を止められてしまった。つまり、大学を拠点とした大学人の政治運動は挫折したのである。

政治的手腕のあるエリザベスは、これらの抵抗勢力に対して巧みな政策を行った。彼らがエリザベスの主権に関わるような政治的抵抗を企てる限り弾圧するが、そうでない限りは寛容に対処したのである。政治的に観察すれば、エリザベスの政策は成功した。少なくとも、エリザベスの治世では大きな抵抗運動は起こらなかった。通常このような政治的対応をすると、抵抗運動は時間と共に骨抜きにされる。ところが、ピューリタンたちの運動は、この挫折を経ることによって、かえってのちの歴史を動かす大きな運動となっていのちを吹き返す。その理由は、彼らのとった道が「説教運動」だったからである。[17]大木英夫は政治運動に挫折したピューリタンたちが政治問題に直接触れずに、信仰の事柄に集中する「説教運動へと転向していった」[18]と主張するが、パッカーの分析によれば彼らの運動は最初から「説教のこの上ない重要性に対する信念」[19]から来ていた。歴史的に彼らの運動は最初から説教を重んじていたので、説教運動へと「転向」したのではなく、「集中」したと理解する方が妥当であろう。

ピューリタンたちは、国内に留まって地下運動になるか、自分たちの信仰の自由を求めて国外脱出するかのどちらかの道に行くことになる。[20]国外脱出の道は、後で触れるアメリカ大陸に渡るメイフラワー号のピルグリム・ファーザーズに見られる。国内にとどまったピューリタンは、大学を追放されて地下に潜り、説教運動の形をとって、民衆に聖書を説教していく。そうすることで、民衆の中にピューリタニズムの精神が浸透していった。つまり、ピューリタンの運動は、インテリ運動から民衆運動へと変化したのである。[21]しかも、この場合の民衆運動は、政治や憲法の勉強会では起こり難い継続性をもたらした。政治的な運動は社会が不安定なとき関心が高まるが、情勢が安定すると問題意識を失う傾向がある。けれども、説教を通した救済体験の内容は、常に彼らの現実存在に関わっているので、風化することが少なかった。

こうしてピューリタンたちの運動は、当初大学人たちによる教会改革を目指した「政治運動」が中心であったが、挫折して「説教運動」へと集中し、その理念が民衆の中へと浸透していった。民衆に浸透したことで、ピューリタンの運動は長い時間をかけて民衆の社会的運動となり、ピューリタン革命へと向かうのである。今日各国の憲法に定められている人権の理念は、この運動の中から現れるのである。

第三項　信仰の自由を求める運動

ピューリタンとコモン・ローヤーの結実

教会の改革運動として出発したピューリタンたちの運動は、国王による国民的礼拝様式の統一によって弾圧され、それに抵抗する形で「信仰の自由を求める運動」へと変化していく。自分たちの信仰の自由を求めるこの動きは、イギリス人の権利を求める運動と結合しながらピューリタン革命へと進んでいった。(22) この動きの中から人権理念が成立し、のちの信教の自由を法律によって保障することへと結実していく。

しかし、当初は誰もこのような動きや人権理念の成立を予測することはできなかった。のちの世代だけが歴史を動かした一点というものを発見することができる。当座はそれほど目立ったことではないが、歴史の中に「あのとき」と言える出来事が存在する。特にここで重要なのは、信仰の自由とイギリス人の権利を求める動きが結合するところである。信仰の自由とイギリス人の権利というのは二つの運動である。一方は信仰者の運動であり、他方は世俗の法学者の運動である。この両者が結びついて一つの社会的・人民的な動きになっていく。この出来事を思想史的に観察して、歴史的動向を捉えたい。

ここでは紙面の関係上、複雑に絡み合った歴史的背景を詳細に紹介することができないので、人権理念の形成過程の中から重要な二つの契機を紹介する。それは「スポーツ令」（一六一八年／一六三三年）と「議会の解散」（一六二九年）である。「スポーツ令」は今日の運動会のルーツの一つでもある。「議会の解散」は、文字通り議会を解散させて、絶対王政の体制になったということである。後で詳述するが、この二つが信仰の自由を求める運動とイギリス人の権利を求める運動を結びつける転てつ機となった。

エリザベス一世の後王位についたジェームズ一世は、思想的に絶対王政へと向かう考えを持っていた。彼は安定を失った社会をいかに秩序立てるかということに関心があった。教皇の教会体制から離れた社会状態では、国王の権威を強化することによって秩序を確立しなければならない。そこで「国王が法律の著者であり作者であって、法律が国王の作者ではない」という政治思想を展開した[23]。それは「王は人の下にあってはならない。しかし、国王といえども神と法の下にある。なぜなら、法が王を作るからである[24]」という伝統的なイギリスの「法の支配」の否定を意味していた。この動きに反対したのが、イギリス固有の法であるコモン・ロー（普通法）にたずさわる法律専門家コモン・ローヤーたちである。彼らは、コモン・ローによって守られているイギリス人としての権利を擁護するために、王に反対した。その権利を守る闘争の中で、ピューリタンたちの運動と結合していくのである。

反知性主義の正体

ピューリタンたちは、日曜日の国教会の礼拝後にそれぞれ自由に集まり、ピューリタンの牧師による説教を聞く集会を開いていた。人々は、心に届かない儀式的な国教会の説教に辟易としていた。聖職者たちは、イングランド国教会が定める『祈禱書』と『三九ヶ条』があれば、「説教することに苦労する者はいなかった[25]」と伝えられている。その説教は式文の朗読であり、決まり切った言葉の羅列であった。人々はそれよりも聖書の言葉を体験的に語り、魂に訴えかける言葉を好んだ。たとえるならば、黄ばんだ二〇年前のノートをただ読むだけの教授の授業よりも、学生の目を見ながらその魅力を伝える情熱にあふれた非常勤講師に学生が殺到するのと似ている。先に紹介したトーマス・グッドウィンが好例であるが、回心体験をした彼は全身全霊で語りかけ、自分が「体験したように説教し[26]」、聞く者が経験できるように伝えた。聴衆は彼の説教を聞きに詰めかけたのである。

回心経験者の説教は新たな回心者を生み出した。それだけでなく、ピューリタンの集会で語られる説教によって慰められ、聖書の素晴らしさを経験した人々の中から、同じ情熱と言葉を持った説教者が誕生した。その中には、特に大学教育を受けていないけれども、向上心を持って聖書や当時の有名なピューリタン牧師の著作を熱心に読んで吸収した人々がいた。彼らの語る説教は、聴衆の心に深く届き、「神の栄光と人民の福祉のためになることを語る」[27]知恵に満ちていた。説教だけでなく、文学作品も生まれた。たとえば、ジョン・バニヤンの『天路歴程』はその中の一つである。[28]また、福音内容を伝えることに男も女も違いはなかった。ピューリタンの歴史家としても知られるエドワード・ジョンソン（一五九八―一六七二年）はアン・ハチソンという女性説教者の崇拝者から次のように言われた逸話を残している。「馬鹿な大卒の黒衣装〔説教者の服〕をまとったあなた方よりも上手に福音を説く女性のところへお連れしましょう。彼女は多くの啓示の出来事を経験しており、個人的には〔あなた方よりも〕信仰があると思う。私は聖書に精通した学識ある学者たちよりも、教育を受けていないが、霊にうながされて自由に語る彼女のような説教を聞きたい」[29]。この逸話からもわかるように、大学卒業者以上に上手に福音を語る人々の中には女性もいた。すなわち、ピューリタンの集会では階級的身分や性別に関係なく、聖書を語ることにおいて平等であったのである。

重要な特徴は、彼らが語る言葉を持っていたということである。大学出身者でない説教者が登場した現象を「反知性主義」と呼ぶ歴史家もいるが、日本のピューリタン研究者の第一人者である大木英夫はこの特徴を「実力主義」[30]と呼んだ。学位や地位を持っていないが、人々の心に届く言葉を持っている。それはレトリックの問題ではなく、言葉と言葉を語る人格的存在が結びついているのである。ピューリタンたちの説教運動は、説教者の存在と結びついた人格的言葉を語ったので、人々の心に届き、それが人の心を動かすことにつながった。彼らのイングランド国教会に対する不満はカトリック的要素であり、具体的には礼拝の儀式的・祭儀的要素にあった。儀式的・祭儀的要素は制度的教会に結びついていた。制度的教会には政治的な要求がある。人々を統一させていくときに、制度や儀式は有効に働くからである。制度は絶対悪なのではなく、むしろ社会において必要である。けれども、自由と無秩序が紙一重なのと同様に、制度にも消極的側面がある。その一つが主体性を失わせることである。

たとえ優れた文言であっても、定型の祈りや決まり切った説教の言葉は、機械的で人格に訴えてくることがない。特に、式文を読むだけで済まされる聖職者は、生き方がその言葉と乖離していた。ピューリタンたちが求めたのは、借り物の言葉ではなく、魂に訴えかける、生きた人格的言葉であり、語っている存在の人生と結びついた主体的言葉である。ピューリタンは聖書の言葉を体現している説教者だったのである。

したがって、民衆に起こる反知性主義の正体は、真理探究の言葉の要求からきていた。結果的に反権威主義に映るが、権威や政治を否定しているのではない。政治に失望していたので、政治的・制度的な動機から解放された言葉を求めていた。民衆の心に届いたピューリタンの説教は、今どきの日本の大学のように、聴衆の理解度に合わせて難しいことをわかりやすく説明するというものではない。もちろん平易に語っているが、内容は神学的にも教理的にもかなり高度なものである。それは知的教養を身につける類のものではない。魂に訴えかけるものがあった。人生を変え、生きる目的に変革を起こす言葉であった。したがって、回心（コンヴァージョン）が起こったのである。そこで、神の前では皆平等であることを、理屈ではなく、目で見て心に感じ取っていた。聖書が語る福音の説教とは、本来そのような力を持って訴えかける言葉なのである。

主体性を重んじるピューリタンたちは、儀式的でない、自由な意志で聖書を読む集会を開催し、各地で有名な説教者が招かれて説教するようになった。彼らは強制されてではなく、義務からでもなく、自由な意志で自発的に集まってきた。アメリカの社会倫理学者であるジェームズ・L・アダムズは、この国家と切り離された人民によるる集会に、ボランタリー・アソシエーション（自発的結社）の現れをみたのである。[31]

弾圧と抵抗

政府にとってピューリタンの集会は目障りな運動であった。ピューリタンたちは非政治的な説教運動を展開していたが、イングランド国教会の制度による国の再建を目指した政府当局にとっては、それと異なるピューリタンたちの集会が国家を破壊する運動に映ったのである。[32] したがって、この運動が各地に広がるにつれて、政府当局は見逃せなくなる。重要なことは、彼らの運動が説教運動となったために、ピューリタニズムの影響が民衆に浸透していったことである。そこで聖書的人間観や抵抗権の思想を意識する人間が社会の中に現れてきた。民衆の多くは、その思想が聖書の信仰に由来していると認識していないが、影響が浸透することによって、共通善（commonwealth）として受け止められていった。現代で言えば、人民主権や幼児教育・女性教育の形成にキリスト教の影響があることを大半の人々は認めないけれども、共通の文化価値として社会が受け止めているのと似たような現象である。つまり、社会の中にピューリタンたちの宗教的要素が影響し始めたのである。

そこで政府当局は、ピューリタンたちの集会に弾圧を加えていった。ジェームズ一世は一六一八年、有名な「スポーツ令」を出した。これは日曜日の午後にスポーツやダンスを推奨することによって、午後に行われているピューリタンたちの集会を開催できないようにしたのである。なんでもないことに思えるこの政策が、のちの社会的抵抗運動を起こす一つのきっかけになった。ピューリタン研究者のクリストファー・ヒルは「スポーツ令」とピューリタン革命の関係について考察し、「フラー（一七世紀の歴史家）はわれわれに、多くの穏健な人々にとってスポーツ令が革命の主要な原因と考えていたことを教えてくれている」と報告している。[33] この政策は、ピューリタンたちにとって、聖書の十戒に書かれている「安息日を心に留め、これを聖別せよ」（出エジプト記第二〇章八節）という安息日遵守を犯しているので、国王が神の意志に反することを勧めていると受け止められた。[34] つまり、神意に背き、神への服従から離れさせるものには抵抗すべき、という抵抗権の思想と結びつき、国王に抵抗する正当な権利をピューリタンの中に植え付けたのである。

ジェームズ一世の思想は、その子チャールズ一世に受け継がれた。[35] 議会に対する専横な振る舞いも継承され、国王絶対主義と議会の権利擁護の立場が激しく対立し、チャールズは一六二九年以降議会を開催しないで政治を続けた。さらに王は徴税を強行し、支払いを拒否する者を投獄した。今日で言う財産権に抵触したのである。正当な理由の供述なしで投獄したり徴税したりする王権に対して、人々はイギリス人の権利が侵されていると感じた。そのような状況下で、一六三三年チャールズは「スポーツ令」を再発行した。

この時、政治的解決に絶望したピューリタンのあるグループがアメリカに移住した。表面的には国王の政治が圧勝であった。ところが、地殻変動は確実に起こっており、見えないところでマグマが動き出していた。大木英夫は、その歴史的動向を「英国人の権利意識とピューリタン信仰」[36]の結合に見た。背景には、王の強引な弾圧により、イギリスの伝統的な法秩序の崩壊傾向を危惧するコモン・ローヤーの存在がある（一〇四―一〇五頁参照）。彼らの法廷がピューリタンに援助の手を差し伸べるのである。[37] ピューリタンたちの集会が弾圧されると、彼らの信仰の自由を求める運動をコモン・ローヤーたちが支えるようになる。それが自分たちの自由な集会をするイギリス人の権利と結びついたからである。ピューリタンの信仰と権利意識の結合は、レヴェラーズ[38]の指導者の一人であり、のちの『人民協約』に連なる基本的思想を形成したジョン・リルバーンの言葉に表れている。

> もし正義の自由な行使やわれわれが生まれ持った正当な自由を保護すること、否むしろ回復することのために、神の意志とその喜ばれることに従い、またこの国の基本法とにしたがって、適切な規定がなされてないのならば、恐るべき正義の神は（この人民の支配者たちの不正のために）怒りと激しさをもって彼らと争われるであろう。[39]〔傍点筆者〕

ここに「神の意志」と「国の基本法」に基づくイギリス人の権利意識が結び合わさって、国王に抵抗する正当な意識が芽生えているのがわかる。また、ピューリタンたちの信仰はコモン・ローヤーにも浸透していく。それを表しているのが、後でも取り上げるヘンリー・パーカーである。大木はパーカーが歴史と契約を重視するピューリタンの神学的土台に身をおいて思想をたてていることに注目して、「パーカーは彼の法思想や社会契約の考えをこの神学的歴史観の枠にはめ込んで理解している」[40]と指摘している。このようにして、信仰の自由を求める運動とイギリス人の権利を求める運動が結びついて、革命へと向かっていった。この動きがのちの信教の自由を法律によって保障することへと結実するのである。

誤解されやすいが、歴史の中で信教の自由は、他宗教との共存から派生した問題ではない。同じ宗教であるキリスト教世界の中で、国家に公認された教会から自由な集会を求めた信仰運動から始まったのである。当時は、ピューリタンたちの理念にカトリックや他宗教への信仰の自由は考えられていなかった。けれども、歴史の中でこの原理が他宗教の信仰の自由を保障していく動きへと展開していくのである。その点については、アメリカのロジャー・ウィリアムズのところで触れることにする（第四章参照）。

第三節　抵抗権の展開と「人民の福祉」

第一項　Salus の救済的要素

ピューリタンの信仰の自由を求める運動とコモン・ローヤーのイギリス人の権利を求める運動が重なっていく中で、抵抗権の思想に新たな展開が起こった。抵抗権の思想は、神への服従が人間である支配者への義務より上にあることを根拠としていた。この神への服従というきわめて神学的な理解が、運動の中で「人民の福祉」という言葉に置き換えられていく。この言葉は人々が王に抵抗する根拠を「神の法」や「自然法」と並んで「万民の法」に見出していく中で、有効に再生されてきた。

「人民の福祉（people's welfare）」という言葉は、古代ローマ時代のストア派哲学者キケロが語った「人民の福祉が最高の法（Salus populi suprema lex）[41]」という言葉で有名である。これが政治の究極目標であり、王もこの法に従属することが主張されたのである。キケロによれば「法律は市民の安全および国家の無事と、平穏で幸福な人間生活のために考え出されたもの[42]」であるから、最高の法である「福祉」と訳されるラテン語サルス（salus）は安全や幸福（welfare）を指し、英訳では肉体的・精神的な健康状態を意味する言葉（well being または good）が用いられる。けれどもラテン語世界では、ローマ帝国がキリスト教を公認して以降、「救済」を意味するようになった。それを実証するのは、サルスがラテン語訳ウルガータ聖書の中で「救い（salvation）」を意味する言葉として用いられていることである。他にも、ローマのサンタ・マリア・マッジョーレ大聖堂の福音書記者ルカが描いたと伝説で言われる聖母子像（写真）は「サルス・ポプリ・ロマーニ *Salus Populi Romani*」と呼称されるが、その意味は「ローマ市民の救い」である。つまり、サルスには肉体的な健康状態だけでなく、全人格的な存在を救う意味が含まれたのである。英語圏では文脈に合わせてサルスに salvation, welfare, utility, safety, good, well-being という訳語が充てられた。

聖母子像「サルス・ポプリ・ロマーニ」

第二項　ユマニストと改革者へのキケロの影響

ルネサンスの古典研究を通してキケロの作品を読んだユマニストたちは、新しい響きでこの言葉に出会ったはずである。「ユマニスムの父」と呼ばれるペトラルカは、キケロの神について語る書物を読み「異教の哲学者ではなく使徒が語っているようにおもわれ」ると言い、「哲学的であるばかりか、ほとんどカトリック的」と評して、キケロがキリストと出会わずに死んだことを惜しんでいる。[43]すでにアウグスティヌスの『神の国』を通して受容されていたキケロの思想は、アウグスティヌス修道会出身のルターは当然のこと、カルヴァンを含めた改革者にも影響を与えた。

キリスト教世界で広く受け入れられたキケロの思想は、法律家と政治家たちを通して抵抗権の思想にも影響を与えた可能性がある。この可能性を考えられるのが先述した皇帝への抵抗の合法性を模索していたヘッセン方伯フィリップの存在である。神聖ローマ皇帝がローマ教皇と手を組んで攻撃を仕掛けてきた時に身を守る必要があったプロテスタントの諸侯たちは、抵抗の法的根拠を法律家と検討していた。そこで彼らは、皇帝権力の条件を「彼自身の直接の臣民の幸福と救済（well-being and salvation）を確保することはもとより、お互いに対する法的な責務を守る道義的義務を含む」[44]と考え、これを破ったときには皇帝への抵抗の合法性が確保できると考えた。ルターたちは当初ローマの信徒への手紙第一三章が語る「上に立つ権威に従うべきです」に矛盾するこの理解に消極的であったが、緊迫した政治状況の中で最終的にフィリップの提案を受け入れ、積極的抵抗の論理へと傾斜していく。[45]法律の専門家との検討の中で主張された「臣民の幸福と救済」を根拠とする抵抗の理論は、のちのピューリタンたちが主張したキケロの「人民の福祉が最高の法」を根拠にした抵抗権と論理的に一致する。

第三項　王権存立根拠としての人民の福祉

カルヴァンは抵抗権を神意に基づいて主張したが、それは「例外」であって積極的な主張ではなかった。[46]さらに、人民の福祉に通じる理念を抵抗権の根拠ではなく、王権存立の目的と根拠として主張した。たとえば、この世の支配の目的の一つとして「公共の安寧と静穏（peace and tranquility）とを維持するという目的が定められている」[47]と述べるが、それは王権の目的を明らかにするためであって、抵抗権を確立するためではなかった。カルヴァンの影響を受けたモナルコマキ（暴君放伐論者）も、カルヴァンと異なり暴君への抵抗を積極的に主張したが、のちのピューリタンのように人民の福祉を抵抗権の根拠として主張しなかった。

一五七九年に出版されたとされる『ウィンディキアエ』には人民の福祉に通じる言葉が多用されるが、それも抵抗権の根拠ではなく、王権の目的を明らかにするためであった。そこにキケロの格言は見られないが、「最高権力者の目的は、ただ一つ、人民の福祉（the people's welfare）に役立つことである」[48]とあるように、キケロと同じ論理が語られていた。ラテン語で salus populi と言う場合もあるが[49]、同様の意味で vtilitas（福利[50]）、utilitas publica（公共の利益[51]）が用いられている。英語では public utility（公共の福利[52]）、security[53]、the safety of the people（人民の安全[54]）、the welfare of the people（人民の福祉[55]）、the good of the people[56]、the common welfare[57]が同様の意味で用いられている。いずれにしてもこれらは抵抗権の根拠として語られているのではない。「すべての人は、国王と人民との最も確固とした人民の福祉«salus»、この一点に心を向けるべき[58]」とあるように、王権の存立根拠と人民の服従義務の基礎づけとして語られていた。

『ウィンディキアエ』の著者が抵抗権の根拠としたのは、カルヴァンと同様に国王が神意に背く行為をしたときであるが、より具体的には神法である十戒違反である。「われわれは、神の法というとき、神が二枚の石板に刻んでモーセに告げられた二表の法（十戒）のことを意味している。いわば、これら二表の法が描く不動の境界線内に、すべての君主の権限は封じ込められなければならない[59]」。国王と人民の適切な関係も国王が神の法である十戒遵守を約束する契約で結ばれる[60]。「君主として立てるときに、その人物自身と人民との間に契約が結ばれる[61]」。この契約が反故されたとき抵抗権が主張された。「国王が神の法に背く命令を下すなら、被治者にはその国王に服従する義務はない[62]」。ピューリタン革命に至る経緯で日曜午後にレクリエーションを課したスポーツ令が国王への抵抗の契機になったことを述べたが（第三章二節三項参照）、その思想的根拠がすでにここで述べられていた。

この思想が積極的抵抗へと展開するのは、国王と人民の関係について、人民が国王の上位にあるとしたからである。その根拠と論理は、聖書と世俗の歴史に基づいて「選挙王制[63]」すなわち「国王は人民によって建てられる[64]」ことから「人民全体が明白に国王より大きな権能を有する[65]」という帰結に導いた。また下位の官憲職についても「人民全体が国王の上位に位置するのと同じく、王国の役人たちも、たとえ一人一人をとってみれば国王の下位にあるとしても、全体としては国王の上位にあるとみなされるべきである[66]」と述べ、人民も官憲も国王が契約遵守する限りは服従するが、反故にしたときに抵抗できる筋道をつけた。

さらに、世俗の諸法の有効性を積極的に認めた。『ウィンディキアエ』では国王と人民の正常な機能は「法」によって導かれる。「人間社会が最善に統治され祝福された目的へ向けられるよう、神は法を通して導いてくださる[67]」。したがって、「国王すなわち人間に服従するよりも、法に服従する方が適切で公平である[68]」と語り、使徒たちの「人間に従うよりも、神に従わなければなりません」（使徒言行録第五章二九節）という聖句の現実的適用を諸法で代替可能にさせた。この契約関係と諸法に背く者を「僭主」と呼び、全人民またはこれを代表する官憲職にある者は契約関係上「君主より上位に位置する」ので[69]、「職責が要請する義務として、僭主自身を諸法に依拠して裁かなければならず、逆らう僭主には、他の方法がなければ、物理的暴力を用いて鎮圧しなければならない[70]」と述べ、僭主への武器を用いた抵抗権の正当性を認めた。

人民の福祉は、抵抗権の根拠としてではなく、国王と人民との正常な関係を示すために述べられた。神に従うことは神礼拝〔第一表〕と隣人愛〔第二表〕を内容とする十戒を守ることであるが、人民の福祉は第二表である隣人への義務に相当する。「国王は、前者〔第一表〕においては神の栄光に心を砕くことを、後者〔第二表〕においては人民の福祉（the welfare of the people）に貢献することを約束する[71]」。この場合、人民の福祉はキケロの言う「最高の法」にならない。『ウィンディキアエ』では「第一表の法が、順序において先に置かれているように、〔第二の表より〕優先されなければならない[72]」とあるように、第一表が最高の法となる[73]。契約関係が破られた場合に抵抗権の発動が可能になるが、重要なことは「第一表の法を遵守するために、われわれは慎重のうえにも慎重を重ねる必要がある」[74]ため、人民の福祉は抵抗権の根拠として主張されない。「国王は公共の福祉（publica salus）を図るために献身し、人民はその王に服従し要請を受け入れる」[75]とあるように、国王の存立根拠と人民の服従義務の基礎づけとして語られた。しかし、この不履行が僭主となる試金石になるので[76]、君主より上位にある神の法と人民の福祉が代替可能な抵抗権の根拠に成り得る道を備えたと言える。

第四項　神への服従から人民の福祉へ

抵抗権の根拠に神意（十戒や神法）でなく、人民の福祉を基礎付けたのはスコットランドの人文主義者ジョージ・ブキャナン（一五〇六―一五八二年）であった。彼は一五七九年に『スコットランドにおける国王の法について』を執筆し、暴君への抵抗権を主張した[77]。抵抗の合法性は『ウィンディキアエ』と同様の契約関係を用い、「国王と人民との相互契約（Mutua igitur）[78]」から導き出した。この契約を国王が犯した場合、与えられていた「特権と権利を失い」、「僭主」となり、「敵対する者」と呼ばれ、殺害することも合法とされた[79]。ブキャナンはスコットランドの国王の歴史を引き合いに出すことで僭主殺害の正当性を主張した[80]。

『ウィンディキアエ』の著者と異なるのは、抵抗権の根拠に「神意に背く」という宗教的要素を入れず、法を遵守する国王の義務を置いたことである。ブキャナンにとって国王の義務とは「人民の福祉が最高の法（Salus populi suprema lex esto）[81]である」という言葉に従うことであった。彼はこの言葉がキケロの格言であることを明記して、すべての議論がこの一点に向かうと主張した。「国王のすべての働きは、自らの権力拡大でなく、公共の福祉に向けられるべきである[82]」。もし国王がこの責務を忘れて自己中心的な喜びに向かうならば、彼は「神とすべての人民にとって最も危険な敵とみなさなければならない[83]」。ブキャナンにおいて抵抗権の根拠は、神への服従（十戒）から人民の福祉へと展開したのである。付け加えると、『ウィンディキアエ』では個人（私人）による抵抗は無政府状態による秩序崩壊を避けるため認められていないが[84]、ブキャナンは個人による抵抗も「合法」とした[85]。

人民の福祉を抵抗権の根拠とすることは、抵抗思想における宗教的要素の排除にはならない。近年の研究者は世俗法を優先する彼らの思想から宗教的要素を過小評価する傾向が見られる。スキナーは、ブキャナンが信心深い民として神に約束する「宗教的誓約にはまったく触れない」ことから、その叙述が「神学ではなくて政治学であり、宗教的義務ではなくて権利の概念についてである」と見る[86]。同様の傾向をアルトジウスから研究したギールケもとる。アルトジウスよりも古い書物には宗教的抑圧への対抗から信仰告白的要素が見られたが、アルトジウスにおいては「純粋に世俗的な書物として現れること[87]」になったと述べる。古代ローマの哲学的国家論や法理解、そして王政の歴史から僭主に対する抵抗を合法とする論理が「世俗的」であり、政治学的要素が強いことは否定するものでなく、むしろ歴史的展開に積極的な意味を持つ。けれども、彼らの取り組みを「神学でない[88]」またぱ「脱神学的な理論[89]」とする評価は行き過ぎである。彼らの言動には神学的思索の形跡があり、政治学的アプローチも宗教的要素を切り離して考えることができない。ストア派やキケロの影響がユマニストたちによるキリスト教的受容の歴史的文脈の中で起きていたことも、彼らの思索に神学的関心があったことを実証する。人文主義者であるブキャナンがキケロの格言である「人民の福祉」を抵抗権の根拠として採用したのもラテン語サルスの救済論的な響きと無関係でないだろう。この言葉が大陸での改革運動の徹底を図ったピューリタンたちによって用いられるのである。

第五項　イングランドにおける人民の福祉

「人民の福祉が最高の法」という言葉はイングランドとスコットランドのエリートたちに知られていたが、イギリスの庶民には浸透していなかった。一五七九年に書かれたブキャナンの著作もラテン語で出版されており、英訳されたのは一六八〇年である。J・W・ゴフによれば、この言葉を最初に英語で紹介したのは一六〇〇年に出版したフルベックの著作であったが、彼はキケロの格言でなく、古代ローマの成文法である十二表法の一つと誤解して紹介した[90]。同様の誤解が一六一二年のフランシス・ベーコンの著作[91]や一六四四年に執筆されたサミュエル・ラザフォードの『法と王』[92]においても見られる。このことから、イギリスでこの言葉がキケロの格言として知られるようになるのは一六八〇年以降になると考えられる。それまでの間に、王もこの法（人民の福祉）に従属するという理解は、救済に関わる信仰の言葉としてピューリタンに浸透した[93]。ジョン・リルバーン（一六一五―一六五七年）はそれを実証する人物である[94]。大学教育を受けたわけでなく、聖職者でもなく、若い一般市民であったが、ピューリタン牧師の影響により優れた説教者として成長したリルバーンは、ルターやカルヴァンだけでなく、暴君への積極的抵抗を主張したテオドール・ド・ベザや殉教したピューリタンたちの文書を耽読《たんどく》していた[95]。違法とされるピューリタン文書をイングランドに密輸した罪で逮捕投獄され、それに抵抗する中で一躍有名になるが、獄中で執筆した『獣の所業』（一六三八年）の中から「人民の福祉」という言葉の重要性を示している文章を引用する。

> たしかに私は一人の若者であって、この世が学者を評価する仕方からすれば学者ではない。しかし、私は信仰深くあるようにと神の恵みを受けた。神は聖なる摂理によって、この日ここまで私を導かれた。私は天地の神の霊と力に助けられてあなた方に神の名において語っている。思慮分別を欠いた言葉ではなく、熟考された言葉を真剣に語っている。ここに来る前に、私は神に尋ね求め、神の栄光と人民の福祉（good of his people）のためになることを語ることができるように導き力づけてください、と願い求めたからである。そして、私は大いなる強き司令官であられる主イエス・キリストの御旗のもとで戦う兵士であり、またその日必ずや我が頭に与えられるであろう不死の冠を望むゆえに（私は今その状態に置かれている）、私は平穏さを求めようとせず、主が恵みをもって私の魂に知らせてくださったことを神の力と強さとによって大胆に語ろ

う。生でも死でも来たれ。(96)〔傍点筆者〕

この演説の中で「人民の福祉」は神の民を救いへと導く信仰の言葉として語られている。ピューリタンにとって「神の栄光と人民の福祉」に仕えることは同じことであった。そして王もこれに仕えることを求め、それに反することにおいて抵抗した。モナルコマキが主張した古代ローマの法的理念（salus populi）と聖書が語る救済（salvation）はピューリタンにおいて融合し、「人民の福祉」と神の民の救いが同義語として語られたのである。「人民の福祉」はコモン・ローヤーを通して法的な体裁を整え、革命権の論理として主張されていく。ヘンリー・パーカー（一六〇四―一六五二年）はその代表的人物である。(97) パーカーはモナルコマキの伝統を受け継いで、「キリスト教徒の間では、法はしかじかの政治的団体の間の契約であり、合意である。権力は本来人民に内在する」、「権力の源泉であり動力員であるものは人民である。それゆえ『王は個人として大である』けれども『公人としては小である』」と述べ、王の存立根拠が人民に由来し、人民が王よりも上位にあると主張した。(98) そして、「人民の福祉」が国家の究極目的であることを以下のように主張した。

彼〔王〕の尊厳は、人民を保護するために立てられたのであって、人民が彼に奉仕するためにつくられたのではない。このことは、われわれをしてそこからすべての政治の最高極地、すべての法をして法たらしめる至上の法、すなわち人民の福祉（Salus Populi）へと導く。王の大権法自体この法に従属する。……君主たちの征服の権利といえども、すべての権力の源であり目的である人民に属するものを自由にすることはできない。というのは単なる力は自然のコースを変えることができないし、法の趣旨を曲げることはできないからである。(99)〔傍点原著〕

王が立てられたのは「人民を保護するため」であって、王の存立根拠も「人民の福祉」の実現に従属する。それは人間の自然の法が要求するものであって、たとえ王であってもそれに反した行為をする権利を持つことができない。したがって、「人民の福祉」がその実現のために立てられた王によって履行されない場合は、抵抗することが権利として認められる。パーカーは法律家としての精神から「冷静な世俗的な精神」の持ち主と評されるが、[100]人民の福祉の目的を「神の民の繁栄」としたことで「公共の福祉（Weale Publike）が究極のもの」という言葉に宗教的要素を含ませている。[101]この抵抗権・革命権の法的論理がピューリタンたちの戦いを思想的に支えた。

ピューリタン聖職者のジョン・グッドウィン（一五九四—一六六五年）はパーカーの法思想に基づく論理を聖書的に基礎付けた。一六四二年に出版した『廷臣への反論』では、王権神授説を支える聖書的根拠「人は皆、上に立つ権威に従うべきです」（ローマの信徒への手紙第一三章一節）に基づく受動的服従に対して、聖書的抵抗の論理を展開した。ペテロの手紙一第二章三節「すべて人間の立てた制度に従いなさい」の言葉に基づき、「国王または王制は人間の制度であり、（原義が正しく示すように）人間的な作物である」[102]として政治的権威と神の制度を切り離した。そして、「何らかの政府が人間のどんな社会にもあるべきだ、というのが神の意志であり決定である。しかし不正にして不合理すなわち暴君的ないかなる政府もすべてそうだというわけではない。……その政体が王政や貴族制や民主制という単純な形のものであれ、それらのうちの二つまたは三つ全部を含んだ混合した形であれ、合法的で正しい政体すべてが平等かつ区別なく神からのものなのである。その中の一つに限定したり、他を排除して神からのものだというわけではない」[103]と述べて王制を相対化した。さらに「下位にある政権者や権力もまた、最高主権者や最高権威と同じく、神の制定である」[104]と述べ、暴君に対する抵抗と別の政体への革命が神の意志であると説いた。『廷臣への反論』と同じ論理で一六四九年に出版された『正義と力の調和』では「人民の福祉」がこの論理を支える仕方で用いられる。

官憲の権力に含まれる神の定めの目的と内容は（使徒パウロが〔ローマの信徒への手紙第一三章〕四節ではっきり主張する通り）それに服従する人々の福祉（good of men）である（彼〔官憲〕はあなたの福祉のために神に仕える者なのです）。人々の福祉になるのにふさわしく行動すること以外に、神から命じられたところの上からの権力への服従は存在しない、ということもまた明らかである。服従が命じられていないところでは、抵抗も禁じられていない。したがって抵抗は非合法ではない。(105)

パーカーもブキャナンも、「人民の福祉」が聖書の神の意志であることをここまで力説しなかった。グッドウィンにおいて、カルヴァンの主張した君主より上位にある神の意志が「人民の福祉」と同一視され、神学的に理論武装をして抵抗権と革命権の根拠として主張されたのである。「人民の福祉」を根拠とするこの抵抗権の思想は、ピューリタン革命へと導いた有名なオリバー・クロムウェルにも及んだ。彼は後に詳述するパトニー会議の中で自分たちの目的を再確認するところで次のように述べた。

私が良心において確信していることは、最も人民の福祉のためになるように〔行動すること〕が彼らの目的であるということである。というのは、実際、それが神の下にあるわれわれにとっての最高善（人民の福祉）でないとすれば、われわれの諸原理は崩壊してしまう。(106)

また彼はパトニー会議の後、国王処刑に至る内乱の中で友人ハモンドに宛てた手紙の中で、王に抵抗して立ち上がった革命軍の正当性を「第一に、人民の福祉（Salus Populi）は健全な状態であるかどうか(107)」という点に基づいて考えた。すなわち、「人民の福祉」が最高の法であり、革命軍はそのために闘っているので、最高の法に則った行為をしていると主張した。国王との和解という道も、度重なる王の裏切りによって「人民の福祉」を確保するよりも、危うくするものになるという判断で、その道を閉ざすことへと向かわせた。そして、国王を国王のまま裁判にかけ、法の下で判決を下し、死刑に処したのである。

ピューリタンの子孫の一人であるジョン・ロックは、有名な『市民政府論』の序文に「人民の福祉が最高の法」と書いたことでも有名である。父祖たちの戦いと歴史の動向を観察しながら思索した彼がこの言葉を用いたとき、肉体的なことだけでなく、神学的な全人格的な人間の救済を含む言葉としても理解していたはずである。H・J・ラスキが言うように「あらゆる点で彼〔ロック〕は偉大にして脈々たる伝統の後裔」[108]であり、大澤麦も指摘するように「ロックの思想は、ピューリタン革命から名誉革命に至る一連の政治的動向の文脈の中で育成された諸思想との関係で……検討されなければならない」[109]。ロックのこの著作はアメリカ革命の原理となり、独立宣言の下敷きとなった[110]。そして、「人民の福祉」は「公共の福祉」という言葉でアメリカ諸州の憲法の中に成文化されていく。人権思想史における抵抗権の根拠としての「人民の福祉」は、今後の歴史的人権法制化に欠かすことのできない重要なポイントである。この言葉の生成過程の背後には、宗教的要素があったことを改めて明記しておく。

第四節　人権理念の成立

信仰の自由を求めるピューリタンの動きは、イギリス人の権利を求める運動と結合しながら民衆運動となり、ピューリタン革命へと進んでいった。そして革命軍の勝利が目前となったとき、新しい国づくりのための会議が開かれた。それが一六四七年一〇月二八日から一一月一一日まで開催された「パトニー会議」である。この会議の中で『人民協約』という憲法草案が提出された。これは、信教の自由、言論・出版の自由などを保障する生得の権利が明記された世界初の憲法草案である。その中で人間が生まれながらに持つ平等の権利を主張する支柱になっていたのは、天地を創造された聖書の神への信仰であった。

あまり知られていないパトニー会議に注目して、ここにデモクラシーの源流があることを指摘したのは、イギリスのＡ・Ｄ・リンゼイである。[111] 彼はこの会議の中で、人々が合意への過程としての議論を重視している点に注目した。

第一項　デモクラシーの源流

国王と対立することで一致していた革命軍は、国王が捕らえられ具体的な戦後の国づくりになると、ピューリタンたちの間に温度差があるように、革命軍内部の中に不一致があることがわかってきた。パトニー会議はこの不一致を解決しようとして開催された会議である。この会議はウィリアム・クラークという速記者によって討論の記録がとどめられ、幸いなことに日本語でも読むことができる。[112] この会議で興味深いところは身分を越えた平等な構成員による多数決の原理が機能していることである。[113] この中には有名なクロムウェルをはじめ、軍の首脳部や『人民協約』を作成した兵士たちだけでなく、「バフ・コート」と名前ではなく着ている服で記されている無名の兵士もいた。今日で言えば、首相と官僚に交じって一般市民が同じテーブルで平等に話し合うといった光景である。この平等な会議の実現は、ピューリタニズムの実力主義がもたらしたものだと考えられる。特にクロムウェルの有名な軍隊は、地位や身分とは関係なく、有能な者を将校に抜擢した。[114] したがって、彼の軍隊の中では下層の者が大きな責任を担うことがあった。責任や役割が異なるのであるが、存在としては平等なのである。そこで、様々な地位や立場の者が同じテーブルを囲んで、これからの国のあり方を求めて会議をした。当然、立場が違うので意見が異なる。その問題を十分討議することによって解決し、合意へと至らしめたのである。この会議にデモクラシーの源流を見るならば、今日の前提ありきで会議を進め、形式的にパブリック・コメントを聴収し、国民的討議も経ずに反対多数の中で可決することは、デモクラシーが根付いていない証拠となるだろう。

このデモクラティックな会議が成り立ったのは、目的と手段の違いを常に確認していたからである。同じ目的を遂行するための異なる手段について議論をしていると認識していたため、目的が明確となり議論の迷走が少なく済んでいた。しかも、彼らが抱く共通の目的は、神の意志を実現することであった。お互いが神の意志を主張し合えば争いの契機になりやすい。そこでピューリタンたちの信者の集まり（コングリゲーション）の会議の方法が適用されていく。クロムウェルの次の言葉にそれが表れている。

> まことにわれわれは多くの人々が自分たちに語るのを聞いた。そしてわれわれはそれらの中で神がわれわれに語られたのだと考えざるを得ない。ここに語られたことの中には神がわれわれに示そうとされた事柄があると考えざるを得ない。それにもかかわらず語られた言葉の中にはいくつかの矛盾があった。しかし、たしかに神は矛盾の作者ではない。われわれは同じ目的について語ったのであり、失敗はその方法においてであるにすぎないと考えざるを得ない。目的はこの国を抑圧と隷属から解放することであり、神がわれわれをそのために用いられたそのみ業を完成することであり、そこにわれわれの正義と義の目的の希望を確立することである。[115]〔傍点筆者〕

リンゼイから示唆を得た大木英夫は、ここで神が自分だけでなく、他者に対しても別の仕方で語りかける可能性を認める精神の必要が会議の中で育まれていったと指摘する。[116] 自己相対化に向かわせる精神的基盤と言っても良い。そこで「神は矛盾の作者ではない」という確信に支えられて、人々を討議へと向かわせている。つまり、議論は主義主張の言い合いで終わるものではなく、真理探究の手段となるのである。このように近代デモクラシーの形成は、ピューリタンの集会における会議の方法に影響されて発展した。

第二項　人権理念の成立

生きる権利を求めた戦い

この会議の中でレヴェラーズ（Levellers）と呼ばれる人々がいた[117]。のちに日本で作られた部落解放運動「水平社」の名称はこのレヴェラーズから来ている（第六章参照）。ピューリタン革命期の一六四五年頃に登場した彼らの運動はクロムウェルを支持し、急進的な革命を要求した。彼らは「ルネサンス的な合理主義者のグループ[118]」であったので、ローマ的法の感覚と福音主義的信仰を併せ持っていたと言えるかもしれない。渋谷浩は「政治思想史におけるピューリタニズムの意義は、平等派においてルネサンスと結合して近代民主主義の基礎を構成した点を第一にあげるべき[119]」とこの運動を高く評価している。

彼らの指導者の一人であるリルバーンは、先に「人民の福祉」から抵抗権へと至る主張を紹介したが、「生得人権（birth right）」に関しても重要な主張をしていた[120]。そのリルバーンから思想的に強く影響を受けていたレヴェラーズたちが、パトニー会議において歴史上重要な成文憲法草案『人民協約』を提出した。正式名称は『普通人権と自由とに基づきたる確固適切なる平和のための人民協約』である。この中には議会が専制化しないための保障、すなわち信教の自由、強制兵役の拒否、言論の自由、法律適用の平等などの人権項目が明記されていた。『人民協約』の歴史的意義は、今日の人権項目を法案の形で歴史上初めて明記した文章であり、人民主権を原理とした近代民主主義憲法の原型であることにある。つまり、人権とデモクラシーは同じ戦いの中から形成されてきた歴史的産物なのである。言い換えると、どちらかが崩れると、どちらも崩れることになる。

『人民協約』を読んで興味深いことは、第一に掲げられているのが選挙民の数に応じた選挙区の平等化ということである。日本では「一票の格差」を違憲状態として最高裁が判決し、最近になってようやくそのことに取り組み始めたが、同質の問題が三六〇年も前に議論されていたことは驚くべきことである。議論の焦点は選挙権の問題である。選挙権は一定の財産を持っている者に限定するか、無産者にも与えるかということである。財産保有者に限定するのは不公平だと思うかもしれないが、彼らが主張したことは責任と利害関係であった。たとえば、財産保有者にとって国が滅亡することは、直接自分に関わってくる。したがって、利害関係を有する人間がつくる政府は責任あるものになる。けれども、国が滅亡しても何も失うものがない人間が政府を担うと、政策に無責任なことをしたり、国家を危険にさらしたりする可能性がある。彼らが議論の中で挙げた例が外国人の場合である。要するに、その国に無関心な人が選挙権を持つと、国家の危機になるということである。

判断が難しくなるところは、当時のイギリスにおいて過半数が無産者であったことである。先の論理で言うと、そういう人々に選挙権を与えると、容易に国家が転覆する可能性がある。けれども、有産者に限ると国家は彼らの独占状態にされてしまう。この問題に取り組む中で、人権理念において非常に重要な次のような発言がレヴェラーズの代表レインバラから出た。

> イングランドに住む最も貧しい人も、最も大いなる者と同様、生きるべき生命をもっている。……人はだれでも自分自身の同意をもってその政府に身を委ねるべきであることは明確である。もし自分自身がその支配を受けることについて何の発言権をも与えられていないような政府に対しては、たといイングランドの最も貧しい者でさえも、厳密な意味で、その政府に対し服従の義務を負わない[121]。
>
> 神が人間にお与えになったもので他人が奪うことのできるものは、何一つないのである。それゆえ、イングランドの最も貧しい人が、最も大いなる人と同様にこの恵みを享受することを妨げているのは、神の法であるか人間の法、どちらかであるに違いない。神の法の中には、一人の貴族が二十人もの代議士を選ぶことができ、一人のジェントルマンはわずか二人、貧乏人は一人も選ぶことができない、なんてことはない。自然法や万民の法にもそんなことありはしない[122]。〔傍点筆者〕

ここで主張されていることは、「生きるべき生命」である。一人一人が人間として生きる権利を持っており、それを財産の有無によって区別されずに、選挙権として政治的に表現し、その約束関係の中で国家を建設することを求めている。その契約関係に入らず、発言権を与えられない政府に対しては、財産の有無に限らず従う義務がないことを、人間としての生きる権利に基づいて主張したのである。

もう一人の兵士の発言も重要である。

> われわれの目的は自由であった。しかし今そこから逸脱があると思う。われわれはこの国に身を捧げ、われわれの生命をかけた。それはわれわれの生得人権とイギリス人としての特権をとり戻すためであった。……われわれは何ほどの財産も持っていない。しかし生得人権をもっている。ところが今、この国に固定した資産をもった人間でなければ、この国に権利をもたないように思える。ひどく欺かれたものだ。もしこの国に何の権利ももたないとしたら、われわれは傭われ兵にすぎなかったのだ。……私は一言のもとに私の決心をあなたに言う。私は自分の生得人権をだれにも渡さない。(123)〔傍点筆者〕

財産や地位がなくても「生得人権をもっている」と主張した。ここに他の歴史的出来事とは異なる特徴がある。彼らの戦いの目的は、「生得人権とイギリス人としての特権をとり戻すため」であった。それは財産権の擁護だけではなく、人間としての生きる権利を求めた戦いでもあったのである。(124)

人権理念の形成における二つの特徴

以上のようにして人権理念の形成過程をたどることによって、二つの特徴を挙げることができる。一つはその理念が支配者からではなく、被治者から出てくること。もう一つは、そこに宗教的要素が必要とされたことである。歴史を観察すると、抵抗権も人権理念も支配される側から生まれてくる。立場が違うので、支配者から人権理念が生まれてくることは難しい。もちろん、歴史の中では例外も起こる。上層階級の人間が下層階級の人権を守るために動くという出来事がこの後の時代に起こる。そのことについては後で詳述するが（第四章三節）、ここでは財産権の主張を越えて人権擁護へと向かわせた力が宗教的要素であったことに注目しよう。

パトニー会議でなされた彼らの主張は、生得人権がすべての人間に与えられている権利だということである。その根拠となっているのは、先ほど引用したレインバラの言葉にあるように「神の法」や「自然法」「万民の法」であった。重要なことは「神の法」と理性によって発見される「自然法」や「万民の法」がピューリタンたちにおいて結合していることである。[125] この理解はグッドウィンの言葉にも表れている。

　人間は、人間の生命や財産を奪ういかなる合法的権威も権力も持っていない。それゆえ、もし彼らがそうする場合には、いつでも、極めて合法的に反抗することがゆるされる。……私は、これが理性と宗教の原理として意味深く、かつ承認されたものであると思う。[126]〔傍点筆者〕

グッドウィンは「理性と宗教の原理」として生存権や財産権を主張し、さらにその権利が侵されるときに抵抗権があることを主張している。ヘンリー・パーカーは同様の主張を次のように述べた。

　全世界をして次のことを判断してもらおう。すなわち、すべての民間人は、たとえ裁判官からであれ、彼自身の父からであれ、逃げ出す自信がまったく無いというわけでなくても、攻撃を受けたならば武器をとって自分自身を守るであろう。しかし、ここで全国民が敵意と危険にさらされていながら、まったく逃げ出せる可能性がないのに、国王が彼らを守ることを許可しない場合、彼らは自分たちののどを殺害者たちに渡し服従しなければならない。このようなことが人間理性の最も明白な光、最も強い傾向に反していないかどうか判断させよう(127)。

両者の言葉からわかるように、グッドウィン（神学者）とパーカー（コモン・ローヤー）の主張は一致している。つまり、パトニー会議での主張はピューリタン的信仰（神の法）とコモン・ローヤー（自然法）の結合によっていた。その場合の自然法の内容は、「自己保存」を意味していた。パーカーは次のように言う。

> すべての支配は信託的（fiduciarie）である。それゆえ、ここの君主やあそこの君主が多少なりとも絶対的であるのは、大体において信頼されているからである。しかも、すべての信頼は性質や趣旨に違いがあるのではなく、ただ範囲において程度の違いがある。したがって、どんな国民であろうと自らが絶対的にもつ正当性を放棄し、人間以下の奴隷状態に服することは、不自然なことである。なぜならば、これはすべての法の中の至上の法〔人民の福祉〕に反しているからである。つまりわれわれは信託の趣旨をあやまって、必要な防衛を禁止し、また自然的自己保存（naturall preservation）が人民に認められない、などと考えてはならないのである(128)。

彼らは、神の前での平等と「自己保存」「人民の福祉」が破られる危険にあるとき、人民には抵抗する権利があることを主張した(129)。これらがきわめて宗教的要素を持っていることは明らかである。人権の理念は『マグナ・カルタ』（一二一五年王権の制限と諸侯の権利を確認させた文書）や『権利請願』（一六二八年議会の同意なき課税や不法逮捕に反対した請願）の理念だけでは出てこない。もちろん、これらのイギリス人の権利意識が媒介されなければ歴史的出来事にはならないが、その思想だけでは財産権擁護という限界を越えることができない。それが人権理念へと発展するのを捉えるには、社会学ではなく、神学的視座が求められる。大木英夫が指摘するように「英国のコモン・ローの権利意識に媒介されて、神学的な神の法や自然法が、人民の主体性の中に自然権として受肉した」[130]のである。

残念ながら、『人民協約』は正式な憲法として成立することはなかった。会議の途中で国王が逃亡し、内戦が再開され、会議が中断されたからである。人権理念の法制化への道は、イギリスにおいては未完成のままに終わる。人権が実際に法制化した場所は、新大陸アメリカにおいてであった。

第五節　問題の整理

舞台をアメリカに移す前に、ここで問題の整理をしておきたい。ピューリタン革命はイギリスにおいて挫折に終わった。その挫折は王政復古に現れている。ピューリタン革命によって始まる共和制が長く続かなかった理由には、娯楽を禁じるピューリタンの禁欲的な特徴などを挙げることもあるが、この挫折の出来事はもっと深い思想的な問題である。

イギリスの王政復古は、人民が王政を求めたことで現実となった。つまり、「デモクラティックな手続きによって、デモクラシーを破壊する結末」[131]をもたらした。その結果を人権思想史の視点から言えば、迎えた新しい王（チャールズ二世）によって前よりひどい状態を経験することになった。ここに民主主義の課題がある。民主的な方法で基本的人権を失わせる政府を選べてしまい、人民によって人権もそれを支えるデモクラティックな政治体制も失っていくことがあり得るのである。しかも、当座はその深刻な事実に気がつかないことが多い。

ピューリタン革命がもたらした課題は、王なき新しい時代と社会の建設である。デモクラシーという政治体制は、王を持つことなしに安定した社会秩序の形成を求める中で必要とされてきた。ところが、この体制が安定しないのである。人々はそれまで絶対的な見える存在としての王を持っていた。その王は神が定められた存在である。ところが王なき社会の中で、人々は精神的な支柱がないために不安を抱いたのである。序論で触れた白井聡の「霊的一体性」を求めた発言も同様の思想的不安を言い表している。[132]近代化した時代の新しい課題は、王に勝る絶対的な基準が社会的価値として形成されることになる。ところが、史上初めてこの出来事を経験したイギリス人は、王なき社会の中で精神的不安定に陥り、安定を求めて懐古的になった。そして最終的に再び王を求めた。それが人間の基本的人権を失わせる動きにつながるとは考えなかったのである。

　大木英夫は、この出来事に現れた問題を深く捉えた存在としてピューリタン時代に活躍した思想家で詩人のジョン・ミルトン（一六〇八―一六七四年）に注目した。[133]ミルトンが指摘したのは、新しい社会に生きる人間形成の問題である。彼は、真の問題が制度ではなく、制度の中に生きる人間にあると見抜いた。デモクラシーの真の問題は、デモクラシーに生きる人間の問題である。そこで王に勝る価値を自覚した人間が求められる。当時の社会ではその価値を自覚した人間が形成されておらず、その価値を基盤とする社会形成ができていなかった。したがって、デモクラティックな社会を担うことができなかったのである。求められることは、その社会の共通の価値としての自由と人権理念の成熟した理解である。

　たとえば、ピューリタン革命時代に「自由」という言葉が主張されるが、それは非人間的なあり方からの自由を意味していた。具体的にはカトリック教会が象徴する古い伝統的なものからの自由である。[134]日本では「自由」を「わがまま」や「ホシイママノオコナイ」という意味で用いた歴史があるため、[135]現在でも自分勝手に振る舞うことと混同されがちだが、自由と無秩序は違う。成熟した理解とは自由と無秩序の区別ができることである。糸の切れた凧も自由だが、その結末は恐ろしい。自由は何かに基礎づけられていなければ、時代の風を自由に飛ぶことはできない。無秩序な自由は人権を侵害する可能性の方が強い。言論の自由を盾にとり、何でも言えると考えて差別や偏見を助長するジャーナリストがいればその感覚はおかしい。人権も同じである。人権を盾にとって、基本的人権を失わせる動きが進められているのならば、人々は目的と手段が一貫していない矛盾に気づかなければならない。どんな建物も基礎づけができていなければ、土台がないので、その理念の建物は崩壊する。自由と人権は、人としての生命を生きることが土台となり、それを脅かすものからの自由と、それを保障する権利として認識する必要がある。

歴史的過程において、自由と人権の基礎づけは宗教的要素であった。王に勝る絶対的基準としての人権理念も、神の法としての宗教的要素によって支えられていた。その価値は、ピューリタニズムの浸透によって社会的共通善として受け止められていた。けれども、それを自覚した人間は、教会によって生み出された少数のピューリタンであった。ここから近代社会の問題が生じる。ピューリタンたちは信仰の自由を求めて、国家と宗教を切り離した自由教会を求めた。したがって、国家は宗教団体ではなくなる。教会においては、王に勝る神という従うべき存在があった。その存在を根拠にして、神意に背く行為を王が強制した場合に、抵抗する責任と権利があった。この抵抗権に支えられて、人権理念が発展してきた。ところが、神無き社会で、王に勝る価値をどこに見出せばよいのかという問題が出てくるのである。そして、教会では礼拝によって回心（コンヴァージョン）を経験した人間が創造されるけれども、教会ではない社会の中でどのようにして新しい価値を自覚した人間を形成できるのかという問題が起こるのである。

この問題は、そのまま現代の日本社会の問題となる。解決の糸口は、ジョン・ミルトンの取り組みと、この時代に浸透した「人民の福祉」という言葉で置き換えられた抵抗権の根拠にある。この続きは最終章で取り組むことにする。

第四章　人権理念の法制化過程

前章で、イギリスにおける政治的解決に絶望を感じたピューリタンたちの中から、国外脱出を目論む人々が出てきたことを紹介した。彼らの多くが新大陸アメリカに渡り、ピルグリム・ファーザーズと呼ばれるようになった。人権理念は、この新大陸アメリカにおいて歴史上初めて法制化された。

その形成過程は決して一筋縄でいくようなものでなく、むしろ歴史的な偶発によって形作られたように見える。しかし、それでも様々な思惑を越えて人権法制化へと向かわせる歴史的動力が観察でき、そこに宗教的要素が存在する。それはまず国王なき社会形成という課題の中で民主的な政治形態が形作られ、教会と国家の分離の原則が定められることへと向かった。イギリスではうまく根付かなかったこのピューリタンたちの運動の実現は、アメリカという広大な未開拓の土地があったからこそ成立することができた。アメリカの中で伝説的・神話的に語り伝えられているこれらの出来事を、ここでは人権法制化のコンテキストの中で理解していく。

第一節　メイフラワー契約

歴史上有名なメイフラワー号によるアメリカ移住の試みは、一六二〇年一一月に目標から北方に遠く離れたマサチューセッツのケイプコッドに到着し、その一ヶ月後の一二月六日プリマス・ロックに上陸することによって成し遂げられた。(1) 未開の荒地で上陸可能な場所を発見するために到着から上陸まで一ヶ月を要した。この一ヶ月間の船上で有名な「メイフラワー契約」が交わされた。この契約の内容に、新しい時代の社会形態の原型が象徴されている。それは、国王なき社会を契約関係において維持・形成していくことである。

メイフラワー号に乗船したピルグリム・ファーザーズは、ロンドン北東のスクルービーという小さな村の信者たちであった。彼らを国外へと向かわせたのは、一時の感情的な高揚ではなく、神に召し出されているという召命の自覚から来ていた。召命（calling）は神に従う意志を人生に反映させる。神の呼びかけに応える生き方を始めるのである。マックス・ヴェーバーの『プロテスタンティズムの倫理と資本主義の精神』で知られるように、プロテスタントの信仰はこれを職業倫理へと展開させた。ドイツ語で職業を意味するベルーフ（beruf）は、本来召命を意味する言葉である。世俗の世界に生きても、すなわち聖職者でなくても、神に従い仕える生き方ができることを、聖書から明らかにしたのである。この新しい生き方は、経済構造だけでなく、社会構造までも新しくしていく力を持っていた。

彼らの召命が信仰の自由を求めることに結びついたところで歴史的展開が起こった。信仰の自由を求めるとは、聖書の神を神とする信仰を貫くことであり、すなわちそれが神に従うことであったので、彼らの召命観は神を神とする新たな場所を求めていった。彼らは大学を出た学者たちではなく、普通の村人であった。もちろん、彼らの指導者の中にはジョン・ロビンソンのような大学経験者もいたが、大多数は庶民であった。大木英夫は、学者個人の行動とは違い、「一般の信者たちを含んだ集団的行為」を生み出したという点で、このイギリス脱出は歴史的に「意義深いものがある」と指摘する。(2) なぜならば、インテリでアカデミックなところにとどまらず、民衆に浸透したピューリタンたちの運動は、新しい時代と社会を生み出す歴史的動力を持ったことを示しているからである。学者でない彼らのメイフラワー号への乗船は亡命ではなく脱出であった。戻ることを考えていないからである。祖国を捨てて、行先も知らずに出て行った先々では試練や災難が続くが、彼らの召命観がそれを突き抜けて進ませていった。彼らは自分たちを聖書のアブラハムの旅路やモーセの出エジプトに重ね合わせていた。たとえば、次のような聖書の言葉に自分たちの人生を重ねていた。

信仰によって、アブラハムは、自分が財産として受け継ぐことになる土地に出て行くように召し出されると、これに服従し、行き先も知らずに出発したのです。（ヘブライ人への手紙第一一章八節）

信仰によって、モーセは王の怒りを恐れず、エジプトを立ち去りました。目に見えない方を見ているようにして、耐え忍んでいたからです。（ヘブライ人への手紙第一一章二七節）

ところで、メイフラワー号に乗船した人々は、ピューリタンたちだけではなかった。彼らは周到に移住計画を立てて出航したが、その過程でピューリタン以外の人々と同船することになったのである。まず、ヴァジニア会社との交渉の結果その管轄区域内への入植許可を得た。さらに資金を調達するため、投資企業家を介して出資者を募った。投資企業家の目的は新大陸での事業の成功であるため、彼らは航海や現地での労働や実務に適した人々を募り、メイフラワー号に乗船させたのである。(3) 乗船者は全員で一〇四名であったが、そのうち四一名がピューリタンたちで、四〇名が「よそ者（ストレンジャーズ）」と呼ばれた人々、その他に召使や雇い人たちがいた。この中には女性や子どもも含まれている。

様々な思惑を持った人々がメイフラワー号に乗船していたことが、メイフラワー契約を生み出すことにつながる。まず航海は順風満帆ではなかった。船の故障など出足を挫かれ、航路をはずれて目的地よりも北の極寒の地に到着した。疲労と不満が頂点に達している中で、到着したのが許可区域外であったことから、「よそ者」たちに別行動を取ろうとする動きが出てきた。未開拓の土地に警察はいない。秩序が形成されていない場所で、目的と意志が異なる人々と共に暮らすことは、思わぬ衝突が起こる危険がある。それを避けるために、両者の間に合議が行われ、上陸直前に契約を交わしたのである。以下がその契約の文章である。

> 神の名においてアーメン。われわれ下記の者たちは、われらの統治者である君主、また神の恵みによりグレート・ブリテン、フランスおよびアイルランドの王にして信仰の擁護者である畏れ多きジェームズ王の忠誠なる臣民である。
> 〔われわれは〕神の栄光とキリスト教信仰の増進のため、またわが国王と祖国の名誉のため、ヴァジニアの北部地方における最初の植民地を創設するために航海を企てたが、ここに本証書により、厳粛に相互に契約し、神およびわれら相互の前において、われらの共同の秩序と安全とまた上掲の目的の遂行のために、契約により結合して市民による政治団体（civil body politic）をつくらんとする。そのため、随時、植民地において最も適当と認めるところにより、正義と平等の法律、条例、規則、憲法、役職を制定する。われわれはすべてこれらに対し当然の服従と従順をなすことを契約する。(4)〔傍点筆者〕

入植地は、形式的にはイギリス王のものであるが、実際には王の支配が届いていない。つまり、王なき社会の中で「共同の秩序と安全」を維持する課題がある。そこで彼らのしたことが「契約により結合して市民による政治団体をつくる」ことだった。ここに王なき新しい社会、すなわち契約社会の出現が起こったのである。

個人相互の契約によって結び合わされる共同体の原型は、すでにピューリタンの集会の中にその萌芽があり、実際それを一般社会に適用させたことで出現した。たとえば、彼らの指導者の一人であった牧師ロビンソンは、実際にアメリカに行くことが叶わなかったのであるが、メイフラワー号に乗船した人々への手紙の中で次のように言っている。

> 諸君は自治制を採用して、一つの政治団体になるであろう。だが、諸君の上に立ってこれを支配する、特

にすぐれた人物というものはない。だから諸君が、知恵と信仰とを持って、真に全体の幸福を愛し求め、これを増進させるような人間を、諸君の間から選ぶことを期待する。そしてそのようにして選ばれた人間の正当な統治に対しては、あらゆる正当な尊敬と服従とをささげるべきである。(5)

国王なき新しい時代の社会形態の原型に、ピューリタンたちの信仰が強く影響していることがわかる。そのすべての原動力と基礎づけは、聖書の神に従う信仰の自由であった。この原理と基礎が、入植地での様々な問題との取り組みの中で、人権法制化に新たな展開を見せていくのである。

第二節　教会と国家の分離

信仰の自由を求めてアメリカ植民地に移り住んだピューリタンの人々は、皮肉なことに、他の信仰者に対して同じ原理を適用させなかった。彼らはイギリスでの迫害経験を忘れ、自分たちの宗教原理と一致しない者に不寛容な処遇をしたのである。この矛盾した現実に抗議したのが、同じピューリタンの信仰に生きたロジャー・ウィリアムズ（一六〇三―一六八三年）である。(6)

キリスト教思想史をたどる中で興味深いのは、聖書的信仰と矛盾した現実から原点に戻ろうとする人間が内側から現れることである。キリスト教会もキリスト教国も人間が形成するので必ず過ちを犯す。そこで振り子のように元に戻そうとする動きが内側から出てくるのである。その基準は聖書である。ルターやカルヴァン、それにピューリタンたちに共通する動きは、聖書に基づいてその信仰と原理に従って生きようとするところである。ウィリアムズにもこの精神が生きていた。

ウィリアムズが入植したのは一六三一年であった。建国の祖父たちが上陸して約一〇年後であるが、すでに東海岸に教会を中心とした町がつくられ、自治政府が存在していた。そこでは、イングランド国教会に属している人が主要な地位に就くことが困難であったり、ピューリタンとは別に問題視されていたクウェーカーなどが受け入れられなかったりしていた。これに対してウィリアムズは、キリスト教徒以外の者も国家においては同等の市民的・政治的権利を持つべきであると主張した。それだけでなく、彼は植民地の土地をイギリス王ではなく先住民から正当な代価を支払って譲り受けるべきであると主張した。そのため植民地政府から厄介者とみなされ、一六三六年に植民地から追放処分を受けた。

追放されたウィリアムズは、先住民に助けられながら、彼らから譲渡された土地に新植民地プロヴィデンス（providence）を建設する。そこで入植者たちと交わした契約に、歴史上初めて信教の自由と政教分離の原則が明記されていた。これは広大な未開の土地がアメリカ大陸において豊富に存在したがゆえに成し得た出来事である。今日でも初めてアメリカを訪れた者が驚くことの一つは、州によって法律が異なるだけでなく、文化や価値観も異なることである。若者の音楽を見ても、東海岸のニューヨークと中部のアイオワ州ではまったく異なる。前者でハードロックが流行していても、後者ではカントリーミュージックが主流といった感じである。自分たちの価値観と合わなければ、その価値を生きる共同体を別につくる開拓地が存在した。『新アメリカ宗教歴史地図』に一七世紀から二〇世紀までの詳細な宗教分布図が紹介されているが、既成の団体と異なる宗教や教派による共同体形成を求めた人々は自由を求めて西部へと向かったことがわかる。(7)

ウィリアムズは別の場所に植民地を建設し、自らの理念を実現できる場所として、入植する者に以下の誓約書への署名を求めた。

われわれプロヴィデンス・タウンに居住を希望する下記の者は、現在居住の家長たちのタウン集会に加入した者、およびこれから加入を認められる者たちが、秩序正しい政治団体の公共の福祉（public good）のために、多数決によって制定したすべての命令と合意事項に、自ら進んで、また、たとえ異議があっても従うことを誓約する。しかし、それは世俗の事項に限ることとする（only in civil things）[8]。〔傍点筆者〕

入植者が誓約する市民の義務の末尾に、宗教的事柄を除いた「世俗の事柄に限る」という文言を入れたことにより、ロジャー・ウィリアムズは信教の自由と政教分離の原則を明文化した最初の歴史的人物として功績を残すことになった。彼はこの自由をキリスト教の伝統的教派だけでなく、ユダヤ教やイスラム教などの他宗教、そして無神論者にも与えた。ピューリタニズムの原理を貫いた彼の行為は、教会と国家の分離を明確にし、「信仰の自由」を「信教の自由」にまで拡大したのである。序章で紹介したイェリネックの言葉の通り、「宗教上の信念についての無制限の自由が……まったくもって熱烈な宗教心を持った一人の人物によって、これが承認された[9]」のである。

第三節　信仰復興運動の人権法制化への影響

ロジャー・ウィリアムズの入植誓約書から人権項目を明記した「ヴァジニア州憲法」や「アメリカ独立宣言」までには約一三〇年の隔たりがある。この間いったい何があったのかに注目しながら、人権理念の法制化に至るプロセスを考察したい[10]。

宗教的理念から生まれた人権理念の法制化の動向は、時代を経るに従い非宗教的な世俗の領域で展開されるので、研究者の間で宗教的要素に懐疑的な判断になることが多い。特に法の制定は政治的要素と深く絡み合うので当然かもしれない。この考えを助長するのが、この期間にアメリカ大陸に入ってきた、理性のみによる神認識を主張する理神論と啓蒙主義的な合理性である。のちのアメリカ建国の父祖たちは、人権理念の法制化を実現したが、彼らが理神論の影響を多く受けていたので、そこに宗教的要素があることを疑う立場も当然出てくる。アメリカ宗教学を専門とする森本あんりはアメリカ建国の父祖たちが「日曜ごとに教会の礼拝に出席するほど熱心なキリスト教徒ではなかった。彼らは宗教への敬意を忘れることはなかったが、その神観は理神論的」[11]であったと報告している。ジェファーソンについて言えば、推薦図書一覧の中で「聖書」を「歴史」の範疇に挙げており、「彼にとり、聖書は現在の自分に必要な信仰の導きであるよりも、過去の他人の歴史的記録なのである」と分析する[12]。実際、人権思想史において極めて重要な「アメリカ独立宣言」を起草したジェファーソンは、信仰に関して疑わしいところが多くあった。創造主の前での万人の平等を唱えながらも、所有する大規模農園のなかで数百人の黒人奴隷を使用し、そのうちの一人の女性に子どもを産ませたことが知られている[13]。アメリカで人権思想史を研究するジョン・ウィッテも独立宣言や諸州の憲法が「トマス・ジェファーソンをはじめとする一九世紀の反聖職者・反宗教的エリートたちの考案になるものである」[14]という議論があることを紹介する。彼の創設したヴァジニア大学に神学部がなく、構内に礼拝堂をつくらなかったことも、宗教的要素がなかったという考えを助長する。したがって、たとえ文言に「神」や「創造主」が入っていても、それを形式的なことと捉える理解が生まれるのである。

それでは、形式的に挿入されたと思える宗教用語は、人権理念の法制化における宗教的要素の否定につながるだろうか。『植民地時代のアメリカの宗教思想』を著した増井志津代は「プロテスタント主流派が理性主義と反理性主義に大きく分断されるのは、一九二〇年代、二〇世紀に入ってからのモダニストとファンダメンタリスト論争以降であり、一九世紀以前には、少なくとも正統主義においてそのような大きな知的断層は存在していなかった」[15]と指摘している。増井が理性主義と反理性主義に二分できない根拠としたのは、理性的でありながらも信仰に熱い信仰復興運動（大覚醒運動）の指導者たちの存在である。本書でも理神論的なアメリカ建国の父祖たちに与えた彼らの影響に注目したい。なぜならば、建国の父祖たちの自覚を越えて、潜在的な仕方でキリスト教思想が人権の確立に影響を与えているからである。たとえば、建国の父祖たちはジョン・ロックから多く影響を受けていたが、ロック自身は聖書の注解書を多く執筆しており、(16) その思想に宗教的要素が含まれていた。ジェファーソンが「宗教」の範疇にロックの図書を挙げており、(17) 当時の牧師たちが「教会の教壇からロックの自然権の思想を聖書の真理として説くことにやぶさかではなかった(18)」という報告もそれを裏付けるだろう。同様に、人権法制化の政治的動向の背後にも宗教的影響がある。そこで欠かせないのが信仰復興運動である。次に信仰復興運動が果たした役割に注目してみよう。

第一項　イギリスとアメリカの信仰復興運動

一七〇〇年代、産業革命という社会生活の変動と自由主義的傾向が蔓延する中で、一種の宗教運動のような現象がイギリスとアメリカに現れた。この現象の要因の一つは、理性の時代を起こした理神論（deism）と自由主義の影響に対する反発からきている。

一七世紀から一八世紀にかけて、理性を基準にして神認識を主張する理神論が起こった。その発端は、一般的に聖書の奇跡物語を合理的に解釈したジョン・トーランド（一六七〇―一七二二年）から始まったと見られているが、それ以前に自然理性や啓蒙思想がこれに影響を与えていたとも考えられている。たとえば、アイザック・ニュートン（一六四二―一七二七年）の『自然哲学の数学的諸原理』が一六八七年に刊行された。自然法則が世界の出来事を解明する鍵だとする彼の主張は、機械仕掛けの新しい世界観を提供した。神学の分野でも、イングランド国教会の中で礼拝規定や信仰箇条を広義に解釈する広教会運動の父Ｓ・Ｔ・コールリッジ（一七七二―一八三四年）によって、カント、シュライエルマッハー、ヘーゲルなど大陸の影響がイギリスに紹介された。新しい思想はアメリカにも渡った。これらの科学的合理的思考が教会の信仰や聖書の解釈に影響を与える中で、人々の信仰は情熱を失い始めていた。これに産業革命による機械的な生活への変化がさらに拍車を掛けた。多くの人々は、教会から離れ、あるいは自主的に制度的教会から自由になる環境を求めたのである。

けれども、理性の時代は、同時にその反発を起こした。合理的に機械的な存在として生活を送る者は、生物学的に心臓が動いているけれども、人間として魂が生かされていないと感じるようになった。また、アメリカへ大量に移住してきた人々は、新しい土地で不安な心に魂の平安を求めていた。人々は全人格的な救いの確かさを求めていたのである。枯渇した魂は、まるで眠りから覚めるかのように信仰復興運動となって現れた。理性の時代は、同時に情熱的な信仰復興運動の時代でもあるのである。

この魂への救いを求める動きに応えるものとして、イギリスとアメリカに似たような信仰復興運動が起きた。イギリスの運動は、ジョン（一七〇三―一七九一年）及びチャールズ（一七〇七―一七八八年）というウェスレー兄弟によって始められ、「メソディズム運動」とも呼ばれていく。日本の青山学院、関西学院、東洋英和女学院などはこのメソジストの伝統を受け継いでいる学校である。アメリカの運動は、ジョナサン・エドワーズ（一七〇三―一七五八年）とホイットフィールド（一七一四―一七七〇年）によって始められ「大覚醒」と呼ばれている。両者とも説教運動であった。さかのぼれば両者ともピューリタンの影響を受けている。[19] 彼らは教会の外に出かけて行き、市場や広場で説教した。イエス・キリストの十字架による贖いの恵みを、聖書に基づいて説教することで、救いの確かさを求める心に応えたのである。

社会的な激動の時代にあって既成宗教に飽き足らず、また政治運動や労働運動にも関わり得ない人々は、心の安らぎを求めて彼らの説教を聞きに来た。彼らの説教には人の心を動かす力があった。たとえば、実利家のベンジャミン・フランクリンは、献金で一セントも出すものかと決め込んでいたにもかかわらず、ホイットフィールドの説教を聞いて、ポケットの中のお金をすべて捧げたほど心を奪われたという逸話がある。[20] 彼らは確かにレトリックに長けていたが、それだけではこの現象は起きない。メッセージの内容が人々の魂に触れたのである。そこでは常にピューリタンたちが重視したキリストの十字架が語られていた。ホイットフィールドは次のように述べている。「十字架のもとにあるときほど牧師たちが優れたものを書き、優れた説教をすることは決してなかった。……前世紀のピューリタンをあのように燃えて輝くあかりとしたのは、明らかに十字架である」[21]。ピューリタン説教者たちは「若者たちよ、もし何か良い働きをしようと思うのならば、キリスト・イエスにおける神の無償の恵みの福音を説教しなければならない[22]」と教えられ、その使命に生きた。ジョナサン・エドワーズは、そのような福音的説教を聞いたときの経験を、妻の体験を例証として、次のように報告している。

魂は、光と愛、まったく言葉にならないほどの魂の甘美な慰め、憩いと喜びに、まるで完全に圧倒され、飲み込まれてしまったかに思われた。……福音に啓示された大いなる事柄の、ある真理性に対する非常に大きな感覚、すなわち、贖いの御業とイエス・キリストによる救いの道の栄光に対する圧倒的感覚があった[23]。

この体験を一言で言うと、説教による「キリストの突き抜けた愛[24]」の経験である。彼らは人々に説教を通して神に愛されている自己を発見する経験を与えた。人々は、生きる価値がないと思えた自分のために命を捨てた神の存在を宣告された。「その神があなたと共に生きておられる」。このメッセージは人間の歴史の中で革命的な力を持っていた。通常ならば、神のために人間は死ぬと考える。日本でもかつては、「神」のために死ぬことが求められた。それを美徳とし、太平洋戦争へと突き進んでいった。ところが聖書の使信は、人間のために死ぬ神がいると言う。それが「あなたの神である」と宣告した。このメッセージは、無価値な人間はいないという新しい人間観を生み出した[25]。人権の確立につながる人間観を生み出す信仰は、「神は愛なり」（ヨハネの手紙一第四章一六節）という聖書の使信を語りかけられることによって体験されていったのである。

この体験は、彼らにとって神が生きておられることを実感することであった。彼らは、目で見ることのできない魂の体験を、「聖霊の賜物」という仕方で表現した[26]。しかし、実証することのできない魂の体験を主張することには危険が伴う。この現象に乗じていかがわしい予言者が現れるのもこの時期である。たとえば、ジョアンナ・サウスコットという農民の娘は、メソジストであったが、一七九二年啓示を受けて予言をはじめ、それを信じるものに彼女のサイン入りの封印書を渡し始めた。これは一種の魔除けとして人気を呼び、最終的には二万通（一一万通という説もある）発行したと言われている。[27] 似たような現象は日本でも近年スピリチュアル・ムーブメントと言われるものが流行ったことに現れている。極めて理性的だと自称する日本人が、パワー・ストーンやパワー・スポットと呼ばれる場所に喜んで出かけて行き、占い師の番組がゴールデンタイムを飾ったこともある。これも現象としては似ており、理性と合理性を重んじる社会の中で、魂に飢え渇きを求める人々が、合理性を越えた神秘的な領域に憧れを持つのである。けれども、その類の現象は、時代を越えて歴史をつくる力を持っていない。メソディズム運動や大覚醒運動がそれらと異なって評価される理由の一つは、歴史を越えて社会的影響力を持っていたことにある。その力がどこから来ていたかと言うと、聖書的であることと倫理的であることが、不可分の関係として成り立っていた信仰によるのである。

第二項　信仰復興運動と社会倫理

メソディズム運動の影響

極めて個人的な救いの体験を与えた信仰復興運動は、社会的な倫理的実践へと人々を自発的に動かした。先ほどのフランクリンの行動に見られるように、説教は聴衆の心に訴えかけ、自発的行為を起こさせるのである。これはマインド・コントロールとは異なる。理性を失うのではない。理性を重んじる人間が、聖書の言葉に触れて、自由な意志で自発的に行動したのである。

ウェスレーはこれを「キリスト者の完全」という教理で伝え、この名の書物も出版した。[28] ここで言う「完全」とは、神の完全な愛において成り立つ神と他者への人間の愛を意味している。この完全は、信仰によってのみ受け取られ、瞬間的に与えられるものだと主張された。この宗教的体験を「回心（コンヴァージョン）」と呼んでいる。それは生き方や人生の目的が正反対に向かう（コンヴァーズ）ことを意味している。たとえば、有名な人物で「アメイジング・グレイス」を作詞したジョン・ニュートン（一七二五―一八〇七年）の生き方がそれを表している。彼は黒人奴隷を運ぶ奴隷船の船長をしていたが、嵐の中で回心し、後にウェスレーやホイットフィールドに出会って牧師となる。一説によると、この歌詞のメロディーは、アメリカ南部の黒人奴隷たちが働きながら口ずさんでできたと言われている。自分たちを売った奴隷船の船長の歌詞を彼らが歌うこと自体「驚くべき恵み」である。ニュートンはその後、福音主義信仰でイギリスの国会議員として活躍したウィリアム・ウィルバーフォース（一七五九―一八三三年）にも影響を与えたことで知られている。ウィルバーフォースは二〇年間の戦いの末、一八〇七年奴隷貿易を廃止する法案を可決させた。そのウィルバーフォース自身、回心を経験した人であった。他にも、労働条件・衛生状況・教育環境の改善という社会問題に対する政治政策に信仰復興運動の影響が見受けられる。たとえばイギリスにおいて、奴隷制度廃止（一八三三年）、工場法（一八三三年）、十時間労働法（一八四七年）、公衆衛生法（一八四八年、一八五七年）、教育法（一八七〇年、一八七六年）の法の制定にはこの運動が関わっている。これらの改善運動に特徴的なことは、この主張が貧困層によってではなく、主として比較的裕福な階級による願いから来ていたことである。彼らは信仰復興運動の影響を受けた世代だったのである[29]。

これは歴史的に新しい展開を物語っている。人権の意識はこれまで支配を受ける側から主張されてきた。ところが、支配する側から人権を法的に保障していくための積極的な運動が起きたのである。この政治的動向の根底には社会的に浸透した宗教的動機が影響している。ピューリタンの伝統を自覚的に継承し、イギリスのバーミンガムで社会的影響力を持っていた会衆派の神学者ロバート・ウィリアム・デール（一八二九―一八九五年）は、この動きが「教会がキリストから受けとめ、世界が教会から受けとめた、すべての人間に対する敬意」[30]から来ていたと主張する。「すべての人間に対する敬意」という人間の尊厳の理念は、アメリカにおいても発揮され、「神の前では万人が平等だ」という理解を民衆に浸透させていく。

大覚醒の影響

イギリスとアメリカの運動の違いは、メソディズム運動が新しい教派を生んだのに対して、大覚醒運動はアメリカという国の精神を生み出したところにある。森本あんりが「もし大覚醒がなかったなら、アメリカのキリスト教は全く異なった姿に成長したことであろう……その意味で、信仰復興運動こそアメリカを作った、といっても大げさではない(31)」と言うように、大覚醒はアメリカ社会の民主化への道備えになった。回心体験は身分や地位に関係なく、男も女も、学位の有無にかかわらず、すべての人に可能であると認められた。神の恵みは研究するものではなく体験されるものであり、難解な神学的な知識など不要であった。したがって、この運動は教派の枠を越え、植民地の領域を越えて広がっていく性格を持っていた。たとえば、大きな影響を与えたホイットフィールドは次のような逸話を残している。

〔信仰の〕父、アブラハムよ。あなたは誰と天国にいるのですか？　聖公会の人ですか？　いいえ！　長老派の人ですか？　いいえ！　独立派や分離派の人がいますか？　いいえ！　メソジストはいますか？　いえ、いえ、いえ！　そこには誰がいるのですか？　ここでは、そのような名の人々は知りません。ここにいるすべての人はキリスト者です(32)。

あらゆる立場を越えて神の前に立つ一人の人間の自覚を与えたこの運動は、不平等な現実に生きる民衆の心に届いた。野外の大衆伝道集会に二万人の人が集まったというホイットフィールドの記録もある(33)。町全体が宗教的高揚を見せ、酒場に人が集まらず、教会に人が溢れたと言う。この運動は回心体験を重視し、巡回説教を基本的活動としていたが、その形式をとったのは町の体制を支配している既成教会の牧師が彼らの活動を許さなかったからである。イギリスのウェスレーも、聖職者として認められていない信徒伝道者を説教者として派遣することがあったが、アメリカではイギリス以上に組織化されていなかったため、身元がよくわからない説教者がいた。その中には学位もなく、教会で牧師に任職されたわけでもなく、ただ個人的な信仰の確信から巡回説教する者もいた。したがって、町の当局は秩序を乱す存在として、彼らの動きを警戒したのである。

けれども、彼らの説教には人々の魂を慰めるメッセージがあった。ハーバードやイェールなどのエリート大学を卒業した既成教会の牧師たちは、長時間にわたる教理的な内容を説教した。そのような説教に辟易としていた人々は、平易な言葉で「あなた」と人格的に語りかけてくる言葉に慰めを感じたのである[34]。背景を説明しておくと、当時ロジャー・ウィリアムズが唱えた政教分離を原則とする植民地もあったが、多くの植民地では町の政府と教会が結びついており、両者は「近くて緊密であり、相互に連動しているが混同しない[35]」関係であった。教会は様々な物質的援助を受け、教会の働きに用いる建物を建設するために土地が寄付され、牧師を支えるために教会税が徴収され、教会が運営する施設の税の免除が保証され、特別な保護と特権を得ていた[36]。政府がある教会を定めると市民はその教会への出席を義務付けられた。したがって、非公認の教会の設立や説教者には弾圧が加えられた。しかし、これはピューリタンが戦ってきた信仰の原理と矛盾することであったので、非公認の福音説教者の中には逮捕・投獄・鞭打ちのような刑罰を恐れず、抵抗する者が現れた。しかも、彼らの公開処刑は、かえって民衆の心を動かすものとしてアッピールしたのである。

これら説教運動の担い手の中から、信教の自由を訴える者たちが現れた。森本はその一人として一七四八年に非公認の教会を設立したかどで罰せられたソロモン・ペイン（一六九八―一七五四年）を紹介している。彼は「良心の自由は神に与えられた平等で不可侵の権利である[37]」と主張した。当時のアメリカでは「良心の自由」と「信教の自由」はほぼ同義で使われていたので[38]、彼らを通して信教の自由という平等の権利が、民衆やのちのアメリカ建国の父祖たちに浸透していくのである。こうして神に与えられた平等の意識は、州を越えてアメリカ社会の共通の価値として、目に見える仕方で経験されていった。人権理念を法制化したアメリカ建国の父祖たちは、けっして宗教的に熱心であったわけではなく、むしろ理神論的な傾向があったが、福音説教者たちへの迫害の様子に憤りを感じ、合理性を重んじる観点からも、平等の原理を強く意識するようになった。この経緯について森本は福音主義的なキリスト教徒と理性的な政治家たちが「政教分離」という点で重なり、「宗教勢力と政治勢力が結合」したことが「史上初の政教分離国家として出発」する要因となったと指摘する[39]。次節でも扱うが、イギリスでピューリタンとコモン・ローヤーが結合したのと同様に、アメリカでは福音主義的キリスト教と合理主義的政治家が協同したのである。

ところで、トマス・ジェファーソンは「教会と国家の間に分離の壁[40]」を設けて政教分離を主張したが、ほとんどの州では政教分離の原則が徹底されていなかった。ジェファーソンの生涯の好敵手ジョン・アダムズは「宗教は、共和政体やその他の自由な政府だけでなくすべての政府と人間の共同体における社会的幸福の基礎[41]」であるので、信教の自由を認めながらも「〔一つの〕宗教を緩やかにかつ公平に公認[42]」すると定め、各州に一つの制度化された公認宗教の設置を主張した。ジョン・ウィッテによれば、「共和国の最初の一世紀半に支配的な地位を占めたのは、アダムズの信教の自由のモデルであって、ジェファーソンのそれではなかった[43]」。政教分離は連邦政府において認められていたが、各州ではそれぞれの州憲法に則って行うに任せたので、アダムズの公認宗教制度が少なくとも一九四〇年代まで大勢であったのである[44]。この事実はのちのＧＨＱによる日本占領の宗教政策にも関わるので、そこでもう一度取り上げる（終章参照）。

第四節　人権理念の法制化

第一項　ヴァジニア州憲法

ロジャー・ウィリアムズが明記した信教の自由の原理は、信仰復興運動を通して他の植民地においても浸透していき、生まれながらの権利概念を伴って発展し、独立革命前夜に新たな法的表現を得てアメリカの伝統となっていった。特に一七七六年の「ヴァジニア州憲法」は他のすべての州の憲法や「アメリカ独立宣言」のモデルとなった。しかも、「独立宣言」には具体的な人権項目が一箇所しかないが、ヴァジニアの憲法には一連の人権が列挙してある。つまり、「ヴァジニア州憲法」は人権理念を法的表現で成文化した世界で最初の憲法なのである。

その第一条は、「人間はすべて生来ひとしく自由かつ独立しており、一定の生来の権利を有する」[45]という文言で始まる。それは生命、自由、財産、幸福を追求する権利であり、「自由に宗教を信仰する平等の権利」[46]まで含んでいる。それ以外にも、人民主権、公職にある者の特権や世襲の禁止、司法権の独立、選挙の自由、人民の同意なしに法を執行停止することの禁止、裁判を受ける権利、証拠不十分な捜査や逮捕の禁止、軍隊にたいする文民統制、平時における常備軍の禁止、統一した政府を持つ権利、言論出版の自由、などが盛り込まれていた。日本国憲法第一一条以下の基本的人権の諸項目とくらべると、そのかなりの部分がすでにここにあることに気づく。特にその後の「独立宣言」、そして日本への影響を考えるときに重要なものが第三条である。少し長いが引用する。

政府は、人民、国家ないし社会の共通の利益、保護および安全のために樹立されている、もしくは樹立されるべきである。政府の種々の様式および形体のすべてのうちで、最大限の幸福と安全とを生み出すことができ、しかも悪政の危険に対して最も効果的に保護されているものこそ、最善の政府である。いかなる政府も、これらの目的に不適当もしくは背反すると認められた場合には、社会の過半数の人間には、公共の福祉に最もふさわしいと判断される方法で政府を改善し変革し、ないしは廃止する明白で譲ることができなく、かつ破棄しえない権利がある。[47]〔傍点筆者〕

ここに抵抗権だけでなく、「政府を改善し変革」する権利、すなわち革命権が定められていた。さらに重要な点は、それを実行する方法として「公共の福祉」という基準が置かれたことである。本書第三章で抵抗権が新たな展開を見せたときに「人民の福祉」が決め手であったことを紹介したが、イギリスにおける「人民の福祉」が、アメリカにおいて「公共の福祉」という表現で登場するのである。(48) 第六条でも、「人民は公共の福祉のために同意していないいかなる法律にも縛られるものではない」と謳われている。すなわち、法律もそれに従属する国家も、「公共の福祉」という至上の法に仕えることが暗に述べられているのである。

第二項　合理主義者と福音主義者の結合

ところで、ヴァジニア州憲法では、人権や抵抗権の根拠として創造主や神という名が掲げられていなかった。また、この起草に関わったジェイムズ・マディソン（一七五一―一八三六年）は啓蒙主義的な考えを持っており、独立宣言の採択で指導的役割を果したジョン・アダムズ（一七三五―一八二六年）も憲法作成に関わった者たちの霊的体験の発言を戒め、「政府はまったく理性と五感の使用によってのみ考案される」(49) べきものだと述べた。こうしたところから、人権の根拠に宗教的要素はないと考えるかもしれないが、背景をみると宗教的要素と切り離せないことが見えてくる。

起草者たちが願っていたことは、宗教を理由にした迫害の根絶である。したがって、彼らは信教の自由を確保したかった。これに反対したのは、もちろん体制と結びついていた教会の牧師である。それゆえこの憲法を制定するため体制派牧師との戦いがあったが、それは宗教を否定した動きではなかった。その理由に、起草者たちを応援していたのも同じキリスト教徒であった。(50) 彼らは主流派ではない熱心な福音主義的なキリスト教徒であり、体制派の教会の牧師から圧力をかけられていた人々である。すなわち、起草者たちは「政教分離」を求めていたのであって、宗教を否定しているのではないのである。

アメリカの歴史で興味深いところは、宗教的に冷淡な合理主義者と熱心な福音主義者が、「政教分離」ということで手を結ぶところである。立場のまったく異なる人々が政治的に結合することはイギリスでのピューリタンとコモン・ローヤーが結びついたことと似ている。アメリカでその土壌を整えたのは大覚醒運動であった。したがって、日本で「政教分離」というと、政治から宗教を追放して、非宗教的な社会形態を考えるかもしれないが、アメリカでは逆である。森本が指摘しているように、「政教分離」は宗教的な要求であって、「各自が自由に自分の思うままの宗教を実践することができるためのシステム」[51]となっている。その共通の土台はキリスト教である。もちろん、ごく少数のユダヤ教徒もいたが、大多数はキリスト教を信仰している。したがって、ヴァジニア州憲法の第一六条にある信教の自由も、宗教に並んで「創造主」という名が以下のように明記されるのである。

宗教もしくはわれわれが創造主に対して果たすべき義務、および義務を履行する方法は、理性と信心によってのみ導かれ、軍事力ないし暴力によって導かれるものではない。それゆえ、すべての人間は等しく、良心の命ずるところに従い、宗教を自由に信仰する資格を有しており、お互いに対してキリスト教的忍耐、愛および慈悲を実践することは、すべての人間間における相互的な義務である。[52]〔傍点筆者〕

信教の自由を保障することによって、他教派や他宗教との共存が生じる。そこでわざわざ「キリスト教的忍耐、愛および慈悲」の実践が「人間間における相互的な義務」であると言っている。つまり、信教の自由も、それによって要求される寛容も、キリスト教原理によっているのである。起草者たちにとっては政治的な形式的文言であったかもしれないが、彼らの思惑を越えて、社会の中に浸透している宗教的要素は、人権の歴史的成立に不可欠な要素だったのである。

第三項　アメリカ独立宣言

人権や抵抗権の根拠に宗教的要素があることを明確に示すのは、ヴァジニア州憲法から三週間後に出された「アメリカ独立宣言」である。起草者はヴァジニア市民の一人であったトマス・ジェファーソン（一七四三―一八二六年）である。この宣言には、自由・独立・平等と抵抗権・革命権の根拠として「創造主」の名が掲げられている。少し長いが以下に引用する。

> 人類の歴史において、ある国民がいままで彼らを他国民の下に結びつけていた政治上の束縛をたちきり、地上各国の間にあって、自然の法や自然の神の法によって本来当然与えられるべき独立平等の地位を主張しなければならなくなる場合がある。……
>
> われわれは、次の真理は別に証明を必要としないほど明らかなものであると信じる。すなわち、すべて人間は平等につくられている。すべて人間は創造主によって、誰にも譲ることのできない一定の権利を与えられている。これらの権利の中には、生命、自由、そして幸福の追求が含まれる。これらの権利を確保するために、人びとの間に政府が設置されるのであって、政府の権力はそれに被治者が同意を与える場合にのみ、正当とされるのである。いかなる形体の政府であれ、こうした政府本来の目的を破壊するようになれば、そうした政府をいつでも改変し廃止することは国民の権利である。そして、国民の安全と幸福とに最も役立つと思われる原理や権限組織に基づいて、新しい政府を設立する権利を国民はもっている。……しかし、権力の一連の濫用と簒奪とが、一貫した目的の下に行なわれ、国民を絶対的な専制政治の下に引き入れようとする意図を明らかにしているときには、そのような政府を転覆し、自らの将来の安全を擁護する新しい組織をつくることは、国民の権利であり、また義務でもある。これら〔アメリカの〕植民地が堪え忍んできた苦難

は、まさしくそうした場合であり、いまや彼らはやむなく、彼らの従来の統治形体を改変する必要をみるにいたったわけである。[53]〔傍点筆者〕

ここで重要なのは「すべての人間は平等につくられている（created）」という言葉である。英文のクリエイティッドは「創造」とも訳すことができる。それは自然発生的なものではなく、神の業を意味している。したがって、その次に「すべての人間は創造主によって」と続くのである。このようにして、人間の生まれながらの平等、抵抗と革命の権利は、宗教的な根拠によって主張されていた。この有名な「アメリカ独立宣言」が、日本の明治期における自由民権運動家たちに多くの影響を与えていくのである。

第四項　ペンシルヴァニア州憲法

これ以降、これらの人権項目は言い回しを異にしているが、他のアメリカ諸州においても承認され、展開されていった。たとえば、ヴァジニア州憲法になかった移住の権利は、ペンシルヴァニア州の憲法第一五条にはじめて定められた。[54]さらに、集会の権利や請願権が同憲法第一六条にはじめて現れ、第八条では代価を払うことにより良心的兵役の拒否も認めている。また、宗教による差別の禁止については「宗教的な見解もしくは宗教上の礼拝の特有な様式を理由として、公民としてのいかなる権利をも正当に剝奪され制限されることはない[55]」（第二条）と、より具体的に表現されるようになった。第四六条には、これらの人権宣言が「いかなる理由によっても侵害されてはならない[56]」と宣言されており、イェリネックによれば「将来永久に侵されてはならないし、この条項の文言はいかなる点においても変更されてはならない」と「一種の永久に有効な法」の力が付与されていると指摘されている。[57]その基礎付けは、「自然権や生命の創始者［神］が人間に授けた恩恵を享受できるようにすべきである[58]」と言うように、宗教的根拠によっていた。

以上のようにして、人権理念は様々な問題に対して、新たな法的表現を得て、今日に至るまで発展してきているのである。

第五節　人権法制化における神学思想史的考察

欧米で法制化した人権理念の日本への影響の考察に入る前に、ここで人権法制化における思想史的課題を整理しておく。人権の法制化における宗教的要素を観察すると、人権の根拠となる神が三位一体の神ではなく、「創造主」に集中する特徴がある。これを神学的に表現すると、キリスト論が後退し、キリスト無き神論で展開されるのである。合理的に考えると、人間イエスが神であることは理解困難であるので、創造主だけで展開する方がつじつまが合う。けれども、歴史的過程の中で人権を主張する動力を考えるとき、イエス・キリストに示された贖罪愛なくして人権を確立へと向かわせる歴史形成力は現れ難いという判断に至る。ここでは人権の法制化の過程において、創造主が主張される背景でイエス・キリストへの信仰がどのように関わったのかを確認しておこう。

第一項　キリスト教思想の歴史的影響

先に、宗教的な動機を持たない人間を通して人権を擁護する法が制定されたことについて、社会的な背景から宗教的影響を考察した。しかし、宗教的動機を持たないという点をさらに突き詰めていくと、アメリカ建国の父祖たちが持っていた宗教的要素がキリスト教的なものではないのではないかという疑問が起こる。たとえば、ジェファーソンが独立宣言で「創造主」という名を掲げたのは「人権の幻を実現するためであった」[59]と言われている。彼の言う創造主は、聖書の神より広い「一般的で理性的な超越者」[60]という意味と考えられている。そこで生じる疑問は、それはキリスト教なのかということである。

実際に、人権の法制化にキリスト教の影響があること自体を疑問視する者もいる。なぜならば、聖書の中には今日の人権理念からすると耳を疑う言葉があるからである。一端として、以下の箇所を紹介する。

「人は皆、上に立つ権威に従うべきです。したがって、権威に逆らう者は、神の定めに背くことになり、背く者は自分の身に裁きを招くでしょう」（ローマの信徒への手紙第一三章一―二節）

「婦人たちは、教会では黙っていなさい。婦人たちには語ることが許されていません」（コリントの信徒への手紙一第一四章三四節）

「女の頭は男」（コリントの信徒への手紙一第一一章三節）

「夫は妻の頭」（エフェソの信徒への手紙第五章二三節）

「奴隷たち……肉による主人に従いなさい」（エフェソの信徒への手紙第六章五節）

「召し使いたち、心からおそれ敬って主人に従いなさい。善良で寛大な主人だけでなく、無慈悲な主人にもそうしなさい」（ペテロの手紙一第二章一八節）

「主のために、すべて人間の立てた制度に従いなさい」（ペテロの手紙一第二章一三節）

このような聖書の言葉を根拠に、キリスト教は奴隷制や社会的不平等を容認しているとか、女性差別を助長した原因であるというラディカルな解釈がしばしば出てくる。けれども、その解釈は現代の価値観を基準にして導き出そうとするものであって、歴史的な考察でも聖書的な解釈でもない。歴史においては右記のような言葉を含む聖書の信仰が不平等を是正する人権思想に影響を与えるのである。このいきさつを解明するには、社会学的な視点だけでなく、神学的な視座が必要とされる。

誤解されることが多いが、キリスト教は奴隷解放や平等な世界の確立など、社会の変革を主要な目的にしている宗教ではない。この誤解は現代の人権を基準にして聖書を読み込むときに生じる。キリスト教が第一にしていることは、聖書の神を神とする信仰である。その信仰が、それ自身に内在している神の前での存在価値の平等の理念を、現実社会の制度にまで反映させてきた歴史がある。たとえば、日本のミッション・スクールに女子校が多いのは、キリスト教の宣教師たちが明治期の日本で、女性の人権が保障されていない状況を憂いたからである。青山学院のルーツの一つは女子の幼児教育である。女性と子どもが人間らしく扱われていない時代に、教育の機会と権利を与えようとしたのは、女性宣教師たちであった。彼女たちは、福音によってしか日本人を救うことができないと、いのちを懸けて海を渡ってきた。その信仰がもたらした行動力と先の聖書の言葉は矛盾しないのである。

聖書の内容から確認すれば、イエス・キリストは社会を変革する革命児でも、人権活動家でもない。彼の周りにいた人間はイエスを革命家のように受け止めたが、イエス自身は「人の子は仕えられるためではなく仕えるために、また、多くの人の身代金として自分の命を献げるためにきたのである」（マルコによる福音書第一〇章四五節）と言う。聖書によれば、復活の主に出会った弟子たちはキリストの十字架による贖罪の意味を知り（マタイによる福音書第八章一七節）、救われた喜びで伝道した（使徒言行録第八章三一―三五節）。伝道した内容は、ナザレのイエスはキリスト（救い主）であるということであった（使徒言行録第四章一六節）。補足すると、イエス・キリストは名前と名字ではない。イエスは救い主（キリスト）である、という信仰告白の言葉である。聖書の使信は、イエス・キリストにおいて啓示された神を、神とすることである。キリストに示された愛なる神の思いに従うことを喜びとしたのである。それを一言で表現しているのが、ルターが「小聖書」と呼んだヨハネによる福音書第三章一六節の次の言葉である。

> 神は、その独り子をお与えになったほどに、世を愛された。独り子を信じるものが一人も滅びないで、永

遠の命を得るためである。

聖書が第一にしていたことは、イエスをキリストと信じ、キリストに倣って、神に従うことである。どの身分や地位にあっても、それぞれの置かれた場所で神に従うことを勧めた。しかも、その自発的服従は、人間の行為に先立つ神の恵みと愛がすでに確立しており、それに応えるように呼びかけられていた。したがって、その使命を担う説教では慰めが語られた。実際に先ほどの紹介した聖書の言葉の前後を読むと印象が変わる。妻の頭である夫には、その妻のためにいのちをささげる関係であることを自覚させている。キリストを信じるとは、その関係に生きる人間になることであった。聖書の時代の人々は、迫害生活の中で神の愛を感じ、キリストの存在を近くに感じて、他者を愛する生活を喜びとした。他者との関係の中でキリストの愛を近くに感じたのである。聖書の記述を「不平等容認」[61]とする捉え方は今日の価値観から導き出しているだけで、聖書の時代の人々の心を捕らえた救いの関心にはないのである。

繰り返すが、聖書が第一にしたことは、聖書の神を神とすることであった。キリスト教徒はそれに従った。それを妨げる力に対しては、様々なかたちで抵抗をしたのである。一六世紀の教会の改革運動家も、聖書の神に従うことに真剣に取り組んだ。マルティン・ルターは、神の前に一人立つ人間であることを自覚し『キリスト者の自由』を書いた。内的なところでは、権力からも自由な存在であったのである。次の世代のジャン・カルヴァンは、神の主権を強調した。神を認識することは、人間を知ることであるとも言った[62]。神を知ることは、すなわち神に愛されている自分がわかるということである。その基準は聖書であり、聖書に示されているイエス・キリストを知ることと不可分であった。神に従うという信仰は、社会に生きる様々な人間の人生に現れる。たとえば、教会音楽家で有名なバッハが譜面の最後に「S.D.G.」とイニシャルを残したことは有名である。これは「神にのみ栄光を（Soli Deo Gloria）」という言葉の頭文字である。バッハのあの芸術的な心にしみる作品は、愛を示された神に従うところから生み出された音の響きだったのである。

聖書の神を神とする伝統はイギリスのピューリタンにも受け継がれる。ウェスレーの母親はピューリタンで、彼はその影響を強く受けて、聖書に基づいて、神に従う喜びを伝えた(63)。ピューリタンの伝統はアメリカにも渡る。ジョナサン・エドワーズもピューリタンの伝統を受け継いでいる。当初は主流派でなかったが現在は大きな勢力となったアメリカのバプテストも、厳格に聖書の言葉に従うことを求め、聖書主義という特徴を持つ。ここで一貫しているのが、聖書が証ししている神に従うというプロテスタント的伝統である。そして抵抗権の思想はこの伝統の中から生まれた。すなわち、神への服従が人間である支配者への義務より上にあることを根拠とするプロテスタントの土壌で発展してきたのである。その抵抗権は、神への服従を可能ならしめる社会形態を求めた。そこに人間らしい生き方があり、幸福があるとされたのである。つまり、人権の理念は抵抗権の思想に支えられて展開し、成立したのである。

第二項　統治者における創造主と民衆によるキリスト

このプロセスの中に世俗のパワーや古典的な哲学の影響もあり、様々な偶然が絡み合っている。既述したように、啓蒙主義的な合理性から人間であるイエスが神であることを理解できず、「神」や「創造主」という言葉だけが前面に出てきたのも事実である。現在もアメリカ大統領の演説の中に「神」は出てきても、「イエス」はほとんど登場しない。それにもかかわらず、政治的な思惑を越えて、「創造主」に基づく平等と抵抗の権利と正当性を主張したのは、聖書の神に従うという共通の価値がアメリカの精神に浸透していたからである。たとえば、キリストの奇跡について冷淡であったフランクリンでも次のように言っている。

神が存在すること、神が世界を創造したこと、世界が神の摂理によって支配されていること、神のみわざのうち最も受け入れるべきは人間に善を行ってくださること、……こうした点を決して疑ったことはない。[64]

このように、理性的な政治家にも宗教的要素があったのは、アメリカ社会全体にキリスト教の影響があったからである。その大きな一役を担ったのが大覚醒運動である。しかも、大覚醒運動はイエス・キリストに集中していった。その特徴は、このときによく歌われた讃美歌に表れている。たとえば、大衆伝道集会でよく歌われていたのは、先に触れたジョン・ニュートンの「アメイジング・グレイス」や、クリスマスで歌われる「ジョイ・トゥ・ザ・ワールド」を作詞したイギリス非国教徒のアイザック・ウォッツ（一六七四―一七四八年）の讃美歌である。どちらも、イエス・キリストの業を賛美する歌である。ウォッツの讃美歌は広く歌われ、英語の四大讃美歌の一つに数えられる「さかえの主イエス」[65]は、次の聖書の言葉に基づいて書かれていた。

このわたしには、わたしたちの主イエス・キリストの十字架のほかに、誇るものが決してあってはなりません。（ガラテヤの信徒への手紙第六章一四節）

このように、理神論的な信仰が強くなる一方で、大覚醒運動のようにキリストに集中する動きが起こっていた。そして、社会全体を見ると、大衆はイエス・キリストに示された神の愛に共感をしており、そちらが大勢なのである。この社会勢力が人権に関して政治的要求を繰り返してきた。実際に、政治的な要求以上に、女性の人権や公民権運動に大きく作用したのは、繰り返しアメリカで起こる大覚醒運動の影響であった。

イェリネックは、このようにして「生来の神聖な諸権利を法律によって確定せんとする観念は、その淵源からして、政治的なものではなく、宗教的なもの[66]」であり、「福音が告知したものなのである[67]」ことを明らかにして、その歴史的生成過程に「宗教的確信というエネルギー[68]」があることを主張した。これら「アメリカ独立宣言」とアメリカ諸州の憲法は、のちの明治に生きる日本人たちに多くの影響を与えた。彼らが心惹かれたのは、抵抗権とその根拠となるキリスト教思想だったのである。

第五章　キリスト教人権思想の日本国憲法への影響

本書は、ゲオルク・イェリネックの見方を手引きにして、人権理念の法制化の過程をたどってきた。イェリネックの関心は、「どのような原因で、ある思想が現行法にまで高められ、他の思想が憲法的に承認される道を閉ざすことになるのか、……それらの理念を現行法に転化した生きた歴史的な諸力は何であったのか」[1]ということであった。そこには宗教的な要素があり、われわれはそれを抵抗権の思想を通して再考してきた。イェリネックがもう一つ明らかにしたのは、「アメリカ諸州の《宣言》がフランスの《宣言》に先行する」ことであり、フランスの人権宣言が「フランス人がアメリカの《宣言》を模範として用いた」ことである[2]。実は、日本においても日本国憲法が成立していく過程の中で、アメリカ諸州の憲法や「独立宣言」を参考にするという仕方で、潜在的に同様の影響があったと考えられる。本章ではその思想史的影響を、鈴木安蔵、吉野作造、植木枝盛の三者のつながりを通して明らかにしていきたい。

第一節　日本国憲法成立の舞台裏

第一項　憲法研究会とＧＨＱ案

日本国憲法の成立の中で重要な存在の一つは、「憲法研究会」というＧＨＱに憲法案を提出した民間のグループと、そのメンバーの一人であった鈴木安蔵（一九〇四―一九八三年）である。ＧＨＱ案の責任者の一人である

郵便はがき

料金受取人払郵便

銀座局
承認

4307

差出有効期間
2024年2月
29日まで

104-8790

628

東京都中央区銀座4－5－1

教文館出版部 行

◉裏面にご住所・ご氏名等ご記入の上ご投函いただければ、キリスト教書関連書籍等のご案内をさしあげます。なお、お預かりした個人情報は共同事業者である「(財)キリスト教文書センター」と共同で管理いたします。

●今回お買い上げいただいた本の書名をご記入下さい。

書名

●この本を何でお知りになりましたか
1．新聞広告（　　）　2．雑誌広告（　　）　3．書　評（　　）
4．書店で見て　5．友人にすすめられて　6．その他

●ご購読ありがとうございます。
本書についてのご意見、ご感想、その他をお聞かせ下さい。
図書目録ご入用の場合はご請求下さい（要　不要）

教文館発行図書 購読申込書

下記の図書の購入を申し込みます

書　　　名	定価（税込）	申込部数
		部
		部
		部
		部
		部

●ご注文はなるべく書店をご指定下さい。必要事項をご記入のうえ、ご投函下さい。

●お近くに書店のない場合は小社指定の書店へお客様を紹介するか、小社から直送いたします。

●ハガキのこの面はそのまま取次・書店様への注文書として使用させていただきます。

●DM、Eメール等でのご案内を望まれない方は、右の四角にチェックを入れて下さい。□

ご氏名　　　　歳	ご職業
（〒　　　　） ご住所	
電　話 ●書店よりの連絡のため忘れず記載して下さい。	
メールアドレス （新刊のご案内をさしあげます）	

書店様へお願い　上記のお客様のご注文によるものです。
着荷次第お客様宛にご連絡下さいますようお願いします。

ご指定書店名	取次・番線	
住　　所		（ここは小社で記入します）

マイロ・Ｅ・ラウエル陸軍中佐は、憲法研究会の草案を見てその内容が「民主主義的で、賛成できるものである」[3]と高く評価し、これに基づいてＧＨＱ案を作成した。のちのインタビューで、彼は研究会の草案を見たとき、「民間の草案要綱を土台として、いくつかの点を修正し、連合国最高司令官が満足するような文書を作成することができるというのが、当時の私の意見でした」[4]と述懐している。つまり、日本国憲法の成立は、形式的には完全にアメリカが作成したが、本章で詳述する思想史的な側面から見ると、日本人の主体性が反映されているのである。その日本人の主体性は、長い人類の歴史の中で受け止められた価値を認めたのである。

ＧＨＱが求めていたのは、この人類の歴史の中で形成されてきた価値、すなわち民主主義的であることと、人権を保障している憲法である。彼らのこの要求を政治的な視点やナショナリズムの観点から見ると「押しつけ」と映るが、思想史的にみると異なる。彼らの行動は、政治的な思惑を越えて、歴史の動向が求める人間らしい生き方の成立に貢献したのである。彼らも自分たちの要求が、ナショナルな枠を越えて、人類が受け止められる価値であると理解したのであろう。実際に、日本の民間人の中から歴史的に形成されてきた人権を含んだ法案が提出された。しかも、毎日新聞が行った日本国憲法についての世論調査では、八五％がこれに賛同していた[5]。つまり、日本の民間人はこれを「押しつけられた」と受け止めておらず、民間人でない人々が「押しつけ」と感じたのであった。そこで本書が探り当てようとするのは、歴史の中で形成されてきた人権思想がどのようにして日本の民間人の中に入ってきたのか、ということである。その糸口を鈴木安蔵を通してひも解いていきたい[6]。

第二項　鈴木安蔵への再注目

日本国憲法の成立に鈴木安蔵並びに「憲法研究会」の影響があることは、当事者周辺と一部の学者たちの間にしか認識されていなかった[7]。大多数の日本人はこの事実を知らなかったはずである。それだけでなく、この偉大な貢献をした鈴木の存在は、日本の法学会の中でも無視され続けてきた。

鈴木の存在が注目されなかった理由の一つは、彼が京都帝国大学を中退した在野の憲法学者であったことやマルクス主義に傾倒していることが関係していたと考えられる。しかし、一九八九年に古関彰一が『新憲法の誕生』の中で日本国憲法の成立経緯と鈴木安蔵を紹介したこと、[8]また小西豊治が『憲法「押しつけ」論の幻』を出版した頃から鈴木に注目が集まるようになった。特に、二〇〇七年にＮＨＫ・ＥＴＶ特集『焼け跡から生まれた憲法草案』で鈴木に注目したドキュメントが放映され、また映画『日本の青空』[9]で鈴木の生涯が映画化されたことにより、全国的に知られるようになった。さらに二〇一二年ＮＨＫ・Ｅテレで『日本人は何を考えてきたのか――明治編』で鈴木に触れる番組が放送された。[10]これは、鈴木だけを紹介したのではなく、憲法研究会に至るまでの歴史の流れを深く掘り下げた点で、非常に優れた番組である。そこで焦点を当てられたのが、鈴木安蔵、吉野作造、植木枝盛の三者だった。

けれども、ＮＨＫの番組ではこの三者がキリスト教の影響を受けている点で共通しているものがあることを見落としていた。本書では、その視点からこの三者のつながりを思想史的に再考し、日本国憲法成立過程におけるキリスト教人権思想の影響を確認してみたい。

第二節　鈴木安蔵とキリスト教

第一項　幼少時代

憲法研究会の中で唯一の憲法学者であり、重要な役割を担った鈴木安蔵は、プロテスタント教会の熱心なキリスト教徒の家庭で育った。けれども、鈴木の周辺にいた研究者たちは、彼の生涯にキリスト教との接点があったことをまったく知らなかった。この関係を知ったのは鈴木が亡くなってからのことである。鈴木の親しい仲間たちは、彼の没後、その功績を覚えて生涯をたどっていった。その中で、キリスト教の関係が明らかになったのである。興味深いことに、そのことを知った研究者の間では、鈴木の性格に合点がいったそうである。鈴木は青年時代から強制的な非人間的な扱いに対して抵抗することがあった。鈴木をよく知る研究者たちは彼にキリスト教が潜在的な仕方で影響していると感じたのである。

鈴木は、福島県相馬郡小高町《おだかまち》に生まれ、キリスト教徒の家庭で育ったことから、そこを離れるまで熱心な信仰生活をおくった。聖書をよく読み、後に政治家・農民運動家になる杉山元治郎牧師のもとで教会生活を過ごした。社会的関心の強い牧師のもとで育ったのであるから、その影響を多少なりとも受けていたと考えられる。けれども、鈴木は生涯で洗礼を受けることはなかった。(11) なぜならば、マルクス主義の影響を受けたからである。彼は故郷を離れて仙台の第二高等学校に行き、マルクス主義の研究と普及を目指して東北地方に来た菊川忠雄（東京帝国大学新人会）と石田英一郎（第一高等学校社会思想研究会）と出会い、これに傾斜していった。もちろん、盲目的に傾倒したのではなく、幼少の経験が影響していた。(12) 鈴木は生まれる前に父親を亡くしており、貧しい生活をおくっている。さらに、社会問題に関心が強かった杉山牧師の影響もあったであろう。その問題の思想的解決を模索している青年期にマルクス主義と出会ったのである。

それでも鈴木と親しかった研究者たちは、潜在的にキリスト教の影響があったことを感じた。たとえば、中学校時代に「同盟休校」という事件を起こした。仲間で同盟を組み、学校に抗議するため授業をボイコットしたのである。当時、上級生の下級生に対するリンチが横行していた。しかも、教師たちは、その事実を知りながらも黙認していた。今ならば大問題になるが、戦前は当たり前の光景であったのであろう。当時この事実に対して抗議の声をあげる者は誰もいなかった。ところが、鈴木は「みんなひどい目にあわされたし、これ以上不当な暴力は許せない」という思いから、「同盟休校」という抵抗運動を起こした。(13) 彼は暴力排除を求める抗議書を校長に突き付けて、仲間たちと同盟を組んで三日間学校を休んで抗議した。学校側はこの出来事に驚き、対応に追われた。鈴木たちの行動に正当性がある一方で、学校当局の面子もあったからである。結局鈴木たちに謹慎等の処分が下されたが[14]、彼らの主張も認められ、学校側はリンチを黙認してきた態度を改め、以降校内暴力が一掃された。鈴木安蔵の研究者金子勝（慶應大学の金子勝とは異なる）は、のちの抵抗権につながる鈴木のこの行動が「キリスト教的ヒューマニズム・正義感が培われていたことの証明であると考えられる[15]」と述べ、鈴木にキリスト教の抵抗権の思想が潜在的な仕方で影響していることを認めている。

第二項　摂理としての治安維持法

京都帝国大学入学後、鈴木には厳しい投獄の日々が待っていた。一九二五（大正一四）年の普通選挙法の成立は、労働者や農民たちを地盤とする政党が議席を持つことを予想させるものであった。これらの無産政党の活動を危険なものと見なした当時の政府は、これらの運動の抑圧を意図して、治安維持法を制定することとなった。鈴木は京都帝国大学時代に「京都帝国大学社会科学研究会」に入会する。ところが、一九二六（大正一五）年に、最初の治安維持法違反である「日本学生社会科学連合会事件」で検挙され、翌年有罪判決を受けた後、大学を自主退学することになる。その後一九二九年『第二無産者新聞』での活動も治安維持法違反にあたるとして再び逮捕され、一九三二（昭和七）年まで入獄する。この厳しい獄中生活が、のちの憲法研究への道を拓くきっかけになるのである。彼は獄中で多くの憲法論に関する著作を読んだ。それは言論の自由や不当な逮捕投獄に対する疑問からきている。この厳しい獄中での経験が、彼の抵抗権への感覚を研ぎ澄ましていく。実に、歴史の中で抵抗権を主張した多くの人々は、不当な逮捕投獄の経験をした人々が多い。それはピューリタンの戦いを見てもわかる。

鈴木はこの獄中生活の中で、特にキリスト教徒であった吉野作造に心惹かれるようになった。吉野作造は晩年に憲政史研究に取り組んでいた。晩年の吉野との面談は、鈴木の生涯における決定的な出会いの一つになる。この二人の面談にもキリスト教の関係がある。鈴木安蔵の妻は、熱心なキリスト教徒であった栗原基の娘（俊子）

であった。栗原はバプテスト教会の熱心な信者で、第三高等学校基督教青年会初代主事でもある。鈴木の栗原家との出会いは、先ほどの治安維持法の事件（一九二六年）にある。あの事件で検挙された被告人の一人に、栗原の息子がいた。そして、基督教青年会館（ＹＭＣＡ）の寮は、検挙された学生たちの新たな合宿所となる[16]。鈴木と俊子との出会いは、おそらくこの場所によるのではないかと考えられる。二人は一九二七年六月一六日に結婚をする。栗原が二人の結婚を認めたことと、この場所が基督教青年会館であったことから、鈴木のキリスト教との関係はこのときまだあったのだと考えられる。栗原はアメリカ二〇世紀最大の神学者で、第二次世界大戦以降のアメリカ政治に大きな影響を与えたラインホールド・ニーバーの著作を邦訳した最初の人物である。ニーバーはオバマ元大統領も好きな哲学者・神学者の一人に名前をあげているが、多くの思想家政治家に影響を与えた人物であり、栗原に先見の明があったことが理解できる。栗原基は吉野作造と旧知の仲であった。そこで出獄後の一九三三（昭和八）年、鈴木安蔵は岳父（妻の父）栗原基を通じて晩年の吉野作造との面談を実現した。この出会いが、のちの植木枝盛の発見へとつながるのである。

歴史が語ることは不思議であるが、治安維持法の施行がなければ、鈴木が栗原と出会うことも、吉野と出会うことも、植木枝盛を発見することもなかったのである。皮肉なことに、治安維持法による逮捕がなければ、鈴木がＧＨＱに提出した憲法草案を作成することも、今日の日本国憲法への影響もあり得なかったのである。このような歴史的感覚をピューリタンたちは摂理（プロヴィデンス）と呼んだが、政教分離の原則を明記したロジャー・ウィリアムズが新植民地をプロヴィデンスと名づけたことを思い起こす。人権を確立していく歴史に目を向けると、神の摂理を思わせる出来事の連続なのである。

第三項　日本国国憲按と植木枝盛の発見

栗原基を通じて吉野作造と面談した鈴木は、そこで歴史を転換する言葉に出会う。吉野作造は鈴木に「憲法制定史を専攻研究するものが絶無といってもよい」と伝え、鈴木ののちの研究に道筋を与えた[17]。当時の憲法学では憲法の成立過程の研究がなく、その分野が憲法学の中になかった。吉野のこの言葉は、哲学科から経済学部へ転部して経済学を専攻していた鈴木に憲法学への学問的関心を与え、結果的に今日の日本国憲法へと向かう転てつ機の役目を果たしたのである。

吉野が鈴木に与えた影響でもう一つ特筆すべきことは、『明治文化全集』の中にあった「日本国国憲按」との出会いである。明治文化研究、特に憲政史研究に取り組んでいた後年の吉野は、一九二四（大正一三）年「明治文化研究会」を発足させた。この研究会は、前年の関東大震災で幕末明治の貴重な資料を焼失したことにより、危機感を持った研究者や好事家たちが、資料保存を目的として発足した。この会の最大の業績が『明治文化全集』全二四巻の刊行である。鈴木は『明治文化全集』の中にあった起草者不明の「日本国国憲按」と出会う[18]。彼はこの私擬憲法の内容に心を惹かれた。なぜならば、そこに優れた人権擁護の項目があるだけでなく、抵抗権や革命権の規定があったからである。しかも、その優れた憲法案が日本人によって書かれたことに感銘を受け、この起草者を探る研究を始めた[19]。そして一九三六年、意を決して高知県に赴くのである。鈴木が高知へ資料採取に出かける際、法制史を専門としていた尾佐竹猛でさえも、「そんなところに行っても何も残っていないから無駄であろう」と意見したそうである[20]。それでも挫けずに高知に着くと、尾佐竹の予想を裏切り、各地の古本屋や図書館に自由民権運動に関する貴重な資料が大量に発見された[21]。

鈴木はその資料の中に植木枝盛の「日本国憲法」（草稿本）を発見した。そして、詳細な検討の結果「東洋大日本国国憲按」（「日本国国憲按」清書本のこと）の原案起草者が植木枝盛であると断定した[22]。今日、植木枝盛の存在が自由民権運動の有力な思想家として歴史的位置を持つのは、鈴木安蔵の功績によるところが大きいのである。その功績は、起草者発見だけでなく、植木枝盛の研究に不可欠な第一級の資料の発見と保存を図った点でも忘れることができない[23]。

第四項　抵抗権

鈴木は、植木枝盛の私擬憲法に多く学び、後に日本国憲法の成立に影響を与える憲法研究会の憲法案を起草した。戦後のインタビューで彼は次のように言っている。

　私はずっと自由民権を、その史料をあさっていたからね、明治一三、四年頃の我々の父祖たちが苦心して作った草案は参考にした。けれども、いちばん参考にしたのはフランス革命の人権宣言と一七九三年のジャコバン憲法。ただ、植木枝盛の草案には抵抗権の規定があるんだな、これは非常に僕の注意をひいた。……自由民権運動にはヨーロッパなみの本格的な闘いがあったということを認識して、調べてみるとたくさんの抵抗権の思想がある。非常に弾圧されて、必ずしも揃わないんだけれども、私が昭和一一年に土佐へ行って植木枝盛のノートや下書きを調べた時には、また「海南新誌」やそういうものを読んでみると、抵抗権の思想なんていたるところにあるわけだ。我々の父祖たちがこういうレベルにまで達しておったんだと非常に高く評価したわけなんです。……僕はフランス革命の〔一七〕九三年憲法の条文と、植木枝盛がこういう論文〔ママ〕を書いているところに共鳴して、我々も新しく転換する段階においては、ぜひこれをいれなくてはいかんというんで書いたわけです。[24]〔傍点筆者〕

　この証言にあるように、鈴木が植木の憲法草案に惹かれてこれを追い求めたのは、「徹底的な抵抗権の諸規定」が明記されていたからである。[25] しかも、彼が抵抗権の感覚に敏感であったこととキリスト教の影響は、青年期の「同盟休校」で触れたように無関係ではない。さらに、彼が参考にしたフランスの宣言も、アメリカ諸州の憲法から影響を受けており、そこにキリスト教人権思想の影響があることがイェリネックの研究によって実証されている。つまり、キリスト教人権思想は、潜在的な仕方で日本国憲法の成立に関わっているのである。

けれども、鈴木自身はキリスト教的な影響があることを自覚していなかった。彼は洗礼を受けておらず、彼の周辺にいた仲間たちは生前キリスト教との関係があることを知らなかった。おそらく、栗原基の世話になっているときまでは、形式的であったかもしれないが、関わりがあったと考えられる。興味深いことに、鈴木の長女は、第二次世界大戦中、青山学院の旧制高等女学部等ミッション・スクールに通い、英語などを学んで自由なる環境を享受していた。大戦中にキリスト教や英語に関わることは大変なことであったが、これを勧めたのは鈴木だと言う。(26) にもかかわらず、鈴木の長女によれば、鈴木安蔵もその家族もキリスト教に関する意識は皆無であったと言う。(27) つまり、鈴木自身はキリスト教の影響を自覚していなかったのである。抵抗権に関しても、そこにキリスト教の思想史的なつながりを理解していなかったと考えられる。したがって、鈴木と日本国憲法成立におけるキリスト教思想の影響は、「潜在的なもの」であったのである。

けれども、欧米で形成されてきたキリスト教人権思想を自覚的に理解して自分の言葉にした日本人がいる。それが植木枝盛である。次に、植木枝盛がなぜあの時代に抵抗権を語ることができたのかに注目していく。

第三節　植木枝盛とキリスト教(28)

第一項　明治初期のキリスト教

黒船が日本に来て江戸幕府が終わり、明治時代が始まったころ、文明開化の音とともにキリスト教が日本に入ってきた。中でも日本に大きな影響を与えたのはプロテスタント教会の宣教師であった。今日よく知られている多くのミッション・スクールのルーツはこの時代に設立される。一端を見ると、「ボーイズ・ビー・アンビシャス（少年よ、大志を抱け）」という言葉を残したことで有名な札幌農学校のクラーク博士、同志社大学の重要な初期の学生を育てた熊本洋学校のジェーンズ大尉、明治時代の政治家に影響を与えたフルベッキ、明治学院を創設し、ヘボン式ローマ字でも有名なヘボンなどは皆プロテスタント教会の信仰を持っていた。

日本へのキリスト教宣教を帝国の植民地戦略の手段であったとする考えがあるが、政教分離の原理を重んじたプロテスタント教会において、少なくとも現場に派遣した教会や派遣された宣教師にその政治的意図はなかったであろう。彼らは聖書の福音を伝えることで日本人が救われることを喜んだのである。フルベッキやヘボンは異国の日本で子どもを亡くす厳しい経験をするが、それでも日本に残り、日本人の救済と日本再建に尽くした。いのちをかけて海を渡ってきた宣教師たちの覚悟と人格に触れた日本人の多くは、その姿勢に感動し、大きな感化を受けた。

皮肉なことであるが、キリスト教を政治的な手段として受け入れたのは、宣教師ではなく、むしろ日本人の方であった。キリシタン禁制の高札を撤廃したことも欧米列国の仲間入りする政治目的のためであり、多くの日本人がキリスト教会に出入りしたのも欧米文化と英語を身につけるためであった。当時、海外に留学できたのはごく少数のエリートだけである。廃藩置県ですべてを失った士族の若者たちが、新しい時代に地位を得るためとった手段の一つは、宣教師に近づいて英語と海外の文化を学ぶことであった。中には宣教師たちから感化を受けて優れたキリスト教の指導者になった者もいるが、多くは洗礼を受けるに至らなかった。板垣退助などはあと一歩で洗礼を受けるところまでいったそうであるが、結局洗礼を受ける決意までいかなかったのである。(29) 植木枝盛もその一人である。

第二項　自由民権運動とキリスト教

自由民権運動家の多くも、同様の時代の中でキリスト教会に深く関わった。以前から自由民権運動とキリスト教会に関わりがあることは知られていたが、その意味を深く掘り下げる研究はされてこなかった。(30) おそらく、日本のキリスト教人口が少なく、この方面の研究者を欠いていることと、キリスト教会が民権運動から距離を置いたこと等がその要因として考えられる（第二部第七章・八章参照）。けれども、自由民権家は人権に関して自覚的にキリスト教から学び、また影響を受けたのである。

たとえば、第二次世界大戦後あきる野市の古びた蔵に眠っていた「五日市憲法」という私擬憲法が発見された。*これは日本国憲法に匹敵すると言われるほど人権に関して優れた条項が記載されている。この「五日市憲法」の起草の中心的指導者に千葉卓三郎という人物がいた。(31)千葉卓三郎もキリスト教に深く関わり、洗礼まで受けたキリスト教徒であった。はじめは東方教会（正教会）に関わるが、教会を転々として、最後はプロテスタント教会に出入りする。その変遷は人権理念と無関係ではない。自由民権運動家の多くはキリスト教の影響を受け、特にプロテスタント教会の信仰に人権理念を支える思想があることを自覚して学んだのである。本章では、日本国憲法の成立につながる影響をたどるので、植木枝盛に注目し、彼が具体的に何を求めてキリスト教に近づいたのかを見ていきたい。

＊日本が民主主義を発揮した時代

平成時代の日本の皇后美智子は、わざわざあきる野市を訪れ、その時の思いを自身の誕生の日に次のように述べた。

あきる野市の五日市を訪れた時、郷土館で見せて頂いた「五日市憲法草案」のことをしきりに思い出しておりました。明治憲法の公布（明治二二年）に先立ち、地域の小学校の教員、地主や農民が、寄り合い、討議を重ねて書き上げた民間の憲法草案で、基本的人権の尊重や教育の自由の保障及び教育を受ける義務、法の下の平等、更に言論の自由、信教の自由など、二百四条が書かれており、地方自治権等についても記されています。当時これに類する民間の憲法草案が、日本各地の少なくとも四十数か所で作られていたと聞きましたが、近代日本の黎明期に生きた人々の、政治参加への強い意欲や、自国の未来にかけた熱い願いに触れ、深い感銘を覚えたことでした。長い鎖国を経た一九世紀末の日本で、市井の人々の間に既に育っていた民権意識を記録するものとして、世界でも珍しい文化遺産ではないかと思います。（「皇后陛下お誕生日に際し（二〇一三［平成二五］年）」宮内庁）

ここで言われているとおり、「五日市憲法」は日本の民衆の手で書かれた。そこでは地主も農民も教師も、立場を越えてこれからの日本の国のかたち（憲法）をつくるために、みんなで学び、議論したのである。もしかすると、日本で民主主義が一番発揮されたのは、この自由民権運動の時期であったかもしれない。

ちなみに、自由民権運動はなぜ盛んになったかというと、一八八〇（明治一三）年三月の国会期成同盟第一回大会で、まず国会を開設し、ついで国民代表による会議で憲法を制定するとの方針を定めたことにより、国約憲法という考えが広まったからである。それは憲法を作成し、君主（天皇）との合意を得ることで、国民と君主との約束事として位置づけられる憲法のことである。そこで民衆たちは自分たちの考えが反映されることを喜び、立場を越えて日本をどのような国にするか真剣に考えた。各地で私擬憲法が作成された。ところが、伊藤博文によって大日本帝国憲法が突然提出され、それが認められ、それ以降自由民権運動は弾圧される。「五日市憲法」がなぜお蔵入りになったかというと、それを主張できなかったからである。そう考えると、本当の押しつけ憲法は「大日本帝国憲法」であったかもしれない。もちろん、日本にとって初めての立憲政治であったから、大多数の民衆は憲法で統治することを歓迎したのは事実である。

第三項　キリスト教思想の影響

キリスト教との接点

古代の思想家でキリスト教会の指導者の一人にアウグスティヌスという人物がいる。強靱な思索で、時代を越えて今でも多くの思想家に影響を与えている人である。彼の偉大なところは、宗教を越えて影響を与えたところである。たとえば日本の西田幾多郎もアウグスティヌスから多くの影響を受けた。アウグスティヌスは、ギリシア語ができずにラテン語で著述していることから、語学が不得意であったと言われている。語学ができないのだけれども、思索はできる。実は、植木枝盛（一八五七―一八九二年）も語学が苦手であった。英語ができなかったのである。かなりの読書家であったが、海外の書物はすべて翻訳本を読んで学んでいた。これは語学が苦手で翻訳文化が盛んな日本人を励ますことでもある。外国語ができなくても思索はできる。植木枝盛は日本語で海外の文献に学びながら、日本語で思索した優れた思想家であった。

その植木は、思想的形成期にキリスト教の影響を受けており、洗礼を受けた確証はないが、後に次のように言っている。

> 今我が黨《とう》の宗教と云《い》うは則《すなわ》ち我が黨の尊信する聖書に従うキリスト教なる純粋《じゅんすい》のプロテスタント即ち自由の教派を謂《い》うなり。(32)

植木は、自分たちの自由民権運動がプロテスタント的信仰に基づいていることを自覚していた。さらに特筆すべきことは、高知の民権運動の拠点となった立志社に隣接する高知教会の設立に植木が深く関わっているのである。高知教会は、一八八四（明治一七）年フルベッキら宣教師を高知へ招いて伝道集会を行い、それによって翌年五月一五日に片岡健吉と坂本龍馬の甥にあたる坂本直寛（南海男）[33]が受洗して教会設立に至るのだが、そのフルベッキたちの招致・伝道に尽力した一人が植木だったのである[34]。

彼が最初にキリスト教に接触した時期も日記を通して判明する。まず一八七四（明治七）年に当時のキリスト教入門書である『天道溯原』を読んでいる[35]。キリスト教との関係は、その一年後の一八七五（明治八）年五月一七日日比谷教院付近で説教を聞くことから始まり、頻繁に様々な教会を訪れている[36]。また明治七年から五年間でキリスト教関係書物を少なくとも五一冊は読んだ形跡があることからも、キリスト教に関する関心が相当高かったことが窺われる[37]。植木がキリスト教に関心を示す一つの要因として考えられることが、抵抗権との関係である。たとえば、彼自身も聴衆の中にいた高知伝道での宇野咋弥の説教では次のようなことが言われていた。

> 自由の天権を剝奪せられ、これを回復するの〔方〕法わずかに腕力のほかこれを回復するものなきときは、よろしくこれを用いてこれを回復すべし。たとえばこれ米国革命の如く然り。……これ蓋《けだ》し政府は社会のためにして、社会は政府のために構造せられたるものにあらず。真誠の自由は必ず流れて社会の万端に及ぼし決して要塞すべからざるなり。……当時〔米国革命・南北戦争〕の義血多くはキリスト信者の精神の溢出したるものなり。已上《いじょう》挙ぐる所、耶蘇教自由精神の溢出したる万支流中の重大なるものなり[38]。〔傍点筆者〕

神から与えられた自由を奪われ、武力以外にこれを回復できないときは、力を用いて自由を回復するべきであると主張して、その根拠を独立戦争と南北戦争に見ている。しかも、犠牲をいとわぬ権利獲得の戦いの根底にキリスト教信仰があることを明らかにし、キリスト教の自由の精神の必要性を主張しているのである。

ここで語られている内容は、抵抗権だけでなく、革命を実行する権利にも及んでいる。植木のキリスト教への関心の一つは、ここで語られている抵抗権・革命権と関わる説教内容であったと考えられる。もちろん、この時代抵抗権については教会以外の場所でも語られていた。(39) 民衆の抵抗権に対する関心は非常に高く、一種の流行語のようになっていたのである。けれども、抵抗権の原理や思想的根拠について探求する者はほとんど存在しなかった。したがって、自由も民権も履き違えて理解されることが多かったのである。たとえば、先ほどの宇野の説教に次のような証言がある。

世人未だ心理の自由を説き以て社会間に顕出したる自由の原理を探求し……（これ）等の最も貴重なる問題に付て深く論弁をなす者世実に稀なり。……真の自由は独り真理に従える方正謹直《ほうせいきんちょく》の心中に存す。……徒《いたず》らに政府を罵詈し扼腕切歯《やくわんせっし》し在朝の人を敵視するを名《な》づけて自由所業とはなすべからず。或は妄《みだ》りに干戈《かんか》を玩《がん》弄《ろう》し奮然蹶起《けっき》し社会の騒乱を煽動するを以て民権の専務となすべからず。(40)

この言葉からわかるように、政府を罵ったり朝鮮人を敵視したりすることが自由だと考える人が多くいた。また、みだりに戦争をちらつかせて決起集会を開き、社会の騒乱を扇動することが自由民権だと考える人々もいた。それは当時の民権運動が征韓論の主張と結びついていたので、政治的動機から自由民権運動を利用し、自由や抵抗権の捉え方に混乱が生じていたのである（第二部七章参照）。

けれども、植木にとって重要なことは抵抗権の根拠であった。そこにキリスト教への関心があった。しかも、当時のキリスト教に関わった人々は、本書で紹介した欧米型人権思想の思想史的流れを知っていた。先ほどの宇野の説教から重要な箇所を引用する。

第十有六紀の宗教改革となれり時に印書機の発見、路踼の新約書を扶助し以て欧州卑屈の安眠を振起せり、又流れて英国清潔民《ピュリタン》の脱走となれり。当時英国政府本心の自由を防碍《ぼうがい》したればなり。或は発して米国革命の戦争となれり頼りて始めて十三州の自由政府を建立せり。又流れて近世南北戦争の鮮血となれり。是を以て黒人の自由を贖《あがな》いたり。当時の義血多くはキリスト信者の精神の溢出したるものなり。已上《いじょう》挙ぐる所、耶蘇教自由精神の溢出したる万支流中の重大なるものなり。(41)

ここで言われていることは、自由と人権そしてそれを勝ち取った抵抗権と革命権の実行が、聖書に基づく教会改革運動（宗教改革）からピューリタンたちの運動、そしてアメリカ独立戦争と南北戦争を経て今日に至っており、聖書の信仰に基づく自由の精神から流れてきているものだということである。同様の理解は宣教師を通して当時のキリスト教徒たちに伝えられていた。つまり、明治時代の人々、少なくとも高知の民権運動家たちは人権思想におけるキリスト教の宗教的要素について知っていたのである。したがって、植木は「今我が黨の宗教と云うは則ち我が黨の尊信する聖書に従うキリスト教なる純粋のプロテスタント即ち自由の教派を謂うなり」と述べたのである。

この思想史的流れを通して、植木はアメリカ政治や憲法に関する書物を多く読んでいた。たとえば、トクヴィルの『アメリカのデモクラシー』なども読んでいたのである。(42)そこでのちの「日本国国憲按」の抵抗権に影響を与えた「アメリカ独立宣言」なども知っていた。植木は、アメリカの自由と権利のために戦った多くの人々がキリスト教徒であったことから、独立宣言で宣言されている抵抗権とキリスト教信仰との結びつきに強い関心があったのである。

投獄経験から抵抗権・革命権の主張へ

植木は最初の頃、抵抗権を前面に出して強く主張することがなかった。ところが、これを強烈に主張するに至る重要な事件が起きる。それは、誤解による逮捕投獄の経験である。この事件は、植木のその後の歩みを決定的に変更させた。

この出来事は、一八七六（明治九）年『郵便報知新聞』に寄稿した「猿人君主」の文書が官憲の忌諱《きき》に触れて事件となった[43]。実は、この投書は元々「猿人政府」と題していた。題名は「人を猿にする政府」と読む。内容は、人間は思想する存在だから、思想させなくする政府は人間を猿にするという内容であった。具体的には、言論・思想の自由の抑圧が、結果的に、考えることをしない人間をつくることになり、そのような政府は人間を猿にしてしまうことを訴えたのである。現代にも通用する言葉をすでにこの時代の日本人が訴えていたことに驚かされるが、このようなセンスを持った日本人がいたのである。事件の発端は、「猿人政府」という題名を編集者が植木に無断で「猿人君主」と変更してしまったことにある。そこで、標題から神的存在である天皇批判をしたと誤解され、逮捕投獄されてしまうのである。誤解を解くために、内容も経緯も説明するのだが、まったく聞いてもらえず、二ヶ月の投獄経験をした。この投獄経験は、植木にとって屈辱と怒りに満ちたものとなった。彼は不条理な投獄経験を通して、それを訴える権利も自分を守る権利もないことを思い知る。また、この事件を通して、日本に言論や思想の自由がないことを身に染みて知ることになる。そして、その後の活動を、自由と人権の確立のために費やすことを決意するのである。鈴木安蔵でも同じことが起こるが、この投獄経験なくして、「日本国国憲按」の起草も、鈴木安蔵への影響も、日本国憲法への影響もあり得ないのである。そのように考えると、新聞編集者の題名変更は、歴史を動かす出来事にもなってしまったということである。

植木は出獄後それ以前とまったく異なる過激な内容を匿名で投稿し始める。出獄翌月の「自由は鮮血をもって買わざる可からざる論」と題する投書には、彼の主張がよく表れている。そこではアメリカ独立戦争と抵抗権の思想が結びついている。

最も自由を得ると称する米国人民を見んか……当時米国人民その心志を憤激し手足の労を惜まず、鮮血の流るゝを顧みず、これ決して英国に反《そむ》き独立を謀り成せしことや。これを要するに今日の自由は昔日の鮮血の滋（うるお）して繁茂したる大木の如き也。……極悪〇〇を除き至不良〇〇を転覆してその国民を安んずるは天理の不可なる所に非《あらざ》るなり。これを名づけて人民のやむを得ぬの権利という。(44)〔傍点原著〕

宇野昨弥の「義血」と植木の「鮮血」という言葉の文脈に共通点のあることがわかるであろう。植木は自由獲得の権利の戦いに犠牲が伴うことを自覚し、アメリカ独立戦争の中に彼の考える自由の現れを見た。思想的根拠を探っていた植木枝盛はアメリカの自由のための戦いに決定的な影響を受けており、「アメリカ独立宣言」が重要な位置を占め、それを模範にして抵抗権と革命権を主張したのである。

植木の抵抗権と革命権の思想的根拠に「アメリカ独立宣言」が大きな影響を与えていることは、他の文章にも表れている。(45)たとえば、『天賦人権弁』において、その「人身自由の権」「生命自由の権」(46)という人間の権利について、「これをその人は天然に生活の権利を有するものというべし」(47)と言っているが、この文言にも「すべて人間は創造主によって、誰にも譲ることのできない一定の権利を与えられている」(48)という独立宣言の影響を見て取れる。もちろん、独立宣言は多くの明治期の日本人に影響を与えた。福沢諭吉の「天は人の上に人を造らず人の下に人を造らず」という言葉も独立宣言の影響がある。けれども、植木枝盛の場合、その思想的淵源にキリスト教の影響があることを深く掘り下げているのである。

たとえば、一八八〇（明治一三）年に『言論自由論』を書いているが、その書き出しは次のような言葉で始まる。

西国の密爾敦《ミルトン》曾《かつ》ていわく、自由の衆多なるも、我に与うるには先ず我が信ずるに従ってこれを知り、これを言い、これを論ずるの自由をもってせよ。(49)

ここで言うミルトンとは、ピューリタン革命から王政復古にかけて文筆活動したジョン・ミルトンである。つまり、植木は抵抗権と自由を支える思想的根拠において、独立戦争とその抵抗権に関わるピューリタン的キリスト教に関心を示しているのである。実際に、当時の高知教会のキリスト教徒は、「ピユウリタン的な、頑固な、堅い、混じり気のない、妥協せぬ信仰生活の訓練を受けた」[50]と証言している。

以上のことから明らかなように、植木は抵抗権の思想的根拠を確立するために自覚してキリスト教に近づき、これに学び、自分たちのことを「今我が黨の宗教と云うは則ち我が黨の尊信する聖書に従うキリスト教なる純粋のプロテスタント即ち自由の教派を謂うなり」（傍点筆者）と言ったのである。この影響の中で、植木は一八八一（明治一四）年「日本国国憲按」を起草した。その中には、「法の下での平等」「生存権」「言論・出版の自由」「思想の自由」「信教の自由」「不法な逮捕投獄」などの人権項目が事細かく明記されていた（本書巻末「憲法対観表」参照）。そして、政府が憲法に違反した場合は抵抗する権利があること（第七十条）、また圧政や自由権利を侵害するときは、武器をもって転覆し、新しい政府を樹立する権利があること（第七十一条、第七十二条）、つまり抵抗権と革命権があることを明記したのである。

この植木の私擬憲法案が吉野作造を介して鈴木安蔵に影響を与えた。そして憲法研究会のなかで鈴木安蔵の原案を通して憲法草案が書かれる。これがＧＨＱに大きな影響を与え、この草案に基づいてＧＨＱ案が書かれた。このＧＨＱ案を通して現在の日本国憲法の成立に至るのである。[51] つまり、日本国憲法の制定過程の中にキリスト教信仰に基づく人権思想が潜在的な仕方で影響を与えていたのである。

第二部への導入的結語――日本における人権思想史のアイロニー

第二部へ移る前に、鈴木安蔵以後の流れの中で浮かび上がる課題から日本の問題に触れておきたい。それは日本において抵抗権を確立することの難しさである。

鈴木安蔵は憲法私案において「新政府樹立権」として抵抗権を掲げ、「政府憲法に背き国民の自由を抑圧し権利を毀損するときは国民これを変更するを得」という革命権の文言を入れていた。けれども、憲法研究会における作成段階で、メンバーの一人であった室伏高信《こうしん》から疑問が出され、一人でも異論が出た場合には載せないという鈴木の方針によりこれを削除した。[52] しかも、鈴木の証言によれば、室伏は以前「鈴木君、いっこうに状況が打開されないからどうだね、われわれが新政権樹立を宣言してね、尾崎行雄さんなんかを集めてやってみたら」と言っていたのだが、いざその文言が出てくると「鈴木君、この抵抗する権利なんてこれおだやかじゃないじゃないか」と言って尻込みしたのである。[53] 鈴木は後になって、「もう少しこのとき、僕ぐらいの若さと関心とを持ったやつが五、六人おれば、もっとよくできたと思うんですけれどもねえ、ダメだったですなア。やっぱり感覚がハッキリしてない政治的な鋭さがないやつは、いざこういうときはダメなんだね[54]」とその時の決断を後悔している。いずれにしても憲法研究会の憲法案では抵抗権・革命権の文言を除外したのである。したがって、現在の日本国憲法には抵抗権や革命権を明文化したものがない。つまり、潜在的な仕方で日本人の主体性に関わったキリスト教人権思想は、歴史の中では抵抗権に支えられて発展し、日本国憲法に至る人脈を結びつけたのも抵抗権なのであるが、それが明記されずに憲法が成立するという皮肉な結果になっているのである。

日本国憲法全体が抵抗権・革命権を有する精神で書かれてあることを知っている者たちは、憲法第一二条「この憲法が国民に保障する自由及び権利は、国民の不断の努力によって、これを保持しなければならない」という文言から、抵抗権の解釈が成り立つことを主張する。[55] けれども、憲法解釈による抵抗権の主張は脆弱である。そのことは二〇一四年七月一日第二次安倍内閣において集団的自衛権の行使について従来の政府解釈を変更して閣議決定したことや、それに基づく平和安全法制を憲法審査会で憲法学者の参考人が全員「違憲」としたにもかかわらず、二〇一五年九月一九日に多くの国民の反対を押し切って成立させたことにも現れている。つまり、原理的に言えば、時代状況や時の政権によって解釈を変更することが可能であるので、抵抗権を憲法解釈だけに基づかせている現状は非常に危うい状態であることを認識しなくてはならない。

人権史におけるこの皮肉な現実には、日本の中に抵抗権の確立を妨げる思想的な問題があることを物語っている。すでに序論において、日本における抵抗権の思想的萌芽が政治的に摘み取られていたことを紹介した。明治以降、それは天皇神権の政治政策によって継承された。その思想的構造は敗戦を経験しても覆すことのできないほど国民の意識に浸透していたのである。それはマルクス主義の影響を受けていた鈴木であっても乗り越えられない国民意識である。鈴木は天皇制を残したことについて、当時の状況を次のように述懐している。

> 日本の憲法史や明治憲法というのをやってきてね、そして終戦前後の日本の国民の状態をみるとね、理論的には共和国の憲法ができるべきだけれども、これはムリではないかと考えた。つまり、国民は表面上は挙国一致みたいな形で戦争に協力してたでしょう。またたくさんの知識人は決してレジスタンスはやらなかったんだし、逆に時流にのるような論文、著書が多かったんだから。やっぱり日本国民がね、明治憲法体制のもとに天皇制によってすっかり馴らされたというか教育されたというか、天皇に対する同情みたいなものね、こういう、今日では考えられないくらいの状態でしょ。[56]

敗戦直後の日本の状況において、天皇なき国家体制は考えられなかったのである。このことが人権思想史において深刻な問題となるのは、天皇という存在が抵抗権や革命権を樹立できない仕方で、宗教的な意味を含ませた絶対的な存在として日本人の思想に染みついていることである。抵抗権は君主に勝る存在への義務を根拠としていた。ところが、君主が神的な存在として君臨しているときには、抵抗権の思想的根拠を確立できない。なぜならば、君主に勝る存在が思想的に見出せないからである。日本においては、国民が積極的にこの構造を守ったのである。先の鈴木の証言は当時の状況をよく表している。また憲法研究会の室伏の発言に見られるように、比較的自由に思索できる環境にあった者たちでさえ、天皇に抵抗する権利は考えられなかったのである。

鈴木自身は「新しい憲法で一〇年もったら、国民全体が、もう天皇てなものはなくていいんだ、共和国になろうじゃないかというふうにもってゆける」と楽観的に考えていた。けれども、実際は「あてがはずれておった」「やはり甘かったんだな」という現実を迎えた[57]。それどころか、近年の自民党改憲草案や政治的動向を見ても理解できるように、明治政府が作り出した国家体制に戻ろうとしている[58]。ここには日本人の中で天皇制に勝る思想を持つことがいかに困難であるかという現実が現れている。

問題の本質は天皇の存在ではない。宗教性を帯びた制度としての国家体制が人権を確立できない構造を持って人々の思想に浸透していることにある。明治政府は天皇に宗教的要素を付与して政治的に利用したが、神的な君主の存在は思想的に抵抗権の確立を困難にさせた。そして、極めてアイロニカルなことだが、日本で最も人権を保障されていないのは天皇であるのかもしれない[59]。皇室祭祀と皇室典範があるため、天皇には信教の自由も言論の自由も保障されていないからである。「日本の民主化には、まず皇室の民主化からはじめるべき[60]」と主張していた昭和天皇の末弟三笠宮は、戦後の日本国憲法公布の日付に枢密院へ提出した意見書「新憲法と皇室典範改正法案要綱（案）」の中で、皇位継承問題の文脈から皇室の基本的人権を訴えている。

新憲法で基本的人権の高唱されているに拘らず……国事国政については自己の意志を強行することも出来

ないばかりでなく、許否権すらもない天皇に更に「死」以外に譲位の道を開かないことは新憲法第十八条の「何人も、いかなる奴隷的拘束も受けない」という精神に反しはしないか?……そこで将来そんな場合——勿論百年に一度位かも知れないが——天皇に残された最後の手段は譲位か自殺である。[61]

三笠宮は天皇に言論の自由を与えない制度に問題提起し、意見を伝える場としての「皇室会議」の設立を提案するが、「以上の自由をも認めないならば天皇は全く鉄鎖につながれた内閣の奴隷と化するであろう[62]」と皇室典範の内容を批判している。これもアイロニカルなことであるが、戦後皇室典範によって支えられる皇室祭祀は信教の自由の原理によって保障される（終章参照）。この構造は敗戦を通しても改革不可能であった。なぜならば、国民だけでなく、ＧＨＱも日本政府も天皇制の護持を求めたからである。抵抗権の確立を阻むこの複雑な日本の構造はどのようにして形成されてきたのか。第二部においてその形成過程に注目してみよう。

第二部　天皇型平等と人権——日本における抵抗権確立の壁

欧米における人権理念はキリスト教の影響を通して日本国憲法の成立にまで及んでいた（以降これを「欧米型人権」と呼ぶ）。けれども、キリスト教人権思想の影響は潜在的であって、欧米型人権理念が日本に土着することはなかった。むしろ、日本は独特な仕方で人権が確立したかのように見せている。本書はそれを「天皇型人権」と呼び、第二部においてその仕組みと構造を明らかにしていく。

明治の評論家山路愛山（一八六四―一九一七年）は、欧米とは異なる人権が日本にあることを早くから主張して、一八九七（明治三〇）年の論説で次のように言っていた。

> 日本の歴史に存在する平民主義の發達を看取する能《あた》わずして、曰《のたま》う、是《こ》れ歐洲《おうしゅう》の產物のみ。人權と曰い、共和と云い、民政と云うが如きは、日本人民に取りては到底外國的《エーリエン》の者のみ。日本の歴史は特種の歴史なり、日本の人民は特種の文明を有す。固《もと》より世界に類例なき者なりと。……日本の歴史は明白に人權發達の歴史なることを示せり。之を解する能わざるは歴史家の無識に因り、教育家の迷信に因り、……無學に因る。[1]
> 〔傍点原著〕

山路愛山が主張しているのは日本が生み出した人権である。日本における平等と人権の主張がすべて西洋から取り入れたものであると多くの人が主張しているけれども、日本には海外と異なる歩みがあり、それを見れば日本に人権の発達してきた歴史があることがわかる、と言う。これを理解できないのは歴史家に知識が欠けているからだとして、独自な仕方で日本における人権発達の歴史解釈を語り始める。その解釈の妥当性については首をかしげざるを得ないが、注目すべきはその人権発達の歴史の中心に皇室の存在を見ていることである。たとえば、神武天皇に始まる日本統治に関しては、「當時日本の人民は貴族の專横《せんおう》と蝦夷《えぞ》及び三韓の生存競爭に對《たい》して自己を防衛すべき必要ありき、而《しか》して日本天皇は實《じつ》に此人民の必要を充たすべき位地に坐《ざ》しましける也」[2]と述べて、日本人民の安全を守るために天皇が即位されたと主張する。他にも、大化の改新については「彼等は皇室の愈《いよいよ》尊く、政府の愈強からんことを希望せり。何となれば此の如くにして始めて自己の安全を期すべければなり」と、ここでも人民を守るための処置であって、「されば當時《とうじ》の皇室は即ち國家の権化にして、而《しか》して勤王心《きんのうしん》は即ち愛國心の別名なりき」と、皇室が日本人を守るための愛すべき存在であり、愛国心とは天皇に忠義を尽くすことであると主張した(3)。同様な仕方で日本の歴史を再解釈しながら「此の如きは千餘年間《せんよねんかん》日本が養い來たる人權發達の歴史なりき(4)」と主張し、日本に欧米に劣らぬ人権の形成過程があったと訴える。

欧米の思想に精通しており、キリスト教の影響を強く受け、洗礼を受けて伝道者にもなった山路愛山が、一転して国粋主義のような歴史観を呈するようになった背景には、人権と国体が対立する理念として受け止められていた当時の状況があったことを理解しなければならない。たとえば、自由民権運動が高揚した時期、為政者を動揺させたのは、彼らの運動に明治政権の転覆と国体思想崩壊の可能性があったからである。もちろん、自由民権運動家たちも彼らの私擬憲法を見る限り皇室を軽んじてはおらず、過激な思想家もいたが、大勢は皇室を手段として受け止めていたと考えられる。けれども、政府としては、政権奪還を狙う在野の政治運動家や天皇神権を揺るがす欧米の天賦人権説や民権思想に最大限の警戒をしていた。一方で、大日本帝国憲法が公布されて民権運動が弾圧されるに従い、民権運動家も自己の正当性を皇室にあることを主張せざるを得なくなった。その同じ文脈の中で、山路愛山も欧米の思想に傾倒していたが、自身の身を守るためにも国体擁護の立場で発言することが多くなったのである。したがって、欧米の思想から日本における人権の欠如を主張する者に対して、「是れ日本人民の歴史を侮辱する者也。日本の國躰《こくたい》を知らざる者也。日本國民の感情に抗して謀叛《むほん》せんとする者也。二千五百年の間、日本人民の心を大御心となし玉いし我列聖の廟謨《びょうぼ》を輕侮《けいぶ》する者也(5)」と述べ、彼らを国体批判者、ひいては万世一系の皇国史観を侮辱する者であると厳しく非難し、欧米の思想と自らの一線を画した。そして彼自身は皇室を中心とする日本独自の人権成立史を主張したのである。つまり、愛山の主張は、日本における人権理念が皇室と密着した仕方でしか存続できなくなったことを物語っているのである。

本書では皇室と結びついた人権理念を「天皇型人権」と呼ぶ。欧米との違いは、皇室との結びつきから明らかなように、原理的に抵抗権が保障されないことである。抵抗権が確立できない理由は皇室に宗教的要素が含まれていることにある。君主が神的な存在として君臨する場合、君主（神）に勝る存在が見出せないので、抵抗権を主張する思想的根拠を確立することができない。この天皇型人権の形成過程は愛山が主張するような歴史的経緯ではない。第二部では、この理念を醸成した土壌である幕末明治の歴史的背景と日本特有の平等観に注目しながら、その成立過程をたどっていきたい。

第六章　天皇型平等思想の淵源――構造原理と抵抗権の限界

第一節　天皇型平等の意味

本章では、日本の現状と人権確立の課題を明確に示すため、天皇型人権の基盤となる日本的平等観の思想的淵源にさかのぼるとともに、その思想の限界を明らかにする。具体的には、大正時代から昭和初期に現れた「天皇赤子」と「一君万民」の平等思想に注目し、その用語の成立過程を幕末に探り、そこから日本特有の平等理念の生成過程をたどり、その特徴と限界を明らかにする。もちろん、本書序論で示した安藤昌益のように、日本には一君万民の平等以外の平等理念が存在したので、一君万民的平等を日本の平等観と一般化することはできないであろう。しかし、昌益たちの理念は社会勢力として日本人の心に土着することがなかった。むしろ、一君万民の平等理念が社会的・国民的認識として受け止められた形跡がある。本書が一君万民の平等理念を日本の平等観と結びつけるのはその歴史的事実を根拠とする。これは戦後の日本人の深層心理にも働いている可能性が高い。それを確認するために、まず一君万民の平等理念が国民的社会勢力として日本人に認識された事実を確認しよう。

混乱を避けるために一言付しておくが、ここで扱う「日本の平等」観は、平等という用語の使用を避けたいほどに、本来の平等という言葉の持つ理念と異なっている。キリスト教の影響の中で育まれた欧米の平等は、「自由」と密接に結びついていた。換言すれば個の確立が前提とされており、個人の自由意志を重んじるものであった。そこで主張される平等とはすべての存在が同じという意味ではない。聖書の記述に身体にたとえた説明があるが、[1]目や口や耳のように機能や役割そして責任が異なるけれどもすべて必要な存在であるように、身分や役割が異なっても人間存在としての価値は神の前で平等であることが重視されたのである。キリスト教思想の影響を受けて欧米で育まれた平等理念は人権理念と結びついて発展していった。ところが、日本で生まれたのは「自由なき平等」であり、個の抹消である。[2]それは本来の平等という理念から外れており、むしろ「均一化」「平準化」と呼ぶに相応しい理念であった。けれども、日本においてはその理念が平等理念と錯覚されて受容され、展開していった。この平等理念の錯覚現象は今日においても潜在的に残っている意識であろう。

本章以降では誤解と混乱を避けるために、日本独特の均一的・平準的平等理念を「天皇型平等」と呼ぶ。その具体的内容は、一君万民的・天皇赤子としての平等を指す。したがって、平等という言葉が多く出てくるが、日本について言及している場合、そのほとんどが「天皇型平等」を意味しており、人権理念と結びつく本来の平等と異なっていることを注視されたい。

第二節　天皇赤子という平等観[3]

第一項　朝日平吾「死の叫び声」

現在の日本には子どもの頃から受験という名の激しい競争制度があるけれども、一方で明治以降から日本独特の平等主義が社会の中にある。人間が平等である根拠は、かつて「天皇赤子」や「一君万民」という言葉で主張された。この独特の平等観が社会に衝撃を与える仕方で現れた一つの出来事は、一九二一（大正一〇）年に安田財閥の安田善次郎を暗殺した朝日平吾（一八九〇―一九二一年）の遺書「死の叫び声」である。

この事件は「戦後恐慌」と呼ばれる第一次世界大戦後の経済的な不況の中で、巨額な富を得ていた安田善次郎に対し、「富豪の責任をはたさず、国家社会を無視し」、訓戒しても改悛の兆しのないことから「天誅を加え世の警《いまし》めとなす」として犯行に及んだものである。[4] 世論は朝日を英雄視したり、人格的欠点から冷やかに蔑んだりと様々であったが、これを善悪の事柄としてではなく、思想的な事柄として「安田翁の死のごとく思想的の深みは無い」[5] と受け止める者もいた。吉野作造はその一人で、朝日という人間と思想への共感を含んで「どうしても朝日をば時代の産んだ一畸形児《きけいじ》としか考えられなかった」[6] と述べている。その後朝日の遺書を読んだ吉野は、「私の解釈の甚しく見当を外れていなかったことに満足した」[7] と語っている。その解釈とは、不義を懲らしめるためには命も惜しまない「古武士的精神」と「富の配分に関する新しき理想」[8] が合わさった「古武士的精神と新時代の理想との混血児」[9] として、朝日を捉えたことである。

吉野の言葉に触発されて、後にこの事件に現れている思想的意味を自覚的に読み取ろうとしたのは橋川文三である。「昭和維新試論」の書き出しを朝日平吾の事件から始めた橋川は、朝日の出来事から「人間的幸福の探求上に現れた思想上の一変種」[10] を読み取ろうとした。橋川は吉野作造が「明治期におけるいくつもの政治的暗殺者をつき動かした志士仁人《じんじん》的捨身の意欲〔志の高い人は自分を犠牲にしても仁徳の道を成し遂げること〕と、第一次大戦を画期とする資本主義の発達と貧富の階級分化が引き起こした経済的平準化への平民的欲求との結合形態が朝日の一心に認められる」[11] と分析したと評している。一方で、橋川自身は明治時代のテロリズムにはなかった動機が朝日を動かしていることに注目し、それが「被支配者の資格において、支配されるものたちの平等＝平均化を求めるものの欲求に根ざしている」[12] ものと捉えた。それを表しているのが、朝日の遺書に綴られた下記の言葉である。

> 吾人は人間であると共に真正の日本人たるを望む。真正の日本人は陛下の赤子たり、分身たるの栄誉と幸福とを保有し得る権利あり。しかもこれなくして名のみ赤子なりとおだてられ、干城《かんじょう》なりと欺かる。すなわ

ち生きながらの亡者なり、むしろ死するをのぞまざるを得ず。[13]〔傍点筆者〕

朝日の遺書に貫かれているものは、本来平等に幸福を享有すべき日本人の間に歴然と存在する差別に対する憤りである。ここで重要なことが、人間が皆平等であるという根拠に「陛下の赤子」ということが主張されていることである。天皇の下での平等という観念は、その平等の根拠が日本の君主となっているので、その権利を有する対象はおのずと「日本人」であることが求められ、日本人を越える世界的な視野を欠き、民族主義的な傾向を孕むことが予想される。

橋川はこうした思想が「明治期の人間にはほとんど理解しえないような新しい観念だったはずだ[14]」と考える。不安定な社会と不幸な境遇という時代の中で、人間らしい生き方を求めた運動の基盤に、天皇の赤子としての平等観が一九二〇年代（大正末期）に登場したのである。しかもこの動きは、その直後の原敬首相暗殺の実行犯に影響を与えたように、テロという仕方で連鎖して現れ、結果的に治安維持に対応した国家が軍部の台頭を許し、暴力を肥大化させる道を拓き、悲劇的な時代へと向かわせる契機となった。朝日平吾の時代と今日の類似性に着目した中島岳志は、「そんなテロが起きないように、社会を立て直していかなければならない」と述べて、具体的な社会的実践として「社会的包摂」や「地域社会の相互扶助」を提案した。[15]それは重要な社会の責任であるが、その提案の根底にある平等思想が朝日平吾の心にあるものと同じであるならば、「超国家主義」をもたらした本質的な動きを克服する思想的問題解決には至らないであろう。

ここでの問いは、なぜ大正末期に天皇の赤子という平等思想が新しく出てきたのかということと、なぜ人間らしい生き方を日本人に限定し、民族的なものを越えていくことができなかったのかということである。この問題については、その特徴を表したもう一人の人物西光万吉に注目して考えてみたい。

第二項　西光万吉

初期水平運動と天皇制思想

朝日と同時代に生きた人物で、天皇の赤子という平等観を主張したのは、水平社を創設した一人、西光万吉《さいこうまんきち》（一八九五―一九七〇年）である。

水平社とは一九二二（大正一一）年に結成された部落解放運動「全国水平社」の略称である。水平社という名の由来は、ピューリタン革命の時代に最初の人権項目を明記した法案『人民協約』を提出したレヴェラーズからきている(16)。西光が発案した団体旗の「荊冠旗《けいかんき》」（左頁写真）は十字架に架けられたイエス・キリストの茨の冠から「受難殉教の気持ちをそのまま表現している(17)」もので、この運動の背後にキリスト教の影響が見え隠れしている。

西光は日本最初の人権宣言とも言われる「水平社宣言」を起草した人物として知られる。そこでは「吾等の中より人間を尊敬する事によって自ら解放せんとする者の集団運動を起こせる(18)」ことが訴えられている。主張していることは人間の尊厳である。創立趣意書『よき日のために』の中でも、「人間は元来、いたわるべきものじゃなく、尊敬すべきもんだ」「われわれも、すばらしい人間であることを、よろこばねばならない」「尊敬すべき人間を、安っぽくするようなことをしてはいけない」と主張し、人間の尊厳を重んじる西光の人間観が語られている(19)。その人間観が、後に天皇の赤子という平等を主張するようになるのである。

水平社の西光が天皇赤子論を主張したことは不思議に思うかもしれない。なぜならば、水平社は天皇制と対立していると思われてきたからである。たとえば、全国水平社の委員長をつとめ、長く部落解放運動の中心にいた松本治一郎《じいちろう》の「貴族あれば、賤族あり」という有名な言葉は、部落差別の根源が天皇制にあることを表現していたし、水平社の多くが日本共産党と関係していたこともその理由に挙げられる。ところが、西光の思想は宗教的要素を帯びた天皇を中心とする国家体制に基づいていたのである。西光は戦時中検挙され、転向したことでも有名であるが、転向によって思想が変わったと考えることもできる。けれども、西光をよく知る関係者は思想的に一貫していると非転向を主張している[20]。そこで手がかりになるのが、数少ない西光に関する研究をした師岡祐行《もろおかすけゆき》の解説である。

師岡は「水平社が発足した頃には西光を含めて幹部たちは天皇に親近感を抱いていた[21]」と指摘している。師岡が根拠として示しているのは、三協社の機関誌『警鐘』（一九二一年一一月号）に掲載した「解放と改善」の中の言葉である。「私は先帝陛下（明治天皇のこと）の有難いご所存に感泣するものである。先帝は吾々の汚名をご廃止下さった。そこで我々は解放運動に力強くなったのは真実である[22]」。ここで言及されている明治天皇への感謝は、一八七一（明治四）年の一般的に解放令と呼ばれる「賤民制廃止の布告」のことである[23]。一七世紀末、「穢多」という言葉が身分用語として公式に使用され始め、身分制を維持していくメカニズムを支えるものとして「穢多非人」という政治的に創出された社会集団が存在していたが、明治政府はそれを廃止した。理由は旧体制の解体にあるが、それは明治政府の正当性を支える天皇の神的権威の宣揚と結びついていた。江戸幕府を倒して明治政府を樹立した新政権は、現実には王政復古のクーデターによっていたので、自己正当性の根拠を定着化させるために天皇の権威を普及させなければならなかった。そのため旧体制の解体が必要となり、幕府時代に成立した近世身分制を解体し、「一君万民」の理念のもとに新たな国民を創出しようとした。その目的で明治政府が行った「賤民制廃止の布告」は、被差別民衆にとって解放であり、歓迎されたのである。

水平社の団体旗「荊冠旗」

ところが、この解放令は法的な措置だけであって、社会的経済的措置にはまったく手がつけられなかった。それどころか、実際には天皇を中心とした権力体制を支える新たな権威の階層が必要とされ、華族身分が制定された。[24] 一八八九（明治二二）年の皇室典範と大日本帝国憲法の発布は、天皇、皇族、華族、士族、平民という新たな身分制の法体系を整えた。さらに官庁が部落民を「新平民」と呼称して旧平民との区別を行い、戸籍記載や官庁文書にも使用したため、区別は差別的性格を帯びて一般社会でも認識されるようになり、幕府時代の部落差別は実質的にそのまま残ることになったのである。[25]

解放と差別という矛盾した現象を生じさせた明治の社会構造は、「一君万民」の理念によって支えられていた。「一君万民」については後で詳述するが、時代が経つにつれ社会には一君（天皇）の下に皆が平等であるとする平等主義が浸透していった。同様に、西光や水平社のメンバーが初期に抱いていた平等主義には、明治天皇による解放令を根拠として部落解放を訴える側面があった。水平運動の思想史的な研究をした藤野豊は、水平社創立時における天皇制思想の影響に注目し、各地の水平社の機関紙の文章から「水平運動に参加した被差別部落大衆はもちろん、運動の指導層にとっても『解放令』はやはり絶対的であり、明治天皇の『恩』もまた、大なるものであったと理解することができる」[26]と述べている。また、各地の水平運動の声明文や指導者たちの言動からも天皇制思想の影響があることを実証し、最後に次のように結論している。

> 初期水平運動は、明治維新を経て成立した近代天皇制国家の本来の姿にこそ「一君万民」の平等な社会を錯覚して見出していたのであり、そうであるが故に、差別言動をなすものは天皇制国家の理想をそこなう「国賊」であり、それとの対比のうえで、みずからを「愛国者」と意識していたのである。[27]〔傍点筆者〕

藤野が「錯覚」していたと指摘していることは正しく、現実には不平等な社会構造の中で、明治政府の政策により一君の下で万民が平等であるとする理念だけが形成されていた。西光はこの枠の中で思索を重ね、天皇赤子の平等論を主張したが、その平等観が日本の天皇を根拠とするので、極めて民族主義的になり、普遍的な平等思想に成り得ない側面を持っていた。実際、西光の平等論は民族主義的であった。次に、その傾向に至らしめる赤子平等論の構造原理を見てみよう。

西光万吉の赤子平等論

西光万吉は一九二八（昭和三）年、日本共産党弾圧の治安維持法で検挙され、懲役五年の刑で服役する。西光が共産党に入党したのは「純粋なマルクス主義者としてではなく、当時の不正横暴な政府や政党に対する反抗と、組合や無産党員のふまじめさに対する不満からであった」[28]と述懐している。したがって、彼に天皇制打倒という考えはなく、むしろ「私は小さな小作争議にまで天皇制打倒を持ち出そうとする共産党の方針に反対した」[29]と述べている。

西光は四年一一ヶ月服役し、共産党離脱を言明して二月一一日の紀元節に仮出獄した[30]。少し早く出られたのは『マツリゴト』についての粗雑なる考察」という論文を書いたからである[31]。この論文を思想的転向の表明と受け止める立場もあるが[32]、天皇制思想の影響から観察すると、むしろ西光の平等思想の展開という側面が強くあるとする見方が妥当である。

西光が主張したことは「マツリゴトの確立による高次的タカマノハラの展開」[33]であった。『神道事典』によれば、タカマノハラ（高天原）とは、「神々が居住し、アマテラスの支配するところの意」[34]と定義されている。西光は、タカマノハラで平等であったものを地上でも展開するためにマツリゴトを確立しなければならないと考えていた。まずは、彼自身による用語の解説を見てみよう。

マツリゴトとは原始共産社会の最後の段階たる農業共産社会において、もっとも発達したる社会的生産組織の中枢作用であり、タカマノハラとは、天照大神をめぐる同胞的共同体の国土である。(35)

タカマノハラが「天照大神をめぐる同胞的共同体」と表現されているが、これが赤子平等論を展開する根拠となっていた。西光は次のように説明する。

タカマノハラで天照大神を中心に、みんなが、その赤ん坊として真実に同胞として、楽しく生活していたような時代があったのだ。……したがって、天照大神を大母神、中心母性とし組立てられたタカマノハラに赤子思想が生まれるのもきわめてしぜんなことである。(36)

要するに、天照大神の前では、その赤子である民が同胞として平等に生活していたということである。赤子思想自体は後で触れる幕末の長谷川昭道に主張した形跡を見ることができるが、長谷川には西光のような平等観との結びつきはなかった。西光の赤子思想は、西洋キリスト教世界において主張された神のみ前で皆が平等であるとする平等観の日本的展開とも言える。この思想的展開にはキリスト教の影響もあったと考えられる。水平社や西光へのキリスト教の影響は初期の活動の中で随所に見られるが、たとえば有名な賀川豊彦や、青年期の鈴木安蔵が通った教会の牧師であり農民運動家であった杉山元治郎から大きな影響を受けている。(37) 西光曰く「彼らだけが無差別世界の住人であった」(38)。すなわち、ここで表現されている赤子思想は、キリスト教的形式を模した天皇型平等観とでも言うべきものになっている。

しかし、西光が展開した天皇型平等観は、キリスト教思想のような血のつながりを越えたものではなく、民族的なものに終始する限界があった。その点に注目しながら、彼の赤子平等観の論理的展開をたどってみよう。西光の理解によれば、「天照大神をめぐる同胞的共同体」を社会の中で実現していたのがマツリゴトであった。マツリゴトは「神力と人力とを生産的に調和せしめんとする」ことであったが、それは「地上の豊穣のためであり、経済的必須条件として行わねばならぬ」ものであった(39)。具体的には、生産物を神へ奉納する「奉還思想」を意味しており、それが赤子平等を成り立たせていた。「奉還思想」とは、神のものを神へお返しすることである。西光の理解によれば、すべてのものが神のものであると受け止められていた時代、生産物は神へ奉納されていた。奉納されたものは必要に応じて赤子である民に平等に分配されていた。「かかる奉還思想を基礎とする経済制度こそ、国体制度であり、この制度を国民経済の理想とするところに日本国体の特質があるのである(40)」。

したがって、彼は「奉還思想と赤子思想」を「日本国体の基礎をなす」と受け止め(41)、「日本農耕様式の特殊なる共同性は、たんなる個々人の民主的平等と共同利害の契約関係以上に、深く赤子思想と奉還思想に根を下ろしたその同胞性に淵源するものと思う(42)」と考えていた。そして、「自由民と奴隷の社会以前の、大母神と赤子同胞の社会たるタカマノハラを国体の淵源とし、……天上の高天原を地上に、原始的高天原を高次的に展開せん」ことを主張したのである(43)。これが赤子平等論となる。この赤子が天皇の赤子となる理由は、天皇が「赤子思想と奉還の対象として君臨(44)」しているとあるように、この世界における私有財産を奉還する対象が天照大神の末裔である天皇だからである。ここに、天皇の赤子としての平等論が論理的に展開されている。

けれども、西光の「奉還思想」の成立を困難にしていたのが、私有財産権を保障する大日本帝国憲法第二十七条の次の条文であった。「日本臣民は其の所有権を侵さるることなし。公益の為必要なる処分は法律の定むる所に依る(45)」。西光が敵視していたのは、私有財産を基礎にしながら「皇道経済」を主張する富裕層たちである(46)。西光は「皇道」経済と言って、「皇産」経済と言わないことを問うている。「奉還思想」を基礎にする西光は、私有財産は本質的に「皇産」、すなわち天皇に属し、奉還するものであった。したがって、富裕層たちの私有財産を「皇産」として私的に使用する皇道経済論が「同胞を欺瞞するための美名にすぎない(47)」と訴えていた。けれども、富裕層の所有権を守る根拠となっていたのが先の第二十七条だったのである。

西光が問題視したのは、「経済的にも国体が明徴《めいちょう》されていない[48]」ことである。私有財産権を国体と切り離す解釈は、「国民生活の上で同胞愛を冷却せしめ」る原因となっており、「階級的跛行《はこう》的険悪度を高めつつあるブル的資本のいっさいを、国体的公益のために処分するになんの躊躇もいらぬはずだ」と激しく攻撃している[49]。この主張には、同時代に生きた朝日平吾の経済格差に対する不満に通じるものがある。一方で西光の場合は身分的差別と経済的差別が表裏一体をなす被差別部落の歴史的経験が強く働いていた。したがって、破壊的なテロ行為ではなく、近世身分制度を撤廃した国体思想の徹底を求めた。それゆえ、皇国史観に立脚して「わが憲法二十七条を真に皇国の憲法として、至純なる国体明徴の立場により正しく理解せねばなるまい[50]」と主張し、国体を貫徹させる論理を構築させていったのである。その思想は論理上民族主義的になり、「かくのごとき日本民族のほこりたる奉還運動に対する者は祖国日本を離れよ。……同胞大衆は民族的一大奉還運動を展開して、資本主義を廃絶し、日本的公算主義経済制の確立に躍進すべきだ[51]」と激しい主張となっていった。

以上のように展開した天皇赤子としての平等論は、民族的違いを乗り越える人間の平等思想には至らなかった。それは西光が満州国を訪れたときの報告に表れている。彼は中国に住む人々を人間としてではなく、虫として表現する。彼らの住む家を「ミミズがもちあげた土糞のように、広芒《こうぼう》たる大地にへばりついている農村の土の家[52]」と表現し、そこに住む人々を「彼らはまさしく、土から現れた二本脚の裸虫《はだかむし》であった[53]」と言う。続けて語られる文学的な表現には、人間の尊厳を訴えてきた西光と同一人物であるとは思えない言葉が重ねられている。

> 全身土でできあがり、もちろん、脳漿《のうしょう》も心臓も泥で造られているであろうこの奇怪な裸虫は、どう見ても人間の子ではなく土の化生《けしょう》であった。……彼らは土の化生であり、まさしく土の精であると思われた。……そこには白髯《はくぜん》の老頭兒《ロウトウル》や紅顔《こうがん》の姑娘《クーニャン》もいた。もちろん、彼らも小孩《シャオハイ》たちのように裸虫ではない。けれども、

私にはどうしても彼等が裸虫と別種の人間だとは思えなかった。……やはり塀の下から起きあがり、泥のなかから出てきた土塊《つちくれ》どもと同じく、あやしき土の化生、土の精たちだと思わずにはおれないのである。……私たちは、そこで馬も休養させ、昼食をすることにした。待つほどに私たちのまえにどこまでも土ほこりがしみこんでいるような食卓がはこばれ、……それらはどう見ても土の精たちの食物であって、人間界のものではないように思われた。(54)

日本で最初の人権宣言を書いたと言われる西光万吉の平等思想は、思想的に民族的な境界を越えられない限界があったことがここに表現されている。彼の差別撤廃を求める平等思想は皇民意識を高めることであり、「皇民意識とは赤子思想だ、一君万民億兆一心で、そこには何らの差別不平等は認められない(55)」と訴えて、日本の軍国主義と歩調を合わせていく論理を持っていた。以上のようにして、西光の天皇赤子としての平等思想は国粋主義者として戦争協力の道を進むのである。

この道を進んだ西光万吉に注目した吉田智弥は興味深い指摘をしている。

西光が、天皇のもとでの一君万民、それで誰もが平等になれるという思想でもって部落解放の理論を組み立て直そうとした思惑と思想は、もしかしたらこの国に天皇が存在し、それが続いてきた思想の根幹にかかわっているのではないか、という予感があります。人々が天皇的な権威にすり寄ったり、天皇への抵抗や批判を自己抑制する秘密が西光理論の中にあるのではないか、と思うのです。私を含めた多くの日本人がいまだに天皇思想から自由になれていない理由が、西光の転向を追求する中で、見えてくるのではないか。(56)

想像力を掻き立てながら比較的自由に西光へ注目した吉田の考察は問題意識において優れた感覚を有してい

る。しかし、結論に至る考察には説得力が欠けている。吉田は結論として、天皇思想に依拠する原因を「自分自身と大義とを不可分一体のものとして捉えていた」、「天皇を理想化できる根拠は西光自身にあった」という西光の「主観主義」に見た。[57]平等思想と「この国に天皇が存在し、それが続いてきた思想の根幹にかかわっている」という問題の本質や、「天皇思想から自由になれていない理由」が深く掘り下げられていない。日本の思想的問題を西光万吉に見出した点は優れているが、それを西光の個性に見過ぎたように思える。

本書においては、西光に現れた天皇の赤子として平等論を人権思想における日本の思想的課題として捉え、思想史的に形成過程をたどりながらその問題の本質を浮き彫りにしていきたい。一つはっきりしていることは、天皇の赤子という理念は幕末にさかのぼれるが、平等論としての主張の形跡は、朝日平吾や西光万吉より前に見当たらないことである。また、「一君万民」という思想も幕末にさかのぼれるが、平等主義の根拠として主張され始めたのは、西光たちの時代、すなわち大正期から昭和初期にかけてである。それでは「一君万民」や「天皇赤子」はそもそも幕末で何を主張する理念であったのだろうか。また、なぜこれらが平等思想の根拠として大正・昭和の時代に登場したのだろうか。次にこれらの点に注目しながら、日本の平等思想に内在する問題に取り組んでいきたい。

第三節　「一君万民」論の源流

第一項　青年将校の「一君万民」思想

先に、西光を含めた部落差別に取り組んだ人々の平等思想に「一君万民」という理念があったことを紹介した。「一君万民」とは、もともと天皇親政の国体を賛美するために作られた言葉であって、[58]平等主義の根拠として用いられるのは一九二〇年から三〇年代になってからのことである。ここでは「一君万民」という言葉が平等主義の理念として成立し得た背景を思想史的に考察していく。

この用語は中国から伝わった四字熟語ではなく、明治維新前後の日本において造られた新しい言葉である。広く使われるようになった一九三〇年代というのは、昭和維新のスローガンのもとで天皇中心の国家体制を目指した人々が台頭してきた時代である[59]。たとえば、二・二六事件（一九三六［昭和一一］年）を起こした当事者である青年将校たちに、事件が起こる直前に行った座談会の記録が残っているが、そこでは次のように語っている。

> 問　然らば青年将校は、その運動に於て何を望んでいるか。
>
> 答　簡単に云えば、一君万民、君臣（民）一界（体）という境地である、大君と共に喜び、大君と共に悲しみ、日本国民が、本当に天皇の下に一体となり建国以来の理想国顕現（理想顕現）に向かって前進するということである。真に吾々は、陛下の赤子であると言う境地を現出して、日本をあげて、世界に於ける最強の大和民族たらしめ、日本が世界の封建的資本主義国家の上に君臨する日本国帝国を建設する事によって、世界の平和を招来する事だと思う[60]。
>
> 〔傍点筆者、括弧内は原著注〕

ここで「一君万民」と「陛下の赤子」という言葉が一緒に出てきていることに注目したい。一九三〇年代には国粋主義者と平等主義者が「一君万民」「天皇赤子」という言葉で思想的に結託していくのである。その証拠に、青年将校たちが赤子論を語るときには、国民統合の論理だけでなく、平等を希求する理念としても語られていた。

> 国民の大部分というものが、経済的に疲弊し、経済上の権力は、天皇陛下に対して、まさに一部の支配階級が独占している。時として彼等は、政治機構と結託して一切の独占を弄《ろう》している。然も、それ等の支配階級が、非常に腐敗している状態だから承知相成らんことになるのだ[61]。……

日本の国家が為の金融大権を奉還するというのはいいと思う。……資本家連が、陛下の下に奉還するなら話は非常に簡単だが、それが厭《いや》だというと正義の力を持ってやらなければならないと言う立場にある。(62)

身分ではなく、経済的な均一化・平準化を求める彼らの主張には、朝日平吾や西光万吉に通じる思想がある。彼らが提案していることは、西光と同じ「奉還思想」である。それを実現するための「正義の力」が暴力とテロリズムとなり、非人権的な戦争行為を生み出したことは歴史が証明している。重要な問題は、日本の平等思想が非人権的な傾向を内在化させる要因となっていることである。本章ではその思想的原因を、「一君万民」や「天皇赤子」がもともとつながりのなかった平等思想に結びついた経緯に注目して捉えていきたい。

第二項　丸山眞男の「一君万民」論

戦前広く使われていた「一君万民」は、戦後主に学術的な領域で吉田松陰など幕末・明治の政治思想を論理的に説明するため用いられてきた。その最初の一人が丸山眞男である。

丸山は「国民主義理論の形成」と題して「明治以後のナショナリズム思想の発展を、それが国民主義の理論として形成されながらいかにして国家主義のそれに変貌していったかという観点で把えようという意図の下に」〔傍点原著〕論文を執筆した。(63) そこで、明治維新の特徴を「一君万民」理念で捉えなおしたのである。

明治維新は一君万民の理念によって、国民と国家的政治秩序との間に介在せる障害を除去して国民主義進展の軌道を打ち開いた画期的な変革であった。(64)

この論文の書かれたのが「太平洋戦争のさ中という最も緊迫した時[65]」であったということは重要である。丸山は一九四四年七月のはじめ、召集令状を受けて出発するその日の朝まで筆をとり続け、「この論文を『遺書』のつもりで後に残して行った[66]」。その時の記憶を鮮明に残して次のように語っている。

机に向かって最後の仕上げを急いでいる窓の向こうには国旗をもって続々集まって来る隣組や町会の人々に亡母と妻が赤飯の握りを作ってもてなしている光景は今でも髣髴《ほうふつ》として浮かんでくる[67]。〔傍点原著〕

この状況が意味していることは、丸山が「一君万民」という理念をまだ国民が生きている言葉として用いていた時代に使用したということである。彼はこれを執筆した心境を次のように述懐している。

問題が問題だけに、私としては日本の当時の政治的社会的状況に対する憂悶《ゆうもん》をせい一ぱいに歴史的考察の中に籠《こ》めたつもりである。大体、私は……歴史の実証的な考察が直接になんらか具体的な政治的主張によって好都合に歪曲される危険性に対してはむしろ神経的に反応する方であり、とくに当時は歴史叙述の主体性の美名の下に怪しげな国体史観が横行していたので一層こうした考え方に対する反撥が強かったが、やはり歴史意識と危機意識との間に存する深い内面的な牽連《けんれん》をあらためて強く意識せざるをえなかった[68]。

丸山の日本のナショナリズムへの関心はこの論文から始まるが[69]、もしかすると人々が「一君万民」という用語を日常的に使用していたあの時代に執筆しなければ、「一君万民」という理念で明治維新を捉えようとはしなかったかもしれない。もちろん、丸山はこの用語で明治のナショナリズムを捉えられると気づいていたかもしれないが、横行する「怪しげな国体史観」への問題意識から着想を得たのかもしれないし、あるいは、明治維新期に生まれた言葉を昭和維新を主張する人々が用いたことに相関関係を感じたのかもしれない。いずれにしても、丸山は「一君万民」理念を通して明治ナショナリズムを捉える着想を得たのであって、実際に幕末明治時代に用いられた言葉を引用したのではない。その後もこの用語は学問的な領域で用いられたので、一般的な辞書に項目がなく、誰が、いつ、どのようにしてこの言葉を使い出したのかは不明なのである。

第三項　諸橋轍次の定義

漢学者の諸橋轍次《もろはしてつじ》（一八八三―一九八二年）が編纂した『大漢和辞典』（一九四三［昭和一八］年）は「一君万民」を定義づけした数少ない辞書の一つであるが、そこには次のように書かれてある。

　我が國の國体。上に萬世一系の天皇を戴《いただ》き、下に國民の總《す》べてが大御心《おおみこころ》を奉戴《ほうたい》して一致団結すること。(70)

諸橋によれば、この用語は天皇を中心とする日本の国体を表す言葉であって、国民が天皇のもとで一致団結することを意味していた。彼がその出典として示しているのは、幕末から明治にかけて活躍した歌舞伎狂言作者である河竹黙阿彌《かわたけもくあみ》の作品『夜討曾我狩場曙《ようちそがかりばのあけぼの》』の台詞の一節である。ところがその原典を調べてみると、黙阿彌の作品では「一君萬民」ではなく、「一君萬臣」と書かれてある。「抑《そもそも》我が大御國は一君萬臣、眞の君と仰ぎ奉るは一天萬乘の君ばかり」(71)。作品の舞台は鎌倉時代であり、「臣下とは誰が臣下」と君臣関係を問う文脈において、「我が朝の御國體君臣の名分は辨《わきま》えおるまい」という言葉に続けて語られる台詞である(72)。もちろんこの一君とは朝廷を示しており、諸橋の説明と矛盾するものではない。けれども、元々は平等を思い起こさせる「万民」ではなく、「万臣」という仕方で、武士である臣民の君主への忠誠・服従を強調する用語として用いられていた。その忠誠を求める用語（万臣）がどのような経緯で平等思想を支える言葉（万民）として用いられるようになったのか、さらにさかのぼって考察を続けたい。

第四項　『政治学事典』による定義

「一君万民」について説明している数少ないもう一つの辞書が、丸山眞男等が編集した『政治学事典』（一九五四年）である。そこでは、諸橋と同様に「明治維新後に確立された絶対主義的天皇制国家をたたえる立場からその理念を表現するものとしてもちいられた言葉[73]」と定義するが、続けて次のような説明を加えている。

しかし厳密には徳川封建体制にみられるような多元的な権力の分散が天皇のもとに集中され、天皇と庶民とのあいだに介在する中間勢力が排除されると同時に、他方では支配関係における身分的差別と地域的割拠《かっきょ》性とが排除されてすべての人民がひとしく天皇の支配に服することをたてまえとする考え方をいう[74]。

ここで説明されている「身分的差別」の「排除」は平等主義を表す言葉として聞こえるが、「人民がひとしく」という言葉は「天皇の支配に服する」ことにかかっており、人権理念ではなく、服従と忠誠を求める言葉として表現されている。『政治学事典』によれば、この理念は幕末の政治思想家たちの中に見出され、王政復古や廃藩置県などによる天皇への政令帰一が行われることにより、「はじめて一君万民的政治形態は具体化されるにいたり、その後いわゆる支配層による国体教育において重要な指導理念の一つとなった」と説明されている[75]。これは丸山の研究に基づく説明であるので、平等思想とのつながりは見出せないが、それでも身分的差別の排除という説明に平等思想へと向かわせる動きが内在していることを感じさせる。次に、丸山の視点を継承する研究者たちを手引きにして、さらに考察を深めていきたい。

第五項　水戸学——會澤安

丸山の影響を受けて同様の視点から「一君万民」論の形成過程に取り組んだ研究に井上勲の論文がある。[76] 井上が「一君万民」思想の萌芽の一つとして見るのが水戸学である。彼は言う。

水戸学における天皇シンボルの政治化は、国学の天皇観とともに、やがて「一君万民」論を醸成する母体としての機能を果たすことになる。[77]

水戸学は幕末の尊王攘夷運動に大きな影響を与えた思想であり、海外からの圧力により不安定になった国家的危機を自覚し、これを克服するために明治維新の思想的原動力にもなった。井上によれば、水戸学の政治思想的課題とは「幕藩体制に組織原理をあたえ、幕藩体制を積極的に価値づけること」[78] にあり、そのために援用したのが「天皇シンボル」であった。なぜ徳川幕府ではなく、天皇を統一のシンボルとして掲げる必要があったかという理由については、当時の日本の「国家」という言葉の認識から理解できる。当時「国家」という言葉は、現代的意味における「日本」という意味では理解されていなかった。国家はそれぞれの「藩」を意味しており、「他国」とは「他藩」を意味していた。日本全体を意味する時には「神州」や「本朝」という意味で用いられることが多かった。その場合も「君臣の義、父子の親厚きわが国体という抽象的な意味」しか持っていなかった。[79] つまり、海外からの外圧に対する国家統一という緊急の課題を持っていた日本は、幕藩体制を維持しつつも自藩を越える優位性を持った統一理念を必要としていた。そこで天皇というシンボルが援用されたのである。したがって、「神州」という言葉も天皇を意味する言葉として用いられた。

ところで井上は、「国学にしろ水戸学にしろ、それは『一君』の存在を語りつつも、『一君』へ主体的に忠誠をつくす『万民』を要求するものではなかった[80]」として、「一君万民」の理念を典型的に示した人物を吉田松陰に求めている。けれども、吉田松陰に大きな影響を与え、「一君万民」の理念にかなり近い仕方で語った人物が一人いる。それが水戸学の大成者であり、尊王攘夷を唱えた『新論』を著し、幕末思想の巨頭の一人であった會澤安《やすし》（會澤正志齋《あいざわせいしさい》、一七八二―一八六三年）である。

會澤は『下学邇言《かがくじげん》』の中で「一君二民」という用語を用いている。「一君二民」とは「君主は一人で、人民が多いこと[81]」を意味するが、古く中国の『易経《えききょう》』に伝わる言葉である。會澤の文章を解説した高須芳次郎は、會澤がこれを「一君万民」と同じ意味で用いていると説明する。

一君二民とは、今日の言葉にすると、「一君萬民」という事になる。が、「一君二民」という方が、一層、切實な感じを人々に與《あた》える。君と臣民との間には何ら介在すべきものなく、君は天業遂行《てんぎょうすいこう》の代表者であり、臣民は、その事業を分擔《ぶんたん》してゆくものである。また君は道の指導者であり、臣民はその實現《じつげん》に參與《さんよ》するものである。第一に君、第二に民、卽《すなわ》ち一君二民だ。正志は、これを以って、日本國民の大道だと信じた[82]。

會澤が書いた『下学邇言』は、『新論』が時事を主題とした平易な文章であるのに対して、学術的に書かれており、内容としては『新論』と対になって「正志の思想を把握するに最も都合が宜い[83]」ものと評されている。その中で日本の国体を論じ、「一君二民」という言葉で次のように説明した。

一君二民は天地の大道なり。四海の大、萬國の多きも、而も其の至尊《しそん》は、宜《よろ》しく二あるべからず。東方は神明の舍なり。太陽の生ずる所、……元気の發する所、時においては春となす。萬物の始まる所なり。而して神州は大地の首に居れり。宜しく其れ萬國に首出し、四方に君臨するべきなり。故に皇統綿々として、君臣の分は一定して變《へん》ぜず。太初より以て、今日に至る。……何となれば、則《すなわ》ち天下の至尊は、宜しく二あるべからざればなり。而して所謂一君二民の義は、其れ誰か得て間せん。(84)

要約すると、「日本国内がどんなに大きくても、上に立つもの、即ち天皇は一人である。日本には天皇という支配者がおり、諸国に君臨すべきである。東に位置する日本は神が住む場所であり、太陽と元気の源であり、時代を栄えさせ、すべてのものの始まりである。したがって、天皇の統治は天地のはじめより続き、君主と臣民の関係も変わらない、これが日本の国体であって、人の守るべき道だ」と述べている。

さらに、會澤は「一君万民」に通じる次のような言葉を語る。

神州は萬國の元首にして、皇統二あるを得ず。萬民を以て一君を奉ず、其の義は君臣の分を盡《つく》すにあり。……一君を以て萬民を養うことは、其の成功に取るのみ。(85)……既に天地の大道を見れば、則ち必ず一君二民の義あるを知る。苟《いやしく》も一君二民の義を知らば、則ち萬國の元首、宜しく二あるべからずして、萬民の一君を奉ずるの國、二あるを得ざるを知り、亦、天胤《てんいん》の必ず移すべからざることを知らん。(86)〔傍点筆者〕

大意は次のようになる。「日本には国家を代表する天皇という一人の君主がおり、すべての民はこの一人の君主に仕えなければならない。君主と臣民がそれぞれの本分を尽くさなければならない。一人の君主が万民を養うことで必ず国は栄え、成功する。だからそのことを知れば、すべてのものは一人の君主に忠誠を尽くすべきである」。

以上の言葉を見てわかるように、會澤においてすでに「一君万民」の理念は語られていたのである。けれども、會澤に幕府や藩主を捨てて天皇に忠誠を尽くすという考えはなかった。彼の考えを最もよく表す次の言葉がある。

天子は天工に代わりて天業を弘《ひろ》め給う。幕府は天朝を佐《たす》けて天下を統御せらる。邦君は皆天朝の藩屏《はんぺい》にして幕府の政令を其の國に布《し》く。是が臣民たらん者、各々、其の邦君の命に従うは、即ち幕府の政令に従うの理にて、天朝を仰ぎ、天祖に報い奉るの道也。(87)

現代語訳にすると、「天皇は神の業として天皇の国を豊かにし、幕府は朝廷を助けて全国を統治し、地方の君主は皆朝廷を守る存在であり、幕府の命令を自らの国に広くいきわたらせる。これが君主に仕える者である。それぞれの国の藩主の命令に従うことは、即ち幕府の命令に従っているのであって、皇室を敬い、天照大神の恩にふさわしくお返ししていることなのである」と言う。要するに、君主や藩主を否定しているのではなく、天皇の名によって立てられた自分の藩主に仕えることが、即ち天皇に忠誠を尽くすことであると主張する。したがって、時代的にも思想的にもその後の倒幕の思想とは一線を画している。また、同様に士農工商という四民の身分制撤廃は考えておらず、(88)のちの「一君万民」論には至っていない。つまり、理念として「一君万民」が語られているが、幕府や藩主や身分制度が存在しているために、実際は「万民」という理念に矛盾を来す現実があるということである。

さらに、後に生まれる平等思想は會澤になかったと考えられる。たとえば、會澤は民衆を「天下の民は、蠢愚《しゅんぐ》〔極めて無知で愚か〕甚だ衆《おお》く(89)」という表現にあるように、愚民と捉える民衆観を持っていた。武士のように藩校で学問に触れていない民衆を教養のない愚民と認識していたのである。特にその愚民観はキリスト教との関係を通して顕著に表れる。會澤は、「夷教《いきょう》の西邊《にしがわ》に入るや、愚民を誑惑《きょうわく》して所在に蔓延す(90)」と言われるのと同様に、欧米諸国が「妖教〔キリスト教〕を用い、以てその民を誘う(91)」という仕方で、キリスト教が民衆に影響することを危惧していた。その理由は民衆を通して日本を植民地化する欧米の「奪国論」にキリスト教が関わっていると考えていたからである。「愚民」である民衆は惑わされて、君主ではなくキリスト教に心を向けてしまう。つまり、君主への忠誠心を持てない民衆を教養のない「愚民」と認識していたのである。後でも触れるが、この民衆理解は吉田松陰にも見られるものであり、武士に共通して見られる民衆観でもある。民衆を愚民と認識するところに平等思想は生まれない。必ず優劣と格差が生じる。したがって、「万民」という言葉は人権理念としてではなく、国家統一を求めた政治的理念において語られていくのである。

以上のように、統一理念として天皇への忠誠を求めながら、現実には幕府や藩主に従う「天皇シンボル」の政治構造は會澤において確立しており、のちの日本の政治体制の原型となる理念がここにできあがっていたと見ることができる。実際に、その後の日本の歴史を見ると、幕府から明治政府へと対象が変化しつつも、天皇への忠誠による「一君万民」の国体構造は変わらずに進んでいく。のちの「教育勅語」に會澤の理論や字句までもが取り入れられたことを考えると、その影響がどれほど大きかったかが理解できるだろう。[92]したがって、第二次世界大戦中の一九四一年に高須が述べたように、「正志の日本中心主義の哲学は、大體において、よく整頓せられ、理論上、目に立つような矛盾もなく、破綻もない」[93]と評され、「全日本の志士を動かし、明治維新促進の經典として尊重されたことを思うと、正志については、もっと研究されねばならぬものが多い」[94]と主張されたのである。

一方、後に生まれる「一君万民」の平等思想については、思想的にもう一つの段階を経なければならなかった。次にその点に注目しながら、吉田松陰の思想をたどっていきたい。

第四節　「一君万民」的平等論

第一項　吉田松陰と「一君万民」論

「一君万民」という用語は、會澤安の影響を受け、のちの明治維新の指導者に多大な影響を与えた吉田松陰

（一八三〇―一八五九年）の政治思想を学術的に表現するために多く用いられてきた。松陰を「一君万民」の理念で最もよく言い表すことのできる政治思想家の一人として紹介したのは丸山眞男である。丸山は松陰を次のように紹介した。

> 松陰の悲痛な現状観察――日本の対外的自由独立を双肩に担いうる者は、幕府にも諸侯にも公卿にも、要するに一切の封建支配層のうちに見出しえないという認識――の赴くところは自ら、……現政治社会機構の擁護ではなく逆に、「今の世界の一変」に一切の課題の解決を懸けることとなる。もとより松陰自身、そうした「世界の一変」が具体的に如何なるものであるかについて殆んど知るところなく、ただ来るべき一君万民への方向を漠然と予感しつつ、「四海皆王土。兆民仰二太陽一。帰朝君勿レ問。到処講二尊攘一」と詠じて静に断罪の地へ赴いた。(95)〔傍点筆者〕

丸山以後の研究でも松陰を「一君万民」の理念で捉える研究者が増えてきた。井上勲も「吉田松陰が、彼の思想の中核となし、行動の格率《かくりつ》としたものは、尊王論――『一君万民』論であった(96)」と述べている。岡崎正道が指摘するように「松陰の政治思想の本質を『一君万民論』なる述語で規定する見解は、従前より少なくない(97)」のである。ここで注目したいことは、會澤において一君に対する万民の忠誠が主題であったのに対し、松陰においては万民に対する視点が強調されたことである。つまり、力点が一君ではなく万民に加えられることにより、忠誠よりも平等に視点が移ったということである。しかし、その場合でも忠誠と平等は切り離されていない。その点に注目しながら、彼の思索の経緯をたどってみよう。

第二項　水戸学の影響

松陰は一八五二年水戸に赴いて、會澤から「身皇國に生れて、皇國の皇國たる所以を知らざれば、何を以てか天地に立たん」(98)と語りかけられた。すなわち、日本に生まれて、自分の国の成り立ちを知らずしてどうするのかと問われたのである。そこで「身、皇國に生れて、己に皇國の皇國たる所以を知らば、則ち皇國に報ゆる所以、正に此に在り」(99)と決意を述べて、天皇を中心とする日本の国体について学び始める。松陰はこの時の決意を別の所で次のように記している。

　身皇國に生れて、皇國たるを知らずんば、何を以て天地に立たん。故に先ず日本書紀三十巻を讀み、之れに繼《つ》ぐに續《しょく》日本紀四十巻を以てす。其の間、古昔四夷《しい》を征服せし術にして後世に法《のり》とすべきものあれば、必ず抄出《しょうしゅつ》して之れを錄し、名づけて皇國雄略《ゆうりゃく》と為せり(100)。

松陰が決意したことは、まず記紀神話を含めたいわゆる六国史を読み(101)、古代日本の成り立ちを学び、同時に古代中国において服従しない周辺国を従わせた方法を要約して、学ぶべきところを記録に残すということである。日本史研究を盛んにして皇国史観を学ぶ松陰であったが、すぐに天皇を中心とした倒幕思想に至ったのではない。松陰の関心は海外からの外圧による国家的危機に対して国難打開策を模索することであった。この問題意識が高まるきっかけは一八五三（嘉永六）年のペリー来航である。全国に衝撃を走らせた黒船来航に対して、松陰は藩の重役に「将及《しょうきゅう》私言《しげん》」なる意見書を提出した。そこに当時の彼の考えが現れている。

　普天《ふてん》の下王土に非ざるはなく率海《そっかい》の濱《ひん》王臣に非ざるはなし。この大義は聖經の明訓、孰《た》れか知らざらん。

然るに近時一種の憎むべき俗論あり。云わく、江戸は幕府の地なれば御旗本及び御譜代・御家門の諸藩こそ力を盡《つく》さるべし、国主の列藩は各々其の本國を重んずべきことなれば、必ずしも力を江戸に盡《つく》さずして可なりと。嗚呼、此の輩唯に幕府を尊重することを知らざるのみならず、實に天下の大義に暗きものと云うべし。夫《そ》れ本國の重んずべきは固《もと》よりなり。然れども天下は天朝の天下にして乃ち天下の天下なり、幕府の私有に非ず。故に天下の内何にても外夷《がいい》の侮りを受けば、幕府は固より當《まさ》に天下の諸侯を率いて天下の恥辱を清《そそ》ぐべく、以て天朝の宸襟《しんきん》を慰め奉るべし。是の時に方《あた》り、普天率土《そっと》の人、如何で力を盡さざるべけんや。尚お何ぞ本國他國を擇《えら》ぶに暇あらんや。況《いわん》や江戸は幕府の在る所、天下の諸侯朝覲會同《てんきんくわいどう》するところたるをや。(102)

〔傍点筆者〕

松陰がここで言っていることは、国家の一大危機において諸藩が一致団結せず、これに対処していない状況への憤りである。その国家統一の論理が「天下は天朝の天下にして乃ち天下の天下なり」という言葉である。これは、天下は朝廷のものであるけれども、すべての人のために天皇の委任を受けて幕府が統治しているという意味で、幕府が統治している現実を正当化する論理である。天下は幕府の私有物でもなく、朝廷から委任された征夷大将軍によって治められている。したがって、天皇の心を慰めるべく、自分の国である藩のことばかり考えずに、一致団結して力を尽くすべきだと訴えている。これは水戸学や會澤と同じ「尊王敬幕」の理解で、幕府への忠誠と天皇への忠誠が両立する論理である。

第三項　人民への敬意と平等思想

松陰の水戸学との違いの一つは、武士たちに対する不満と人民に対する尊重である。彼は国家が一つになる重要な役割と責任を持つ武士たちの傲慢な姿勢に憤りを感じていた。そして次のように述べて人民の存在を重んじた。

萬物中にて最も霊なるは、人民に如《し》くはなし。人民は霊物なれば衣食を生ずるあり、宮室器皿《きべい》を造作するあり、此の二物を有無交易して融通せしむるあり、是《こ》れ皆各々其職ありて互に利し互に益して世を渉《わた》り者なり。士たる者は三民の上に立ち、人君の下に居り、君意を奉じて民のために災害禍亂《からん》を防ぎ、財政輔相をなすを以て職とせり。而《しか》るに今の士たる者、民の膏血《こうけつ》を絞り、君の俸禄《ほうろく》を盗み、此の理を思わざるは、実に天の賤民《せんみん》と云うべし。此の處人々自ら考え、三民の長たるに負かぬ如く覚悟し給え。(103)

ここで三民と言われるのは「衣食を生ずる」農民、「器皿を造作する」職人、「融通せしむる」商人のことである。歴史学者の寺尾五郎は、「当時は神か仏か奇跡的な事件のみに使われていた『霊』なる語を、松陰は天皇に対する形容の語としてではなく、人民を、労働を、泥にまみれた汗くさい『職』をたたえる語として使っている」ことから、武士以外の人民を尊重していると主張する。(104)松陰の「萬物中にて最も霊なるは」という言葉は、『書経・泰誓上』にある「惟人萬物之霊（惟《こ》れ人は万物の霊なり）」に基づいていると考えられるが、(105)彼が人民を軽んじていないことは確かであろう。たとえば他のところでも、「農工商を國の三寶」と三つの宝と呼び、「國に於て一も缺くべからざる」と欠くことのできない存在であると評している。(106)松陰にとって、人民こそが国体を支える要の存在であったのである。それに対して、贅沢で傲慢にして、民の模範となっていない武士に対して「天の賤民」と呼ぶに等しいと批判する。

松陰の三民への尊重は、一君に対して万民という理念が成立する下地を作っている。彼の「民生を厚うし民心を正しうし、民をして生を養ひ」(107)という人民への敬意は、人間平等論へと向かう動きを持っていた。実際に彼は「普天率土《ふてんそっと》の民、皆天下を以て己が任と爲し、死を盡《つく》して天子に仕え、貴賤尊卑を以て之れが隔限を爲さず、是れ則ち神州の道なり」と述べている。(108)現代語訳にすれば、「全国を治める君主のすべての民は、天下を自らの務めとし、死を尽くして天皇に仕える。そこには身分の格差など関係ない。これがすなわち日本の本来のあり方である」という意味である。「貴賤尊卑を以て之れが隔限を為さず」という文言は身分制を排した人間平等の理念に通じる言葉である。この主張の根拠は「皆天下を以て己が任と爲」すことが「死を盡くして天子に仕」えることであると言うように、天皇への服従に基づいていた。すなわち、忠誠を尽くすことにおいて、一君の下で万民が平等であるとする理念へ向かう方向性を持っていた。

第四項　討幕への契機と天皇への忠誠

松陰の平等思想は、一君（天皇）に対する忠誠が武士だけのものでなく、「万民」の忠誠へと導く理念を含んでいた。けれども、論理的に説明したところで現実世界における幕府や藩主の存在は、天皇という一君理念の現実性に矛盾する存在であった。江戸時代、天皇という存在は庶民にほとんど認知されていなかったし、実際の忠誠は藩主や徳川幕府であったからである。「尊王敬幕」という姿勢では「一君」に対する「万民」の忠誠という理念が力を発揮することは難しかった。つまり、幕府の存在が問題になるのである。

松陰がこの点で姿勢を大きく変えたのは、一八五八年（安政五年六月）アメリカの圧力に屈して井伊直弼《なおすけ》が朝廷の許可なく日米修好通商条約に調印したことである。松陰はこの不平等条約締結の知らせを受けて憤り、翌月に「大義を議す」という一文で次のように述べた。

> 是れ征夷《せいい》の罪にして、天地も容れず、神人皆憤る。これを大義に準じて討滅《とうめつ》誅戮《ちゅうりく》して、然る後可なり。少しも宥《ゆる》すべからず。[109]

現代語訳にすると、「これは徳川幕府が犯した罪であって、誰も受け容れることができない。この罪を犯した幕府を国家君主のために打ち滅ぼしてもまったく問題ない。彼らの行動を少しも認めるわけにはいかない」という意味である。松陰が「討滅誅戮」することをどこまで本気で考えていたのかには諸説あるが、ここに討幕の理念が言葉化されているのは明らかであり、この理念が後継者たちに影響していることも間違いないであろう。実際に松陰は倒幕の疑いをかけられ、翌年の一〇月に安政の大獄に連座して処刑されるのである。

松陰が第一に目指していたことは天皇に対する忠誠を尽くすことによる国家統一である。たとえば「大義を議す」以前の一八五六年に書かれた「丙辰幽室文稿《へいしんゆうしつぶんこう》」では次のような文章がある。

天下は一人の天下に非ずとは、是れ支那人の語なり。支那は則ち然り、神州に在りては、斷々として然らざるものあり。謹んで按ずるに、我が大八洲は、皇祖肇《はじ》むる所にして、萬世の子孫に傳《つた》えたまい、天壌と窮《きわま》りなき者、他人覬覦《きゆ》すべきに非ざるなり。その一人の天下たること亦明かなり。(110)

現代語訳にすると次のようになる。「天下は一人（君主）の天下ではないというのは、中国漢民族の言葉である。中国ではそうであっても、日本においては断固としてそういうことはない。日本は皇祖が始めた土地であり、永遠に子孫へと伝えられたものであって、天地と同様に永遠に続く者であり、他人が身分不相応なことを望んではならない。つまり、天下は天皇の天下であることは明らかである」。

この言葉は、以前の幕府統治の正当性を語った「天下は……天下の天下」からの大きな転向である。同年六月に行われた『孟子』の講義でも「天下は一人の天下に非ず、天下の天下なり」との主張は「國體《こくたい》を忘却」していることだと批判している。(111) 要するに、徳川幕府による日本統治よりも、天皇中心とした国体による国家統一の理念を強く主張するようになったのである。その天皇への忠誠心の根拠は、記紀神話にある皇祖降臨から続く天皇中心とする国のあり方であることは、以下の言葉からも明らかである。

吾が国は辱《かたじけな》くも國常立尊《くにとこたちのみこと》より、代々の神々を經て、伊弉諾尊《いざなぎのみこと》・伊弉冉尊《いざなみのみこと》に至り、大八洲國及び山川草木人民を生み給い、また天下の主なる皇祖天照大皇大神を生み給えり。夫れより以來聖相承け、寳作《ほうさく》の降、天壤と動きなく、萬々代の後に傳《つた》わることなれば、國土山川草木人民、皆皇祖以來保守護持し給うものなり。(112)

要するに、日本の国土と人民は皇祖降臨から続く神の国であって、それがこの国の豊かさを守っているという、典型的な神道的皇国史観を展開していた。天皇への忠誠による国家統一思想は、次第に天皇の存在そのものへの意味を求めていくことになる。そのことを表すのが、先ほどの「丙辰幽室文稿」に書かれた次の言葉である。少し長いが引用する。

天朝を憂え、因《よ》って遂に夷狄《いてき》を憤る者あり、夷狄を憤り因って遂に天朝を憂うる者あり。余幼にして家學を奉じ、兵法を講じ、夷狄は國患にして憤らざるべからざるを知れり。爾後偏《あまね》く夷狄の横《おう》なる所以を考え、國家の衰えし所以を知り、遂に天朝の深憂、一朝一夕の故に非ざるを知れり。然れども其の孰《いず》れか本、孰れか末なるかは、未だ自ら信ずる能わざりき。向《さき》に八月の間、一友に啓發せられて、矍然《くわくぜん》として初めて悟れり。従前天朝を憂しは、並《みな》夷狄に憤をなして見《けん》を起こせり。本末既に錯《あやま》れり、眞に天朝を憂うるに非ざりしなり。(113)

以下現代語訳にする。「朝廷政治を心配することによって他国に敵愾心を持ったり、逆に敵愾心を持つことによって朝廷を案ずることがある。自分は幼い頃から代々伝わる学問を受け、兵法を教え、外敵は国を不安に陥れ、憤るべきものであると知った。それ以後、外敵の横暴さの理由を考え、国家衰退の原因を知り、朝廷政治の大きな心配事は昨日今日できた話ではないことを知った。けれども、どちらが本質的なものであるか確信することがなかった。そこで一人の友人（宇都宮黙霖）との対話によって啓発され、愕然として初めて本質的なことを悟った。これまで朝廷への不安はすべて外敵への敵愾心から来ていたが、これは根本的に間違っており、本当の意味で朝廷を案じていたことではなかった」。

松陰は政治体制の不安から生じる政治的思索から、天皇の存在そのものへ意味を求めていった。もちろん、この文章は不平等条約の締結前であるから、討幕思想が前面に出ていたわけでもなく、むしろ幕藩体制に対する関心が残っていたであろう。けれども時代の動きと様々な思想との出会いによって、橋川文三が指摘するように、松陰にとって「天皇は、ここで初めてたんなる歴史的知識としてではなく、彼の魂が直面するきわめて具体的な忠誠対象として浮かび上がってきた」(114)のである。

同時期に書かれた文書には、天皇への忠誠の強調と共にのちの軍国主義を彷彿させる言葉が登場する。それは先に引用した「天下は一人の天下」を主張した文章に続いて次のように語られた。

　本邦の帝皇、或は夏《か》の桀紂《けっちゅう》の虐あらんとも、億兆の民は唯だ當《まさ》に首領を並列して、闕《けつ》に伏し號哭《ごうきゅう》して、仰いで天子の感悟を祈るべきのみ。不幸にして天子震怒し、盡《ことごと》く億兆を誅したまわば、四海の餘民、復た孑遺《げつい》あるなし、而して後神州亡ぶ。若し尚お一民の存するものあらば、又闕に詣《いた》りて死せんのみ。是れ神州の民なり。或は闕に詣りて死せずんば、則ち神州の民にあらざるなり。……故に曰く「天下は一人の天下なり」と。……普天率土の民、皆天下を以て己が任と爲し、死を盡くして天子に仕へ、貴賤尊卑を以て之れが隔限を爲さず、是れ則ち神州の道なり(115)。

以下現代語訳にする。「日本の天皇が、たとえ暴虐で知られた中国の王（夏の桀王と殷の紂王）のようであっても、すべての民はただ当然のごとく首を並べて差し出し、宮城にひれ伏して号泣し、天皇が悟られるのを祈るだけである。不幸にして天皇が激しく怒ってすべての人民を殺すならば、生き残る民はなく、日本の国は滅びるのである。もし生き残った民が一人でもいるならば、宮城参拝して死ぬだけである。これが日本の国民である。もし宮城参拝して死のうとしないのならば、それは日本の国民ではない。……したがって『天下は天皇の天下である』と言うのである。……すべての民は、身分の違いを越えて、死をもって天皇に仕える。これが神の国日本の道である」。

ここで語られる天皇への忠誠は、身分格差に関係のない万民平等の理念であるが、その平等は生きる平等ではなく、天皇のために死ぬ平等である。天皇のために命をささげることにおいては、高貴貧民などの身分の格差が取り払われていることが主張されている。したがって、この文章から読み取れる松陰の平等観は、人を生かすものではなく、死なせる平等とも言えるものである。

以上の過激な文章は、まるで戦時中の国粋主義者を連想させる言動であり、のちの研究者が松陰に日本の皇道宣揚の原型を見出そうとしたのも理解できる。しかし、今日研究の進展により、松陰個人が戦時中の国粋主義者のような思想を持っていたとは考え難いとされている。先の寺尾五郎が指摘した平等思想も松陰の本質であるかどうかは議論が分かれるところである（松陰の平等思想については後でも取り扱う）。むしろこれらの言葉は、幽閉中における葛藤と不満の中で、短い期間に主張の乱れがあり、国の行く末を案じた過激な言動とも捉えることができる。けれども重要なことは、松陰がここで語った言葉と思想が、彼以後の日本の為政者たちに、直接であれ間接であれ影響を与えた可能性があることである。

第五項　「一君万民」理念における平等思想の本質

倒幕思想が現実となっていく過程を井上勲は次のように指摘した。「『一君』による忠誠対象の独占と、『万民』による平等な忠誠行為とを阻止している、幕藩的支配体制は、やがて批判の俎上にのぼらされ、解体の対象たらざるをえなくなる」[116]。ここで重要なことは、忠誠の対象が一君である天皇へと集中する理念が成立することで、武士による藩主への忠誠ではなく、万民による天皇への忠誠思想が形成されることである。先に諸橋轍次の漢和辞典の典拠が「一君萬臣」であったことを指摘したが、それは幕末において忠誠の対象が藩主や幕府であったので、忠誠の主体が武士という理解を越えていなかったことが物語られている。現実には幕府体制と士農工商の四民階級がこの妨げとなっていた。けれども、外圧による国家危機の中で、国が一つになることが求められ、吉田松陰という特異な人物を通して、「萬臣」から「万民」へと忠誠の主体を広げる理念が形成されたのである。

ところで、「一君万民」の理念は国をまとめるために思索された忠誠の思想であって、松陰においても平等思想として主張されたのではない。けれども、松陰の庶民に対する姿勢は、結果的に平等思想へと導くものを持っていたと言える。この点に注目した寺尾五郎は、松陰が身分格差を越えた平等思想を持っていたと主張する。彼が根拠とするのは松陰の「部落差別に対する態度」[117]である。注目したのは「討賊始末」[118]という一文である。この文章は穢多出身の女性による仇討ちについて書かれてある。松陰が部落民である女性の立場に立って、その姿勢を賞賛しているところから、「松陰は何の差別観もなしに部落民に接し、平等な人間として語り合い、かれらの中に士庶《ししょ》にない美点と革命性を見出し、かつひきだし、かれらを同志としてあいともにすすもうとしている」と評価している[119]。また、「松陰は、人心を最高とする民主主義者なのである」[120]と断言して近代民主主義思想の萌芽を見ようとしている。その根拠の一つとしているのが「専ら下を利するを務めて上を利するを務めず」[121]という、民の生活を優先させる思想である。

余が策する所は武備の冗費を省き、膏澤《かうたく》を民に下さんとなり。四窮《しきゅう》無告《むこく》のものは王政の先にする所。西洋夷さえ貧院・病院・幼院・聾唖院等設け、匹夫匹婦もその所を得ざる者なき如くす。況や我が神国の御《み》寶《たから》にして犬馬《けんば》土芥《どかい》の如くにして可ならんや[122]。

松陰が主張していることは、軍事費を削減して、それを民のために使うことである。社会的弱者を支えることが「王政」の務めであって、西洋では貧しい身分の者も病院や学校など社会救済施設があるのだから、神の国である日本が宝の民である民を家畜のような無価値のように扱ってはいけないというのである。別のところでは、君主が城にとどまるのではなく庶民の生活を通して、民の心を理解するように勧めている。そこでは「哀痛の令を下し、切直の言を求む」と、民の痛みや悲しみを理解し、その心に届く政令を下して、率直な意見を出すように呼びかけるべきだと主張する。[123]その意見が非常に良い場合は「徒役陪隷と雖も必ず召して之れを見る」と、肉体労働に服している身分の低い者であっても、必ず召し出して広く意見を聞くように勧めるのである。[124]身分の違いを越えて民の意見を聞き、民の生活を豊かにさせることによって安定した政治を行おうとする理解は、民主主義の源流と呼ばれるイギリス・パトニー会議の様子を想起させるものである。

けれども、松陰のこの優れた思想が、人間の尊厳を重んじる人権理念に基づくものであるかという点では、慎重に吟味しなければならない。たとえば、「民生を厚うし民心を正しうし、民をして生を養い死に喪して憾《うら》みなく」という人民敬意の目的は、人間の尊厳ではなく「上を親しみ長に死して背くことなからしめんより先なるはなし」と、君主に対して死んでも背くことをしない忠誠心を第一に考えてのことであった。[125]また、「武備の冗費を省き、民を恵し」[126]とすることも、「相共に天下の事を謀り國威を奮わんと欲すればこそ、かく國力を強くし國本を養わんとする」[127]ことに主眼が置かれていた。要するに、松陰の原動力は、外圧に屈しない堅固な国体形成のために民の忠誠心を作り出すことに重きが置かれていたのである。[128]

この点は、松陰のキリスト教への反応を見れば明確になってくる。松陰はキリスト教が日本に入ってくることを「膏肓《こうこう》の病」すなわち治癒し難い病であると言って警戒していた。[129]彼が恐れていたのは、キリスト教が社会的弱者を庇護することによって庶民と結びつくことであった。

我が邦には乞丐《きっかい》甚だ衆《おお》し、彼れ〔キリスト教〕必ず貧院を起こさん。棄兒甚だ衆し、彼必ず幼院を設けん。疲癃残疾、貧践にして治療能わざる者甚だ衆し、彼れ必ず施藥醫院を造らん。是れ下手の一着にして、已に愚民の心を結ぶに足る。……其の心夷狄の得る所となるや已に久し。其の患の更に切に更に大なる、尙お此れより甚だしきものあらん。(130)〔傍点筆者〕

松陰が主張することは、「日本に乞食や孤児や老衰や病気で治療できない人間が多くいるけれども、キリスト教は貧院や孤児院そして病院を作って彼らを助けるだろう」ということである。もし人間の尊厳と人権を重んじるならば称賛すべきことであるが、松陰はこれをキリスト教の人心を捉える手法であると理解し、彼らが庶民と信頼関係で結ばれることを危惧した。つまり、この当時の国際問題からくる関心において、松陰が第一に考えていることは国家の統一であり、その忠誠心をもたらす限りにおいて重んじられる民なのである。その民が君主ではなくキリスト教に心が向けば、国が一つにまとまらなくなると危機感を抱いた。しかも、その民を「愚民」と呼ぶところに松陰の民衆理解が現れている。なぜならば、結局松陰が主張していることは、キリスト教と同じ手段（民衆の喜ぶことをする）を用いて民の忠誠心を高めることであり、民衆を愚民とする認識は基本的に変わらないからである。たとえ民を「宝」と呼んでも、それは人間の尊厳というよりも、国体護持と国家統一の手段という意味が強くあったであろう。

さらにキリスト教の侵入を危惧したのは、抵抗権との関わりもあると考えられる。たとえば次のようなことが言われている。

夷輩良民と雑處《ぞうしょ》せば、吾が國の政令善く吾が民に及べども夷輩に及ぶこと能わず。其の極み、我が民と云

えども政令に遵《したが》わざる者ありに至り。(131)

要するに、日本の人民は政府の命令に従うけれども、キリスト教の影響が入ってくると政府の命令に従わない者が出てくることを危惧している。松陰にとって最重要となる事柄は忠誠心であるので、君主に対する抵抗思想を与えるものに対しては、たとえそれが人民の人権を守るものであっても、認められなかった。もちろん、松陰が農民一揆を認めていたことはよく知られているが、それは天皇の民という理解に支えられた幕府や藩主への抵抗であった。その抵抗がすなわち朝廷への抵抗に結びつくとは考え難い。実際に「改政の二字は萬々忌むべし(132)」という文言に見られるように、松陰は革命権や抵抗権については認めないのである。

以上のことから、松陰の理念に見え隠れしている「一君万民」の平等論には、人権理念としての平等ではなく、国家統一の手段として機能していた側面が強くあることがわかる。また、政治思想においては、忠誠の対象となる一君という天皇の下での万民の平等が主張されるので、平等を支える君主に対する抵抗は理念的に形成不可能になっている。つまり、のちの日本を精神的に支配する平等観は、その始まりから天皇という一君においてすべての人間が平等な存在とされる「天皇型平等」という構造原理を持っているのである。そこでは、君主に勝る存在を根拠とする抵抗権の思想の確立には限界があり、人権を確立するには平等思想に構造的な弱点を持っているのである。

第五節　赤子平等理念の源流――長谷川昭道

第一項　赤子思想の淵源

本章のはじめでは、昭和維新期に登場した「天皇赤子」と「一君万民」の平等観に注目し、その思想的淵源をたどった。特に「一君万民」思想を通して、当初統治理論として主張したものが平等論へと展開する理念を含蓄させていたことがわかった。その平等の根拠は神的な存在である天皇という一君を柱として成り立っているので、抵抗権の確立には至れず、人権理念としては限界を持っていることが明らかにされた。この平等思想が昭和維新期に爆発的に広がり、国民的意識となった。

ところで、「一君万民」と同時に主張された「天皇赤子」という理念はどこから来たのであろうか。筆者が調べる限り、「一君万民」と違い、天皇赤子の思想史的研究をしているものは見当たらない。おそらく、この用語を早くから用いて主張した一人は、幕末・明治の学者・政治家長谷川昭道《しょうどう》（一八一五―一八九七年）であろう(133)。長谷川は『皇道述義』の序文の中で次のように述べる。

それ我國は則《すなわ》ち神皇《しんのう》之《の》國《くに》にして、我が民は則ち神皇之赤子也。神皇之道明らかならざれば、則ち民心歸向《きこう》する所を失うて、民志一ならず。民志一ならざれば則ち邦國亂《みだ》る(134)〔傍点筆者〕

長谷川の理解によれば、神皇は天皇と同じ意味を持っていた(135)。したがって、上記の文章は次のような意味になる。「我が国は天皇の国であり、したがって我が国の民は天皇の赤子なのである。天皇の道が明らかにならなければ、民の心が向かう場所を失うことになり、民の志も一つになることはない。民の志が一つにならなければ、日本の国は混乱することになる」。

この文章に長谷川の赤子論が凝縮されている。長谷川の第一の関心は民の志を一つにすることによる国家統一であり、そのために国民を天皇の赤子という位置に置くのである。彼が主張する「皇道」は、のちの日本の軍国主義を支える思想になるが、昭和維新期には平等思想と結びついて登場した。けれども、長谷川自身は平等思想を抱いていたのではない。歴史的には、国家統一を目的とした「一君万民」や「天皇赤子」の理念が、明治・大正期に国家弾圧によって行き場を失った自由と平等の主張者たちの思想的受け皿となって、急激に成長したと言える。したがって、天皇赤子の平等思想は自ずと民族的ナショナリズムの要素を含蓄することになる。

そのことを思想史的に確かめるため、「天皇赤子」の主張が生まれた背景に注目しながら長谷川の思想を概観しよう。

第二項　「皇学」と「神皇の道」

長谷川昭道は現在の長野県にあった松代藩士であり、吉田松陰より一五歳年上である。四歳上に同じ松代藩士の佐久間象山がおり、彼とはライバル関係であった。幕末に生を受けた人間として、彼も外圧による危機的状況において、いかに日本の国を統一再編するかという関心を強く持っていた。他の幕末志士たちとの大きな違いは、松陰たちが政治的理念からアプローチしたのに対して、長谷川の場合は宗教的理念に基づき、教育的手段を用いて人心の統一を目的とする取り組みをしたところにある。特に、教育政策を重視した点は、のちの日本のあり方に大きな影響を与えたと考えられる。

長谷川の思想の特徴は「皇道」「皇学」と呼ばれる学問領域にある。長谷川の思想に注目した沖田行司によれば、これは「既成の国学とは異なる機能と体系を意識した」[136]ことにより名づけられ、この名称に長谷川の思想が反映されている。背景には、当時圧倒的な力の差を見せつけていた西洋の学問の受容と日本の精神との両立という大きな課題があった。この場合の日本の精神とは、日本の国体の基礎となっている記紀神話が語っている事柄である。国学者や神道家たちの多くは日本が太陽を生み出した神の国とする非科学的な主張をしていたため、自然科学が発展した洋学と矛盾が生じ、西洋の学問を排他的に扱う傾向があった。長谷川はこのあり方を批判し、西洋の学問を採用する仕方で記紀神話の解釈も変更していく新たな道を拓いたのである。その際、西洋の学問のすべてを採用したのではなく、選択の基準があった。その基準が「神皇の道」である。これを国学とも神道とも区別して「皇学」と呼んだ。たとえば次のような言葉に彼の理解が現れている。

　抑々《そもそも》神道者國學者の輩、其偏見を固執し、其私説を主張し、自ら皇道を狭小にす。故に儒教を排すること寇讎《こうしゅう》の如く、佛法を悪《にく》むこと悪臭の如し。是れ只、其悪所を見て、其善所を知らざるを以て也。(137)

彼の批判は、神道家や国学者が自らの主張に固執するあまりに、儒教や仏教を一方的に排除するあり方である。しかも、彼らが欠点ばかりに注目して、長所を見ようとしないことを問題としている。一方、長谷川の他の学問や宗教に対する姿勢は次のように言われている。

　且つ儒、佛、老荘、洋學の徒、互に相攻撃するものは、全くその私心出でて、其實は職敵の類なり。昭道不敏といえども、固《もと》より是等の輩と異なり。夫れ神皇の道は、至大なり、至高なり。何ぞ儒、佛、老荘、諸子、百家、蘭學、洋學の流と其長短を角せんや。……蘭學、洋學も亦、天下往々之を用いて、其益なしと謂うべからず。儒、佛、老荘、諸子、百家、蘭學、洋學、各々國を異にし、世を異にし、又其教法道術を異にすといえども、大眼目を開きて、能く之を観察するときは、皆是れ、神皇道中の一物なり。之をいかんぞ、其是非邪正を問わず、概して之を排斥すべけんや。又儒者、佛者、諸子、百家の流、蘭學、洋學の徒も、亦皆吾が、神皇の赤子にあらざるはなし。之をいかんぞ概して疾悪すべけんや。(138)〔傍点筆者〕

大意は以下のようになる。「儒教や仏教や老子・荘子そして西洋の学問をする人々はお互いに攻撃し合っているけれども、それは職敵《しょくがたき》のようなもので、長谷川はそのような輩とは異なる。なぜ他の諸学と長所短所を競う必要があるのか。むしろそれらを利用して益とすれば良いではないか。それぞれの諸学は国も社会も違うのだから教えが異なるのは当然であるけれども、よく調べてみればそれらはすべて神皇の道の一つである。したがってその善悪を調べずに一方的に排斥してはならない。また他のすべての学者たちも皆天皇の赤子なのである。それをどうして憎悪の対象にする必要があるだろうか」。

ここで言われているように、長谷川は他の諸学、特に西洋の学問を排除することなく、神皇の道にとって有益となるものを利用しようと主張した。日本の心を護持して西洋文明の利器を取り入れる「和魂洋才」という日本の特徴が、すでにここに現れている。長谷川の場合、その選びの基準になるのが「彝倫《いりん》」であった。その意味するところは君臣関係の秩序維持を保つものである。たとえば、次のように言う。

　儒、佛、老莊、諸子、百家、蘭學、洋學、其善を擇《えら》んで、之を用い、以て邦國を平にし、萬民を安んずるものは、神皇の大道なり。卽ち、神皇の大學なり。神皇の大道は彝倫《いりん》のみ。其教學は彝倫を明にするに有るのみ。……是故に、彝倫を明にするの用に給せざるものは、天下無用の物なり。彝倫を障害するものは、是れ悉《ことごと》く邪悪不正のものなり。[139]

現代語訳にすると、「様々な学問の良いところを選んで、これを用いて日本を平和にし、すべての民に平安を与えるものが神皇の大道である。神皇の大道とは彝倫のみ、すなわち人間の生きる道である倫理だけである。……これを明らかにせず、妨げるものは天下無用のものであって、邪悪不正のものである」と主張している。この彝倫が君臣関係の秩序維持を意味していることは、次の言葉から明らかである。

　彝倫を惇叙し、天下を平治せんと欲する者、必ずや君臣の大道を明にするを以て大本と爲し、先務と爲すにあり。是れ卽ち三才の大經にして、神皇の要道也。[140]〔傍点筆者〕

重要なことは、長谷川の判断基準が、神皇の道を述べるときも、自然科学を評価するときも、君臣関係の秩序を守るものであるか否かにかかっていることである。たとえば、西洋の自然科学を重んじて太陽、大地、人間を「三才」と呼び(141)、その仕組みから類推して君臣関係を立証しようと試み(142)、天皇の存在をそこに当てはめて記紀神話を再解釈しているが(143)、それも君民の忠誠関係を支える構造原理であることが窺える。したがって、神皇の道や三才の大経（不変の条理）に仕えるということは、天皇に忠誠を尽くす日本の国体の秩序維持に仕えることを意味していたのである(144)。

第三項　人間観の問題

長谷川は、君民の忠誠関係を支える様々な学問を取り入れることに賛成したが、忠誠心を崩壊させるものに警戒した。西洋の学問に欠けているものは君臣との忠誠関係を守る倫理的部分であり、それゆえに欧米では混乱が多いと主張する(145)。一方で、神皇の道は君臣の忠誠関係を重んじる「三才の道義を明にせさせられ」、最も優れたものであると主張した(146)。

人権理念との関連で考えると、この部分で長谷川の人間観に大きな問題が現れてくる。なぜならば、彼にとって人間とは、君臣との主従関係あるいは忠誠関係を持てる存在であって、それを否定する存在を人間と見なさないからである。たとえば、次のように言う。

凡《およ》そ人たる者、貴賤・賢愚・老若・男女を言わず、悉皆《しっかい》、斯《こ》の門に入り、斯の道に由《よ》らずんば有るべからず。若し、斯の門に入り、斯の道に由らざる者あるときは、是れ人に非ずして、鳥獣魚木の類也。斯の道は人の性に率《したが》う所の道にして、人の道也。人の道に由らずして他の道に従う者は、即ち人に非ざる也。人に非ざる者は鳥獣魚木に非ずして何ぞ。日地の正氣を受け、日地の殊愛を得、尚お幸に宇内《うだい》の宗國たる皇國に生れ、宇内の大君たる皇恩に浴し、宇内の大道たる皇道の中に俯仰《ふぎょう》する人にして、夷狄・禽獣と同じく生死すべきこと、誠に口惜きことに非ずや。[147]〔傍点筆者〕

現代語訳にすれば次のようになる。「およそ人間である者は、身分や年齢や性別の違いを問わず、皆、神皇の道によらなければ存在すべきでないのである。もしその道によらない者がいるのならば、それはもはや人間ではなく、動植物（鳥獣魚木）の類なのである。神皇の道は人間の本性に従うところの人の道であって、これに従わない者は即ち人間ではないということである。太陽と大地の恵みを受け、幸いにして天皇の国に生まれ、その恩を受けながら、外国人のように禽獣と同じように死ぬことは本当にもったいないことではないか」。君民の主従関係を人間の条件とするこの理解では、当然、主権在民を基礎にした民主主義的政治体制を受け入れることはできない。したがって、長谷川は西洋の先進的な技術や学問を取り入れようとするが、民主的な政治形態については次のように述べて危険なものと排除する。

然るに民を以って君と爲す者は、君臣の道を亂《みだ》る也。君臣・父子の道を敗亂する者は、禽獣也。人にして禽獣の行を用う。[148]〔傍点筆者〕

君主との主従関係を否定する存在を人より劣った禽獣と考える人間観は、当時の日本の武士たちの間で共通に認識されていたものと考えられる。たとえば、會澤安や吉田松陰においても、西洋の影響を受けた民衆を「愚民」と呼んでいたが、それは君主に逆らう思想的影響を受けた者を念頭に置いていた。したがって、主権在民を国是とする民主主義的な政治形態を認めることはできず、その影響を受けた民を愚かであると評したのは当然と言えるかもしれない。その中心には常にキリスト教の影響があることも認識されていた。たとえば、長谷川は次のように言う。

> 洋教の専ら天帝・天父を尊奉し、隠を索《もと》め、怪を行い、人を欺き、世を惑わし、君父を蔑如し、大に大道を殘賊する者の如きに非ざる也。[149]〔傍点筆者〕

ここでは、「キリスト教はもっぱら天の父なる神を敬い、隠れた道理を探し求め、怪しいことを行って人を欺き、社会を惑わし、君主を蔑み、はなはだ世間に害を与えるものであるに違いない」と主張している。重要なことは、「君父を蔑如し」と言われていることである。豊臣秀吉の時代以来、キリスト教は君主に抵抗する思想を持っていることが認識されていたが、幕末においてもキリスト教が君臣関係を崩壊させるものとして危険視されていたのである。

以上のようにして、長谷川は西洋の自然科学的なものを取り入れて独自に記紀神話を再構成し、天皇を中心とする宗教的理念を通して君民の主従関係を基礎づけ、天皇神権による国家統一を図ろうとしていた。序論で触れた鈴木貞美は、日本の思想が欧米の思想を受容する際にリセプターの役割を果たし、「概念の編成がえ」による「文化変容」が起こると考えたが[150]、長谷川にもこの理解が当てはまるかもしれない。けれども、日本の伝統思想の中に欧米のデモクラシーや平等思想の萌芽を見出し、「熟し柿が、ちょっとつついただけで、木から落ちるようなところまで、平等思想がひろくゆきわたっていたからではないか[151]」という鈴木の推測は外れている。日本の伝統思想に基づいて展開する長谷川の平等思想は天皇型平等であり、欧米型とは本質的に異なっているからである。また民族的一心同体の宗教的国家思想を筧克彦に求め、皇国イデオロギーと伝統思想を非連続的に捉える鈴木の理解は長谷川の存在によって崩れる。長谷川は基本路線（神皇の道）を自覚して受容する西洋思想を意図的に選択し、政治的政策で社会への浸透を図り、のちの皇国イデオロギーを基礎づけている。「和魂洋才」の思想的源流の一つをここに見ることもできる。形式的に西洋文化を取り入れて、その形をもたらした精神や原理を受け入れない日本人の特徴には、日本人特有の宗教理念と政治的意図がある。山本七平はこれを「神学なき西欧化」と呼んだ[152]。西欧の文化の基盤になっている神学なしに近代文化という建物を建てたということである。この理念がのちに天皇型の平等を生み出す理由は、天皇に対する忠誠が実現される限りにおいて身分の格差はなくなり[153]、宗教的理念に支えられて天皇赤子の平等観が展開されたためである。けれども、その平等観は君主に対する主従関係の秩序維持に支えられているため、人権理念を伴ってはおらず、むしろ君主に反する場合には非人間的に扱う深刻な問題を孕んでいた[154]。

第四項　手段としての教育

長谷川は天皇神権に基づく国家再建の実現の手段として教育を考えた。「皇威の未だ大に震わず、皇化の未だ大に固からざる[155]」と述べるように、天皇神権としての国体観が全国的に浸透していないことを憂いていた長谷川は、「大に世界第一の學校を御興建在らせられ、大に皇道を天下に明かにせさせられ[156]」と、教育によって浸透させることを提言した。彼はそれを「皇学」と名づけ、一八六八（明治元）年八月この趣旨の建白書を岩倉具視に届けた。これが聞き入れられて彼は政府から派遣されて学校掛となり、京都に設置された高等教育機関である皇学所・漢学所の創立に従事した。これが京都大学の起源となる[157]。

また一八六九（明治二）年、長谷川は五箇条の御誓文に「國体の大本が明示されて居ない」ことから、のちの教育勅語のような「政治教育宗教に関する大方針を明示した詔勅」を出すように力説し、岩倉と大久保利通に建白書を届けた[158]。これにより教導局御用掛となり「皇道興隆の御下問」の草案や、のちの国家神道による思想統一の軸となる「大教宣布の詔」の起草に関わったのである[159]。

けれども、長谷川が故郷の財政再建のため松代藩に呼び戻されてから後、「皇学」の影響力は次第に失われていった。なぜならば明治政府が教育よりも祭政一致の宗教政策による国民統一へと政策を変更し、教育については近代的学校制度である「学制」を導入（一八七二［明治五］年）したからである。ところが、次章で詳しく述べるように、祭政一致の宗教政策による国民教化の道は、キリスト教と信教の自由という外交問題により行き詰まってくる。その打開策として教育に再度目が向けられ、教育勅語の成立によって、国民教化に絶大な威力を発揮することになる。つまり、長谷川自身は政治の中枢から外れるが、彼の提唱した理念はそのまま残り[160]、日本の国民形成に浸透し、昭和維新時代に天皇赤子の理念が爆発的に顕在化していくのである。

第五項　天皇型平等理念がもたらす障害

以上のようにして、昭和維新期に突如姿を現した日本の平等思想の源流を幕末・明治期の「一君万民」「天皇赤子」の理念にさかのぼって見てきた。そこで確認できたことは、これらの理念を提唱した會澤安、吉田松陰、長谷川昭道たちが国家統一という共通の課題に取り組んでいたことである。そこで過度に要求された一君への忠誠心は、身分の差を越えて万民に求められた。けれどもそれらは人権理念としての平等思想を持っていたわけではなかった。つまり、日本の平等観においては、天皇という一君への忠誠においてすべての人間が平準化される意味での平等という「天皇型平等」の構造原理を持っていた。したがって、忠誠という要素を欠く場合に、その存在は非人間として扱われた。これらの要素を含んだ「一君万民」と「天皇赤子」の理念が平等を主張する根拠として昭和維新期に登場し、のちの軍国主義の台頭に一役を担って現れるのである[161]。第二次世界大戦中の日本において「非国民」の判断基準とされたのも、忠誠心を欠いているというのと同じ原理に拠っていた。それゆえ、日本人の精神に大きな影響を与えた平等理念（天皇型平等）は人権理念の確立どころか、むしろ障害として立ちはだかる傾向を持っているのである。

第七章　天皇型人権思想の成立と展開

天皇型平等が自由なき平等で、実際は平等ではなく平準化であったように、日本の人権は欧米型と本質的に異なっていた。欧米において法制化した人権は、キリスト教信仰の影響の中で、抵抗権の確立を通して発展してきた。したがって、信教の自由をはじめとした個人の自由意志が重んじられ、非人間的な扱いに対しては、それがたとえ君主であったとしても、それに勝る存在（神）を根拠として抵抗する権利が主張された。ところが、天皇型平等に基づいて主張される日本の人権は、その根拠が神的存在である天皇にあるので、抵抗権なき人権であり、擬似人権とでも言うべきものとなっていた。本章では、その日本独特の理念を「天皇型人権」と呼んで、欧米型人権と区別し、その形成過程を明らかにしていきたい。

第一節　明治政府の政策

幕末において作り上げられた一君万民と天皇赤子の忠誠思想は、後に平等原理の受け皿としても存在感を発揮し、昭和の軍国化した日本の国家統一の表舞台に立つことになる。重要なことは、これらの理念が幕末当初、平等を目的として主張されたのではなかったことである。ところが、作成者の意図を越えて、歴史の中では平等理念の受け皿として急激に成長した。その一つの下地を作ったのが明治政府の政策である。

明治政府が実施した政策で欠かすことのできないものは、王政復古の大号令と四民平等の諸政策、そして版籍奉還、廃藩置県等である。どれも旧体制である幕府の藩政解体と新政権への忠誠を目的としていた。そのために天皇の神的存在を利用したのだが、これを一方で民衆の意識に浸透させ、他方で利権を失った不平士族に新たな忠誠理念として植え付ける必要があった。しかも開国以降その政策を困難にする要因として、抵抗権の担い手になり得るキリスト教と欧米型人権思想が存在感を発揮していた。明治政府は、外交問題に発展しない仕方でキリスト教と欧米の思想的影響を受けた民権運動に対処しなくてはならなかった。この複雑なパワーバランスの中で天皇型平等思想が民衆と軍部に浸透していき、天皇型人権理念が醸成されていくのである。

本節では、幕末に垣間見た忠誠理念が明治期にどのようにして平等理念と結びつき、民衆の中に浸透していくことになったのかを、明治政府が直面したキリスト教の受容という課題と対応政策から明らかにし、欧米の人権思想の日本的受容の過程をたどり、日本固有の人権理念の成立へ至った歴史を描写する。まず明治政府の宗教政策と教育政策に注目し、次に軍事教育に着目し、後で考察する日本固有の平等思想が昭和維新期に爆発的に登場した要因を明らかにし、日本の人権理念が孕んでいる弱点を指摘したい。[1]

第一項　日本の宗教政策

民衆への宗教政策

明治維新は王政復古の大号令（一八六八年一月三日〔慶応三年一二月九日〕）とともに進められたが、ここで重要な役割を果たしたのが岩倉具視（一八二五―一八八三年）であった。岩倉は大号令の中で「諸事神武創業之始に原《もとづ》き」[2]と、神武天皇が樹立した始源の政治に帰ることを訴えた。その目的は武家政治を廃絶して朝廷政治を回復し、新しい天皇親政体制を創出することにあった。その根拠となる古代王政を神武天皇にまでさかのぼらせるように進言したのは玉松操《たままつみさお》であったと言われている。[3] 大号令の具体的内容は旧体制の解体と祭政一致による新政治体制の樹立であった。この体制を採用する背後には、明治政府が自らの政権の正統性を確保したかったという目的がある。維新政権は、薩長と岩倉具視をはじめとする一部の公卿《くぎょう》が政権を簒奪したものと疑われていたので、その政権の正統性の根拠を天皇の神権的絶対性に基づかせる必要があった。この点において、朝廷政治を復古したい岩倉たちと倒幕を目指していた薩長は一致していたのである。(4)

天皇の神的権威は「天照大神ならびに天孫の御後裔《ごこうえい》」(5)であるという『古事記』と『日本書紀』の神話に結びつけられていた。天照大神の子孫たる皇統（天皇の血統のこと）が現在の天皇にまで至るという国体思想を最初に定式化したのは国学者本居宣長《もとおりのりなが》であるが、政治的次元で至高の権威と責任を持った主体として天皇が登場するのは幕末維新期の国学者たちによっていた。(6) けれども天皇の存在を認識している者は、ごく一部の政治に関わる人々を除いて、当時の民衆の中にはほとんどいなかった。維新政権が課題としたのは、この宗教的意識を全国に広げ、民衆に浸透させることであった。そこで行われたのが神祇官《じんぎかん》(7)の創設と神社の天皇主義化、すなわち神道国教化である。

神祇官の創設に先立って「神仏分離」が行われたことも重要である。(8) これは奈良時代以降続いていた神仏習合を禁止するために行った一連の行政処置である。当時は神社と仏閣が区別できないほど入り混じっていたので、全国の神社から仏教的色彩を排除させる必要があった。この処置により多くの寺院や仏教文化財が破壊されるという事態を生んだが、(9) 仏教と切り離すことによって神道教義の自立と確立につながった。

維新政府は同時に、全国の神社を政府の直接の支配下において、もともとつながりがなかった皇室祭祀と結びつけ、民衆に天皇の神的存在を浸透させた。(10) 重要なことは、天皇とのつながり（皇室祭祀）を民衆に浸透させるために神道を利用したことである。そのために、政府は天皇に神社参拝を行わせ、地域の民衆にどのような神を祭祀すべきかを定めさせた。(11) 全神社に社格を授与し、(12) 天皇の祭祀を基準とする祭典、遥拝《ようはい》（遠く離れたところから拝むこと）を行わせて皇室祭祀と直結させた。したがって、天皇が親祭（君主自ら神を祀ること）する祭典は一三にのぼるが、そのうちの一一の祭典は明治維新以降に新しく創り出された儀礼なのである。(13) また、神社だけでなく、村や家の次元にまで徹底させるため法を公布し、氏子調べ制度を制定し[14]、家の神棚に天照大神が祀られた。さらに実現こそしなかったが「神棚を拝するを怠る者は、参拝一度を怠るの罰金若干、神拝を怠る事一日の罰金若干を定め、此法新律に加入すべき事[15]」と罰則を定める構想が立てられた。この他にも、結婚や引越し旅行において必ず神社参拝することが定められ、神棚への参拝については追跡調査の実施も定められていた。この方針によくあらわれているように、人々の生活空間に神話的表象に基づく天皇神権的国体思想が根付くように整えられていった[16]。

以上の宗教政策により、神社と皇室祭祀の制度的整備が行われ、法によって民衆の宗教生活を根本から改編し、生活習慣の中で政治支配者の統治権の神話的根拠の教育が意図的に行われていった。この領域を詳しく調べた安丸良夫が指摘しているように、天皇の神権的絶対性から派生する諸観念（万世一系、祭政一致、天皇の世界支配の使命、忠孝の絶対性、等）は「その大部分は一八世紀末以降の政治的社会的危機状況の進展の中で醸成されたもの」なのである[17]。

明治政府にとって不都合な存在――キリスト教

これらの明治政府の政策（祭政一致と天皇神権）に壁として現れ、存在感を発揮したのがキリスト教である。政府は新しい政治体制を崩壊させる危険があるとして、幕府の政策を踏襲して抵抗思想を育むキリスト教を敵視していた。けれども、外交上キリスト教を容認しなければならないジレンマに立たされる。欧米列強国と対等に交渉して富国強兵を目指すためには、西洋諸国の諸制度を取り入れなければならず、「信教の自由」と「政教分離」が求められたのである。両者は明治政府の方針と真っ向からぶつかるものであった。そこで彼らの方針（天皇を中心とする祭政一致）を変えずに欧米の制度（信教の自由と政教分離）を成立させる必要が生じ、試行錯誤の末に「日本型政教分離」と呼ばれる仕組みができあがった[18]。重要なことは、終章でも触れるが、このキリスト教対策でもある仕組みが文化的に今日も残っていることである。

キリスト教弾圧のきっかけは有名な浦上四番崩れである。発端はある村のキリスト教徒が仏式埋葬を拒否したことから始まった。外国人居留地に大浦天主堂が建設されると、密かに信仰を継承してきたキリスト教徒たちが宣教師の前に現れ、世界を驚かせた。彼らはこれまで余儀なく仏式で葬儀を行っていたが、「是は役目迄にて、誠にウハノソラ」で行っていたのであり、今後は寺との関係を絶ち、自分たちの信仰で葬儀することを村人連名で庄屋に提出し、信仰の自由を主張したのである。[19] 驚いた長崎奉行所が対応を迫られ、政府が天皇神権による支配体制を固めるために厳しい弾圧に乗り出した。ところがその残虐さを西洋諸国から非難されたため、明治政府は釈明を余儀なくされ、英米仏独四カ国と明治政府首脳との外交協議が四時間にわたって行われた。[20] そこで語られた岩倉具視の発言の中に、キリスト教が天皇神権による政治体制にとって不都合な存在であることが示されている。岩倉は言う。

キリスト教諸国の偉大さを眼の当たりにして、その国々の宗教が悪いものだとは考えていない。しかし現在、日本は新たに組織されたばかりであり、唯一の画一的信仰の維持は、良い政府にとって不可欠なことなのだ。そのようなところに、外国の宗教を急に入れれば、恐るべき混乱をまき起こすことになるばかりだ。日本にキリスト教を導入することを禁ずることは全く政治的諸理由によるものである。[21]〔傍点筆者〕

明治政府が恐れていた政治的理由とは、彼らの政治体制を脅かす抵抗思想である。具体的には「政府の命に公然と叛逆《はんぎゃく》したこと」であり、そのことは「許すことのできない、最も有害な例を示したこと」になると受け止められた。[22]

欧米諸国の大使は明治政府がここまでキリスト教徒の存在に危機意識を持つ理由が理解できなかった。具体的には、キリストを信じる信仰が日本の政治制度にとって脅威となる理由がわからないのである。岩倉は次のように説明した。

本件に関しては、日本国政府の機構と諸外国のそれとの違いを承知してもらいたい。外国では政府は世論にその基礎を置いているとすれば、我が国の政府はミカド〔天皇のこと〕崇拝の上に基礎を置いている。それ以外の政府は日本では考えられない。先の政府、徳川幕府の場合も諸大名が、将軍はミカドの神権に十分な敬意を払っていないと見なし、将軍への服従を拒み、倒幕に至ったのだ。ミカドの権威は、国民の全階級によって擁護されるべきものである。……

我国の政府は独裁専制で、その命令は絶対服従されるべきものです。王政復古はその基礎をミカドの権威への服従に置いたものです。ミカドの権威が維持されなければ、ミカドの政府もありえません。(23)〔傍点筆者〕

岩倉の言説から、キリスト教が天皇神権の確立にとって不都合な存在であることがわかる。日本政府は天皇の神権に基礎づけられていた。したがって、政府の命令に反することは天皇神権を否定することと同じであった。キリスト教信仰はこの基礎づけを揺るがすことになると認識されたのである。同席した外務大輔（現在の外務次官）の寺島宗則《むねのり》は、天皇に対する「侮辱」という仕方で次のように説明した。

彼ら〔キリスト教徒〕は祖国の宗教を蔑視して大きな害悪をながしているのです。我国の政治制度とミカドの権威は、我国の宗教を土台に成り立っています。ミカドは国民が敬礼尊崇する天照大御神ならびに天孫の御後裔《ごこうえい》であらせられます。キリシタンは、全ての国民が神聖なるものとして考えなければならない対象を公然と軽侮するのです。彼らは天照大御神をまつる神社への参拝を拒否します。このことは、とりも直さずミカドを侮蔑し奉《たてまつ》る所以であります。(24)

同じく外務卿（現在の外務大臣）の沢宣嘉《のぶよし》は、生活習慣の次元から次のように説明した。

> 神道の神社の前にはどこにも鳥居があります。切支丹《きりしたん》は決してそれをくぐり通らない。また仏壇や位牌、神棚やお札は、すべての日本の家にまつられていますが、キリシタンはこれを家から取り去り、侮辱します。このようなことは貴殿の目から見れば取るに足りないことのように映るかもしれませんが、我国民にしてみれば、それこそミカドに対する侮蔑の心を表白するものであります。[25]

明治政府にとって、神社参拝や日本の宗教生活の拒否と天皇に対する侮辱はつながっていた。これらの制度が天皇神権を支える機能を果たしていたからである。これを拒否することは、それによって立つ政治体制にとって致命的なことであった。したがって、政府が恐れていたのは、天皇の権威を相対化し、「天皇の神性」に対して抵抗するキリスト教信仰だったのである。岩倉の次の言葉はその内容を率直に伝えている。

> 天皇陛下は天照皇大神からのたえることのない血統の御子孫であらせられ、従って、神性を有するお方であらせられると日本の国民が信じることは絶対に必要なことである。しかしながら、キリスト教ではその信者たるや神以外のなにものも信仰してはならぬと説いており、これは私どものこの信念に直接対立するものである。[26]〔傍点筆者〕

以上見てきたように、日本で絶対的な支配権を持つ天皇とそれを支える祖先神の権威を、キリスト教徒は創造主なる神の前で相対化していた。明治政府のキリスト教信仰に対する敵愾心は、原理的には幕府時代と同様で、絶対的支配者を相対化させる神への信仰であり、それに基づく抵抗思想にあった。彼らはそれがキリスト教の神に従うところからきていることも理解しており、それこそが彼らの政治体制を脅かす存在であると認識していたのである。

キリスト教に対する政治的認識

しばしばキリスト教に対して、宣教師を植民地政策の手先と解する「奪国論」が言われるが[27]、少なくとも明治の政権を担っている人々にはその認識が減少していたと考えられる。むしろ、先の外交対話の中から明らかにされているように、明治政府は西欧の政府と宣教師たちが一枚岩でないことを認識したであろう。たとえば、カトリックの宣教師たちは条約規定を無視して居留地以外の村へ伝道に行き、フランス政府の悩みの種となっており、フランス公使に「宣教師の件については、彼らの行動を取り締まり、力の及ぶ限り貴国政府を支援いたします[28]」と言わせている。

また、古屋安雄が指摘しているように、プロテスタント国アメリカの存在も日本政府にキリスト教に対する認識を新しくさせたであろう[29]。歴史的にヨーロッパの体制と密接に結びついていたカトリック教会はそれ以外の信仰の自由を認めていなかった。したがって、カトリックの宣教方法は西欧の植民地政策と結びついている側面があり、日本の為政者たちの神経を尖らせる原因ともなっていた。けれども、特に米国のプロテスタント教会は各自の自由なる信仰を認めており、政教分離が確立していた。ペリーは、宗教というものが政府や国にとらわれず、各自の信仰に任せるべきものであると明治政府に説いたと言われている[30]。信教の自由や政教分離について当時の役人がどれだけ理解したかは定かではないが、国家と宗教の分離という原則を憲法に記したアメリカの存在は、それまでの欧米諸国のキリスト教に対する認識を改めるきっかけになったであろう。

さらにイギリス代理公使アダムスは岩倉との会談で、次のように助言している。

最後に、自らの日本での経験から次のような結論に至った旨ここにお話しすることをお許しください。右大臣閣下〔岩倉のこと〕の議論には多大な真理が含まれており、現時点では、政府が自らに危険を感じることなくキリスト教信仰の自由を許可できる段階にまだ日本は至っていないと確信するものです。……ミカドの政府が未熟で、日本国内にまだ数々の障害となるような状況があるうちは、布教活動もひかえたほうが、〔キリスト教信仰の自由を許可できる時が〕より早く訪れるでしょうし、その現実性も大きいものとあえて考えます。(31)

これらの会談で明らかにされているように、キリスト教が帝国主義の手先であるという危機意識は明治政府からほとんど失われる傾向にあったと言える。むしろ、政府の神経を尖らせていたのは、キリスト教流入による民衆への影響である。実際に、岩倉は島原の乱の記憶から「キリスト教禁止をとけば、この国に革命をもたらすことになり、禁制の方針をそれまで採ってきた政府は打倒されることになるだろう(32)」と、自国民からの抵抗と革命に対する恐れを率直に吐露している。

以上のことから明らかなように、明治初期にキリスト教への対応として政府が重点を置いたのは、対外政策よりも国内政策であり、より安定した政権運営のための新しい政治体制の確立であったのである。キリスト教は、奪国論としてではなく、日本の国体を揺るがす存在として、その信仰の日本人への影響が危惧されたのである。それにもかかわらずキリスト教の奪国論が広く言われ続けたのは、民衆へのキリスト教の流入を阻止するために、社会におけるキリスト教批判のロジックとして民衆の間に浸透していたと理解した方が妥当であるだろう。

日本型政教分離の成立

国内政策として行われたキリスト教に対する政府の弾圧は、彼らの思惑を越えて外交問題に発展し、各国大使より「外交関係の調和を阻害するもの」[33]、「このような政策は悪結果を招来することを貴国政府に告知します」[34]と厳しい宣告を受けた。また、視察と条約改正のため欧米に渡った岩倉使節団（一八七一〔明治四〕年―一八七三〔明治六〕年）が、どの国を訪問しても信仰の自由の要請を受け、それが条約改正の前提条件になっていたことから、信教の自由と政教分離は政治的に避けることのできない問題となっていった。[35]

一八七三（明治六）年、切支丹禁止の高札が撤去され、西洋の制度を学んだ者や自由民権運動が高まってくると、信教の自由を求める主張が有力となってきた。高札が撤去されたときは、各宗教に自由が認められたとしても、それは神道に仕える条件付きの自由であったので、窮屈なものであった。たとえば、神道国教の民衆への浸透を目論んだ「大教宣布の詔」（一八七〇〔明治三〕年）では、「宜しく治教を明らかにして、以って惟神《かんながら》の大道を宣揚すべき」[36]と、歴代の天皇が受け継いできた教えを明らかにして、天照大神に連なる神の意に従う道を宣べ伝えることが条件とされていた。また、その教えを広める説教活動の基準「三条の教則」では、「敬神愛国」「皇上を奉戴《ほうたい》し朝旨《ちょうし》を遵守」[37]することが定められ、各宗教は現在の天皇を君主として敬い、朝廷の意向を守り、これに仕える限りにおいて認められるものとしたのである。

これらの法令による処置は、実際はキリスト教対策のために行われていた。[38]けれども、それに対する反発が出たのはキリスト教界からではなく、仏教界からであった。特に有名なのが島地黙雷《しまじもくらい》の主張した政教分離である。島地が主張したことは、「敬神」とは宗教であり、「愛国」とは政治であって、両者を混淆してはならないということである。[39]そして「三条の教則」の「敬神」は皇室の祖宗・祭祀であって、宗教ではないと訴えた。[40]

様々な圧力が加わる中で、政府も試行錯誤しながら一八七五（明治八）年一一月二七日に「信教の自由」に関する通達を出した。そこに「教法家は信教の自由を得て行政上の保護を受くる」と信教の自由に関する文言があるが、そこでもなお「朝旨の所在を認め啻《ただ》に政治の妨害とならざるに注意するのみならず、務めて此人民を善誘し治化を翼賛する」ことが「義務」とされていた。[41]要するに、天皇・神道を土台とする国家の秩序を乱さない限りにおいてという条件付きで、限定的に信教の自由を認めていたのである。

けれども、政府の近代化政策に伴う西洋文明の流入により、政教分離と信教の自由は欧米の常識として民衆の中にも入ってきた。それに対して天皇神権による祭政一致を求める政府と、邪教・妖教と呼ばれたキリスト教が神道と並列することに我慢ならない神道家の危機意識の高まりから、対応策として「宗教をこえた宗教としての神道国教制」[42]が求められてきた。この流れの中で、最終的に一八八二（明治一五）年一月二四日の「神官は教導職の兼補を廃し葬儀に関係せざるものとす」[43]という通達により、安丸良夫が提唱する「日本型政教分離」が成立した[44]。そこで言われていることは、神官が葬儀に関与せず、死後の救済問題は仏教に任せてそこから手を引かせ、神道祭祀を国民的習俗とすることで、神道を非宗教化したのである[45]。神社は国家機関であって、「教会に似て教会にあらず」[46]、皇祖崇拝は「宗教ではない祭祀」[47]という理解がここに誕生したのである。

第二項　教育政策への展開

擬似寛容

明治政府が編み出した「日本型政教分離」制度は、神社を宗教の外に置いたので、神道国家体制の中で他宗教の容認が可能となり、皇室祭祀による祭政一致と信教の自由ならびに政教分離を両立させることに成功した。また、歴史的に神道そのものが農耕文化のリズムの中で発展し、死後の領域よりも現世の事柄に集中する傾向があったので[48]、生活習慣の中に組み入れられた儀式的国家神道は、国民の中にも抵抗なく受け入れられていった。現代においても神社神道に関わる祭りや年中行事に宗教性を感じず、文化として受けとめる傾向があるが、これは明治政府の宗教政策に大きく由来しているのである。

神道を非宗教化することに反対していた神道家たちも、神道を宗教より上位に置くことでキリスト教に並ぶ存在ではなくなり、思った以上に効力を発揮したことからこの方針を進めるようになった[49]。後に教育勅語を起草する井上毅も、神道は国家祖宗の祭祀に専念し、各宗派（教派神道、仏教、キリスト教）には「トレランス（寛容）」を与えるという宗教政策を原則とした[50]。

これは原理的にローマ帝国が初代教会に行った寛容の宗教政策と同じ原理であった。ローマ皇帝は他民族の諸宗教を認めたが、それは皇帝をソーテール（救い主）と呼ぶ限りにおいてであった。キリスト教会は、政治的意図を持っていなかったにもかかわらず、ナザレのイエスを救い主と呼んでいたので、国家反逆罪のかどで迫害された[51]。その結果、ローマの寛容政策は欧州で最大のキリスト教迫害を生み出したのである。今日においても、日本の中で同様の非寛容な構造原理があることに気づかずにローマや多神教による寛容政策を主張する者たちがいる。たとえば、古代ローマを描いた塩野七生や『バカの壁』を著した養老孟司などは、一神教ではなく多神教を主張し、日本的な八百万の神の信仰に宗教的寛容が成り立つ可能性があることを訴えている[52]。もちろん日本の多神教に非寛容な性質があることを認識しているにもかかわらず[53]、古代ローマから学ぶことによって日本的な多神教の可能性を主張している。けれども、歴史において多神教を軸にした国家制度での統一は、条件付きの寛容にならざるを得ず、思想史的に見れば人権を守る制度を形成できなかった。その点、加藤周一が次のように指摘したのは的を射ている。「この議論は、理屈として弱い。多神教がこの神もあの神もよろしいというのはその体系内部での話である。別の民族の別の多神教の体系に対しても寛大であるとは限らないだろう。また多神教の体系は、その多数の神の間に上下の階層的構造を備えることが多く、最高神を別にする体系に対しては攻撃的であり得る」[54]。同様に、明治期の日本の「信教の自由」も天皇の神権を認め、国益を乱さない限りという条件付きであったため、抵抗権を主張し得るキリスト教徒はその後も迫害の歴史を経験することになるのである。

大日本帝国憲法の制定

明治政府は、神道を非宗教化することで成立させた「日本型政教分離」を、立憲政治体制でも成り立たせるために憲法作成に取り組み、のちの『大日本帝国憲法』が作られることになる。この起草に当たった伊藤博文たちは、民権運動家たちが主張する主権在民や欧米型人権理念に対抗でき、かつ日本の伝統的国体観念を実現できる憲法案の成立を求めていた。

各国の憲法を学ぶ中で、伊藤たちは最終的にドイツの学者たちから多く学び、ドイツ・プロイセン流憲法の理論を採用した。その中でもシュタイン（一八一五―一八九〇年）とグナイスト（一八一六―一八九五年）からの影響を大きく受けた。伊藤は彼らから講義を受け、「皇室の基礎を固定し、大権を不墜の大眼目は充分相立候」と言い、英米の自由民権論に対抗できる理論を学んで「心私《ひそか》に死処《ししょ》を得るの心地仕候《つかまつりそうろう》。将来に向かって相楽居候事に御座候」と述べている[55]。死に場所を得たと言うほどであるから、彼らから相当の確信を得たということであろう。シュタインについては、実現こそしなかったが日本に招聘しようとしたことからも、その影響の大きさを知ることができる[56]。シュタインは日本の状況をよく理解しており、天皇を利用した神権政治の方向性も知っていた。彼自身は歴史的見地から神権政治を否定しており、時代は人民主権へと向かっていると理解していたが、天皇制国家の確立を目指していた日本の要人たちには神道の非宗教化による国民統合を勧めたのである。

特に興味深い点は、欧米におけるキリスト教の役割を皇室で代用する案をシュタインから受けていることである。シュタインの講義については、後に海江田信義の一行がまとめた講義録が残されている。その中に神道を国教化して天皇を中心とする神権政治を提案した次のような言葉が記されている。

> 御國を神國と稱（しょう）し、天子は神の子孫となす、露國帝王の道統を繼承するとは格別のことなれば、自然に日本帝國にして教皇を兼攝（けんせつ）すること固より論を竢たざるなり。上世以來神祇の官廳（かんちょう）あるとは國體上格別のことなり。西洋にても帝王の卽位等寶冠を捧ぐるの式あり。國家禮典一切關系せざることなし。天子躬《みずか》ら教權を握ること露帝の如くなれば、神祇を汚瀆するの弊害は除去すべし。神

道を國教と看做して代用するの主義なれば、飽までも賛成する所なり。[57]〔傍点原著〕

このシュタインの言葉について平野武は、「議論は、よくかみ合っておらず、そこで述べられていることは、意味がわかりにくい」、「要するに〔シュタインは〕ロシアのツァーと日本の天皇とは同様のものではないとしているのであろう」と消極的に評している。[58] けれども、ここで重要なことはシュタインの意図ではなく、日本側がどのように受け取ったかである。ドイツの学者たちから日本の伝統的国体を展開できる学問的知識を得たいと考えていた明治政府の要人たちは、「神道を國教と看做して代用するの主義なれば、飽までも賛成する所なり」というシュタインの言葉を聞いて新たな展望を見出し、死に場所を得るような感動を覚えたのではないだろうか。帰国して明治憲法を起草した伊藤博文は、「この原案を起草したる大意」の中で次のように言っている。

そもそも欧州に於いては憲法政治の萌《きざ》せること千年余、独り人民のこの制度に習熟せるのみならず、また宗教なるものありてこれが機軸をなし深く人心に浸潜して人心これに帰一せり。しかるにわが国にありては宗教なるものその力微弱にして一も国家の機軸たるべきものなし。仏教は一たび興隆の勢を張り上下の人心を繋ぎたるも今日に至りてはすでに衰替《すいたい》に傾きたり。神道は祖宗の遺訓に基づきこれを祖述すとはいえども、宗教として人心を帰向せしむるの力に乏し。わが国にありて機軸となすべきは独り皇室あるのみ。これをもってこの憲法草案においてはもっぱら意をこの点に用い君権を尊重してなるべくこれを束縛せざらんことを勉めり。[59]〔傍点筆者〕

伊藤は西洋の立憲政治の機軸に宗教、殊にキリスト教の存在があることを認識していた。それを日本においては皇室祭祀で成り立たせようとしているのである。実際、明治憲法全体が皇室祭祀を機軸とする枠組みで縛られていた。明治憲法第二八条の「信教の自由」にも同じ制約があった。そこでは「日本臣民は、安寧秩序を妨げず、及び臣民たるの義務に背かざる限りに於いて、信教の自由を有す」[60]と信教の自由が謳われていたが、「臣民たるの義務」とは皇祖皇宗および天皇の霊をまつる神社等に対して不敬の行為をしないことを意味していた[61]。また「人民」とするところを「臣民」という用語を採用している時点で、すでにこの方向性を含んでいたと言える。伊藤と並んで明治憲法の起草に大きく関わった井上毅は、ドイツ人で日本の政府法律顧問を務めたヘルマン・ロエスレルが「人民 Volkes」とした憲法案を「臣民」として、天皇に仕える家来を意味する用語に変更していた[62]。現在日本国憲法でもＧＨＱ草案の people を人民ではなく「国民」と訳したが、これも厳密に言えば国を基準にしている「国の民」であって、国家至上主義と同じ原理の用語を用いたと言えるであろう。

教育勅語の制定

明治憲法が制定される時期には、皇室祭祀としての天皇神権的国家意識を、生活習慣として神棚などの文化様式だけでなく、様々な生活の場に浸透させていった。その一つとして島薗進は、祝祭日システムやメディアを通した神道的観念と実践の流布・習得による国民への浸透を指摘している。特に、一八六八（明治元）年に定められた天皇一代を一つの元号とする一世一元制が、国民の時間意識の中に天皇の存在を結びつけていくことを意図していたことは重要な指摘であろう[63]。また原武史は「文明開化をもたらしたのは天皇である」と国民に思わせた戦略が効果的であったと指摘している[64]。明治政府は天皇自身に全国を巡らせる「全国巡幸《じゅんこう》」を行わせ、それに合わせて電信網や洋風の迎賓館そして鉄道が開通し、新しい時代の到来を天皇のおかげと恩義を感じさせるイメージ戦略をとった。恩義を抱かせる同様の戦略は、権力に抑圧されていた被差別部落やキリスト教徒にも向けられ、効力を発揮した（「解放令」と「信教の自由」、本書第六章、八章参照）。これらの政策は権力に不満を持つ抵抗勢力が勢いづくことを未然に防いだ。

しかし、それ以上に大きな効力を発揮した手段は教育である。教育が持つ民衆への影響に気づいたのは岩倉使節団のときからである。(65) 明治政府は当初それほど教育に対する重要性を感じていなかった。それゆえ、長谷川昭道が皇学としての教育改革を進めたが、政府は後に宗教政策に軸足を変え、長谷川の影響も政権の中枢から外れていった。けれども、岩倉使節団に同行した政府関係者は、欧米各国での視察において民衆に浸透させる教育の力を学んだ。シュタインも彼らに教育の重要性を教えた。伊藤はシュタインの影響を受け「大學校を支配せしめ、學問の方嚮《ほうきょう》を定めしめなば、実に現今の弊を矯《た》め、将来の為め良結果を得ること疑いなしと信ず」(66) と日本に書き送っている。また伊藤は井上毅にも以下のように書き送っていた。

先便已《せんぴんすで》に博士スタイン傭入《やといいれ》の儀申上置候處《おきそうろうところ》、如何御考慮に候哉《そうろうや》。小生獨逸《ドイツ》學問の根柢あるを見て、益《ますます》此等《これら》の人物の今日我國に必要なるを覺え申候。此《これ》人日本に至り學校の創立、組織、教育の方法を實地《じっち》に就《つい》て見込を立てしむるを主とし、現政の法度情況に就て政府の顧問たらしめば、只に目下の便益を得る而已《のみ》ならず、百年の基礎又隨《したがっ》て牢固《ろうこ》ならん。(67)

伊藤はシュタインから教育の重要性を学び、彼を日本に招いてこれを導入することは「百年の基礎」を作ることになると確信したのである。このように明治政府の要人たちに教育の意義が自覚された。さらに天皇神権的国家意識の教育による国民への浸透は、長谷川昭道が実践した皇学の存在によってすでに下地ができていた。この方針は「教育勅語」において実現されるのである。

ところで、明治憲法においても、教育勅語においても、その背景に天皇を相対化し得るキリスト教に対する警戒が強く働いていた。そのことは教育勅語起草者の一人である元田永孚《もとだながざね》の対応から明らかである。天皇の侍講の立場にあった儒学者元田永孚は、キリスト教に深く感化された森有礼が文部省入りすることに警戒感をあらわにし、

「将来はかることのできない国害を招くという故をもって、他省はともかく、文部省には絶対に入れてはならない」と伊藤博文に抗議した[68]。元田も教育の重要性を認識しており、「三、四乃至《ないし》十四、五歳の幼童《わらべ》を対象として、天祖の敬すべき所以、国体の尊ぶべき所以を教え、仁義忠孝の道をもってこれを導」くことを意図していた[69]。教育は国体護持を目的とするが、同時に「キリスト教の蔓延を防ぐ[70]」手段でもあった。したがって、「キリスト教を主とするものを教官中におくことはできない[71]」と伊藤に詰め寄ったのである。さらに元田は森に直接手紙で真意を問うていることから、どれほどキリスト教に対して神経を尖らせていたかが次の言葉からも理解できる。

足下《そっか》（森）は米国に遊学して耶蘇の教師について苦学したと横井から聞いたことがあるから、耶蘇教信者と察するけれども、日本の文部大臣として、耶蘇教のように、日本人に我が君公をすてて、耶蘇師を信ずる心を起こさしめるような教育を施す考えはないこととは思うけれども、何分足下（森）を疑う者が多いから、足下はたして忠君愛国の誠があるなら、僕（元田）に隠すことなく自ら信ずるところを告げてもらいたい[72]。

「我が君公をすてて、耶蘇師を信ずる心を起こさしめる」という言葉から明らかであるように、キリスト教を警戒したのは、神的な存在である君主に勝って聖書の神への信仰を起こさせるからである。政府にとってそれは抵抗思想を人民が持つことを意味していたので、体制を崩壊する思想的勢力が現れることを恐れたのである。しかも、その存在が教育機関に入ることを非常に警戒していた。この動きに内在するキリスト教への警戒心は、教育勅語の発布後三ヶ月後に起こった内村鑑三の不敬事件で顕在化した。のちのキリスト教教育に弾圧を加えるために定めた「訓令第十二号」についても、その方向性はすでにできあがっていたのである[73]。

以上のような圧力が加えられたにもかかわらず、英米に留学した経験を持つ森は、師範学校の教科書において欧米型の人権思想を取り入れた。それだけでなく、論語などを教科書として使用することは不適当であると考えていた。[74] これを儒教主義者の元田が不満に思うことは当然であろう。特に、欧米型の人権思想や主権在民を説く教科書の導入は、当時の政府の方針としては見逃せないことでもある。教育勅語の成立過程を研究した稲田正次は、明治天皇も森の入閣に危惧した文章を紹介している。[75] 二〇代であった明治天皇が独自に見解を見せることは考えにくいので、元田の影響が大きかったことは言うまでもない。それでも、森が「修身以下の科目をかかげていたのを削除[76]」したことは、稲田が指摘しているように「道徳教育が軽視されはしないかと天皇に助言していたかもしれなかったと思う[77]」と判断するのが妥当だろう。つまり、明治天皇にとっても修身の道徳教育は、国体を確立させるための死活問題と認識された可能性があるのである。

森有礼の国体教育の影響

元田は森有礼に対して強い疑念と危惧を抱いていたが、それに反して実際の森の教育方針は大体において政府と同じ路線であり、富国強兵のために国民の気質根性の改善を求めた伊藤の期待に十分に応えていた。[78] また井上毅も森の意見に賛同しており、彼が主張したことを次のように報告している。

> 歐羅巴《ヨーロッパ》には、宗旨があって少年の精神を確むる故に其結果を得て居るが、併《しか》しながら是は御國に於て採るべきことでない。御國の教育の結果をして、人心歸一ならしむること、最も困難を感ずることとなり。幸にして我國には萬國に類ない所の優美なる國産がある。そは何ぞと云うに外でない。卽ち御國の國體、萬世一系の一事である。此一事より外に教育の基とすべきものはない。御國の人民たる者は、遠い祖先より子孫の末々に至るまで、千代に八千代に御國の國土のあらむ限り、萬世一系の天子に侍《かし》づき奉《たてまつ》って居ると云うことは、實《じつ》に各國に比例のないことで、御國に限って、難有《ありがたき》國體である。此の國の成立を以て教の基礎とすることが、教育上第一の主義とすべきことである。[79]〔傍点筆者〕

井上によれば、森は万世一系の天皇を中心とする国体を教育の基礎に置くことを主張していた。井上をして「森之愛国熱心は感服之外無之追て実施発表之上にて御報道いたし候云々[80]」と言わしめていることからも、森に日本精神に基づく国体観があり、その教育方針に井上が共鳴していたことは明らかである。

欧米留学経験の中でキリスト教の影響を受け、英文で「信教自由論」を書き、最も近代的な自由と人権について理解していると思われていた森有礼であるが、その生涯の後半では国家主義的な教育政策の先駆者となっていた。生涯の前半と後半でまったく異なる様相を呈したことについて、徳富蘇峰は「吾人が其の一生に於て一正一反の原動反動ありし[81]」と転向があったことを指摘したが、武田清子は「森の思想の本流は転向を持ったのではなくて、一本の流れを保ちつづけたと云えるのではないかと思える[82]」と指摘している。武田は言う。

その本流とは何か？　それは、近代的人間観と国家主義的人間観という二つの相反するかのように思える思想が彼の中に共存していて、彼自身、矛盾を感じないというところにあるのではないであろうか？　云いかえれば、西欧世界、あるいは、西欧文化によって象徴されたところの近代的人間のあり方にむかって解放を求めた自己が、実は未だはっきりとは個人として独立せず、日本国と未分化の、あるいは、それと同一化したところの自己の把握でしかなかったということなのではなかろうか？[83]

武田が指摘していることは、森において個人と国家が「未分化」の状態であるので、個が確立しておらず、国家の発展の中に個人が埋没してしまっているということである。したがって、個人よりも国家が優先され、個の確立よりも国体の完成の方により関心が向けられたのではないかと分析している。優れた文章である森の「信教自由論」についても、英文でしか公表していなかったことから「日本政府のキリスト教禁制などの宗教政策がアメリカで不評判であることを憂い、アメリカ人の日本に対する信頼をかちとることを考えて、ピューリタンによる建国以来、アメリカに普及している信教の自由に関する論拠をここに上手にまとめて、アメリカ人に納得のゆくような表現で日本を弁護しようとしたもの[84]」だったのではないかと疑いの目を向けている。近代的人権意識を先見の明で見抜いていた森は、国体に迎合するのちの有識者が取る道を歩んだ先駆者でもあった可能性があるのである。

森の国家主義的要素が最も発揮されているのが教育政策である。特徴を一言で言えば「国体教育主義[85]」と呼べるものであるが、重要なことは教育機関への軍人採用を強く勧めたことである。体育の時間を陸軍省の管理に移し、「厳なる規律を励行して体育の発達を致し学生をして武毅《ぶき》順良《じゅんりょう》の中に感化成長せしめ、以《もっ》て忠君愛国の精神を涵養し嘗艱忍難《しょうかんにんなん》の気力を換発《かんぱつ》せしめ、他日人と成り徴《め》されて兵となるに於ては其効果の著《いちじる》しきものあらん[86]」とのちの軍国主義の下地を作ったとも言える。

軍人の教育機関への導入は、軍人教育によって涵養された一君に対する忠誠心と、万民の平等意識が国民の価値観として急速に広まる手段ともなる。次に政府の軍事政策からこの側面を見ていこう。

第三項　軍事政策——天皇型人権の成立

身分制の廃止と華族制

明治政府が旧体制を解体するために行った様々な行政処置は、新たな政権に対する忠誠心の創出を目的として行われたが、旧体制解体が近世身分制の解体を意味したので、同時に民衆に平等観を植え付ける契機となった。「王政復古の大号令」の「諸事神武創業之始に原《もと》き、縉紳《しんしん》・武弁、堂上・地下《じげ》之無レ別、至当之公議を竭《つく》し、天下と休戚を同く可レ被レ遊（あそばざるべき）叡慮《えいりょ》」という言葉は支配層に向けて語られたが、「旧弊御一洗《きゅうへいごいっせん》」「不レ拘二貴賤一（きせんにかかわらず）」の強調は身分制の廃止へ向かう理念を含ませていた[87]。その作業は、一八七〇

（明治三）年の平民に対する苗字使用許可に始まり、のちの水平社運動に絶大な影響を与える「賤民制廃止の布告」（一八七一［明治四］年）などが続いていく。けれども明治政府は、新たな支配秩序の構築と大名士族の不満を逸らすために「華族」の称を制定した。したがって、民衆の中では意識と現実において矛盾を来たし、それが常に平等を希求する運動を孕むものとなっていった。

政府が矛盾を来たしてまで新たな身分制を必要とした理由は、すべてを平等にしてしまうと尊卑の区別ができなくなり、政権を支える皇室の権威が維持できないと考えたからである。[88]皇室の権威喪失の危機意識は、のちの自由民権運動の興隆と共に高まっていった。文明開化と共に流入して来た欧米の権利自由の理念は、無制約的な平等の欲求となって国体を揺るがすことになると神道家たちに危惧された。彼らが恐れたことは、「天皇と人民とはけっして異類のものにあらず。天皇も人なり、人民も人なれば[89]」というように、天皇との格差を無くす平等主義が起こることである。[90]したがって、政府は天皇の神的権威を創出するために様々な処置を施したが、華族もその一つとして何度か修正を繰り返しながら、皇室と民衆の間に立って君主を守る「皇室の藩屏《はんぺい》の任務[91]」として存在させた。

天皇型人権の成立

明治政府は四民平等意識を積極的に進める一方で新政権の軍隊を建設しなければならない課題を持っていた。明治維新の実態は薩長の藩兵に支えられていたので、版籍奉還、廃藩置県以降、新政権を維持する軍事力が必要不可欠であった。しかも、特権身分を失った不平士族たちの反乱の危機が常に隣り合わせにあったので、新政権の軍隊の建設は緊急の課題であった。

新たな軍制創出の中心にいたのは軍防事務局判事の大村益次郎である。大村は、廃藩置県が行われる以前から諸藩の武士によらない新政府の兵制の確立を目指していた。なぜならば、藩に帰属する兵士たちが新政府に忠誠心を持っていないため、兵士の統率に問題が起こっていたからである。[92] そのため身分を越えて農民からも徴兵し、全国皆兵制による新政府軍の創出を構想していた。[93] ところが、彼の構想は、徴集された政府軍の立場にある藩兵や農民と並ぶことに反対する士族たちの憎悪の的となり、一八六九（明治二）年に暗殺されてしまう。しかし、大村の全国皆兵制の理念はその後も受け継がれ、一八七〇（明治三）年に定められた「徴兵規則」では、「各道府藩県士族卒庶人に不ㇾ拘（かかわらず）」とあるように、身分の区別にかかわらず全国に兵を募ることとなった。[94]「徴兵規則」は廃藩置県前に実施されたものだけに、実際は人員を集められなかったが、国民皆兵制に向けた大きな一歩でもあった。

国民皆兵制は、大村の死後山県有朋《やまがたありとも》に受け継がれ、一八七二（明治五）年天皇の勅令の形をとった「徴兵の詔と告諭」が公布された。そこでは国民皆兵制こそが日本古来の兵制であることが主張されており、皇室を身分制から解放した存在であると強調しながら、以下のように述べている。

> 太政維新、列藩版図を奉還し、……四民漸《ようや》く自由の権を得せしめんとす。是れ上下を平均し人権を斉一にする道にして、即ち兵農を合一にする基なり。是に於て、士は従前の士に非ず民は従前の民にあらず、均《ひと》しく皇国一般の民にして、国に報ずるの道も固《もと》より其別なかるべし。[95]〔傍点筆者〕

現代語訳にすると以下のようになる。「政権と諸藩の領土を天皇に返上したことによって、四民はそれまでの身分から解放され、ようやく自由を得たのである。自由とは、上下の区別がないことであり、これがすべての人に人権を与える道である。このことが兵士と農民が一つになれる基礎なのである。このことから武士も民もこれまでの身分と異なり、万民が等しく皇国の民であるので、国に仕えるときにこれまでの身分の区別はないのである」。

ここで重要なことは、第一に人権の定義が身分の区別がないことに限定されていることである。第二に、身分を「平均」にする「人権」の確立が、天皇によって、徴兵を目的とする文脈で語られていることである。すなわち、日本においては、天皇の軍隊として戦うことにおいて、身分格差の撤廃と人権が保障されたのである。換言すれば、人間性の尊厳ではなく、君主への忠誠において人権が保障されたのである。この理念の思想的淵源が會澤安、吉田松陰、長谷川昭道にさかのぼれることはすでに見た（第六章参照）。この一君万民の平等論が勅書の形式で登場し、民衆に訴えかける仕方で「人権」と認識させたのである。ここで「平等」ではなく、「平均」という用語が使われたことは重要なことである。言葉そのものが意味する通り、それは人間の平等を主張したのではなく、身分の平均と平準化を意味した。したがって、そこで謳われている自由は自由意志のことではなく、階級からの自由であった。それは天皇において確保された道であり、天皇への忠誠において保障されるので、その命令に背き抵抗する自由は保障されず、抵抗する場合には人間として見なされない傾向を常に持っていた。つまり、ここで言う平等や人権は、自由なき平等であり、具体的には平準化を意味しており、欧米で形成された理念と本質的に異なる「天皇型人権」とでも言えるものであった。もちろん、津田真道が一八六八年『泰西国法論』において日本で最初に「人権」という用語を用いたときは欧米型人権を内容としていた[96]。けれども、時代を経る中で、多くの日本人はここで宣言された理念を平等と錯覚して受容し、一君の下で平準化された権利を人権と認識していくのである。

矛盾と民衆の反発

「徴兵の詔と告諭」を通して広く宣言された天皇型平等と人権の理念は、解放感と期待をもたらすものであったが、一方で現実社会の様々な矛盾を通して民衆の中に不満と反発を起こさせるものでもあった。それは翌年公布された「徴兵令」において具体化した。この「徴兵令」は数々の兵役免除が設けられており、実際には国民皆兵ではなかった。免除項目には、官僚（第三章三条）、陸海軍将校の学生、大学生・留学生・医学生・馬術を学ぶ者（同三―五条）、世帯主及び相続者（同六―八、十一条）、家庭に事情のある者（同十、十二条）、二七〇円上納する者（第六章十五条）などが存在した。[97]これらの規定は官僚や有産者などの特権階級の保護を意味していた。また世帯主や長子が免除対象になったのは、国の財源である地租確保のためであると考えられている。[98]いずれにしても、実際は貧しく家を継ぐことのできない兄弟たちが徴兵されており、その生活は過酷で、先に述べた平等とは程遠い現実であった。

「徴兵令」は政府の予想を越える民衆の反発を引き起こした。原因として考えられるのは、農民たちが重税を課されていた上に、徴兵によって自分たちの貴重な労働力を奪われたからである。民衆の反発は、徴兵制を支える精神的な支柱となるはずの自発的戦闘意志が欠如していることを意味していた。藤原彰が指摘しているように、日本の徴兵制において自発的意志は期待できなかった。[99]藤原はフランス革命を引き合いに出して以下のように説明する。革命により封建領土の土地を分配されたフランスの農民は、祖国防衛のために自発的に徴兵に応えた。自国の土地は自分の土地でもあり、自らの権利を守ることでもあったからである。つまり、自発性は解放と贖いによって支えられるのである。日本の農民たちにこの自発的意志を期待することはできなかった。なぜならば、「明治維新は、フランス革命とはちがって日本の農民を解放しなかった。……年貢が高率の地租にかわっても、農民の生活は向上せず、真の解放を勝ち得たのではなかった[100]」からである。四民平等という自由と人権も、実際は擬似解放というものでしかなかったのである。

服従の強制と反発

自発的な意志を期待できない兵士に愛国心と忠誠心を起こさせるには、徹底的な服従の思想教育と厳しい罰則が必要とされた。そこで強調されたのが天皇の軍隊という思想である。すでに「徴兵告諭」より前に兵士の心得書として達した「読法」（一八七二〔明治五〕年）には、「兵隊は第一皇威を発揮し……忠誠を本と」して、天皇の軍隊であることが強調されており、「兵員たる者首長の命令に服従すべき」ことが命じられていた[101]。それ以降この方針は強まることがあっても弱まることはなかった。また軍紀風紀を乱す者への刑罰も厳しくなる一方であった。

このような状態で進められた政府軍の力が試される時が来た。日本最後の内乱と言われる西南戦争である。新政権に不満を持つ士族たちが西郷隆盛の下に結集し、反乱を起こした。これに対して農民たちから寄せ集めてわずか数年の政府軍が鎮圧にあたらなければならなかった。結果は、多くの予想に反して、政府軍が勝利を収めた。西郷の敗退の原因を反動士族と農民一揆が結合できなかったことにあると考える者もいるが[102]、最新鋭の兵器は旧来の戦術に勝ることを実証した。政府軍はこの戦いに勝利したことによって、訓練された徴兵による軍事力に自信を得ただけでなく、民衆に四民平等の実現を実感させた。というのも、庶民徴兵による戦争参加と勝利の結果は、それまで士族にしか与えられていなかった階級思想を打ち破り、統一された四民平等の国民的意識をもたらしたからである[103]。

ところが、西南戦争の勝利で自信を得た政府を震撼させる出来事が起こった。「竹橋事件」という兵士の反乱である[104]。一八七八（明治一一）年八月二三日東京竹橋にあった近衛砲兵隊の兵卒数百名が蜂起し、赤坂の仮皇居に向かい天皇に強訴しようとした。反乱の原因は、兵士の処遇の不公平と軍隊内の矛盾であった。たとえば、西南戦争で勝利したが、政府の財政悪化で兵士の給与は減給され、賞勲も大尉以上に限定され、中尉以下には与えられなかった。また日常生活で毎日使う壊れやすい食器等が毀損した場合は賠償を命じられ、待遇は悪化し、軍規は厳しくなり、自由と平等を謳った国民皆兵制に矛盾を感じたのである[105]。

麻生三郎は竹橋事件の原因の一つに自由民権運動の影響を指摘する[106]。この点については資料を欠いているのであるが、口述で残されている内山定吾少尉が行ったと言われる講義に一つの手がかりがある。内山は事件の前に講義で革命を肯定する次のような発言をしていた。

革命とは政府の不善なるを、他より起《た》ちて改革するものにて、不良の事にあらず。たとえば王政維新の如きものなり。一揆とは、政府なお政を失わざるに、みだりにこれを、くつがえさんとするものにて、不良の事なり。たとえば、佐賀の乱の如きものをいう。故に革命は可なり、一揆は不可なり。しかれども兵士たるものは、すべて事を行うに、よく一致して、これが主将となる者の、命令に服するにあらざれば、必ず成就しがたきむねを、演説したり。(107)〔傍点筆者〕

この講義は、竹橋事件の二日前に兵士たちに対して語ったものと言われている。「革命は可なり、一揆は不可なり」という言葉は、兵士たちの心に強く響いたと想像できるが、これらの言葉の背後に自由民権運動の影響を考えることができる(108)。

いずれにしても、反乱はすぐに鎮圧され、一名が自殺、他の者は捕縛された。しかし政府にとっては、皇軍である兵士の反乱は許しがたきものであり、五五名が死刑に処せられ、事件そのものを歴史の中に葬り去ってしまった。

徹底的軍人教育

竹橋事件後、政府は再発防止を目指し、さらに厳しい規則と罰則で軍人を統率するようになった。そこで生まれたのが有名な「軍人勅諭」（一八八二〔明治一五〕年）である。これは天皇自身の諭《さと》しという最も重い形式をとり、天皇の署名で直接陸海軍卿に渡したことからもわかるように、天皇の軍隊であることと、天皇への忠誠を示すものであった。そのことは「我国《わがくに》の軍隊《ぐんたい》は、世々《よゝ》天皇《てんのう》の統率《とうそつ》し給《たま》う所《ところ》にぞある」という書き出しや、「朕《ちん》は汝《なんじ》等《ら》軍人《ぐんじん》の大元帥《たいげんすい》なるぞ」という言葉からも、天皇への絶対服従が強調されている。(109) そこで求められている服従は天皇だけでなく、上官への服従も含まれていた。

下級《かきゅう》のものは上官《じょうかん》の命《めい》を承《うけたまわ》ること、実《じつ》は直《たゞち》に朕《ちん》が命《めい》を承《うけたまわ》る義《ぎ》なりと心得《こゝろえ》よ。己《おのれ》が隷属《れいぞく》する所《ところ》にあらずとも、上級《じょうきゅう》の者《もの》は勿論《もちろん》、停年《ていねん》の己《おのれ》より旧《ふる》きものに対《たい》しては、総《すべ》て敬礼《けいれい》を尽《つく》すべし。又上級《またじょうきゅう》の者《もの》は下級《かきゅう》のものに向《むか》い、聊《いさゝか》も軽侮《けいぶ》驕傲《きょうごう》の振舞《ふるまい》あるべからず。(110)

上官の命令がすなわち天皇の命令であるという論理は、會澤安や吉田松陰が幕府への忠誠と天皇への忠誠を結びつけた一君万民の忠誠理念と同じである（本書第六章参照）。「軍人勅諭」はそれを直属の上官へと身近な次元に近づけた。天皇への忠誠と上官への服従は他のところでも徹底して教育されていく。たとえば、一八八八（明治二一）年の「軍隊内務書」の「第二章服従」において、「凡《およ》そ命に服し令に従うは軍を治むるの基本たるを以て、上下尊卑の分を乱さず」「凡そ下たる者上たる者に服従するは階級を逐《お》うて厳重なるべし(111)」とあるように、徹底して服従する教育がなされていった。

もう一つ軍人教育の中で植え付けられたのが、天皇と近い位置にいるという軍人のエリート意識である。たとえば、先ほどの「軍人勅諭」の中で次のような言葉がある。

朕《ちん》は汝等《なんじら》を股肱《ここう》と頼《たの》み、汝等《なんじら》は朕《ちん》を頭首《とうしゅ》と仰《あお》ぎてぞ、其親《そのしたしみ》は特《こと》に深《ふか》かるべき。朕《ちん》が国家《こくか》を保護《ほご》して、上《しょう》天《てん》の恵《めぐみ》に応《おう》じ祖宗《そそう》の恩《おん》に報《むく》いまいらする事《こと》を得《う》るも得《え》ざるも、汝等《なんじら》軍人《ぐんじん》が其職《そのしょく》を尽《つく》すと尽《つく》さゞるとに由《よ》るぞかし。我国《わがくに》の稜威《みいづ》振《ふる》わざることあらば、汝等《なんじら》能《よ》く朕《ちん》と其憂《そのうれい》を共《とも》にせよ。我武《わがぶ》維揚《これあが》りて其栄《そのえい》を耀《かゞやか》さば、朕汝《ちんなんじ》等《ら》と其誉《そのほまれ》を偕《とも》にすべし。汝等皆其職《なんじらみなそのしょく》を守《まも》り、朕《ちん》と一心《ひとつこゝろ》になりて力《ちから》を国家《こくか》の保護《ほご》に尽《つく》さば、我国《わがくに》の蒼生《そうせい》は永《なが》く太平《たいへい》の福《さいわい》を受《う》け、我国《わがくに》の威烈《いれつ》は大《おおい》に世界《せかい》の光華《こうか》ともなりぬべし(112)。

現代語訳にすると以下のようになる。「天皇である私は軍人であるあなた方を手足のように頼りとしており、あなた方は私を頭首と仰いでおり、その関係は特に深くなくてはならない。私が国家を保護して、天の恵みに応じて代々の天皇の恩に報いることができるのは、あなたがた軍人がその職務を全うするかどうかにかかっている。我が国の威信が振るわないのであれば、あなたがたはそのことについての私（天皇）の憂いを自分のものとしなさい。我が国の武力が増してその栄光を輝かせば、私はあなたがたとその名誉を共にするだろう。あなたがたは皆その職務を守り、私と一つの心になって国家の防衛に尽くすならば、我が国の人々は永遠に平和の幸福を享受し、我が国の威信は大いに世界に輝くだろう」。

ここで言われているように、天皇と軍人たちの関係は特別なものであり、体の部分のように密接で、心身ともに一つであることが強調されている。天皇との特別な関係の意識は、軍人に特権階級とは異なる次元でのエリート意識をもたらし、洗脳的な仕方で主体的戦闘意思に代わる忠誠精神を作り出すことに成功した。当時の統制強化のために出されたこの訓戒は、時代とともに神聖化され、読み間違えた責任を取って自殺する将校も現れるほど大きな影響を与えた。

このように教育された軍人が、森有礼による教育政策やその後の改革によって教育機関に介入することになる。それは天皇の軍隊思想が教育を通して国民へ浸透する機会にもなった。また、当初免除条項によって国民皆兵に矛盾があったが、何度も修正が加えられ、一八八九（明治二二）年にはいくつかの学生への猶予を残して国民皆兵制度が整った(113)。彼らに教え込まれているものは、一君万民なる忠誠心であるが、潜在的には一君における万民の平等思想も含まれていた。しかし、その平等思想は天皇への忠誠によって支えられ、服従への画一化の側面を色濃く持っていた。したがって、部落解放運動を起こした西光万吉に見られるように、日本の平等思想は天皇の意思を根拠とし、軍国主義とも手を結ぶ運動となったのである（本書第六章参照）。

第二節　天皇型平等思想の台頭

前節において天皇型人権理念の成立過程を見た。そこでは一君万民の平等理念が徴兵制度を通して浸透していくことを確認した。これは特に軍人の中に強く浸透したが、民衆が一君万民という言葉そのものを平等思想の根拠として用いたのはもう少し後になってからである。本節では、一君万民や天皇赤子という用語がいかにして民衆の用いるところとなったのかを、自由民権運動の挫折を通して見ていきたい。

第一項　板垣退助の光と陰

欧米型人権理念の民衆への影響は、留学経験者による出版物を除いて、二つの窓口があった。一つは宣教師たちのいるキリスト教会であり、もう一つは自由民権運動である（キリスト教の影響については本章第三節と第八章で扱う）。

自由民権運動の全国的広がりにきっかけを与えた一つは、板垣退助たちの民撰議院設立建白書（一八七四〔明治七〕年）の影響である。板垣の思想がどのようなものであったにせよ、結果的に自由民権運動が全国的運動となったことに関して、彼らのとった行動は歴史的意義のあることである。一方で、最近の研究により、板垣の思想と民権思想の矛盾する側面を指摘するものも増えてきた。稲田雅洋は、板垣の建白書より前により優れた内容の建白書があったこと、そして「民撰議員の開設を求める声がすでにかなり起こっていた」[114]にもかかわらず板垣が「自分から積極的に動こうとしなかった」[115]こと等を通して、建白書が「本心からの主張ではなく、征韓論争で勝って実権を握った非征韓派に対するためにする批判であるとしか判断できない」[116]〔傍点原著〕と述べている。

また、遠山茂樹は板垣たちの士族意識が民権思想と矛盾しており、それが結果的に自由民権運動の敗退へ招いたと指摘する。(117) 自由民権運動を導く主体となった人々は必ずしも自由と平等に魅了されたのではなく、政治的動機によって働いた側面が強くあるのである。

板垣の自由民権思想の淵源として指摘されるのは、一八七〇（明治三）年に出された高知藩政改革の告諭「自由平等の宣言」である。(118) そこでは「夫《それ》人間は天地活動物の最も貴重なるものにして、特に靈妙《れいみょう》の天性を備具《びぐ》し、……因《もと》より士農工商の〈隔もなく、貴賤上下の〉階級に由《よ》るに非《あら》ざる也」という書き出しで始まり、人間の尊厳と四民平等が主張されていた。そして藩政改革の目的が「従前士族文武常識の責を廣《ひろ》く民庶《みんしょ》に推亙《すいこう》し、人間は階級に由らず、貴重の靈物なるを知らしめ、各自に智識技能を淬勵《さいれい》し、人々に自主自由の權を與え、悉皆其《しつかいその》志願を遂げ使《しむ》るを庶幾《しょき》するのみ」(119)〔傍点筆者〕と勧められた。すなわち、これまで武士に任されていた学問と武芸を広く民衆に広げ、すべての人間が階級に関係なく尊い存在であることを教え、それぞれ知識と技術を得るように努めて自主自由の権利を与え、すべての者がその志を成就することができるように、自由と平等が謳われた。その実現のために「人民平均の制度を創立する」(120) ことが目標に掲げられた。

廃藩置県以前に四民平等と人間の自由意志の実現を目指したこの文章は優れて先駆的宣言であった。けれども、遠山はその宣言の思想的淵源にさかのぼり、そこで主張されている自由平等が「封建的身分制自体を否定したものではなく、幕藩的（純粋封建的）身分制から天皇制的（絶対主義的）身分制への切り換えを意図したものであり、その切り換えを自由に実現するための幕藩的身分制からの平等であった」ことを明らかにしている。(121) つまり、彼らが主張した自由や平等は、没落の危機にある封建権力を維持するために民衆の力を借りようとする手段であって、人権の確立を主張したものではなかったのである。宣言においても「平民亦其職に惰《おこた》り、且徒《いたずら》に士族の貴を抑え、民庶の賤を揚《あぐ》る等の疑惑を生ずべからず」(122) と真実な意味での四民平等という誤解を生じさせないように念を押している。また、この宣言においても平等という言葉ではなく「平均」という言葉が使われていることが重要である。彼らも人権理念に根ざした人間の平等ではなく、士族優位の統一理念に基づく平準化を目指したのである。

同様に、一八七四（明治七）年に設立された立志社の設立趣意書においても士族優位の理念が語られている。このとき板垣はすでに在野に下っており、民衆を政権奪還の手段と位置づける側面が強く存在した。この点を指摘する遠山茂樹は、論文「自由民権運動における士族的要素」の中で次のように言う。

> その設立趣意書は、「夫れ我輩斉《ひと》しく我日本帝国の人民たり、則ち三千有万人尽《ことごと》く同等にして、貴賤貧富の別なく、当《まさ》に其一定の権利を享受し、以て生命を保ち、自主を保ち、職業を勉め、福祉を長じ、不羈《ふき》独立の人民たる可き事、昭々《しょうしょう》乎として明白なり」と「四民平等」を主張したが、その平等論の根拠は、士族が封建的特権を失い「従前の地位を保つ能はず、退却」しながらも「四民の中に就《つい》て、独り稍々《やや》其知識を有し、粗自主の気風を存するものたり」との自負に立ち、「三民の如き其恒産《こうさん》ある、或は士族に愈《まさ》ること遠しと雖ども、其の能《よ》く知識を有し、自主の気風を存する者幾《ほと》んど希《ま》れなり」との農工商観をもって「三民の恒産、士族の知識気風相須《あいま》って而して互に其用を相成す者なり」との理由にもとづいていた。すなわち知識と気節《きせつ》とを必要とすると信じた政治運動における、士族の指導的地位を認めた上での平等論だったわけである。[123]

「貴賤貧富の別なく」と四民平等を主張しているが、本心は特権を失った士族が新しい制度においても指導的な地位を確保するために、民衆の力を利用して政権に復帰しようとした意図があったということである。それは当時のジャーナリズムも指摘しており、政府寄りの『東京日日新聞』が「其目的とする処、只立身功名に在りて、民権の一題を以て奇貨とし、人民を以て孤注《こちゅう》〔一か八かの賭け〕とするもの」と見たように、政権復帰への機会の「平等」を求めた側面があったのである。[124]

また、当時のほとんどの者がそうであったように、板垣たちも天皇への忠誠を第一に考えており、自由と平等もそれに基づいて主張されていた。先ほどの「自由平等の宣言」においても「朝旨《ちょうし》を遵法し、王政の一端を掲起《けいき》せんと欲するが故に」と皇室の権威回復が第一に考えられており、その上で「人民平均の制度を創立する」ことが訴えられていた。[125] 重要なことは、このときに彼ら自身が「人民平均」と呼んでいた一君万民による平準化の主張が、明治末に「平等」という表現に取り替えられることである。たとえば、一九一〇（明治四三）年に書かれた『自由党史』では、当時の取り組みを述懐して「皇室の大權を克復《こくふく》し、國民の自由を挽回《ばんかい》し、内に在《あっ》ては以て一君の下（もと）、四民平等の義を明かにし、擧國統一の基礎を定むる」[126]〔傍点筆者〕と述べるように、「一君の下、四民平等」という表現に変更されていた。このことが物語っていることは、当時は「平均」と呼んでいたものが、明治末期において「平等」と呼ばれるようになったということである。表現が変えられていく原因の一つとして考えられるのは、渡米経験者や自由民権運動の高まりを通して流入して来た欧米型人権理念が民衆の心に触れ、平等に対する憧れと要求を持つ民衆を取り込もうとしたことである。けれども、板垣たちが主張した「平等」は天皇への忠誠理念に基礎づけられており、民衆が求めていた人間の尊厳に基礎づけられてはいなかった。つまり、一君万民は欧米の平等理念とは質的に異なり、実際は平準化であるはずなのに、これに異質な欧米的平等理念が板垣たちによって取り込まれてしまったのである。そのような仕方で、一君万民に結びつけられた平等論は、政権復帰を願う士族精神を持った自由民権運動家たちを通して、広く民衆へと浸透していった。したがって、自由と平等を求めた自由民権運動も「皇権と共に民権を重んずる」〔傍点筆者〕運動であって、[127] この運動の最初の担い手たちもそれを自覚しており、欧米型人権とは異なった形で社会に浸透していったのである。

第二項　受け皿としての一君万民

「一君万民」という忠誠理念はその淵源を會澤安など幕末の志士にさかのぼることができるが（第六章参照）、

用語そのものは會澤に似た表現がわずかに用いられる以外、吉田松陰も用いた形跡が見当たらない。ましてや、平等理念としてこの用語が明治初期に用いられたことはなかった。けれども、のちに一君万民や天皇赤子は、平等を求める根拠として広く国民が用いるようになった。その第一の要因は、明治新政府によって彼らの政権を確固としたものとするために、幕府政治の解体と軍事政策の強化が図られ、その手段として平準化を意味する一君万民の平等理念が存在していたからである。第二の要因は、在野に下った板垣退助を筆頭とする政党が、政治的利権を求めて民衆が要求する平等思想に応えるために、これを利用した可能性が考えられる。第一の要因についてはすでに触れたので、ここでは第二の要因に注目して考察を進めたい。

この点について、先ほども触れた一九一〇（明治四三）年に書かれた『自由党史』の次の言葉から始めたい。

> 然らば則ち知るべし、維新の改革は實に公議輿論の力を以て、皇室の大權を克復《こくふく》し、國民の自由を挽回《ばんかい》し、内に在（あっ）ては以て一君の下（もと）、四民平等の義を明かにし、擧國統一の基礎を定むると倶《とも》に、外に向っては波濤《はとう》開拓の策を決し、萬邦對峙の規模を確立したることを。[128]〔傍点筆者〕

激しい弾圧と分裂によって自由党が解党した後、彼らの活動の正当性と実績を記録すべく書かれた『自由党史』の目的は、維新の本質を描きだすことであり、彼らがその本流を進んでいたことを明らかにすることであった。その一つが、「一君の下、四民平等の義を明かに」するという一君万民の平等理念である。

板垣の死後、この言葉を用いて不平等を是正する動きが活発になる。一君万民の理念は、政府に弾圧された政治家、思想家、部落解放者たちの逃れ場として、彼らの平等主義の思想的受け皿の機能を果たしたのである。彼らは一君万民という政府が打ち出した理念を盾にとり、天皇を根拠として民衆に訴えながら自己の正当性の確保と弾圧からの逃避を実現しようとした。板垣はその道を拓いたと評することも可能であろう。したがって、一君万民や天皇赤子を訴えた人々の多くは、政府に反感を持っているか、国家体制を崩す存在として危険視された人々でもあったのである。当然、彼らの主張は、明治政府に不満を抱く人々からの共感を集めた。けれども、彼らの行動は明治政府の構造原理の中で抑えられていたので、その枠を越えることができなかった。人権思想史の文脈で述べると、彼らの主張が天皇を根拠としているので、君主に勝る存在への義務から生じる抵抗権の確立は不可能であった。したがって、西光万吉にも見られたように、平等と人権の本質的問題解決には至れなかったのである。

第三項　『一代華族論』の影響

一君万民という用語が平等思想として国民に広く浸透して行く経緯について考察してみよう。一君万民や天皇赤子の平等論が台頭してくるのは、テロ事件を起こした朝日平吾や水平社の西光万吉など、一九二〇年代（大正末期・昭和初期）に入ってからである。板垣退助はその前の時代に活躍した人物であるが、彼の晩年の著作が昭和維新期に台頭する社会的平等を求めた過激な思想を引き起こしたと考えられる。その著作とは『一代華族論』という書物である。

『一代華族論』は一九一二年に社会政策社から出版されたが、[129]板垣の没後一九一九年に忠誠堂から増補版が出版された。[130]そこで加えられたのが、「維新改革の精神と四民平等の由来」と題する一編であった。これを口述筆記した和田三郎によれば、「我邦維新改革の精神、目的を闡明《せんめい》し、一代華族制は則ちこの維新改革の精神、目的に合致し、これを成就する所以なることを、事実の上に証明」[131]することを目的としていた。板垣自身の言葉で言えば「維新改革の精神と、並にこの精神を貫徹する事によりて生ぜし所の、四民平等の由来」を明らかにするために書かれたのである。[132]これは『自由党史』で主張された内容を発展させたものであるが、維新改革の精神と四民平等を結びつけ、その精神に背く悪因を伊藤博文が創設した華族制度に見て、これを批判し、華族は「一代にして之を皇室に奉還する」(133)という修正案を出しているのである。またこの書物は板垣の遺言でもあり、板垣没後も「願わくはこの大愛國者の主義、精神をして徒爾《とじ》ならしむる勿れ《なか》(134)〔無駄にするな〕」という願いを持って世に出された。その意味でも、板垣没後の社会に大きな影響を与えた文章であると解することが可能であろう。そこで彼の主張を支える一つの鍵となる言葉が一君万民なのである。

板垣によれば、徳川幕府の階級制度を廃止して国民に自由を与えた明治維新とは、「我國體の精華たる一君萬民の理想を実現するに外なら(135)」ない出来事であった。彼は日本の国家体制を「古より一君萬民の制(136)」と言っているように、一君万民が「建國の始めより」行われた天の法則すなわち「乾綱《けんこう》」であると考えていた。けれども、特に中世時代から数えて「七百年、一君萬民の大義はたゞ空名を存じて、〔ママ〕私族専制の爲めに皇室も人民も倶《とも》に其抑壓《よくあつ》に苦しむ」状況にあった(137)。ところが、幕末にペリー率いる米国艦隊が入港したことにより、「内は即ち挙國統一の計を立て、外は卽ち萬邦對峙の策を決す(138)」る必要があり、維新政権が日本の本来の国体である天皇を中心とした一君万民の政治体制を回復した。この維新の精神を次のように説明している。

> 則ち維新の改革は諸藩の浪士、藩士等不平の徒が、公議輿論の力を以て天皇の大權を光復し、國民の自由を挽回したるものにして、其目的は徳川幕府の階級特權の制を破壊し、以て一君萬民の理想を實現するに在りし也(139)。

つまり、板垣によれば維新の改革の本質は、一君万民の国家体制の回復であり、具体的には身分の特権階級を廃止して、すべての民が「均等の機会(140)」を得ることであった。「四民平等の結果、全國皆兵の主義に基ける徴兵の制度を布き、以て武力を充實し、立憲政體の樹立によりて君民協和の基礎を定め、以て人民参政の人義を明にし(141)」とその後の経緯を説明しているところは、さすがに政権中枢にいただけあり、成り行きを鋭く捉えている。

いずれにしても、板垣は一君万民の理念を通して維新の改革と四民平等を結びつけているのである。

けれども、一八六九（明治二）年の華族令、また一八八四（明治一七）年に新たに導入された華族制度は、生まれながらの特権階級を創出し、「今日の如き國民の不平等を見るに至(142)」る状況を作り出した。板垣はこれを「明かに維新改革の目的に反し、其一君萬民の精神を裏切れるもの(143)」であると批判した。つまり、彼は「一君万民の精神」を、忠誠理念による挙国一致の政治思想と共に階級制度を撤廃した平等思想と結びつけたのである。そのことは「一君萬民の制に還りて、皇室と國民の間に蟠《わだかま》れる藩籬《はんり》〔へだてるもの〕を撤去し、全國民の平等一致を圖《はか》るを以て本と爲さゞる可らず(144)」という言葉にもはっきりと表れている。この理解は、一君万民による階級なき平等な社会制度こそが日本古来の国体であり、維新の改革の本質であるという展開につながる。したがって、この国体の構成要素である国民に対して次のように平等の自覚を訴えた。

> 然らば即ち何によりてか國民の自覺を期すことを得んや。蓋し自覺の基礎は平等に在り。國民咸《み》な其義務を一にし、其權利を同うし、以て斯國を負擔《ふたん》するに至って、甫《はじ》めて上下其意を同うし、無彊《むきょう》の隆昌《りゅうしょう》〔限りない栄〕を期することを得べし(145)。〔傍点著者〕

以上のようにして、彼は一君万民という言葉で日本の国体と平等を結びつけた。そして、不平等が社会の平和と繁栄を妨げる原因であるとし(146)、挙国一致と富国強兵のために「一君万民の理想的国家」の建設を訴えるのである。

> 一君萬民の理想的國家たらしむる爲めには、悉《ことごと》く國家の不平等、不平和の原因となるべき階級の藩籬《はんり》を撤去し、之によりて倍々《ますます》同胞國民の一致協和を圖《はか》るの必要あり(147)。

板垣のこの主張は、華族制度批判であるが、具体的には「華族制度の創始者たる伊藤博文の如き[148]」と名指したことで、批判の矛先を明治政府へと向かわせた。したがって、彼の主張する維新改革の精神への回帰は即ち明治政府批判の運動となり、それを「第二の維新[149]」という言葉で訴えたのである。

板垣のこの訴えは、彼の遺言であると同時に、板垣自身が二度も爵位の授与を辞退して実践していることから、不平等な社会に不満を抱く国民の心に強い印象を与えたと考えられる。それは一代華族論の実現ではなく、維新の精神によってもう一度国家をよりよく変革しようという部分に刺激を与えている。その一つの証拠に、板垣の没後、「第二の維新」という言葉が広く用いられるようになった。当時の証言ではこの言葉を「天下の人々が異口同音に叫んで[150]」おり、『第二維新』という書物まで出されていた[151]。「第二の維新」という言葉自身は、板垣に由来せず、明治維新以後すぐに使われており、明治が始まって初の士族反乱である佐賀の乱を率いた江藤新平も「以て第二維新の実を挙ぐるに在り」と主張していた[152]。また、自由民権運動家の多くは、明治維新の精神を継承実現するのは自由民権であると考え、「第二の維新」を主張していた。つまり、「第二の維新」という用語は政権批判の言葉として頻繁に用いられ、自由民権運動がこれを担っていたのである。重要なことは、多くの人々が明治維新の衝撃を好意的に受け止めていたことである。三〇〇年間続いた幕府が崩壊し、階級制度が廃止され、市民に政治と関わる自由が与えられた。開国したことにより諸外国の技術や文明が導入され、生活様式も変化した。けれども、一向に改善しない貧富の格差や経済的な不景気は、明治政府に対する不満を募らせた。その背後では明治維新の改革が不徹底であるとの認識を抱かせ、徹底的な維新精神の実現を叫ぶ声が存在していたのである。その主張を継承する自由民権運動の代表的存在であり、維新政権の中枢にいた板垣退助が、不平等な社会構造を批判し、「第二の維新」を訴えたことは、多くの人々の心に訴えかけるものがあったであろう。その主張の思想的根拠となっているのが「一君万民」なのである。

現状に不満を抱き社会改革を求めた人々は、「一君万民」の平等理念を持って変革を主張した。その根拠を一君である天皇に基づかせているため、政府もやすやすと弾圧することはできない。したがって、改革を求める人々は政府の弾圧を逃れるため「一君万民」を多用した。また、社会への不満と自己正当化の根拠として「一君万民」や原理的に同じ構造を持つ「天皇赤子」の平等理念が叫ばれ、朝日平吾のテロ事件や原敬首相の暗殺が起きた。一方、教育と生活の次元から天皇神権の意識が浸透していくに従い、天皇への敬愛と忠誠が国民の意識の中に強く根付いていった。特に思想教育を強く受けた若い将校たちの中から、一君万民の平等理念を根拠にして変革を起こそうとする機運が生まれた。そして昭和維新と呼ばれる時代を迎えるのである。

「一君万民」や「天皇赤子」の理念は、平等理念と結びついたことによって、忠誠理念で国家統一を考えた人々が想像もしなかった方向へと向かい、天皇への熱狂的忠誠心を抱いた国民がそれを担うことによって、もはや製作者が操ることのできないほど力を発揮し、時に暴走した。それは二・二六事件を起こした青年将校の証言に現れており（本書第六章参照）、一億総玉砕で太平洋戦争へ突き進んだ日本人の姿に現れている。

けれども、より深刻な問題は、第二次世界大戦後も構造的には同じ思想的原理が日本に残っていることである。天皇型平等と人権が一九四五年を境に断絶していない点は最終章で改めて検討していくが、もしこの見方に妥当性があるならば、経済的な不況と近隣諸国との緊張関係を通して、この発火装置はいつでも稼働する可能性がある。戦後、高度経済成長によって不満を感じることが少なかったかもしれないが、バブル経済崩壊後の日本においてかつてのような繁栄の享受を期待することは難しい。経済的にも軍事的にも存在感を増す中国の台頭は日本のナショナリズムと軍事力強化を誘発している。折しも近年、維新という名の政党が現れ、日本社会の改革を求める動きが強くなっている。しかも、改革への要求に応えようとする多くが伝統的な日本精神への回帰を訴え、非民族主義を煽り、排他的思想が強くなり、人権について言えば自民党の憲法改正草案を見るとわかるように、非常に危険な方向へと向かっている。そして、天皇型平等と人権の構造原理に火がつけば、為政者であってもこれを止めることは至難の技であることを歴史が証明している。この問題への対処については最終章において考察したい。

第三節　欧米型人権の敗退要因

第一項　植村正久の指摘

欧米型人権理念のもう一つの窓口であったキリスト教会は、自由民権運動から一線を画していた。もちろん個人として民権運動に密接に関わったキリスト教徒はいるが[153]、教会団体としての関わりは決して積極的でなかった。その理由の一つとして考えられることは、先に述べた民権運動家たちの自由と平等理解にキリスト教徒が違和感を感じていたからである。この点を鋭く指摘した人物に明治期のキリスト教会の指導者植村正久がいる。

植村は板垣退助について述べた文章の一節において「人格と其の展開を容すべき餘地の要求とに基ける自由の観念は餘り深刻に感ぜられて居らなかった[154]」と指摘している。その具体的な意味は、別のところで自由民権運動家たちに「眞正なる自由」と題して語った言葉に表されている。

眞正なる自由は、眞正なる服従なり。……神に従わざれば、世に従う。靈的にあらざれば物的なり。當然従う可きものを奉ぜざれば、従う可からざるものに屈服するに至らずんば止まず。眞正なる自由は、天地の主宰なる神を奉じ、耶蘇の負わしむる軛を負い、己を彼の裡に沒するに依りて全うせらる可きのみ。多くの人其の正當の君を蔑如《べつじょ》し、私を營み、形に役せられ、物に駆使せられつゝ、自由釋放の天地に出でんと擬す。其の徒勞に終わる、亦宜《うべ》なるかな[155]。

欧米の神学から影響を受けていた植村は、自由民権運動家たち以上に自由、平等、民主主義そして人権にキリスト教信仰の影響があることを深く理解していた。したがって、民権思想家たちが抱く自由と服従の理念に違和感を感じていた。本書の人権思想史をたどる中でも紹介したが、抵抗権の思想は、神への服従が人間である支配者への義務より上位にあることが根拠とされていた。つまり、自由なる人間の本性は神への服従と結びついている中で発展してきたのである。人間の自由を神への服従から分離することは、支配者への義務より上位にある存在を確保できないので、君主の命令から自由になる道が閉ざされ、抵抗権に限界を与えることになる。植村はそのことを「神に従わざれば、世に従う」と言っているのである。具体的に言えば、日本においては皇室に忠誠を尽くすことが求められており、それに抗う自由は保障されていないので、「従う可からざるものに屈服する」ことになることを見抜いているのである。

植村は、自由獲得の歴史的運動が自然的な天賦人権論に基づくものではなく、「道義に根差し、眞理に基く[156]」福音主義的[157]信仰運動において形成されてきたことを知っていた。それを担ったのはキリスト教徒であり、「キリスト教信徒の権利自由の観念は、最も従順なる十字架に由りて喚発せられ[158]」るものであることも理解していた。すなわち、キリストの血によって贖われた神の子としての人間観を持つ人々が、その価値を失わせる勢力に抗う抵抗権を主張したのである。植村が好んで読んだイギリス会衆派神学者P・T・フォーサイスの言葉を借りれば「福音の中心から生じさせられ、基礎づけられた霊的自由[159]」が求められているのであり、その人間を創造するところの福音が語られる場としての教会の必要を感じていたのである。

日本の自由民権運動においてはその始まりから、人間の自由と神への服従の結びつきが不明確なまま、この運動を担う「宗教的確信というエネルギー」なしで、政治的動機により進んできた嫌いがある。逆に言うと、自由も平等も皇室への忠誠において成立しており、それが求められていた。当然、思想的にこの結びつきを否定する存在としてキリスト教会は彼らと結びつくことができず、政府からも警戒され続けた。したがって、後に「教育と宗教の衝突」という仕方でキリスト教会が弾圧の標的になるのである。

第二項　自由民権運動の解体

板垣たちの民衆を取り込んだ政権復帰の運動は、彼らが思った以上に自由と民権に対する庶民の心を目覚めさせ、国会開設を求める運動として日本中に広がっていった。民衆運動へと転化することを恐れた明治政府は、「讒謗律《ざんぼうりつ》」「新聞紙条例」（一八七五〔明治八〕年）や「集会条例」（一八八〇〔明治一三〕年）など言論出版に関する様々な弾圧を行った。けれども、政府有力者（黒田清隆）による汚職事件「開拓使《かいたくし》官有物《かんゆうぶつ》払下げ事件」を通して民衆の反発が増大し、ついに明治政府に国会開設を約束させるまでに至った。やがて日本最初の近代政党である「自由党」が結成され、民権運動の担い手として全国に組織を広げた。

この流れの中から部落差別解放を求めて「平権」を求めた「大阪自由党」も結成された[160]（一八八二〔明治一五〕年）。「大阪自由党」は、板垣たちの運動が本質的に士族優位の政治的動機が強かったのに対して、庶民による差別撤廃を求めた運動であった。文明開化によって入ってきた欧米の天賦人権説から影響を受けて、自由と平等への憧れを持って活動したこの運動は、過激な言葉で訴えた。その一つである「進路の荊棘《いばら》」[161]では、君主である天皇を尊び、穢多と呼ばれた部落民への差別は「習慣の妄信」にあるとして、次のように主張した。

其習慣の淵源を論ずるに至ては妄信の然らしむる処にあらざるはなし。其他政治上に於けるも習慣の妄信に縁起するもの多し。君主が無上の大権を掌握し其位を世々にし儼然《げんぜん》として吾人を専制する所以は習慣にあらずして何ぞや。妄信にあらずして何ぞや。往古《むかし》穢多奴隷とて吾人同胞の兄弟を軽蔑して社会の外に放置したるは習慣にあらずして何ぞや、妄信にあらずして何ぞや。君主も人類なり穢多も人類なり。同く身心を備え斉《ひとし》く自由を有し彼此人種と権理〔利〕を異にせず。然るを一は無上の尊栄を享け、一は無下の軽蔑を受け、彼此の懸隔雲泥《けんかくうんでい》も啻《ただ》ならず、是れ必竟往古の人民が君主を尊崇するの甚しき。之を人間以上の地位に置き恐惶頓首《きょうこうとんしゅ》身を其使役に供し、歳月の久しき終いに君主を以て至尊無上のものと妄信せしに因《よ》るのみ。故に習慣衰うれば君権も亦た随《したがっ》て衰え忠義欽服奉体の如き卑屈なる語は吾人の心思外に去て復《ま》た人間の行為を支配せざるに至らん。嗚呼君主の位は習慣に起て正理に亡ぶものなり、君主の権は古例旧慣と盛衰を共にするものなり、之に反し穢多の卑賤は習慣に由て起りしを以て習慣の衰うるに随て同等の権理を恢復し吾人と共に自由に謳い快楽に笑うの福境に進むべし(162)

彼らがここで主張していることは、同じ人間であるにもかかわらず差別が起こる根底に生活の中で植え付けられた「習慣の妄信」があるとして、政治的政策によって進められた慣習を衰退させて、人間として生きる権利の回復を訴えている。しかも、「君主も人類なり穢多も人類なり」と天皇の存在をも相対化し、本来等しく自由を持って生まれてきたと生得の権利を主張していた。そこで「此の習慣なる荊棘を芟除《せんじょ》するの法」について論を進め、海外への逃亡よりも「社会の改良を図るべし」と述べて、国内にとどまり「習慣の圧制を破却するの方便は……政府を◯◯するの一途あるを知るなり」〔傍点原著〕と革命を暗示した(163)。実際にフランスやイギリスの歴史を引き合いに出して、政府が圧政を行った場合は「政府を顚覆し帝王を殺戮し以て宿志を達せしにあらずや(164)」〔傍点原著〕と、君主に対しても抵抗する権利があることを主張した。特に興味深い点は、彼らの抵抗権や革命権の主張の背後にピューリタニズムの影響があることである。彼らは、イギリス人が「尊王の陋癖《ろうへき》を脱」することができず、国王なき社会で王を哀悼し、国王を処刑したクロムウェルを憎んでいたけれども、「民主の美俗興《びぞくおこ》るに及んでは忽《たちま》ち其迷謬《そのめいびゅう》を感悟《かんご》し、チャーレス王の誅戮《ちゅうりく》を以て英国自由の曙《あけぼの》」となったことに注目した(165)。つまり、ピューリタンたちが圧政を敷いた国王処刑によって、人々を囚われの狭い考えから解放し、イギリス人に自由の夜明けを経験させたと理解した。その事実に基づいて、習慣化した「吾人の進路に横わるの荊棘(166)」を取り除いて自由のために戦うことを訴えたのである。この文章から、キリスト教関係者以外の人々も抵抗権や革命権の主張にピューリタニズムによる欧米型人権思想の影響を受けていたことが明らかになる。

しかし、急進的な言動の多かったこの運動は政府の忌諱に触れて弾圧され、程なく解散させられてしまった。自由民権運動の中から抵抗権に基づく自由と平等、そして人権を主張する動きも現れるが、天皇神権に支えられた国家体制に異議を唱える運動はすぐにその芽を摘み取られてしまったのである。

さらに、政府は民衆主導でない仕方で国会を開設するために、厳しい弾圧に加えて自由民権運動を分裂解体させる様々な対応策に出た。その一つが民権運動の主体であった士族を、「士族授産」を通して民衆から切り離したことである。[167] 華族や士族また維新の功労者へ金銭を付与していた秩禄《ちつろく》は、明治政府の財政を圧迫し、一八七六（明治九）年廃止された。これにより収入が激減した士族救済のために実施されたのが「士族授産」である。けれども、この目的は一八七八（明治一一）年に提出した岩倉の建白書にあるように、困窮の中にある士族を救済することによって、彼らを「鷗洲《おうしゅう》の過激自由の說」[168]の感染から防ぎ、従来武士が抱いていた主君の命令に素直に従う「忠孝淳朴《ちゅうこうじゅんぼく》の風」を保持して、自由民権運動に染まった士族たちをもう一度政府側に向かわせるための策だったのである。この意図は岩倉の一八八二（明治一五）年の意見書に露骨に表れており、「士族は日本の精神なり全國の治亂盛衰《ちらんせいすい》皆其心力に由らざるは莫《な》し」[169]と、国内の混乱に対する秩序維持に士族が必要であることを力説している。背景には、先の汚職事件から高まる民衆の政府への反発運動と自由民権運動の高揚があり、これを危惧した政府が鎮圧のために士族を必要としたのである。岩倉は、士族が自由民権運動と結びついた要因を「無業にして腕力を有する者は亂あらんことを思い、無業にして智識を有する者は亦不平を抱く。其鬱積憤懣《うっせきふんまん》の氣發《きはつ》して過激の民權論と僞り専ら政府を攻撃するを以て自ら快とす。其流毒《りゅうどく》他の農民商人の青年なる者の頭腦に浸染し物議の沸騰する」[170]ことにあると分析した。要するに、無職となって力を持て余す不平士族たちがその矛先を政府に向けることで自由民権運動と結託していると理解していた。そこで士族たちを農民商人たちからなる民権運動から切り離すために、「政府の士族を保護せしめ」、生計の基礎を立てさせることによって、政府に対する恩義と服従の心情を起こして、民衆の反乱の鎮圧など秩序維持に召集させようとした。[171] そのためにも「今や最終の保護として大に授産の道を講究せざる可からず[172]」と主張し、自由民権運動から士族を切り離していったのである。

自由民権運動を衰退に追い込んだもう一つの要因は、豪農民権家の運動からの脱落である。[173]「明治十四年の政変」により、大隈重信に代わって大蔵卿に任命された松方正義は、デフレーション誘導の財政政策を行った（松方デフレ）。これにより農作物の価格が下落し、貧しい農民たちは生活を維持できなくなり、農地を売却する者が急増した。一方で、これらの土地を得て莫大な財産を蓄積した大地主が現れた。これにより、自由民権運動を共に戦ってきた農村において貧富の格差が拡大し、運動の主要な担い手であった富豪地主たちは、自由民権運動から距離を置き、地域産業の向上に専念するようになっていった。他方で、厳しい生活からこれまで以上に激しく政府に抵抗する急進的な運動を展開する者も現れ、過激な事件へと発展していった（激化事件）。これを鎮圧するための政府の対処が、同時に各地の自由民権運動への弾圧へとつながっていった。

さらに岩倉たちは国会の開設が避けられない状況に至るにあたり、先手を打って皇室を守る対策を企てていた。[174] 国会開設の詔勅発布の前日に連署で奏上した意見書は、その後の政府の立憲制の方針を確定する文書になるが、次のように語られていた。

> 竊《ひそか》に願くは憲法の成各國の長を採酌するも、而も我國體の美を失わず廣《ひろ》く民議を興《おこ》し、公に衆思を集むるも、而も我皇室の大權を墜さず乾綱《けんこう》を總攬《そうらん》し、有極を建立し、以て萬世不抜の基を垂れんことを。[175]〔傍点筆者〕

「皇室の大権を墜《おと》さず」と言われているように、「皇室の大権」を護持する柱の下で国会開設の時期が定められていた。全国に展開した様々な運動も「皇室の大權」を前提としているので、民権運動家たちの中には過激な抵抗を主張する者たちもいたが、概ね全体がこの方向で運動を進めたと考えられる。したがって、鈴木安蔵が「自由民権については、民権家の草案にはっきり人民共和国を打ち出したってのが見つからないんだが、何とか発見できない〔か〕と思ってるんだけどもね(176)」、「目を皿のようにして見たのでありますが、やはり堂々と共和国を建設しようという草案はない(177)」と言っているが、私擬憲法草案を作成するにあたってすでに政府主導の方向が敷かれていたので、見つからないのは当然だったのである。

第三項　植木枝盛の思想的問題

明治政府の弾圧により民権運動が解体される中で、欧米型の抵抗理念を学んだ者たちの中からも政府側へ転向する者が現れた。他方で、抵抗権の思想的根拠において昏迷《こんめい》し、自らその淵源から離れていく者たちもいた。ここでは植木枝盛を通してその特徴を明らかにしたい。

植木枝盛は、若年キリスト教信仰に関わる書物を三つも書き(178)、生涯にわたってキリスト教徒との親交を持っていたが、一方で一八八二（明治一五）年「無神論」を書いてキリスト教を批判し、後に仏教に親近感を持ち始める。たとえば、キリストを神とする信仰を、「野蛮未開の人民が」火の神・水の神と「無根の妄想を構え無数の妄説を信じて」いるのと同様の「憫笑《びんしょう》すべき〔憐れみ蔑んで笑う〕」ものだと評している(179)。これについて家永三郎は、植木枝盛がキリスト教を手段として利用したのであって、本質的に信仰者であったわけではないと断定している(180)。家永が根拠としているのは、先の三つのキリスト教啓蒙書が当時翻訳されたキリスト教書の口移しで、植木に特徴的な独自性がないことを挙げている。

これに対して小畑隆資は、むしろ信仰を深めていったのではないかと実証的な検証をしている(181)。小畑が注目したのが自由の根拠で、植木は「『自由』の精神の拠りどころを求めてキリスト教に傾斜していった(182)」と考える。

植木は、「心の独立」[183]または「心の自由」[184]とは「思想力想像力」という「思想の二力」で、[185]それが人間の禽獣との違いであり、神が人間に付与したものだと考えた。[186]小畑はこの「思想の力」の認識がキリスト教理解によって発展したことを植木の『思想論』から明らかにする。この書は当時のキリスト教入門書であった『天道溯原』を参考にして展開され、[187]それに依拠しながらも植木独自の思想力に収斂させて自由の精神を解釈したものである。この点において小畑は「枝盛がキリスト教への信仰を深めつつあったということは確実に言えるように思われる」[188]と述べる。それでも、後年「無神論」を書いてキリスト教を批判していく原因はわからず、「次なる課題」として終えている。[189]

ここで注目したいのは、植木が『天道溯原』を参考にして自由なる人間の本性を語るけれども、キリスト教信仰の核となるキリストの十字架の贖罪や罪について触れないことである。[190]そして、未公刊の『無天雑録』では、キリストは人間であるにもかかわらず「上帝の一子と称し、巧みに教法を作り、万人を籠絡《ろうらく》（思い通りに操ること）したものにすぎず「億万の人間皆十分に才智を研磨して之を発達すれば、皆耶蘇の如きに至るべく、且つ耶蘇に勝るに至るべし」とまで述べている。[191]要するに、人間の理性的な知に重きを置く植木は、初代教父の時代と同様なキリスト論の問題、特にキリストの神性と衝突し、これを否定しているのである。キリスト教の教理では、イエス・キリストは真の神であるとともに真の人と教えられている（二性一人格）。理性を重んじる啓蒙主義者たちは、一人の人格の中に神性と人性の二つを有するキリスト理解に躓いた。理神論の影響を受けたアメリカ建国の父祖たちも同様であった。そして、文明開化と共に海外の西洋思想の影響を受けた日本の啓蒙思想家や民権家も同様の反応をすることが多かった。植木枝盛もイエスを人間である模範者として受け止め、どのような人間であっても努力すればイエスに勝る存在になれると述べるが、その意味はキリストの神性を受け止めることができなかったのである。

キリストの神性を否定するところでは十字架の贖いの意味がわからなくなる。したがって、植木の論述の大体においては、キリスト論および贖罪論抜きで創造主なる神に集中し、自由なる人間の本性を論じている。これには当時の高知におけるユニテリアン的傾向も影響しているであろう。ユニテリアンとは、三位一体なる神理解を批判し、神の単一性を主張してキリストの神性を否定するプロテスタント教会の一派である。日本の民権運動家たちに入ったキリスト教はユニテリアン的傾向が強かった。たとえば、立志社の片岡健吉は、イギリス外遊中に岩倉使節団の一員でもあったロンドン留学中の馬場辰猪から「面白きはユニテリアンなり、且つ是《こ》れ最も真理に近き者なるべき」と勧められて、ユニテリアンの教会に何度も足を運んだ。そして、武器・軍制・政治などと共に、「宗教別してユニテリアンをも輸入せざる可からざるを信じ」たと言っている。[192] また、片岡の受洗に際して次のような逸話が残っている。

衆議院の名議長であった片岡健吉氏が、洗礼を志願せられた時、ノックスさんが、その試問をせられたが、何も神の子についての同氏の信仰がはっきりしておらず、とかくユニテリアン風なので、ノックスさんはどうも確信をもって洗礼することに躊躇せしめられたそうだが……そこで、ノックスさんは、諄々《じゅんじゅん》と基督の神性を説き聞かせ、さて、あなたはこうした信仰を希望せらるるか否かと質《たず》ねたら、片岡氏は、そう信じたいと思うと答えられたので、ノックスさんは、断然彼を受け入れ、其翌日、洗礼せられたということだが。[193]

このことからも、高知や自由民権運動家たちがユニテリアン的な信仰であったことがわかる。おそらく、彼らも合理性や理性を重視していたので、キリストの神性や聖霊なる神について理解できなかったのであろう。そして結果的に日本では、人権運動がそのはじめから無神論的になっていくのである。それを物語るのが植木枝盛のたどった道である。

ところが、彼はさらに「心の自由を得るを以て神と成ると為すものなればなり」[194]〔傍点筆者〕と述べて自己神格化する思想へと傾き、人間の罪に対する洞察力を欠いていった。[195] キリストの神性の否定は、十字架による贖罪の意味と人間の罪認識を不明確にするので、自己相対化する術を失っていく。人間の罪に対する洞察力を欠いた人間観は福沢諭吉にも見られる傾向であるが、[196] 当然のことながら歴史観においても人間観においても楽観的になる傾向を持っていた。以上のように、思想力を重んじながら自由の根拠を探っていた植木は、キリスト論においてキリスト教信仰に躓き、教会には根付かず、自由なる人間の本性の根拠を他に求めて思想的遍歴を始めた。「無神論」はその考え方がもたらした彼の立場を表しているのであろう。

ところで序論で紹介した宮沢俊義は、「すべての人間は、本質的に、自由な存在」という「人間性」を基にして、宗教的要素を除外した考察をしていたが、[197] これはまさに植木が直面した問題が克服されずに現代に至っている一つの表れであるだろう。このことが現す深刻な問題の一つは、その非宗教的解釈によって人権が歴史形成力を持たない観念的な思想となっていることである。初期の民権運動は、宗教的確信に支えられたエネルギーを持たず、思想的にも抵抗権を担う継承者なき運動へと向かい、政府の弾圧に屈してやがて担い手を失っていき、ついには歴史を動かす社会勢力とはなり得なかったのである。

第八章　抵抗権の継承者の喪失

第一節　カトリック教会の対応と抵抗思想の損失

欧米の人権思想史が「宗教的確信というエネルギー」に支えられていることを考えると、先に紹介した植村正久の鋭い指摘にあるように、抵抗権の思想的継承者になり得たのはキリスト教会と考えられるかもしれない。けれども、結果的に日本のキリスト教会も概ね歴史の中で政府の巧みな政策によって籠絡《ろうらく》されてしまった。これまで妖教・邪教と見做されてきたキリスト教会の重要な課題の一つは社会的市民権を得ることであった。そのため、キリスト教が国体に反すると非難されたときは自らを擁護し、政治的に働きかけることも必要とした。したがって、政治的動機が働く中で、国の方針に妥協あるいは迎合することも起こった。もちろん、個人的な次元で抵抗権の継承者として自己を曲げなかった者もいるが、(1)教団や学校という組織に属する指導者の多くは妥協または積極的に政府側へ歩み寄ったのである。

組織に属するとその団体の保護を求めて政治的動機を働かせるが、弾圧されると自己の団体の殻に閉じこもって社会的接点を失うか、逆に飼いならされて国権に従順な姿勢をとるようになる。最初にその特徴を表したのがカトリック教会である。江戸時代に激しい弾圧を経験したのはカトリック教徒であったが、明治以降になると迫害の対象がカトリックではなく、プロテスタントに集中する。自由民権運動にカトリックの信徒がほとんど見受けられないことも同じ要因で考えられる。その要因とは、カトリック教会が日本における宣教師と信徒を保護するために政治的な働きかけをし、その結果、国の方針に迎合するようになったことである。もちろん、キリスト教を激しく攻撃した井上哲次郎の『教育と宗教の衝突』に対して論駁した神父リギヨル（一八四七―一九二二年）および前田長太（一八六七―一九三九年）もいたが[2]、それ以外で存在感を示したカトリック教徒はほとんどいない。

宣教師を通してヨーロッパとのつながりを強化した日本のカトリック教会は、明治政府に積極的な働きかけをした。ローマ教皇庁は一八八五（明治一八）年、フランス政府を通して日本に親書の捧呈《ほうてい》を申し入れた。明治政府も岩倉使節団の経験を通してこれを得策と受け止め、同年九月一二日に天皇へ親書が届けられた。そこでは天皇が日本のカトリックの宣教師と信徒を厚くもてなしてくれることに謝意を述べた後、次のように語ったとされている。

奉教者は能《よ》く其宗教の命ずるところに従順して毫《ごう》も背戻《はいれい》せず又能く内国の君主に忠義を尽して其国法を遵守し平和の妨害となるべき事項は能く国法に則りて之を排斥し平和を保存すべき事項は能く之を奉行するの教を受くるものなり[3]〔傍点筆者〕

現代語訳にすると、「カトリック教徒はその教えに従順で少しも真理に背くことなく、また日本の君主に真心をもって仕え、国の法を守り、平和の妨害となるときは法に則ってこれを排除し、平和を守る者である」ということである。要するに、カトリック教徒は教皇の命ずるところに従うけれども、その教皇が重んじることは、日本の君主に忠実で法を遵守し、平和（安寧秩序）に仕えることだから、「奉教者に自由を与え其保存永続に欠くべからざる」[4]と天皇に信仰の自由と宣教師・信者の保護を求めているのである。これに応じて一八八九（明治二二）年一二月七日臨時特命全権公使西園寺公望《さいおんじきんもち》はバチカンへ天皇の親書を届け、カトリックの宣教師と信徒を保護し、宣教師の財産の待遇まで約束することを伝えた(5)。

また日露戦争後の一九〇五（明治三八）年に二回目の外交上の交流が行われ、そこでの親書には「耶蘇基督《キリスト》の愛児にして其信ずる宗教の原則の為に何れも其君主と本国の為には如何なる堪忍《かんにん》をも厭《いと》わざる加特力《カトリック》教臣民の献身及忠誠の情を増進せしむべきこと疑なし」(6)と、カトリック教徒が天皇と国家に忠誠を尽くすことが述べられていた。カトリック教会のこの方針は、親書を届けたオーコンネル司教の天皇への挨拶に如実に表れている。

陛下の基督《キリスト》教信徒たる臣民が、陛下に対して堅実不撓《ふとう》の忠誠を竭《つく》し、且《か》つ国家のために赤心を傾けて尽瘁《じんすい》すべきは、法王の確認する所なり、抑ゝ《そもそも》我が神聖なる宗教の原理は、陛下の大権並びに陛下の邦家《ほうか》を制裁する法律に服従すべきことを要するものにして、貴国に於けるカソリックの伝道師等は、其の教うる所の人に此の徳性を涵養するを以て衷心《ちゅうしん》の任務と為す、且我が信徒たるものは、衆《みな》に先んじて此の大帝国の進歩及び福利を計り、若し一朝事《いっちょうこと》あらば身を棄て難に耐え、以て陛下並びに陛下の公明なる治下に在る大帝国に対し蹇々満腔《けんけんまんこう》の忠誠を致さんこと、是れ法王の熱望せらるゝ所なり(7)

現代語訳にすると次のようになる。「カトリック教徒である天皇の臣民が、天皇に対して堅実で困難な時にもくじけずに忠誠を尽くし、国家のために誠意をもって全力を尽くしていることを、ローマ教皇は確認しております。そもそも、ローマ・カトリック教会の信仰原理は、天皇陛下の大権と法に服従することを求めており、カトリック教会の伝道師は信徒にこの道徳的意識を涵養することを使命としております。同時にカトリック教徒は他の多くの者に先んじて大日本帝国の進歩と幸福を考え、万が一のことが起これば自己を犠牲にして苦難に耐え、天皇とその帝国に全身全霊で忠誠を尽くすことが、ローマ教皇の熱望していることであります」。

これに対して天皇は親書を喜び、「我が国法律の治下に在るカソリック教民の保護は、苟《いやし》くも政府の之れを怠ることなきを確信す」[8]と伝えた。これらの政治文書から明らかなように、ローマ・カトリック教会は天皇である君主に従う代わりに、カトリック教会と信徒保護の約束を取り付けたのである。

カトリック教会の政治的外交政策は大正時代にも継承された。皇太子裕仁《ひろひと》がローマのバチカンを訪問した際、教皇ベネディクト一五世は日本の植民地であった朝鮮で起きた独立運動（三・一独立運動）にカトリック教徒が関与しなかったことを引き合いに出して、「カトリックの教理は確立した国体・政体の変更を許さないことによりこの結果を見た〔カトリック教徒が独立運動に関与しなかった〕のであり、従って〔カトリック〕教徒の国家観念に対しては何ら懸念の必要はない事を述べ、更にカトリック教会は世界の平和維持・秩序保持のため各般の過激思想に対し奮闘しつつある最大の有力団体であり、将来日本帝国とカトリック教会と提携して進むこともたびたびあるべし等と述べ」[9]た。カトリック教会の外交政策は功を奏し、昭和天皇に第二次世界大戦の開戦前からローマ教皇を仲介役にした戦争終結の考えを抱かせるほどであった[10]。

教皇の「国体・政体の変更を許さない」という言葉から理解できるように、明治前後で日本のカトリック教徒の性質は激変し、国の政策に迎合する方針をとるようになった。江戸時代や明治維新期の潜伏キリシタンたちはプロテスタント的要素が強くあった。彼らは政治的動機より神に従う信仰が強く、自分たちの信仰に基づく葬儀を行うため「信教の自由」を主張したことからも、思想史的にプロテスタント・ピューリタニズムと同様な動きをした。けれども、明治になってローマ・カトリック教会との交流を再開するに伴い、神への服従に基づく抵抗思想は失われていったのである。

同様の問題は日本のプロテスタント教会においても起こる。問題の本質は、宗教団体が組織化・制度化していくときに、国家との政治的交渉の中で抵抗思想を確立できない点にある。制度化は悪ではないが、それに伴う政治的圧力と教会護持による妥協の問題を克服する思想と政治力が必要となってくる。次にプロテスタント教会の対応に注目してこの問題を考えてみよう。

第二節　小崎弘道が残した課題

プロテスタント教会の思想家は、明治初期に『七一雑報』（一八七六〔明治九〕年）、『六合雑誌』（一八七九〔明治一二〕年）、『東京毎週新報』（一八八三〔明治一六〕年）などを発刊して、欧米のキリスト教思想の啓蒙活動に大きな貢献をした。けれども、政府の弾圧が厳しくなる中で、次第に態度を軟化させ、国家に迎合する発言をするようになっていった。ここではその特徴を表した代表的人物として小崎《こざき》弘道（一八五六―一九三八年）に注目する。[11] 彼に注目する理由は、明治のキリスト教界を代表するキリスト教徒であり、政治的センスの強い人物であると同時に、日本の人権思想史において重要な発言をしたからである。それだけに小崎が残した深刻な課題は一考に値する。

小崎は、霊南坂教会牧師、東京基督教青年会（YMCA）会長、同志社社長、日本組合基督教会会長、日本基督教連盟会長などを歴任し、明治キリスト教界の代表的な人物の一人である。多くの感化を受けた熊本洋学校の様子を後に記して「私共が最初洋學校に入學した頃は、何れも皆政治を以て目的としない者はなかった。當時は大臣を參議と称《しょう》したが、君の目的は何かと問えば『參議』と云わない者はなかった」[12]と述べているように政治的向上心を強く抱く者が多くいる中で成長した。彼自身も「私は最も熱心なる政論家で」[13]と言うように、実際に活動も行い、政治的に日本の将来について政治的関心を強く持っていた。しかし、師事を受けていたL・L・ジェーンズより「宗教と教育の最高なる事業を以てし、殖産工業に由て國力を増進するのは根本的のことであるけれど、一層勝《いっそうすぐ》れて必要なるは人間を作ることである」[14]と教えられ、「人を作るに二つの道がある。即ち宗教と教育とである」[15]という言葉に感銘を受け、思想的にも人生においても宗教と教育による人間形成の道を進むことになった。

第一項　初期の社説

小崎は自由民権運動に共感し、その運動を応援していたが、一方で植村正久と似た仕方で民権運動の自由の精神を問題にした。小崎が指摘しているのは、民権家たちが雄弁に語りまた巧みに筆を振るって時事問題を論じているけれども、彼らの主張する自由が「道義の念薄く」「私欲の奴隷」となっていたことである。(16) 彼は言う。

> 自由民権は実に貴重すべきものなりといえども、これより高尚の念ありて、これ〔社会の人心〕を統御《とうぎょ》するにあらずんば、この自由民権も真正の自由民権たること能わず。却て自由民権の本旨を誤ることなきに非ざるべし。何となれば自由民権は唯方便にて決して目的にあらざれば也。(17)

小崎の関心は、社会の治安を維持し秩序立てる力であった。彼によれば、それは社会に生きる人間の心を捉える理念である。かつてそれは士農工商の身分制度を支える「忠孝の二念」(18)であった。けれどもそれは「最上の念」ではなく、「より高尚なる念」があるという。(19) それが「宗教」である。その宗教的な要素なくして自由民権を実現することはできないと主張した。彼は言う。

> 社會人心を統御すべきものは何ぞや。我輩は將《まさ》に曰わんとす能く人心を統御して社會の治安を維持するの力は宗教の一念是なりと(20)〔傍点原著〕

彼の言う宗教は、欧米において文明を発達させ学術的な研究を拓き、愛国心と家族愛も育んだキリスト教に他ならない。したがって、新しい時代の日本の精神的基盤にキリスト教信仰の必要性を感じて、キリスト教に対する誤解を解くためにも『六合雑誌』を発刊した。

『六合雑誌』の執筆者たちは、明治政府の宗教政策の危険性を認識していた。一八八一（明治一四）年に無署名で投稿された「神祇《じんぎ》省設置の風説」や「政府將に神道を以て國教とせられんとするの風説」は、皇室祭祀を中心とする政府の国家神道建設の政策を的確に捉えており、国教を定めることは「人民の良心を残害するものなり」と政府を批判し、政教分離を主張していた。[21]この投稿者が誰であるかは定かではないが、主幹であった小崎はこれを読んでいたし、この立場を認めていたであろう。

また人権思想史においてさらに注目すべきことは、一八八三（明治一六）年に民権運動家の政治運動に苦言を伝えた小崎の投稿「各政党の現状」で、基本的人権を謳った現在の日本国憲法第九七条「人類の多年にわたる自由獲得の努力の成果であって、これらの権利は、過去幾多の試錬に堪え」という文言に通じる以下の言葉を語っていることである。

自由の果実は空手以て護《まもる》べきに非ず。必ず粉骨砕身千辛万苦《ふんこつさいしんせんしんばんく》多少の困難に逢い多少の年月を経以てこれを皇張《こうちょう》せざる可らず。故に今日に於て一派の政論を首唱するものは真正の志士にして先ず深く己の主義の正良なるを信じ、堅忍不抜必ずこれを為すの精神を具《そな》うるものならずんばあらざるなり[22]

第二項　「基督教と皇室」

これら社説のような小さな論考に続いて、小崎は一八八五（明治一八）年四月三〇日に「基督教と皇室」と題する論文を無署名で『六合雑誌』第五三号に寄稿した。[23]この論文は、明治一四年政変以降保守的な傾向が強まる中で、キリスト教が国体に反するとの攻撃が強くなり、「我が皇室に対し如何なる関係を有すべき乎《や》、あるいは之をして危殆《きたい》ならしむることはなき乎《や》と[24]」と糾弾されたのに対して、反論する形で「キリスト教と皇室の関係を論[25]」じたものである。[26]

小崎はまず聖書から信仰と政治の関係について論じ、福音書においては政治に関する記述はほとんどなく、むしろ弟子たちが間違えてイエスを政治的存在として受け止めたことを指摘する。そして両者の関係を「其目的区域を異にする所あれば相混ずべからず[27]」とする政教分離の基本原理を明確にする。次に使徒たちの手紙から、政府や王からの命令であるならばキリスト教徒は従うべきと勧められていることを紹介する。[28]けれども、たとえ王の命令であっても福音伝道を禁じることに対しては従えなかったことも紹介する。[29]このことについては「神道家や儒教主義の人には分かり難きところなるかは知らざれども[30]」と断りながら、国家が宗教に関与することを禁じる「奉教自由〔信教の自由〕の基礎」を訴え、これが欧米の自由民権の進歩をもたらした原因であることを指摘している。[31]この辺りで自由民権への共感が現れているが、この論文で第一に主張していることは、キリスト教はある一定の政治体制や主義を持っているわけではないから、「何の政治、何の国体にも適応する[32]」ということである。キリストを神とし、人類の平等を解くキリスト教は「君主を蔑《ないがし》ろにする恐れあり」という為政者たちの疑いに対しても、それは「ただ宗教上の事のみ」であって、社会において王が立てられているならばその存在を尊敬することは、キリスト教信仰に反することではないと弁証する。[33]

これは初代教会がローマ帝国から政治的に危険な集団であると疑いをかけられたときに、弁証家達がキリスト教を擁護したのと同じ原理を用いた闘い方である。弁証家たちが主張したことは、キリスト教が帝国の秩序維持に貢献しており、キリスト教徒の祈りによって「キリスト教は世界を保持する。そして他方神はキリスト者の故に世界を保持したもう[34]」ということであった。小崎も同様に、キリスト教が国民の道徳心の向上と社会秩序維持に仕え[35]、「社会の風俗を維持し、世の不平心を医《いや》し、国家の基礎を固《かた》うし、皇室の安寧を保たしむべきものは、唯此キリスト教あるのみ」と力説した。[36]「皇室の安寧を保たしむべきものは、唯此キリスト教あるのみ」という言葉は小崎に一貫している理解であるが、この言説をしてこの時すでに天皇制を支えて、国家に妥協あるいは迎合したと判断するのは拙速であろう。『六合雑誌』など公の出版物の投稿者たちは、その発言が個人の見解にとどまらず日本のキリスト教会全体を脅威にさらす危険があったことを自覚していた。政治的な圧力の中でキリスト教を弁証する必要に迫られた小崎も、政府を刺激することを避けるため、キリスト教が社会の君主に従うことをかなり慎重に語っていたのである。国家に迎合していなかったと判断できる証拠に、この中で後期の小崎の文章にはない非常に重要な次の言葉が付け加えられている。

然れども若《も》し国君をして、活神《いけるかみ》の如く為すあらん歟《か》、此こそ基督教の主義に相反し、之を調和するは到底行わる可からざることなれども、然らざるに於いては、基督教、皇室に対し何の不都合なる所あらん。(37)

天皇を生きた神のようにして神格化することに対しては、断固として抵抗しなければならないと主張しているのである。(38)もちろん政府を刺激しないように慎重に言葉を選んでいるが、許される範囲の限界のところで、決して譲ることのできない神への信仰に立脚する立場をしっかりと語っていたのである。

第三項　『政教新論』

小崎は翌年の一八八六（明治一九）年に、植村正久の『真理一斑』と並んで警醒社《けいせい》から名著『政教新論』(39)を出版した。この書物は「我國從來《じゅうらい》文明の基礎たる儒教主義を廢《はい》し、之《これ》に代るに基督教を以《もっ》てすべし」(40)とあるように、これまでの日本文化の基礎となっていた儒教思想を批判し、キリスト教信仰に基づいて「新日本を製造」(41)することを目的として書かれた。彼が従来の日本のあり方を批判する理由は、士族中心の日本の仕組みとそれを支える人間観にあった。彼は言う。

農工商の三民なる者は人主《じんしゅ》の奴隷にして獨立《どくりつ》の位置は暫《しば》らく擱《お》き、政治國家の思想あらざりし者なり。故に農工商の三民は國家に如何なる變動《へんどう》あるも、曾《かつ》て之に關《かん》することなく、如何なる虐政を受くるも甘じて之を受け、恰《あたか》も禽獸と同じく生命を保存するの外他あらざりし。唯《ただ》我國に於て政治國家の念を有し、聊《いささ》か國民たるの資格を存し、國家の元氣たりしものは士人以上のみ、故に我國國家の事より論ずれば農工商の三民は全く何の關係もあらず。我國は全く士人以上のものなりしと云うも溢言《いつげん》にあらざるべし。(42)

ここで指摘していることは、日本を動かしているのが士族以上の人間であって、今日的に言えば主権在民でなく、農工商の三民は奴隷であって国民としての資格がなく、「禽獸と同じ」で、人間として扱われていないということである。非人間的なあり方を強いる日本の仕組みを鋭く見抜いていた小崎は、この状態が進歩した文明社会に反することであって、「泰西〔西洋諸国〕の文明を我國に輸入する以上は政治上必ず之を排斥せざる可らざるなり」(43)と主張した。ここから理解できるように、小崎は欧米の民主的な政治形態とそれを支えるキリスト教思想を通して、新日本建設を訴えているのである。(44)そのために彼が排すべきだと主張する旧日本の体制と思想こそが、君臣の主従関係とそれを支える儒教主義であった。彼は言う。

今余は将《まさ》に云《い》わんとす、士族即《すなわ》ち日本國民なりと。然りと雖《いえど》も尚ほ深く我國の實況《じつじょう》を察するときは、此士族たる者も國家の思想ありて而して後ち國家の元氣たりしに非ず。其眼中人主の外一物あるなし。君が爲めには如何なる恥辱をも受くるを厭《いと》わず、財産を失うも意とせざる所、其一家族も一身をも君が爲めには献じて省みる所なし。否な此等の人の眼には君ありて國家あらず、人主ありて人民あらざりしなり。然らば則ち士族は即ち日本國民なりとにはあらで、天子は即ち日本なりしと云て可なり。彼の天下は天下の天下にあら

ずして一人の天下なりとは實《じつ》に夫《そ》れ之を謂《い》う乎。(45)

要約すれば、「日本国民と呼べるのは士族であるが、現実を見ればその士族も国家の思想に基づいて動いている。その士族の中に生きている思想は君主を絶対とする忠誠理念であるので、国家や人民は眼中になく、君主だけが絶対的な存在となっている。すると、日本という国は天子すなわち天皇ということに等しい」ということである。

小崎は日本の構造を支えているこの思想を「彼の天下は天下の天下にあらずして一人の天下なり」という言葉で紹介しているが、これは本書でも紹介した天皇を中心とする国家体制を主張した吉田松陰の言葉である（第六章参照）。小崎はこの根底に君主への忠誠と親への孝行という「忠孝」を重んじる儒教主義があり、それが不平等な人間観を生み出していると主張して、次のように批判している。

儒教が一種の社會《しゃかい》法にして其目的は國家の治に在る……が、如何なる方法、如何に社會を組織して此目的を達するか、其方法は至りて單純《たんじゅん》にして卽ち上下、貴賤、尊卑、治者被治者と嚴格なる區別を立て、社會の組織をして太《はなは》だ單簡なる者とし、上なる者、貴なる者、尊なる者、治むるものをして命を出だし教を爲し制度を立て之を司らしめ下なる者、卑なる者、治めらるゝものをして、卽ち其命を聽《き》き其教を受け其制度を受け其支配を蒙《こう》むらしむるに在り。……乃ち君父夫長は上にして貴く、且つ尊くして令を出だし教を爲し制度を立て之を司るものなり。臣子婦幼は下にして賤《いやし》く且つ卑《いやし》くして其令を聽き其教を受け其制度にて支配せられ、之が管理を受くるものなり。國家より云えば君は無上專制の主、一家族に於ては父たり夫たる者無上の執權者、鄕黨《きょうとう》にては長者は其統御者にて其餘は皆其統治を受くる者にて、唯命之に從うを以て職分とす。斯くて其社會は至上至下唯一線維の上下貴賤尊卑の別にて聯結《れんけつ》し宛《さな》がら井然《せいぜん》たる「ピラミッド」の佇立《ちょりつ》するが

如く、其秩序の嚴然たる實に天下の美觀なりと云うべし。[46]〔傍点原著〕

小崎は、儒教倫理が唱えるような社会制度が、支配する者とされる者という区別を必要としており、人民を抑圧しながら君主から家族まで、社会全体が主従関係の「ピラミッド」のように連結していると、その様を「美觀」と皮肉りながら批判した。また儒教思想に基づく政治形態は「政教一致の制度」であり、それが「一國の教化を害する」と訴えた[47]。なぜならば、その制度において君主に無限の権限が付与され「一己人は一國に吸収せられ人民は君主或は政府の所有物の如く[48]」に扱われるので、個を確立することができず人権を喪失する危機があるからである。

一己人たるの権利を有する能わず己に権利なければ自由なし。人々唯《ただ》君主或は政府の命ずる所を為し、其教る所を守ることあるのみ。……政教ともに自由なし。されば一己人たるの價値《かち》何にかある。人に價値なければ道徳も亦《また》存する能わず。故に人民は小兒《しょうに》の如く奴隷の如く禽獸の如くならざるを得ず。是儒教主義の尤《もっと》も社會開發《かいはつ》の眞理に反する所なり。人民已に權利なく又思想行爲の自由を有せざれば豈《あ》に何ぞ進歩なるものあらんや[49]。

以上のように儒教思想を通した小崎の日本分析は、日本の国体とその体質、そしてその人間観がもたらす人権の危機を非常に鋭く見抜いていたと言える[50]。それに対抗してキリスト教思想に基づく人権思想と欧米の民主的政治形態をして新しく日本を進歩的文化的国に再形成しようと訴えたのである。

この書物の中で神学的に最も優れている点は、人権を創造論だけでなく、贖罪論において基礎づけたことである。アメリカの建国の父祖たちは、人権法制化を果たすときに人間の平等を創造主に基づいて主張したけれども、イエスをキリスト（救い主）とする信仰から距離を持っていた。キリストの神性と十字架による贖罪を受け止められなかったからである。これは理神論的な影響からキリストの神性を受け入れられない啓蒙主義者の典型であり、日本の民権思想家も同様の傾向を持っていた。ところが、小崎はキリストによる贖罪理解において人権理念を確立させようとしたのである。

小崎が贖罪信仰に基づいて思索した要因には、同じ教派的伝統にある会衆派教会のＲ・Ｗ・デールやＰ・Ｔ・フォーサイスをはじめとする十字架の神学を重んじたイギリス神学者の影響が考えられる。[51] それと同時に、儒教思想における楽観的人間観に対する疑問もあったのであろう。彼は言う。

儒教が東洋に大勢力を占めたる一大原因は樂天主義にして深く望を現世に屬《ぞく》するに在りとせり。……國家は儒者の想像するが如く治り易きものに非らず。人の善に就《つ》く決して水の下に就くが如く平易なるに非ず、人性善ならざるには非ず。然れども又悪に就き易きの弊《へい》あり。熟々《つくづく》人性の實況を察するに善事は行われ難く、悪習は弘《ひろま》り易く、悪事には與し易く善道は常に踏み難く、滔々《とうとう》たる天下相率て不正不義に陥《おちい》るを見る。天下悪を爲するの人、悪の爲す可らず、善の爲さゞる可らざるを知らざるに非ず、五倫五常の道、世に明ならざるに非ず。然れども宛《さな》がら悪の靈ありて冥々裏《めいめいり》に天下の人を誘導するが如く、世人は知らず識らず皆悪に従うなり。[52]

小崎が向き合っているものは、儒教の性善説に基づく国家の楽観的人間観と、悪の誘惑に弱い人間性の現実である。そこで人間は悪に従い易いので、人間の罪と向き合うキリスト教思想が必要であると訴えている。同時に、個としての一人の人間の価値を重んじる人権理念が贖罪信仰に基づいて語られる。次の言葉は小崎の人権理念を語る重要な発言である。

基督《キリスト》曰く「若し全世界を得るとも其生命を失わば何の益あらん乎」と。一人の生命の貴重なるは全世界にも替《か》へ難しとす、何の價値か之に加えんや。又曰く「一人の罪ある人悔改めなば神の使の前に喜あるべし」と。神は宇宙の主宰にて宏大極《こうだいきわま》りなけれども、尚お此蕞爾《さいじ》〔小さい存在〕たる一地球の一罪人の悔い改むるを見て喜び給えり。此思想や基督教の傳道師《でんどうし》をして生涯に一人の罪人をも導くを得ば足れりとするの感情を抱かしむるものなり。人民一般に斯の如き思想あらば一人にありては自重の精神となり、社會に對《たい》しては一己人の自由權利を重ずるの風習となるも亦宜《う》べならずや。且つ人類は凡《すべ》て罪人にして一人として己の功績に因《より》て救を得るものなく、皆なキリストの贖罪に因り信仰にて義とせられ初めて救を得るとは是れ自由平等の思想の由て起る所なり。人間の前に於てこそ貴賤尊卑の差別あれ、神の前には皆な等しく罪人なり。然らば則ち卑賤の一民たりとも豈《あ》に之を蔑視するを得んや。王公貴人たりとて豈《あ》に殊更に之れを尊崇《そんすう》すべけんや。是れ歐米に於て自由權利の思想の由て起る大原因と謂う可し。(53)〔傍点筆者〕

自由と平等を有する人権理念をキリスト教の贖罪思想に基づいて展開した小崎の神学的思索は非常に優れていた。人権理念を法制化したアメリカの建国の父祖たちが理神論的であったため、創造論だけで展開したのに対して、創造論と贖罪論を結びつけることができたのは、彼の優れた神学的才能である。また植木枝盛ら民権家たちがキリストの神性を受け止められない傾向を持っていたが、小崎はキリストの神性を否定した「新神学」の影響も受けずに済んだ。イギリスで新神学を批判したP・T・フォーサイスから直接助言を受けたこともあって、(54)彼は贖罪信仰に基づく福音主義的神学を継承することができた。したがって、小崎は人権思想における思想的課題である創造論と贖罪論の関係、そしてキリストの神性の問題を克服しているのである。それだけに驚きを隠せないのが、この小崎が国家に迎合し、のちの軍国主義的日本の国体思想を支え続けたことである。次にその問題に注目してみよう。

第四項　小崎弘道における思想的問題

「大日本帝国憲法」と「教育勅語」の公布以降、小崎の国家に対する言論の調子は弱まり、むしろ政府に迎合するようになる。キリスト教を弁護するものの、「我が國體と基督教とを、如何に結びつくべきかは、私共の第一に考えねばならぬことである」[55]と、その論述はもっぱらキリスト教と日本の国体の「同化」[56]を目的としていた。そして「我國は神國であって我皇室は天孫である」という解釈について、「宗教的に之を見る時は我國が神國であって、特別なる恩寵を受けて居る國であると信ぜざるを得ない。而して此の如き信仰は決して基督教の信仰と衝突せないばかりでなく、基督教の信仰によって反《かえ》って確立せらるるのである」[57]と言い、「我國に於ても今後皇室に對し尊敬の精神を鼓《こ》舞《ぶ》し、我国体の特別なるを認め、忠君愛国の気風を養うべきものは基督教の信仰たるは疑いを容れざる所である」[58]とまで主張するのであった。

以前の小崎が優れた著書を著していただけに、国粋主義者に変貌した事実は戦後の思想家を戸惑わせた。武田清子は小崎の特質を「儒教の完成」としてのキリスト教理解と見て、これが「入信した回心期から……ここにいたるまで一貫していた彼の思考様式であったとも云えないであろうか」[59]と指摘し、初期も後期も小崎は本質的に変わっていなかったと評している。土肥昭夫も小崎の思想と特徴を注意深く調査して「彼は最初からそういう方向をたどる考えの持ち主であった」[60]と分析している。彼らが批判的に小崎を評したのに対して、最近の研究者の中には積極性を見出そうとする者もいる。坂井悠佳は小崎の国家主義的性格を「地上の国家が『神の国』となることを証しできる、そのぎりぎりの一線を見極めようとする歩みであったとは言えないだろうか。ここに教会の地上的な姿がある。……時代と格闘した一人の教会指導者の姿がある」[61]と小崎の姿勢を積極的に評価し、今日的意義を見出そうとしている。坂井の捉え方は小崎の直面した時代に同情的であるが、問題の本質に対して妥協でしかなく、賛同することはできない。けれども、彼女の評価は小崎のたどった道が政治的に現実的で妥当な線として現代においても選択され得る可能性があることを物語っている。その意味で、小崎弘道の思想的問題を扱うことは、現代の思想家が無自覚に選び取っている様々な課題を提供していると思われる。ここでは、小崎の国家へ迎合していく思想的要因を、天皇神権政治に対する楽観的洞察、政教分離社会における宗教と教育の関係の曖昧さ、そして終末論なき神学に焦点を当てて考察していきたい。

天皇神権政治に対する楽観的洞察

小崎は国家に宗教的要素が必要であることを一貫して主張していた。その論理構造の中でキリスト教を積極的に位置づけ、政府が宗教の意義を認めた出来事としてのちの「三教会同」を高く評価する。けれども、後期の小崎は今日国家神道と呼ばれる天皇神権の宗教政策について認識が甘く、洞察力がない。神社を非宗教化したことについても違和感を感じておらず(62)、逆に政府は宗教の重要性を軽んじて「宗教無視の制度」(63)を進めていると認識した。明治政府は抵抗権の思想的基盤となっているキリスト教を警戒していたが、小崎はそれが民衆の中で広まった誤解であって、政府はキリスト教を危険視していないと理解していた。このような政府に対する楽観的な姿勢は、教育勅語の発布後三ヶ月後に起こった内村鑑三の不敬事件に対する対応で顕在化している。多くのキリスト教会の指導者が内村とキリスト教擁護に筆を執ったのに対し、小崎は沈黙し、後になってから次のように述懐した。

此《この》衝突が實際原理の上に於てあるべき筈なく、又事實の上にも現れた事がなく、唯《ただ》想像上の衝突で世人が斯くあるであろうと誤解した所より起たものである。(64)

小崎はこの事件を人々の想像が引き起こした「妄想的衝突」(65)と受け止め、信仰的にも神学的にも深刻な問題を感じていなかった。この点、植村正久たちが危機意識を感じて連名で「敢て世の識者に告白す」を寄稿し、「皇上は神なり。之に向って宗教的礼拝を為すべしと云わば是れ人の良心を束縛し、奉教の自由〔信教の自由〕を奪わんとするものなり……吾輩死を以て、之に抗せざるを得ず」(66)と述べたのに比べて、両者の感覚の差は歴然としている。「基督教と皇室」を著した時には天皇を生きた神のように受け止める傾向に危惧を感じていた小崎が、わずか数年で少なくとも著述においては、この感覚を失っていたのである。

小崎は日本において天皇を神格化する動きがあったことを知っていたはずである。たとえば、彼はバジル・ホール・チェンバレン（一八五〇―一九三五年）が書いた「新宗教の発明」という論文を読んでいた(67)。日本に長く滞在し、帝国大学で教鞭も執ったことのあるチェンバレンは、論文の中で国家神道の仕組みを鋭く見抜き、「新宗教とは天皇禮拜《れいはい》即ち日本崇拜で忠君愛國はその唯一の信條である」(68)と指摘していた。これを読んで小崎は、「チエムバアレインの評論はよく時弊《じへい》に適中して居る事は明かで、我國に力ある宗教ないが爲め當局者《とうきょくしゃ》が近年宗教の代用として教育に政略に信教思想の自由と相容れざるが如き方策を取った事は明白で、此の一點《いってん》は我が當局者は勿論我國民一般の深く考えねばならぬ所である」(69)と信教の自由の立場からある程度チェンバレンの主張に賛同していた。ここで言う「一点」とは教育勅語を指しており、これを「明治天皇の敬神の精神に出たものであることはその文面に明かな所である」と述べているように、彼は教育勅語に皇祖皇宗に対する宗教的要素があることを認めていた(70)。にもかかわらず、彼が内村の事件を信仰の危機と認識しなかったのは、明治政府の神社非宗教化政策をそのまま受け止めていたからである。彼は言う。

我國從來の制度にては神社は神道の本家であって、それぞれ神道各派の本尊の安置せらるゝ處《ところ》であったが、明治十四年十月内務省乙第四十八號達しにて神社と神道とを全然區別し神社をして宗教より取離した以來は神社を以て國家に功勞ある者、社會教育に有用なる人々を紀念《きねん》するの所と改めた。……此の如く神社なる者は宗教に全く關係なきものであれば宮司、禰宜《ねぎ》、社司《しゃし》、社掌《しゃしょう》等は佛教《ぶっきょう》家であっても基督教徒であっても差し支えない事になって居る。……故に神社を以て全く宗教と關係なきものとなし、如何なる宗教心なき人にても日本國民たる以上は神社の維持に任し、又之に對して相當の敬意を拂《はら》わねばならぬものとなしてある。(71)

小崎は政府の神社非宗教化政策をまともに受け止め、神社は宗教とまったく関係ないものであって、他宗教家であっても宮司になれると認識していた。神社は国家の功労者を記念する施設であるから、日本国民はこれに敬意を払わねばならないと主張した。そして神社非宗教の政策を通して、政府当局者と教育者は宗教的要素の重要性を無視していると判断した。したがって、国家における宗教的要素の必要性を主張し、そこにキリスト教による道徳教育という一石を投じようとしたのである。(72)この政治的動向に対するあまりにも楽観的観察は、今日から見るとキリスト教の存在意義を主張するための意図的な政治判断とも受け止められるかもしれない。しかし彼の判断には「宗教と教育」(73)をもって人間形成の手段へ導いた熊本洋学校のジェーンズの影響があることを見逃すことができない。小崎によればジェーンズは「熱心なる日本信者で、我國の將來《しょうらい》に對《たい》し最も大いなる希望を懐いて居た人」(74)であった。そのジェーンズを一九〇五（明治三八）年頃に訪問し、次のような言葉を彼から聞いている。

今後世界文明の指導の任に當《あた》る者は日本であろう。日本は唯亞細亞《ただアジア》の盟主となるばかりでなく、世界を率ゆるものとなるであろう。之と同時に日本の基督教は思想上に於ても、精神上に於ても、歐米の基督教に超越し、世界の基督教會を指導するに至るであろう。(75)

ジェーンズの子女たちが「狂人の如く取り扱うた」これらの言葉を、小崎はまともに受け止めた。(76)そしてジェーンズの影響を通して、儒教や仏教が日本で大成したように、キリスト教も「日本精神と融合」することによって「完成」すると考え、その特徴を五つ挙げた。(77)

（一）神道の神隨《かんながら》の教《おしえ》と絶對服従の信仰とは是の歸《き》する所《ところ》同一である。
（二）忠、孝、殊《こと》に忠義の精神は基督教の神、キリストに忠なる所に於て全うせらる丶のである。
（三）我國の家族制度に於て犠牲獻身《けんしん》の精神が大に學ばる丶のである。
（四）武士道が基督教によりて彌々《いよいよ》清めらる丶のである。
（五）我國民の美術心は基督教によりて彌々《いよいよ》聖化せらる丶のである。(78)

小崎のキリスト教信仰の神は日本精神と完全に融和し、ジョン・ヒックが指摘した宗教的多元主義あるいは宗教的包括主義のようなものになっている。(79) 要するに、皇室の皇祖神もキリスト教の神も同一であり、「天地宇宙の主宰たる獨一《どくいつ》の神を指す者であって、決して他に神あるを云うのでない」(80)といった理解をする。したがって、小崎はキリスト教が日本の国体と調和すると主張した。その結合の方法を彼は次のように言う。

> 我國體《こくたい》は、神道主義である様に見ゆるが、其の神を宇宙の主宰たる基督教の神に結びつけ、これを基督教化することは、決して困難ではあるまいと信ぜられる。……基督教の思想にて、我國體を、宇宙萬有の主宰なる獨一の神の導きに依《よ》ると做《な》し、これが攝理《せつり》に出でたとすることは、寧《むし》ろ自然の解釋であって、比較的容易なことである。殊に從來の勅語に見ゆる神明の思想や、又は明治大帝の御製《ぎょせい》にある敬神の精神の如きは、基督教の信仰と然程逕庭《けいてい》ある〔かけ離れている〕ものではないのである。(81)

ここに至って、天皇を神格化することへの警戒心や抵抗権の思想的根拠は完全に喪失しており、キリスト教信仰そのものが聖書的な理解から逸脱しているため、人権思想を生み出す「宗教的確信というエネルギー」をも失われている。けれども、小崎に現れたこの問題は彼一人の問題ではなく、現代においても問いかけるものが多くあるだろう。思想史的に洞察すれば、二〇世紀後半に流行した宗教的多元主義は日本の土壌に染み込みやすいが、一方でその思想の内実は抵抗権の確立を困難にし、人権の障害として効果的に機能する側面があることを物語っている。深刻なことは、安直にこの思想（宗教的多元主義）に手を伸ばした日本の思想家や神学者がこの事実に気づいていないことであろう。この点については最終章でもう一度取り上げる(82)。

政教分離社会における宗教と教育の問題

小崎に話を戻すと、彼は日本の宗教心のキリスト教化の手段として「宗教と教育の結合」を主張した。彼は言う。

> 如何にして宗教と教育の結合を計るべきか、第一は政治と宗教の結合を計ると同じく、双方其の分界區域《くいき》を明確に守ると同時に、その権威と職務を互に認め、相扶《あいたす》け相待《あいまっ》て國民教化の任務を全うすることである(83)。

彼は、道徳の国民教化を宗教教育によって担うことを主張するのであるが、それを政府公認において実行することを提案した。その際に、日本のように多くの宗教が存在するところでは道徳を担う宗教を一つにすることが困難であるので、次のように提案した。

> 兩者《りょうしゃ》互に其の權威と職務を認めて双方其分界を守りて活動することが肝要である。卽ち之を實際に施すと

きは教育家に於て如何なる宗教を奉ずるも其信仰の爲めに其の職務を妨ぐ可らざる事である。(84)

彼は道徳教育を行うにあたり、どの宗教を用いるかを教育者に委ね、信仰が理由で職務を妨害されることのないように訴えた。この時に、私立学校ではない国立学校において、どの宗教を選ぶかの基準については明確にされていない。さらに、宗教教育の領域を国立学校にも広げ、政府主導の公認宗教で行うことで、政教分離の原則に触れる危険性があることに問題を感じていない。その理由は日本に国家の宗教がないと考えていたからであろう。したがって、国家が宗教の必要性を認めることを求めていた小崎は、政府主導で開催された「三教会同」を高く評価したのである。三教会同とは、一九一二年二月二五日に教派神道、仏教、キリスト教が合同して国民道徳の振興に協力するために開かれた会合であるが、小崎はこの会を次のように評価する。

然してこの宗教政策が更《さ》らに茲《ここ》に一歩を進めたのは第一、我が政府の當局者が公然宗教の必要とその權威とを認めたことである。第二は基督教に對する態度を明にし之を他の神佛二教と同一に取扱うに至ったことである。第三は社會道徳を進めその風教を維持振興する上に於て宗教と教育の關係を親密にし、互に相扶《たす》け共に進まざるべからざる事を當《とう》局者が認めたことである。(85)

他のところでも、「國家が公然宗教の必要なるを認めたのは教部省廢止以來始めての事で、實に重要なる事件と認めざるを得ない」(86)と述べているように、小崎が求めていたのはキリスト教が政府に認められることであった。それは江戸時代から邪教とされたキリスト教が社会的市民権の取得を急務としたことを考えれば理解できないことではない。それにしても、彼は政府や皇室からの公認を誇りにし、皇室から「基督教の代表者として」ただ一人招待され金杯を賜ったことを自慢げに語っていることからも、政府に近い位置にいることを重視する小崎の迎

合ぶりが垣間見えるのである。(87)

実際の三教会同に目を転じれば、仏教界からの批判も激しく、パフォーマンスに終わったとの評価が妥当である。(88) また、真相は定かではないが、そもそもこの会自体が諸外国に対してキリスト教への寛容な姿勢を示す政治的メッセージとして行われたという見方もある。(89) さらに、これを推進した床次《とこなみ》竹二郎が「尊王愛國の精神に歸趨《きすう》せしむる所以たるべく(90)」と言っていることからも、これが天皇主権の国体を翼賛することであったことは明らかである。この開催にどのような政治的思惑があったにしろ、この会にキリスト教を敵視し、かつて内村鑑三を攻撃した井上哲次郎が参加していたことは、国家の一つの判断を物語っている。それは、キリスト教が国家の圧力によって日本的習合と同じような性格を持つようになり、もはや抵抗思想を生み出す存在でなくなったと認識されたということである。実際に、この後キリスト教会も挙国一致で突き進んだ十五年戦争へ足並みを揃えていくのである。

明治憲法の信教の自由に基づき、神社非宗教化に疑問を抱かず、宗教による道徳教育にキリスト教の存在意義を求めた小崎が、潜在的に国粋主義への方向性を持っていたにせよ、国家に懐柔されたにせよ、彼は、「宗教夫《そ》れ自身が之〔日本の国体〕に同化(91)」することによってキリスト教が勢力を得ると考えた。『政教新論』を執筆した初期の時代には、目的としての「同化」を次のように語っていた。

余が我國將來に於て深く望む所は、天皇陛下を始めとし上にありて政權を握る凡ての有司百官の基督教を信じ、之にて一身の救を全うするは勿論其教《そのおしえ》の精神を以て其政を行わん事なり。之を望むと同時に政權を以て教事に干渉するなく教會を以て自由に發育せしめんことを望まざるを得ざるなり。(92)

おそらく、ここに示された日本の支配者層へのキリスト教感化による日本再建の展望は、彼の後半生においても意識されていたと考えられる。その手段として提案した道徳教育は目的遂行のため政府主導型に変わり、キリスト教は日本精神と融和し、彼の主張は当初危惧を抱いていた政教分離の原則に抵触していった。

この事実が突きつける重要な問題提起は、小崎の進んだこの方向性が戦後日本の占領政策を進めたマッカーサーの日本のキリスト教化と同様の構造を持っていることである。第二次世界大戦後、空前のキリスト教ブームを起こしたマッカーサーの宗教政策とその評価は別に研究を要するほど大きな課題であるが、占領軍内で議論となった一つのジレンマは、キリスト教教育政策と政教分離の原則であった（終章参照）。しかし、よく考えてみると天皇制護持を前提として強力に進められたマッカーサーのキリスト教政策は、構造的に小崎と同様の矛盾を抱えており、初めからキリスト教信仰が骨抜きにされる危険性を有していた。その証拠に、今日の日本においてキリスト教化すると思われたあのキリスト教ブームの面影はなく、むしろ無宗教を自負しながら初詣や七五三等、無自覚に生活習慣へ神社神道が浸透し、地鎮祭や神棚設置等、行政機関における神道儀式が定着している。それは明治政府による宗教政策が戦後も一貫して残されていることを意味する。「日本型政教分離」の仕組みを明らかにした安丸良夫は次のように暗示している。

明治初年の神政国家に類する構想や宗教性のつよい神道国教主義は、文明開化の時代相の中でいそいで撤回され、祭祇儀礼を中心とした神社神道がそれにかわったが、天皇の神権的絶対性を強調することで民族国家としての統合をはかるという基本戦略は一度も放棄されたことはなく、またそれゆえに神道と国家との特殊な結合が失われたこともなかった(93)。

この基本戦略は、近年の憲法改正の機運とともに法制化へと動きを加速している。しかも、二〇一八年度から始まった道徳の教科化とキリスト教学校の聖書科の関係を考えるとき、小崎を通して見えてくる時代の問題はそのまま現代的課題を持っているように思われるのである。この点についても最終章で触れることにしよう。

終末論なき神学思想

最後に、人権思想の観点から小崎の神学的な問題に目を向けよう。明治初期において優れた神学的洞察力を持ってキリスト教界を牽引し、「新神学」の影響に動揺することなくキリストの神性を認め、自由と平等の根拠として創造論と贖罪論に基づくキリスト教人権思想を展開した小崎は、不思議なことに抵抗権に関わる発言が極めて少ない。無署名で寄稿した「基督教と皇室」において天皇を生ける神とすることに抵抗すべきとする一節があったが、以後この文言は似たような論説においても抜け落ちていく。この特徴は彼の神への服従に対する終末論的感覚の欠如と関係があるだろう。

小崎は「基督教と皇室」の中で初代教会と同じ論理を用いていたが、初代教会においてキリスト教が帝国の秩序維持と世界の保持に貢献すると説いたとき、神学的にキリストの再臨が不必要になるという終末論の問題があった。その点イギリスのピューリタンたちは、審判を伴う終末論的な神の臨在の感覚を有しており、国王の命令に抗して神に従う信仰を貫こうとしていた(94)。しかも、それは強迫的な禁欲的精神によるのではなく、救済体験の中で人々を神へと積極的に応答させたのであり、救済者と審判者が一体となっている終末論的感覚の中で、恩寵に支えられて主体的な意志から倫理的行動を選び取ったのである。ところが、同じルーツを持つ会衆派教会に属していながら、小崎には「基督教と皇室」で触れた一点を除いてこの感覚がほとんど見受けられない。たとえば、神の国について次のように述べている。

然るにキリストは死後の生命の存在の正確なる事を教え給うたばかりでなく、自ら死して後復活して弟子等に現われ來世の實在の正確なる事を示し給うた靈魂不滅の信仰は神の存在の信仰と共に基督教信仰の二大柱である。……吾人にして神とキリストを信じ来世を信ずることを得ば、吾人は如何なる逆境に處しても又如何なる災難に遭うても、決して失望落膽《らくたん》することなく其心は何時も平安喜樂に滿ち居るを疑わない。國民は斯の如き教養を與うる事をせざれば、爭《いか》でその地位に安じてその業務に勤勉せしむる事が出来るであろう。[95]

キリスト教の復活信仰を「霊魂不滅の信仰」として理解しているところですでに神学的な問題を孕んでいるが、[96]「安じてその業務に勤勉せしむる」という仕方で倫理化した神の国思想に神の審判に対する感覚を見出すことはできない。同様の問題は彼のフォーサイス神学への言及にも表れている。小崎は、ピューリタニズムの精神を自覚的に継承して贖罪信仰を重んじたイギリス会衆派神学者のフォーサイスから多くの影響を受け、その著作を紹介しているが、そのリストの中に最も重要な代表作『聖なる父』を挙げていない。[97] フォーサイスの名を世に知らしめたこの説教は、審判を伴う神の聖性を明らかにしたもので、神を神とする聖なる服従を人間に創造するところの十字架のキリストによる神への服従を語ったものである。[98] フォーサイスの贖罪論も倫理思想も、そして神の国についての考察も神の聖性と恩寵に基づいていた。ところが、抵抗権の思想的根拠に重要な神への服従に直結するフォーサイスのこの部分に理解を示さないのである。

さらに小崎の神の国理解は日本精神と融和し、次の言葉で明らかなように、もはや聖書の信仰とかけ離れており、混乱したものとなっている。長いけれども、彼の理解をよく表している言葉なので引用する。

我國は神國であって我皇室は天孫である。その國體は他の國と其趣きを異にし、皇宗皇祖の開き給うた世界無比の國體である……宗教的に之〔記紀神話〕を見る時は我國が神國であって、特別なる恩寵を受けて居る國であると信ぜざるを得ない。而して此の如き信仰は決して基督教の信仰と衝突せないばかりでなく、基督教の信仰によって反って確立せらるゝのである。……つまり天地宇宙の主宰たる獨一の神を指す者であって、決して他に神あるを云うのでない。されば我國が神國であって其皇室が天孫であり、其國體が特別なる國體であると云う事は決して吾人の信仰と衝突すべき者でない。唯《ただ》吾人は神國を以て我が國ばかりでない、他の國も神國であり、否世界中は一として神の國であらざる所はないとするのである。又我が皇室のみが天孫であるばかりでなく、何れの皇帝も何れの國王も天孫であらざるはない。……然れども同じく天孫でも其使命は人々によって異なって居る。我天皇陛下に於せられては世界列國の間に特別なる使命を有する我國民の上に神命により君臨し給う御方にてあれば、吾人が天皇陛下に對《たい》し我皇室に對し特別の尊敬を拂《はら》い日々特別の祈禱《きとう》を棒ぐ可きは當然《とうぜん》の至りである。基督教信徒日々の祈禱は勿論日曜日禮拝《れいはい》の祈禱に於ても先ず第一に皇室の爲め祈禱を捧げねばならぬ。(99)

これらの言葉からわかるように、日本精神と融和した彼の神の国理解は、キリストによる十字架の贖いなしで成り立っていた。もちろん、彼は日本の神と神の国観に適応することで内側からキリスト教化しようと意図していたのであるが、現実は日本精神に飼い馴らされ、結果的に国家体制の強化に仕えたのである。そして、終末論的緊張なき神への服従は、抵抗権の思想的基盤を失い、極端な現世中心の倫理主義化をもたらしたのである。

優れた神学的洞察力を持ち、才能にも恵まれていた小崎が、時代と社会に同調し、欧米型人権の継承者として抵抗権の確立に力を発揮することができなかった要因の一つに終末論的感覚の欠如を問うことは、現代のキリスト教界の課題を考える上でも重要なことであろう。支配者に勝る存在を根拠にして起こる抵抗精神を恐れていた政府は、終末論的感覚の強い集団に脅威を感じていた。為政者たちは抵抗思想と終末思想のつながりを、学問的な知識ではなく、政治的な感覚から認識していた。厳しい弾圧の中で信仰を捨てなかったキリシタンたちが獄舎の中で「パライソ（天国）へ参ろう」と神を賛美していたことは、彼らを驚愕させたであろう。また太平洋戦争中、キリストの再臨に対する感覚を強く持っていたホーリネス教会に政府が弾圧を加えたことも、これと無関係ではないであろう。逆に言えば、その感覚を有していなければ政府にとって問題とならず、抵抗権の思想的確立にも貢献しない可能性が強いということである。つまり、為政者を脅かすものは聖書の神を神とする信仰であり、人間である君主を相対化できる存在への信仰なのである。もちろん、どの時代においても人々を惑わす非聖書的で過激な終末思想が起こり得る。したがって、常にそれが聖書的であるかが問われ、神学的思索が求められるのであるが、「人間に従うよりも、神に従わなければなりません」（使徒言行録第五章二九節）という告白に生きる神への服従と終末論的緊張の有無の問題はそのままキリスト教会の今日的課題としても認識されるのである。

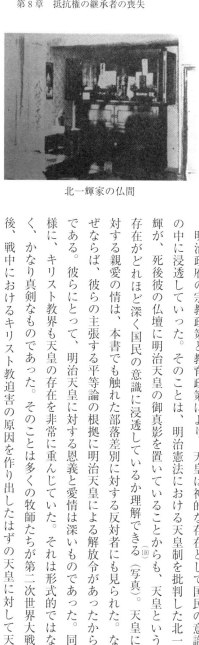

第三節　天皇とキリスト

第一項　国民意識への天皇の影響

北一輝家の仏間

明治政府の宗教政策と教育政策により、天皇は神的な存在として国民の意識の中に浸透していった。そのことは、明治憲法における天皇制を批判した北一輝が、死後彼の仏壇に明治天皇の御真影を置いていることからも、天皇という存在がどれほど深く国民の意識に浸透しているか理解できる[100]（写真）。天皇に対する親愛の情は、本書でも触れた部落差別に対する反対者にも見られた。なぜならば、彼らの主張する平等論の根拠に明治天皇による解放令があったからである。彼らにとって、明治天皇に対する恩義と愛情は深いものであった。同様に、キリスト教界も天皇の存在を非常に重んじていた。それは形式的ではなく、かなり真剣なものであった。そのことは多くの牧師たちが第二次世界大戦後、戦中におけるキリスト教迫害の原因を作り出したはずの天皇に対して天皇擁護を訴え、涙ながらに深い敬愛の念を示したことにも表われている[101]。この事実はキリスト教界外の歴史家にとって「天皇とイエス・キリストを調和させていた[102]」ように映り、天皇制国家体制の中での不可解な現象の一つとして受け止められた。牧師たちが天皇を神的存在として受け止めていたかについては検討を要する疑問が多々あるが、深い愛情を持って敬意を示していたことは確実である。そして、天皇の存在とキリストが精神的に両立し得る仕組みは、思想的に抵抗権の確立を阻む要因となり、人権の歴史形成力を持ったプロテスタント的要素の喪失にもつながった。

第二項　植村正久

天皇に対する親愛の情と敬愛の念は明治初期のキリスト教徒が共通に抱いていたものであった。たとえば、明治キリスト教界の代表的指導者であり、英米の神学を自覚的に吸収しながら自由民権運動の欠点を見抜き、キリスト教的抵抗思想を生涯失うことのなかった植村正久にも見られるのである。植村は神的存在としての天皇を否定していた。それは、先に触れた連名での寄稿文「敢て世の識者に告白す」にも表れている[103]。彼は内村鑑三の不敬事件に際して、「何故に今上陛下の勅語にのみ拝礼をなすべきや[104]」と述べて、信教の自由を擁護すると共に内村の行動を弁護し、政府に抗議の声を挙げた。また、一八九三（明治二六）年に寄稿した「今日の宗教論および徳育論」では、抵抗権に関する重要な発言をした。

　キリスト教徒は国民の一人として政府に服従するの義務あるを知ると同時に、神に対するの義務あるを確信するものなり。キリスト教徒は……厳然たる上帝〔神〕に対するの義務を重んずるに由りて、良心の自由を固執し、信教の権利を維持し、神と人との別を明らかにして、世に立たんことを期するなり[105]。〔傍点原著〕

彼は、神への服従が人間である支配者への義務より上位にあることを根拠とするプロテスタント的抵抗権の思想を主張していた。つまり、植村は日本における欧米型人権思想の数少ない継承者であったのである。しかも、「キリスト教信徒の権利自由の観念は、最も従順なる十字架に由りて喚発せられたり」(106)と述べているように、植村の抵抗権思想と人権思想は贖罪論的基礎づけがなされていた。これが意味することは、欧米の人権法制化に貢献したアメリカ建国の父祖たちが持っていたキリストの神性という課題と小崎弘道に見られた終末論的課題を克服しているということである。実際に、皇室祭祀と結びついた国家神道の動きに対して「神社は宗教ではないか」と何度も警鐘を鳴らし、発禁処分になっても「今もなお時々細いながら声を揚げつつある。出来るだけその機会を取り脱がさないようにして居る」と、姿勢を崩すことがなかったのである(107)。

以上のように、天皇の非神格化と国政の非宗教化を主張した植村は、国体としての天皇神権政治を批判していたが、一方で明治天皇には深い敬意を示していた。たとえば日露戦争後、明治天皇の誕生日を祝す寄稿文「天長節」(一九〇五年)において、「余輩は五千万の国民と共に、満腔《まんこう》の敬愛をもって陛下のために神に感謝し、その祝福皇室の上にますます優渥《ゆうあく》ならんことを祈る」(108)と述べていることからも、彼の天皇への敬愛の念が理解できるだろう。植村の天皇への思いは、武士としての忠誠心が残存しているというよりも、明治憲法によって信教の自由を確立させた明治天皇への感謝の念から来ている。たとえば日清戦争の最中に投稿した寄稿文「天長節」(一八九四年)では次のように述べている。

> われらキリスト教徒は時に世の頑冥《がんめい》の徒に困《くるし》めらるること無きにあらず、また種々の方面において幾分か動作を抑えらるるの感あるを免れずといえども、信教自由の大義炳《へい》として帝国の憲法に掲げられ、静かに上帝に事《つか》うることを得たり。キリスト教徒はこの点において深く陛下の聖徳を感戴《かんたい》す(109)。

　ここで言い表されている天皇への感謝の念は植村に一貫している。先に触れた日露戦争後の「天長節」でも「日本のキリスト教徒は陛下の御宇《ぎょう》（天皇の治世期間）において、信教自由の保障を与えられ、安らかに神を信じ、道を伝うることを得たり」と述べてその栄誉を称え、「陛下の臣民忠良の誠意いよいよ深く」なると述べて皇室の上に神の祝福を祈っている。[110] 要するに、植村は信教の自由を保障する根拠として明治憲法と明治天皇の存在を非常に重視していたのである。したがって、信教の自由を侵害するような動向に対しては、君主に関することであっても「政治上の君主は良心を犯すべからず、上帝の専領せる神聖の区域に侵入すべからず」[111]と批判し、国政に対しても「政府筋から神道を奨励《しょうれい》し、甚しきは強いて之に與からしめんと企つるは、信仰の自由を妨害することで、帝國の憲法にも牴觸《ていしょく》する不都合な行爲と謂《い》わねばならぬ」[112]と激しく攻撃した。別の見方をすれば、植村が社会的発言の中で天皇の神格化を否定できる唯一の根拠は、信教の自由を保障した明治憲法第二八条であったということである。それはキリスト教弾圧が厳しい時代において当然の戦術であり、他のキリスト教徒も同様に主張した。それゆえ、内村の事件において「吾輩死を以て、之に抗せざるを得ず」と述べたときも「帝国憲法を蹂《じゅう》躙《りん》するものなり」と明治憲法を盾にとって主張していた。[113] 明治天皇はその明治憲法を成立させた存在として常に重んじられていた。

　信教自由を保障した明治天皇への敬愛の念は、植村だけでなく、当時のキリスト教徒が共通に抱いていた心情であった。けれども、原理的に言えば、宗教的性格を帯びた天皇の存在は信仰者の立場を難しくさせる。明治政府は天皇神権による宗教政策を行っており、植村たちも「皇上は神なり」という認識があることを知っていたので、神的存在としての天皇とキリスト教信仰は本来相容れない関係のはずであった。明治憲法第二八条が保障する信教自由も、皇祖皇宗および天皇の霊をまつる神社等に対して不敬の行為をしない「臣民たるの義務」を犯さない限りという条件付きなので、キリスト教信仰を貫くならば衝突は避けられない。しかし、天皇への敬愛と神社非宗教化政策はこの事柄（天皇の神性）を曖昧にした。土肥昭夫は、明治政府の宗教政策が植村にも影響しており、「植村の中にもこれを受け容れ、その精神的秩序の中に無意識のうちにのめり込んで行くような体質があったことを示唆する」(114)と分析している。逆に言えば、明治政府の政策はそれほど効果的に国民に浸透したのである。

いずれにしても、国体への違和感と国体を基礎づける天皇への敬愛という構図は、明治政府始まって以来今日まで一度も崩されたことはなく、責任と問題の所在を不明確にし、判断を曖昧にさせてきた。この仕組みの中でキリスト教界は、指導者たちの積極的な天皇敬愛によって判断力を失い、厳しいキリスト教弾圧を通して萎縮させられ、抵抗思想を生み出したプロテスタント的感覚を喪失して行き、無自覚に天皇神権の国家体制を支える方向へ舵を切ったのである。

第三項　本多庸一

この傾向を示した人物の一人が青山学院院長を長く務めた本多庸一である。(115) 本多は自由民権運動の指導者として挺身した数少ない牧師・伝道者の一人である。年齢的に植村より先輩で、植村にブラウン塾で学ぶきっかけを与え、(116)横浜バンドにおいて「大将株の人」であった。(117)彼はまたキリスト教伝道者・教育者であると共に、優れて政治家の素質を有している人物であった。雑誌『太陽』の主筆鳥谷部《とやべ》春汀《しゅんてい》は「今こそ彼は基督教の一牧師として其の名太《はなは》だ顕《あらわ》れずと雖《いえど》も、其の天分は寧ろ政治家として最も卓越したる人物なり」(118)と評している。実際に、第一次桂太郎内閣（一九〇一―一九〇六年）の時に首相と面談する等、元老や総理との人脈を持つ数少ない政治的なキリスト教徒であった。(119)そのことは、一九一二年の三教会同でプロテスタント教会の代表者の一人として参加し、重要な役割を担ったことからも理解できるだろう。

本多も、植村と同じように、信教の自由を保障した存在として明治天皇に親愛の情を抱いていた。その論理を仙台のメソジスト教会（仙台美以教会）で行われた「献堂式説教」で次のように示している。

日本帝國が基督教を撲滅して已來《このかた》殆ど三百年、明治の初年に於て突然として邪宗門禁制の高札を隠し、明治二十二年憲法發布《はっぷ》せられて信教の自由確定し、今や全世界稀有の信仰自由安全なる國となれること殆どクロス王の故事に髣髴《ほうふつ》たり。上帝エホバ〔神のこと〕我皇《きみ》の御心を動かし給いければ云々と云わんも、甚だしき杜撰《ずさん》とは云い難からん。(120)

本多は旧約聖書エズラ記にあるペルシア王キュロス（クロス王）と明治天皇を重ね合わせて見ている。エズラ記によれば、神はペルシア王キュロスの心を動かして、イスラエルの民をバビロン捕囚から解放した（エズラ記第一章一節参照）。同様に、長年迫害されて来たキリスト教が明治憲法の信教の自由を通して解放されたことは、神が明治天皇の心を動かされたのだと受け止めている。ここから本多は「皇室の天祐《てんゆう》」という言葉で、皇室を通して神が助けを与えてくれたという理解を主張した。

皆我が皇室の天祐の厚きを證《しょう》せずんばあらざるなり。幕政三百年の鎖國は實《じつ》に基督教に關すること尤《もっと》も多し。今や維新以來僅かに四十年。吾人基督信者も他の舊來《きゅうらい》の宗派と一視同仁の保護自由を享受するは實に是れ世界の偉觀《いかん》なり。敢て基督信者の自由のみを謂はず、曾《かつ》て宗教の地位に在りて重大なる待遇を蒙《こうむ》れる神道佛教も共に一種の宗教として平等の待遇を受くるに至りては更に驚くべきことなりとす。信教自由を誇稱《こしょう》する歐米列强に於ても、我が國に勝りて各宗均等の待遇を受くる者あらざるなり（北米合衆國を除きては）(121)。

本多は、三〇〇年続いた鎖国時代のキリスト教迫害からの解放を信教の自由の保障に見ており、それを実現した「皇室の天祐」の証しを呼びかけている。さらに、日本において実現された信教の自由が、アメリカを除いて、西欧世界のそれより優れていると評している。その理由は、キリスト教と他宗教〔神道と仏教〕を平等の地位に置いたことにある。歴史において君主がある宗教を認める場合には、君主自らがその宗教を信仰することが前提となり、それ以外の宗教宗派は結局抑圧されることになる。けれども、日本ではそれが起こらなかったと高く評価するのである。

我明治の信教自由は全く之〔西欧の信教の自由〕と異り、政教別途の原則を重んじて新舊共に平等なり。皇室とは毫も關係なし。信敎自由の日本臣民に於けるは純粋自由なり。……純粋なる信敎自由の郷に在りて純粋に宗敎道徳を學ぶの便あること、日本に於ける基督信徒に過ぐる者之を何處にか求んや。是れ皆我皇の天祐の下に吾人に賜う所なり。故に曰く日本臣民にして尤《もっと》も高尚にして尤も大なる恩澤《おんたく》を今上陛下より蒙《こうむ》れるものは基督信徒なりと。宜しく誠忠の心を懷いて正義を實行し、仁愛の道を施して其の高恩に報ずることを圖《はか》るべし。[122]〔傍点筆者〕

この文章で明らかなように、本多の日本における信教の自由の認識は不正確である。本多は皇室祭祀と結びついた神道の非宗教化という明治政府の宗教政策を見抜いていない。したがって、「皇室とは毫も關係なし」と述べて、宗教と皇室との関係を完全に否定している。確かに形式的には皇室祭祀と結びついた神道を非宗教化して宗教の上位に位置させることで政教分離を果たしているが、現実は「日本型政教分離」という仕方で、政教分離も信教の自由も確立してはいなかった。もちろん、この時代にその仕組みを完全に理解できたものはいないのであるが、多くのキリスト教指導者たちは弾圧を通してその違和感を感じていた。けれども、本多は他のキリスト教徒と違ってここに違和感を感じることなく、日本の信教自由を賞賛し、これを実現した皇室を重んじるのである。

吾人の皇室に於ける關係は簡単にあらず、血統功勞仁政等種々あれども、尤《もっと》も重んずべき一はこゝに掲げられたり。即ち天祐天意のあるところなり。而して基督信徒たる國民が國家に盡《つく》すの第一義は、天祐に従《したが》って天意を實行《じっこう》するに勉むることなり。天意の尤も深くして急なるは、我が同胞を救いて永生に入らしむるにあり。(123)

キリスト教徒と皇室の関係を、信教の自由の確立を根拠とする「天祐天意」で結びつけた彼は、同様の論理で天皇とキリストを両立させた。つまり、天皇を通して神の助けが実現し、天皇に従うことによって日本人を救済し永遠の命に導くことがキリスト教徒の使命であるとしたのである。これは幕末の一君万民による忠誠理念と非常に似た論理構造を持っていた。幕末の思想は、幕府に従うことがすなわち天皇に従うことであるという論理で、実際には直属の君主に従う道を可能にした。本多の主張は、天皇に従うことは神に従うことであるという道筋をつけたのである。以上のようにして皇室とキリスト教信仰を両立させた本多は、歴史観においても伝道方法においても、皇室中心で考えた。

傳道者《でんどうしゃ》信者が社會に生活し、日本を通して世界に利益を與《あた》えんとするには、日本帝國は何を中心として立って居るかを說かねばならぬ。それは外でもない、皇室中心である。(124)

日本の宗教システムを理解できなかった本多は、天佑天意の論理でキリストと天皇を結びつけ、天皇へ忠誠を尽くす道を拓いたが、彼はそれをメソジスト教会の『宗教箇条』において法的に定めたので、教会がこの路線から引き返すことが不可能なほど国家と歩みを共にさせる道を敷いてしまった。それは『宗教箇条』第一六条に加えた以下の文言である。

我等は聖書の教うる所により、凡《すべ》て有る所の權は皆神の立て給う所なるを信じ、日本帝國に君臨し給う萬世一系の天皇を奉戴《ほうたい》し、國憲を重んじ、國法に遵《したが》う(125)。

この条文の前半は新約聖書ローマの信徒への手紙第一三章の「今ある権威はすべて神によって立てられたもの」という言葉から来ている。問題の後半は、「日本人固有の信操《しんそう》にして教育勅語の一節を以て之を結べるなり(126)」と述べるように、教育勅語から来ていた。

六百萬の生徒は學校に居るが皆萬世一系の天皇の下に皇室中心の國家的教育を受けて居る。之を措《お》いて日本の中心はない。我々は此の皇室中心を尊重し、國家の事を考え、帝國の利害を教壇より述ぶる必要がある(127)。

この文章から、神的存在としての天皇を民衆に認識させようとした明治政府の宗教政策と教育政策がいかに効力を発揮して国民意識に浸透していたかが理解できるだろう。本多は、教育現場と同様に、皇室中心で福音伝道と教会形成を考え、礼拝説教でもこれに従うことを求めた。特に日清日露戦争が始まり、戦争受容を語る必要に迫られた時、「今日は奉天の戦である(128)」と述べて、本多の皇室中心路線はさらに国家迎合の様子を呈した。確かに、聖書には君主に従うことを勧めているが、プロテスタント教会には神に背く行為に対して抵抗する権利意識があった。ところが、天佑天意の思想はこの感覚を喪失させ、判別不能に陥らせた。それを如実に示しているのが「萬世一系の天皇を奉戴」する姿勢である。日本固有の伝統である万世一系の天皇を重んじるということは、単なる君主の永遠統治を謳うにとどまらず、天照大神から続く皇祖皇宗と結びついており、国粋主義的になるということでもある。問題は、国粋主義的なものとキリスト教信仰がなぜ両立できるのかということである。彼は以下のように考えた。

　第一に考えて居るのは、新日本になりましても矢張り從來の國粹《こくすい》を保存して之を啓發《けいはつ》しなければならぬと云うことであります。其の國粹と申すのは外でもありません。即ち敬神の道であります。抑《そもそ》も日本帝國の基礎は何であるかと云えば、神に事《つか》えると云う事であります。日本の一番古い話は神の外はありません。此の國は神の事で始まった國柄であります。政治は神を祭る事である。天下國家を治むる事も倫理道徳も神を祭ることであります。此處《ここ》が日本の國粹であります。皇室の歴史を研究しても、神の話を取除いたら何もない。神を敬い神に事うるの道を除外すれば、日本の國體は其の土臺《どだい》から動揺いたします。[129]〔傍点筆者〕

本多は日本の伝統に基づく固有な美点を「敬神の道」と捉えた。このときに万世一系の天皇理解が微妙なのであるが、基本的に天皇を神的な存在としては受け止めていなかったと思われる。もし天皇を神的な存在として受け止めていれば、彼の論理は破綻するからである。むしろ、天皇も神に仕える君主として受け止めていたのであろう。そして、国体の土台を堅固にする敬神の道に最も適したものがキリスト教であると主張するのである。仏教・儒教も精神世界や倫理道徳に力を発揮したけれども、敬神に関しては「何も無かったと申さねばならぬ」と述べ、教派神道においては何でも神にしてしまい、発達どころか混乱させたと評している。[130]そこで、文明発達の中で理性を重んじつつ、日本の土台である神を敬う心を養うことができるのはキリスト教信仰であると、キリスト教の存在意義を主張した。

以上のように、天皇敬愛と国体迎合へと向かったキリスト教界の一つの論理を、本多庸一を通して見てきた。本多の評価は様々である。確かにあの厳しい時代のキリスト教学校と教会の存続は、政治的に優れた感覚を有した本多のような稀有な存在なくしては難しかったであろうし[131]、政治的感覚の乏しい日本のキリスト教界を考えるとき、本多の存在は注目に値する。けれども、人権思想と抵抗権の文脈で考えるとき、本多の行動には大きな問題があったと言わねばならない。明治憲法における信教の自由を根拠にして天皇の存在を信じて疑わず、これに服従する仕方で神の意を行うと理解した本多は、抵抗権の思想を喪失したので暴走する国権への歯止めをかけられず、教会としても法的道筋を整えてしまったので、国家に迎合する道を突き進まざるを得なくなってしまった。これは、日本のプロテスタント教会が選んだ一つの道であるが、天皇を神の使者と見做した教会にとって、日本の国家が大国の清やロシアに勝利していく当時の感覚は、その時代を生きたキリスト者にしかわからないであろう。いずれにせよ、一方で天皇に対する敬愛の念を膨らませ、他方で国体に迎合するキリスト教界の指導者が活躍することによって、人権思想と抵抗権の確立に貢献したプロテスタント的要素は完全に機能不全に陥ってしまったのである。

これらの出来事が物語っていることは、天皇型人権思想の構造が、欧米から迫り来る人権確立のエネルギーを減衰させることに成功しているということである。抵抗権に支えられて信仰の自由を求めたピューリタンたちの運動は人権の法制化に向かわせたが、日本においてはキリシタンを通して現れたそのエネルギーが皮肉にも「日本型政教分離」の構造を生み出した[132]。皇室祭祀による天皇神権を絶対的価値としながら他宗教を容認する日本型信教の自由は、天皇の下ですべての存在を平準化する天皇型平等理念に基づき、忠誠を示す限りにおいて人権を認める天皇型人権を作り出した。この構造を支える天皇の神性に触れない限りは、生存を脅かされることがないので、人権を享受しているという錯覚を起こすが、抵抗する場合には非人間的存在として弾圧された。すなわち、天皇型人権の本質は、根拠を神的存在である天皇に基づかせているため、君主への抵抗権が思想的に確立できない構造を持っているのである。信教の自由の保障を天皇が確立したと受け止めた日本のプロテスタント教会もこの点で懐柔されていた。安丸良夫の次の言葉は歴史的に妥当な解釈であろう。

この「信教の自由」は、国体論的イデオロギーを人々がそれぞれにふさわしい「自由」を媒介として主体的に担うという大枠内でのことであり、キリスト教と民衆宗教と民俗信仰とは、この大枠の外にあるものとしてあるいは弾圧されあるいは編成替えされた。……文明と近代的民族国家の樹立という課題ともっとも旧い権威とを代表する存在として、国家が人々に迫るとき、一貫して全く別の立場を選び続けることは難しかった。そこでの人々の「自由」が、「個体を、抑圧的過程に屈服した形での〈自発性〉へと押しやる」（レオ・コフラー『革命的ヒューマニズムの展望』）という色彩を強く持っていたのは、ほとんど不可避のことであった。(133)

終章　日本における人権確立の課題と展望

第一節　問題の本質

本書では、第一部において人権思想が法制化していく過程にキリスト教の影響があることを見てきた。具体的には抵抗権の確立に関わっており、人間である支配者への義務より上にある神への服従に、抵抗する権利の根拠があった。この抵抗権の思想が君主による非人間的な扱いに抗い、人権理念の発展を支えていたのである。これを別の視点から述べると、人間には国の権力が侵してはならない領域がある。その領域への国権の歯止めとなる機能を社会的に発揮したのが抵抗権という思想であり、それがキリスト教の影響で法制化していった。この動きは信仰の自由を求める運動に始まり、その政治形態として政教分離、民主主義が求められ、様々な人権項目が法として定められていった。その思想的淵源をたどると、プロテスタントの聖書に従う「宗教的確信というエネルギー」に支えられていた。もちろん、この成立過程には政治的要素や動機が複雑に絡み合っていたが、欧米の場合にはそれに勝って歴史形成力の主体として宗教的動機が大衆運動の形をとりながら強く働いていた。第一部後半では、この思想史的影響が、植木枝盛、吉野作造、鈴木安蔵を通して日本国憲法の成立にまで及んでいることを明らかにした。この他にも、「五日市憲法」の起草者千葉卓三郎など優れた人権に関する私擬憲法を作成した自由民権運動家たちはキリスト教の影響を受けていた。人権の形成と発展にはキリスト教の影響があったのである。

けれども、日本においては、欧米で発展した人権思想の継承が困難となっている現実がある。初期の自由民権運動は政府の弾圧に屈してやがて継承者を失っていき、鈴木安蔵に受け継がれた憲法運動においても受け皿が育たず、時代ごとに断絶し、研究者の間では「ヨーロッパみたいにつながっていかない」[1]、「思想的受け皿がないために、民衆の伝統が伝統化されない」[2]ということが課題とされている。日本国憲法の制定に与えたキリスト教人権理念や欧米型人権理念の影響は潜在的なものであり、その後も歴史形成力の主体となる社会勢力は生まれず、国家の中に埋没してしまう傾向が強く見受けられる。この事実を言い換えれば、日本人は人権を理解できない性質を持っている可能性が強いということである。その要因の一つは抵抗権の根拠が思想的に欠如していることにある。

第二部では日本において抵抗権の根拠を確立できない要因とその構造原理を「天皇型平等」と「天皇型人権」の生成過程から明らかにした。そこで確認できたことは、日本の平等観が天皇という一君への忠誠において全国民を平準化するという天皇型平等の構造原理を持っていたことである。忠誠という要素を欠く場合、その存在は非人間として扱われた。天皇型人権は、これらの要素を含んだ一君万民の理念を通して、明治政府の宗教・教育・軍事政策により成立した。日本精神と異なる存在も、神的存在である天皇を頂点として、その他を平準化することで受け入れられた。けれども、明治政府はその存在を国体に仕える限りにおいて保障したので、天皇の神権を否定する可能性がある存在には不寛容さを示した。抵抗権の思想的問題は君主が神的性質を身に帯びていることである。なぜならば、君主が神的存在であるとき、君主に勝る存在をもはや見出せないからである。原理的に言えば、神的存在である天皇を頂点とする国体において、民衆の抵抗権の確立はその思想的根拠を喪失しているのである。

多くの日本人は第二次世界大戦後にこの国のあり方が日本国憲法の成立とともに消滅したと認識している。特に、昭和天皇の人間宣言を通して国民の大多数が天皇を現人神と受け止めていない今日、明治の国体思想は崩壊したと考える者が多い。けれども、国家神道を研究した島薗進は、「薄められた形ではあるが、明治維新前後から形成されていった国家神道はなおも存続している」と指摘している[3]。宮中での皇室祭祀は皇室祭祀令に基づいてほぼそのまま行われており、平成の天皇明仁《あきひと》は「歴代の天皇の中ではもっとも熱心だといわれるほど宮中祭祀を大切にして[4]」いたと言われ、「近代の天皇皇后の中で最も宮中祭祀を厳格に勤めている[5]」と評価されている。事実、明治の宗教政策で作り上げた構造原理はＧＨＱを通して第二次世界大戦後も日本に残っており、今や命を吹き返している。つまり、戦後は憲法に明記する仕方で形式的に欧米の要素を取り入れたので、明治と今日では天皇の位置と扱いが異なるように見えるが、本質的な部分は精神的に日本的要素を継続しているのである。問題は、現在、精神的な領域で重んじていた日本的要素を憲法に明記する仕方で成文化する方向へ向かっていることである。そうなったとき抵抗権の装置は完全に機能しなくなるだろう。本章ではこの点に注目して、戦前と戦後が継続している証拠を確認しながら、日本における今日的課題を取り上げる。

第二節　天皇型人権を継続させた政治的要因

第一項　ＧＨＱの政策

先に述べた天皇型人権の構造原理は明治政府の政策によって成り立っていた。具体的には、信教の自由と政教分離という近代国家体制と皇室祭祀と結びついた天皇神権の国家体制の両立のことである。明治維新において始められた祭政一致体制は、キリスト教をめぐる外交問題において変更を余儀なくされ、結果的に皇室祭祀と結びついた神道を宗教より上位に置く習俗的文化に位置付け、「日本型政教分離」を成立させた（第七章参照）。いわゆる国家神道を生み出した日本の宗教政策は、民間人の生活習慣の次元から政治支配者の統治権の神話的根拠を植え付け、民衆に天皇の神的存在を浸透させることに成功した。この構造原理が第二次世界大戦後も継続している可能性がある。

この点を資料に即して実証した研究が岡崎匡史《まさふみ》によってなされている。[6] 彼が注目した一つは、いわゆる天皇の「人間宣言」である。日米双方で作成された案文は天皇周辺で大きな変更が二点加えられた。一つは「五箇条の御誓文」に触れる文言の挿入である。御誓文挿入の重要性については島薗進が「天皇の神的な権威が再認される効果を含んでいる」と指摘している。[7] もう一つの変更は「天皇を以て神の裔《すえ》なりとし」を削り「朕を以て現神《あきつみかみ》」に変更したことである。この変更により、天皇が神であることを否定しても、神の子孫であることの否定を避けた。岡崎はこれで明治政府が作った『『元の国体』に戻った』と指摘する。[8] 天皇はもともと神ではなく、神と人間の間で祭祀を司る神的存在であったが、昭和初期から戦争中に「神」へと崇められた。「人間宣言」は天皇を元来の祭祀としての位置に戻し、神の子孫としての天皇の神性を守り、明治政府の宗教政策が作り出した構造に戻したのである。

岡崎が次に注目しているのが「神道指令」の形成過程で重要な役割を担ったGHQのウィリアム・K・バンス少佐である。バンスは「神道指令」の起草に関わった人物であり、政教分離と信教の自由の原理を徹底させるためにマッカーサーと衝突した人でもある。マッカーサーは日本をキリスト教化させることに使命感を感じていた。[9] それゆえ、公教育でのキリスト教教育を求めていた。[10] バンスはこの方針に反対であった。その理由は、公教育の場で特定の宗教教育を認めると信教の自由の原理に抵触し、原理的には国家神道の復活につながる道を与えると考えたからである。したがって、彼は政教分離と信教自由の原理を徹底させ、さながら日本のロジャー・ウィリアムズのような働きをした。

マッカーサーとバンスの衝突は、信教の自由をめぐるアメリカの歴史的文脈から再検討する必要がある。マッカーサーの教育機関へのキリスト教の導入は、信教の自由と政教分離の原則がアメリカ諸州の憲法とアメリカ合衆国憲法修正第一条に明記されていることから、アメリカの理念から逸脱した行為に見える。ところが、アメリカでは一九四〇年代まで各州で一つまたは二つの宗教を公認して特権を与える公認宗教制度が大勢であり、公的行事をキリスト教式で行うことはもちろんのこと、公教育にキリスト教が導入されることも一般的に行われていたのである。(11) 個人的に宗教を信仰する自由は保障されていたが、公認宗教制度については州政府に委ねられ、各州の憲法に則って行われていた。劇的な変化は一九四七年の最高裁判所の判決「エヴァーソン対教育委員会」以降である。ブラック判事は「エヴァーソン」判決を支持して次のように書いた。

修正第一条の「国教樹立」条項は少なくとも以下のことを意味している。州政府も連邦政府も教会を立ち上げることはできない。両者とも、一つの宗教を援助したり、すべての宗教を援助したり、あるいはどれか一つを選り好む法律を制定することはできない。両者とも、人をその意志に反して教会に通わせあるいは教会から遠ざかったままにしておくように、あるいはいずれかの宗教を信じるあるいは信じないと公言するように影響力を行使して強制することはできない。何人も、宗教上の信仰や不信仰を受け入れるあるいは公言することで、また教会に出席するあるいは出席しないことで、処罰されることはできない。どのような宗教行為もしくは団体であれ、宗教を教え、あるいは実践するために、それがどのような名称で呼ばれようと、どのような形態を採ろうと、そのために税を課せられることは、額の多寡にかかわらず、あってはならない。州政府も連邦政府も、公然であれ内密であれ、どのような宗教組織や団体の事柄にも参画してはならないし、その逆もあってはならない。ジェファーソンの言葉を用いれば、法律による宗教の国教化を禁じる条項は「教会と国家の間に分離の壁（a wall of separation between Church and State）」を築くことを意図したものである。(12)

「エヴァーソン」判決以降二〇件以上の判決において、最高裁判所は公立学校における宗教教育や行事その他宗教に関わる事柄を禁止し、一九六三年「シェンプ判決」で公立学校から宗教教育をほとんど排除した。(13) 逆に言えば、それまで公教育における特定の宗教の公認は主流の立場であった。この事実からわかることは、マッカーサーの公立学校へのキリスト教教育の導入はアメリカにおける一般的立場であり、バンスとの衝突は教会と国家の関係理解における新旧の立場の相違である。ウッダードによれば、マッカーサーがバンスに日本のキリスト教化政策の失敗を認めたのは一九四九年なので、両者の意見の衝突期間は最も長く見て一九四五年から四九年の間になる。バンスはのちの証言で「マッカーサーは考えていなかったでしょうが、私はこの〔政教分離〕原則を神道だけでなく、仏教やキリスト教にも適用すべきだと思っていました。……宗教から政治的なものを除去する以上、平等でなければならないと、最初、私は考えていました[15]」と述べるが、彼は新しい時代感覚で信教の自由と政教分離の確立を求めた世代なのである。

ところが、バンスのとった行動は信教の自由を確立させるためであったにもかかわらず、かえって明治以来の日本の政治体制と一貫するシステム（擬似信教の自由）を戦後に残し、日本において抵抗権の確立を困難にする状況を作り出した。バンスの目的は国家神道の根絶であった。しかし信教の自由の原理がこれを難しくしていたのである。ある特定の宗教を国家権力によって禁止すれば、それは信教の自由の原理に抵触してしまう。バンスは最初「国家神道は宗教である」と認識していたが[16]、国家神道を宗教に位置付けると信教の自由の原理に抵触し、廃止することができなくなってしまう。したがって、神道指令において国家神道は「非宗教的なる国家的祭祀（non-religious national cult）」と定めた[17]。これは日本政府が求めていた国家神道を「非宗教的な一つの国家的儀式[18]」とする主張と一致していた。また皇室祭祀について、ＧＨＱは円滑な占領政策に天皇の特別な存在（宗教的存在）を利用するためこれを残す必要があったが、政教分離の原則に抵触してしまう。そこで皇室祭祀を、天皇の公的行為ではなく、私的な信仰という理由で、信教の自由から認めることにした[19]。すると、岡崎が指摘しているように「神社は国家から分離されたが、その根幹となる皇室祭祀は形を変えることなく残り、国体は護持された[20]」のであり、「皇室祭祀は国家神道の一部であると考えられていた現実が戦後の日本に残ることに[21]」なり、

『神道指令』によって本来の姿の神道、日本の建国の理念に戻った」[22]のである。

要するに、信教の自由の原理によって皇室祭祀は残り、神社神道も認められ、天皇制が維持されることによって「戦前と戦後の連続性を保つことができた」[23]のであり、明治政府が作り上げた宗教政策の骨組みは生き残っているのである。実際に公的機関の地鎮祭や国家の行事における神道祭儀に対する信教の自由を訴えた裁判は、ほとんど原告が敗訴している。[24]それらは宗教ではなく文化であり、国家的儀式と受け止められているので、信教の自由に触れないという解釈である。儀式や伝統的習俗としての宗教の容認は、バンス自身認めており、[25]この点で不徹底に見えるが、アメリカでは同様の判決が一九八三年以降増えており、積極的に受容されてきている。[26]アメリカ第九巡回区控訴裁判所の判事を経験したジョン・ヌーナンは、これらの判決が「アメリカ版神道（American Shinto）」[27]を作り出した言う。法学と神学の両面から人権思想に取り組んだジョン・ウィッテは、「アメリカ版神道」を憲法の検閲を通り抜けてしまうほど宗教的要素を失った文化的宗教と定義し、「儀礼として効果は持ち得ようが、漂白されすぎて、味気を失った、宗教的価値のないもの」として軽蔑する。[28]しかし、彼は文化的宗教儀式のもつ危険性を認識していない。アメリカの歴史において問題のない文化的宗教儀式でも、天皇を宗教的存在として戴く日本においては、それがもつ危険性を歴史から教えられている。元ＧＨＱ高官にインタビューをし、津地鎮祭違憲訴訟や自衛官合祀訴訟を行ったキリスト教徒の遺族への嫌がらせを調査したヌーナンは、天皇神性の国家構造が作り出した文化的宗教が人権に与える危険性を多少は理解しているように思える。[29]生活文化から囲い込む社会において、言論・思想・信仰の自由は見えない空気で抑えられ、原理的にも現実的にも抵抗権思想を育む土壌を蝕む。これらの伝統的宗教行事を文化とする解釈が明治政府の宗教政策によっていたことはすでに述べた。この基本戦略が今日も生きている一つの証拠は、自由民主党の改憲草案にある。二〇一二年に発行された『日本国憲法改正草案』の「信教の自由」の項目では、国や公共団体が特定の宗教と結びつくことを禁じているが、以下の例外が設けられている。「ただし、社会的儀礼又は習俗的行為の範囲を越えないものについては、この限りではない」[30]。つまり、明治政府の宗教政策によって打ち出された基本路線は、今でも生きているのである。

第二項　国体護持の継続

日米の思惑

天皇型人権が現代に継続していることについて、国体の視点から確認してみよう。アメリカは第二次世界大戦後の日本の占領政策について、早い段階から天皇制を利用した統治を考えていた[31]。日本政府もポツダム宣言を受諾するにあたって「天皇の國家統治の大權を變更するの要求を包含し居らざることの了解の下に……宣言を受諾[32]」すると米国政府に申し入れた。それについてのアメリカ側の回答は「最終的の日本國の政府の形態は『ポツダム』宣言に遵《したが》い日本國國民の自由に表明する意志により決定せらるべき[33]」と直接的な回答を避けていたが、日本側は「國體《こくたい》に就《おい》ては敵も認めて居ると思う毛頭《もうとう》不安なし[34]」という認識のもと「ポツダム宣言」の受諾を決断した。玉音放送でも「朕《ちん》は茲《ここ》に國體を護持し得て」と伝え、「宜しく擧國一家子孫相傳《つた》え確《かた》く神州の不滅を信じ任《にん》重くして道遠きを念《おも》い總力《そうりょく》を將來の建設に傾け道義を篤《あつ》くし志操を鞏《かた》くし誓て國體の精華を發揚し[35]」〔傍点筆者〕と国民に訴えていた。つまり、日本もアメリカも戦後体制については、天皇制の護持において一致していたのである。日本側は当初この点におけるアメリカ側の立場を理解していなかったが、当時の首相幣原喜重郎《しではらきじゅうろう》がマッカーサーから「おれは日本の天皇制をあくまで擁護する[36]」という言葉を聞いて確信を得て、新憲法制定に向けた取り組みが加速するのである。近年、日本国憲法第九条にある戦争放棄の文言が幣原喜重郎の発案であるとの資料が発見されているが[37]、戦争放棄の発案は今日のような理想的平和思想から出たというよりも、天皇制という国体護持のための手段であった可能性が大きい。つまり、ソ連や中国が加わる極東委員会が介入する前に、天皇制の危険性の除去をアピールするため武力放棄を確実にして、天皇を戦犯指名から除外する目的で提案したのであろう。そこで新憲法制定のために抜擢された人物の一人が金森徳次郎であった。

誤解を避けるために一言するが、日本国憲法の法制化過程にどのような人間の思惑があったにせよ、憲法第九条の内容そのものには人類史に残る永遠の価値がある。この歴史の動きを捉えるには神学的視座が必要であり、神学はこの歴史的動向を「摂理」と呼んだのである。

金森徳次郎の国体論

金森徳次郎(38)（一八八六―一九五九年）は、天皇機関説事件の影響を受け一九三六年一月に法制局長官を退官するが、戦後一九四六年六月に第一次吉田茂内閣の国務大臣となり、第九〇回帝国議会で憲法改正に関する答弁にあたり、日本国憲法制定に大きな役割を果たした人物である。金森は戦前の天皇機関説の事件が起こる以前から、憲法によって国体が変更することはないと主張していた。たとえば、『帝國憲法要綱』では次のように言っている。

> 法は後に説明するが如く國家が之を維持するに依りて法たるものにして、國家が本源にして法は國家の作用に因りて生じたる從たるものなり。故に國家は法を廢止變更《はいしへんこう》することを得れども法が國家の本質を廢止變更し得るものに非ず。故に帝國憲法と雖《いえど》も帝國の本質を動かし得るものに非ざるは當然なり。依《よっ》て帝國の有する根本的特色は憲法の制定に依りて毫末《ごうまつ》の變更を受くることなし。此の點《てん》は豫《あらかじ》め深く心に印象し置くを要す。……憲法の制定に依りて我國家の根本的特色即ち萬世一系の天皇が國家を統治し給う根本的性質に付き若干の變動ありしが如く迷想する者萬一にもあらば、先ず自ら反省して其の迷想を打破せざるべからず(39)。
> 〔傍点筆者〕

金森の主張は、法は国家に従属するものであって、明治憲法であっても国家の本質である万世一系の天皇の統治に関する根本的性質は変更できないということである。彼のこの理解はその後も一貫している。たとえば、天

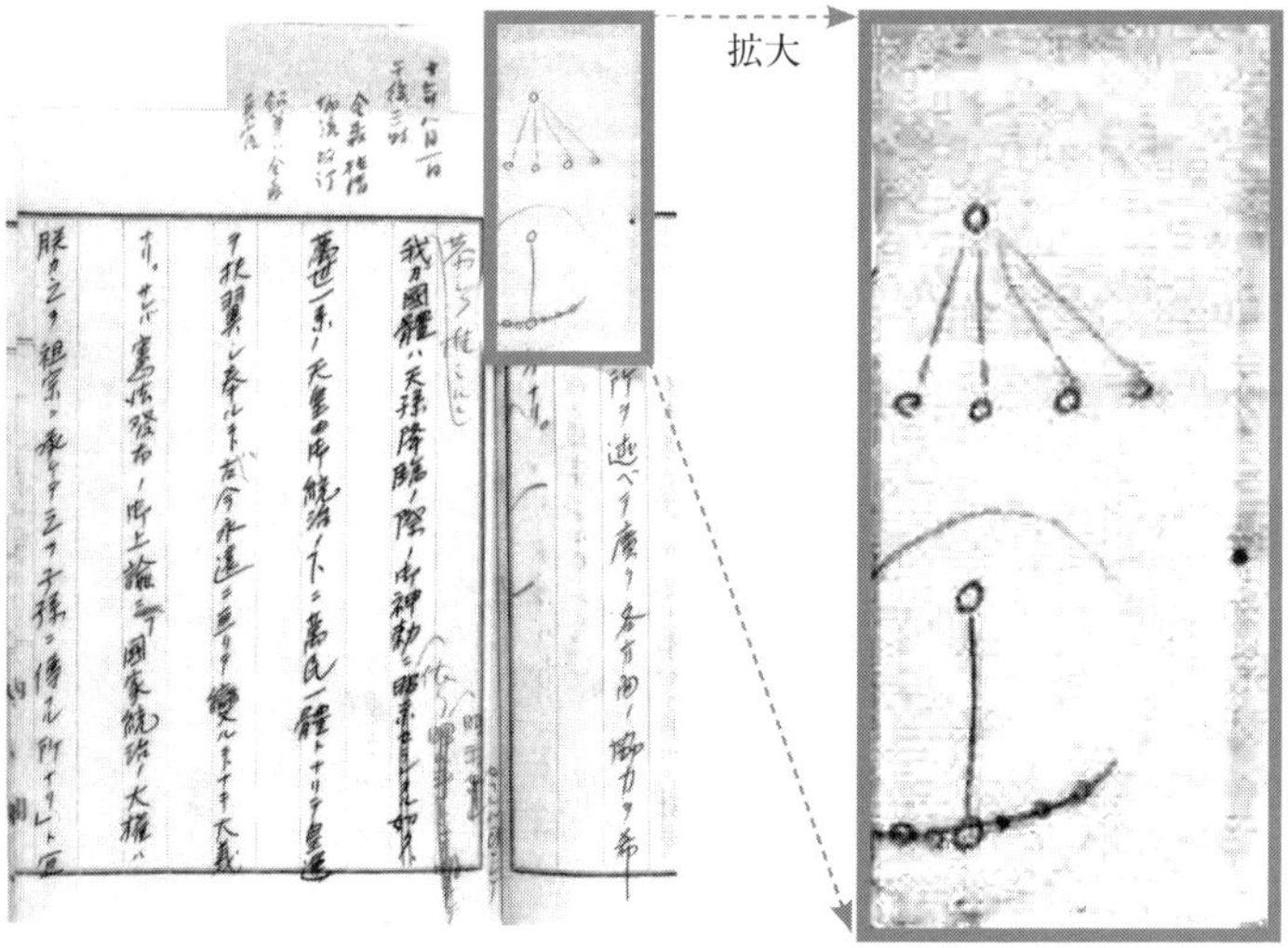

写真①　金森の声明案のノート　　写真②　金森の書いた国体の図（下図に丸をつけている）

皇機関説事件が起きたときに書かれた覚書「私説の骨子」では以下のように述べている。

> 天皇と國家との關係は我が國家の本質的のものであり國家存在の根本原理である絶對に動くことがないのであり動かすことを得ないのである。憲法の改正に依っても之を動かすことを得ないのである。此の見地に於ける我が國家の特色を我が國體と呼ぶ。[40]

天皇機関説事件の事態収束のため、政府は「国体明徴に関する声明」を出すが、その第一次声明案を作成した金森は、その声明案に「万世一系の天皇の御統治の下に万民一体となり」という国の形を鉛筆書きで図に表した[41]（写真①②参照）。この図を見てわかるように、金森の考える国体は一君万民の形態そのものであったのである。

戦後、新憲法制定のために呼び出された金森は、「大体憲法の草案は実質上まとまってありまして、あとで形をいじるというだけの段階になって[42]」いたと証言にあるように、憲法の条文は概ねできあがっている状態で責任を負うことになった。つまり金森は、日本政府が鈴木安蔵たちの憲法案を基にしたＧＨＱ案を受け入れ、すでにまとまっていた憲法案を制定するために国会で答弁する責任を負ったのである。したがって、彼の一つの使命は、新しい憲法の条文に関する解釈において、憲法では変更できない国体の本質という理解を貫くことであった。

金森は帝国議会で答弁するにあたり「憲法改正草案に関する想定問答」を私的に作成した[43]。そこでは「今回の改正で國體に變革《へんかく》を來《きた》したか」という質問を想定して次のような答えが用意されていた。

(一)そもそも國體とは、法律的制度の根底となっている國家の個性特色を指稱《ししょう》するもの〔指し示す呼称〕であって、我國にあっては、萬世一系の天皇が常に國民生活の中心にましましてきた國柄をいうのであります。天皇のかゝる地位は、長い傳統《でんとう》であり、國民の強い確信となっているのであります。しかして、それは必しも天皇が廣汎《こうはん》な政治上の權力を有されることを意味しないのであります。これは我國の長い歴史を通じ、實證《じっしょう》されるところであります。

(二)新憲法の第一條は、國民生活の中心的存在としての天皇の地位を明確に宣言した。同條は、前掲の歴史的なる我國の個性特色を端的に表現したものであって、ここに國體は護持されていると見るべきであります。すなわち今回の改正で國體は少くも變革されてないのであります。しかも、その天皇の地位が、國民の至高の總意《そうい》に基くことを開明したのであって、皇位の淵源の極めて深く、鞏固《きょうこ》な所以《ゆえん》を明かにしているのであります。

(三)ポツダム宣言の受諾の結果としても、國體が國民のじゆうに表明した意思に基いて護持されるかぎりは、これを變革する必要は固よりないのである。

しかし本件については、國體に變革なしとする説明が、海外に反動的印象を與《あた》え、不測の反響をもたらされないよう、答辯《とうべん》に際し慎重なるを要する。〔傍点筆者〕

「想定問答」に示されているように、憲法によって国体の本質は変更しないという金森の理解はここでも貫かれている。彼は「著眼《ちゃくがん》する機関の性質が国体の場合と政体の場合とに於て異るを以て二者を区別することは合理的なり[44]」と述べているように、国体と政体を分けて考えており、政治形態としての政体が変更しても「萬世一系の天皇が統治あらせらるゝと云うことの本義が國體《こくたい》である[45]」という本質は変更しないと考えていたのである。国体と政体を区別するという考えは、すでに幕末や岩倉具視においても同様の理念が見受けられ、金森のように立憲制においても不変であるとする考えは元田永孚によっても提唱されていた[46]。すなわち、金森の主張は明治政府の国体政策の継承ということになるのである。

金森は、一九四六年六月二五日に開催された第九〇回帝国議会において、憲法改正に関する答弁を「想定問答」に基づいて行った。そこで国体に関する質問が出され、天皇とのつながりという国民の心情から説明を始めた。

　我々日本人の、本當《ほんとう》に日本の國《くに》の特色とでも云《い》うべきものは何であるかと云《い》えば、我々の心の奥深く根を張って居る所の其《そ》の心が、天皇との密接なる繋りを持って居りまして、謂《い》わば天皇を以て憧れの中心として、國民の統合をなし、其の基礎に於《おい》て日本國家《こっか》が存在して居ると思うのであります[47]。〔傍点筆者〕

天皇を「憧れの中心」というキャッチフレーズで表現することを考案したのは佐藤達夫であるが[48]、この憧れる存在を通して国民が結合しているということから、次のように日本の国体観を主張した。

　日本の國體《こくたい》と云うものは先にも申しましたように、謂《い》わば憧れの中心として、天皇を基本としつつ國民《こくみん》が統合をして居ると云う所に根底があると考えます。其《そ》の點《てん》に於《お》きまして毫末《ごうまつ》も國體は變（かわ）らないのであります。(49)〔傍点筆者〕

つまり、金森は天皇を通して国民が結合しているという国体は、憲法が変わっても、また民主的な政治形態に変わっても、「根本に於《お》きまして我々の持って居る國體《こくたい》は毫《ごう》も變《かわ》らない」と、「水は流れても川〔国体〕は流れない」という比喩を使って国体不変論を貫いたのである。(50)

ケーディスとの論争

この答弁に苦情を出してきたのがＧＨＱであった。金森は国体と政体を区別して、政体は変わっても国体は変わらないことを主張したのであるが、ニッポン・タイムズなどの新聞は国体を政体と同じポリティーと訳したので両者の区別が伝わらず、「政治形式がかわるためにやるのに政治形式はかわらない」(51)と矛盾していると受け止められた。そこでマッカーサーは民政局行政部長のケーディス大佐を首相官邸に送り込み、金森とケーディスの会談が行われた。

その会談で金森は「金森六原則」という項目を提示して、彼の考える国体を説明した。(52)彼は「天皇中心の根本的政治機構を以てわが国の国体と考える者があるが、之は政体（the form of government）であって、国体（the character of nationhood）ではない」と、キャラクターを主張して国体と政体の違いを説明した。さらにそのキャラクターである国体が変わらないことを次のように説明した。

政治機構とは別個の道徳的、精神的国家組織（moral and spiritual sphere）に於ては天皇が国民のセンター・オブ・デヴォーションであることは憲法改正の前後を通じて変りはない。国体（national character）が変らな

いと云うのは此のことを云うのである。(53)

ＧＨＱは主権在民を失わせるような政治形態、すなわち天皇に主権を持たせる体制になることを危惧していたのだが、金森は天皇を「国民が尊敬する中心」としての道徳的存在と説明し、「国民が尊敬したからといってそこに政治権力があるということにはならないのだ」と述べて、ケーディスの説得に成功した。(54)

自民党の憲法改正草案

以上のことから明らかであるように、明治政府の政策によって作られた天皇を中心とする国体の構造原理の本質は、精神的な領域で、戦後の日本国憲法の成立以降も変更されずに継続しているのである。これまでその影響は潜在的なものに留まっていたが、戦後七〇年を越えた近年、その顕在化を様々なところで観察することができる。ここでは日本の国体の構造原理が天皇型人権の起動装置として作動していることを、自民党の「日本国憲法改正草案」（二〇一二年）から確認したい。

重要な点は、日本国憲法の最高法規にある憲法第九七条の以下の条文についての改正案である。

第九七条　この憲法が日本国民に保障する基本的人権は、人類の多年にわたる自由獲得の努力の成果であって、これらの権利は、過去幾多の試錬に堪え、現在及び将来の国民に対し、侵すことのできない永久の権利として信託されたものである。

自民党の改憲草案では、最高法規に記載された基本的人権に関する上記条文を全文削除することにしている。しかも、二〇一二年に出された『日本国憲法改正草案　Q&A』（以下『Q&A』）では、この部分の改正について一言も説明がなされていなかった。[55] 翌年増補版が出され、そこで次のように説明されている。『Q&A』Q四四では「憲法改正草案では、現行憲法一一条を改め、九七条を削除していますが、天賦人権思想を否定しているのですか？」[56] という問いから始まっている。それに対して以下のように回答している。

人権は、人間であることによって当然に有するものです。我が党の憲法改正草案でも、自然権としての人権は、当然の前提として考えているところです。ただし、そのことを憲法上表すために、人権は神や造物主から「与えられる」というように表現する必要はないと考えます。こうしたことから、我が党の憲法改正草案一一条では、「国民は、凡ての基本的人権を享有する。この憲法が国民に保障する基本的人権は、侵すことのできない永久の権利である。」と規定し、人権は神から人間に与えられるという西欧の天賦人権思想に基づいたと考えられる表現を改めたところです。[57]〔傍点筆者〕

ここで明確に主張されていることは、人権を認めているけれども、それを神から与えられたとする西欧の天賦人権思想を憲法から取り除きたいということである。換言すれば、本書で確認した「人類の多年にわたる自由獲得の努力の成果」というキリスト教人権思想史の事実を憲法上不必要だとしている。けれども、なぜ「西欧の天賦人権思想に基づいたと考えられる表現」が不要であり、憲法第九七条を全文削除しなくてはならないのか、その理由は明確にされていない。そこで続けて次のように回答されている。

さらに、我が党の憲法改正草案では、基本的人権の本質について定める現行憲法九七条を削除しましたが、これは、現行憲法一一条と内容的に重複していると考えたために削除した。[58]

『Q&A』によれば、憲法第九七条を全文削除する理由を憲法第一一条との内容の重複にあるとするが、重複した原因については「GHQホイットニー民政局長の直々の起草によることから、政府案起草者がその削除に躊躇したのが原因」[59]であるとして、今日不必要であると主張する。けれども、全文削除の本質的な問題は文言の重複ではない。西欧の天賦人権思想と憲法第九七条削除の因果関係は、国民の権利に関する第一一条についての問答Q一四に表れている。

『Q&A』Q一四では、「国民の権利義務について……時代の変化に的確に対応するため、国民の権利の保障を充実していく」ことから「新しい人権に関する規定」が設けられたと述べられている。[60]この「新しい人権」というものが次のように説明されている。

権利は、共同体の歴史、伝統、文化の中で徐々に生成されてきたものです。したがって、人権規定も、我が国の歴史、文化、伝統を踏まえたものであることも必要だと考えます。現行憲法の規定の中には、西欧の天賦人権説に基づいて規定されているものが散見されることから、こうした規定は改める必要があると考えました。例えば、憲法一一条の「基本的人権は、……現在及び将来の国民に与えられる」という規定は、「基本的人権は侵すことのできない永久の権利である」と改めました。[61]〔傍点筆者〕

ここでも西欧の天賦人権説に基づく規定が不必要であると主張されているが、その理由は、「我が国の歴史、文化、伝統を踏まえた」人権規定にする必要があるからとしている。なぜ日本の歴史、文化、伝統を踏まえる必要があるかについては説明がされていないが、『Q&A』のQ一七では「新しい人権」についての規定が具体的に述べられており、そこに理由が暗示されている。そこでは（一）個人情報の不当取得の禁止等（二）国政上の行為に関する国による国民への説明の責務（三）環境保全の責務（四）犯罪被害者等への配慮、という四つの規定が設けられており、そのうち㈡から㈣までは「国を主語とした人権規定としています」(62)〔傍点筆者〕と述べられている。つまり、ここで主張されている「新しい人権」の基準は国家なのである。人権規定の主語を国にする理由は「これらの人権は、まだ個人の法律上の権利として主張するには熟していないことから、まず国の側の責務として規定することとしました」(63)とある。したがって、改憲草案の憲法上の表現から述べれば、この国で最も大事にしなくてはならない国民権利の判断基準は、人間の命ではなく、国となるのである。その場合の国は、「我が国の歴史、文化、伝統」と結びついているので、日本の国体が意識されていることは明らかである。それを守る義務に基づいて保障されているのが「新しい人権」なのである。つまり日本の基本的人権は、国体を「侵すことのできない永久の権利」となる。

自民党の提唱する「新しい人権」は、日本のマルクス主義経済学の先駆者河上肇（一八七九―一九四六年）が見事に描いた「国賦人権」と同じ論理である(64)。彼は「日本人には天賦人権の思想なくして、天賦国権の思想あり(65)」と言った。河上曰く、日本は個人主義ではなく国家主義であり、「個人の権利は只だ国家の承認を経て始て存在」し、「国家は只だ其の自存の目的を達するの手段として、個人に一定の権利を認」める仕組みになっている(66)。したがって、西洋のように「人命を重んじ人格を尊ぶこと、日本人の想像の外に在」り、「日本に在っては国権を重んじ国家を尊ぶこと」が重視される(67)。そこで「西洋に在りては人権が天賦にして国権は民賦たりと雖も、日本に在りては国権が天賦にして人権は則ち国賦たり(68)」と言った。河上の論理で言えば「国賦人権」に抵抗権は成立しない。「国は即ち神なり」ということが「日本人一般の信仰」であり(69)、「個人は既に国家の機関としてのみ生存し居ることを其の信仰とするが故に、此の如き犠牲の命令は彼らの絶対に反抗し得ざる所たるは勿論、其の犠牲の命令に対し道徳的批判を加うるの余地だも存せざる也(70)」〔傍点筆者〕と言う通りである。抵抗権を認めないこの論理は幕末思想家が主張した「一君万民」や「天皇赤子」と同じ構造を持っている（第六章参照）。なぜならば、「彼等〔日本人〕があらゆる犠牲を供する唯一神(71)」である国家は天皇に他ならないからである。「天皇は此の神たる国体を代表し給う所の者」であり「皇位は即ち神位」なので、「天皇は即ち神人」なのである(72)。河上はこの構造原理を脅かす存在として「敵とすべき宗教は彼〔西洋〕の基督教なり」[73]と言った。なぜならば、キリスト教が国家主義に反する「個人主義をその最大特色と為す」からである。個人主義を原因とする見方は間違いではないが、その論理を貫くと最大の脅威は抵抗権の思想的基盤に至るだろう。本書では河上が描いた「国賦人権」の特質を抵抗権の確立の阻止に見て、成立過程と宗教的要素からそれを「天皇型人権」と呼んだのである。

自民党の改憲草案が主張する日本の歴史、文化、伝統に基づく「新しい人権」を、河上の論理を通して見れば、自民党の憲法第九七条削除の理由が明確になる。日本の歴史、文化、伝統に基づく「新しい人権」を確立させるためには、日本に限定する必要が起こり、「人類」という概念が不都合になる。したがって、基本的人権についての「人類の多年にわたる自由獲得の努力の成果」という文言を取り除く必要があり、西欧の天賦人権思想を導入した思想史理解が不都合となったのである。最高法規に記載されている基本的人権に関する憲法第九七条の全文削除は、必然的に以上の論理的帰結へと導かれるであろう。

序論で紹介した自民党議員（当時）の礒崎陽輔の証言は上記の論理を実証する。礒崎は自民党改憲草案の憲法改正推進本部起草委員会の事務局長を務めたが、二〇一二（平成二四）年五月三日に行われた「自主憲法を願う道民集会～こんな憲法はいらない！　私たちで日本の新しい憲法をつくろう！～」の講演の中で以下のように発言した。

今回我々も見たのがですね、いわゆる天賦人権説、習ったと思うんですがね、いわゆるヨーロッパの市民革命によって人権は獲得されたと。そのときに、これはもともと、自然権であると、神様から与えられた権利であるという書きぶりのところが、日本国憲法のところに〔あるのです〕。この神様がですね、日本の神様じゃないんですね。いうまでもなくキリスト教の神様からいただいた。日本は神道、仏教でありますから、なんでキリスト教の神様から与えられた天賦人権説の〔系譜をとらなくてはいけないのか〕。それ全部削りました。九七条というのがあったんですけども、全部ストーンと、一条落とすところがありますけど。いわゆるキリスト教の神様から人権を与えられたということにはしないと、そういうところ、その辺も考えたわけです。(74)

この発言から明らかなように、自民党改憲草案を起草した委員たちはキリスト教の影響によって形成された天賦人権を退け、日本の伝統宗教に基づく天皇型人権の法制化を目指していることがわかる。さらに礒崎の発言は、学者たちとは異なり、西欧の天賦人権がキリスト教の影響により形成されていることを政治的感覚において認識していることを実証する。本書がたどって来た思想史的な観点から分析すれば、この「新しい人権」は決して「新しい」のではなく、むしろ古い日本の忠誠を美徳とする考えに基づいており、日本の古来伝統から明治政府によって確立された天皇型人権の復興のシンボルなのである。そのシンボルは人権危機のシグナルでもあり、抵抗権の確立を阻む砦でもある。同時に、天皇型人権の構造原理は、経済的な不況を通して、製作者たちが操ることのできない力を発揮して、暴走する可能性があるということも歴史は証明している。日本にはこの構造原理が潜在的に存在しており、今やその命を吹き返している。別の言葉で言えば、時代の要請を受けて政治レベルで取り付け、形式的に法制化した欧米型人権を（第九〇回帝国議会）、八〇年を経ようとする今、同じ次元で取り外そうとしている（自民党改憲草案）。どちらも国民の意識の外で行われるので国民的議論に展開しないのである。

第三節　日本における人権思想の受容・展開の課題

第一項　天皇型平等・人権の今日的影響

本書第二部では、西洋で発展した個を重んじる欧米型人権理念が日本において根付かない要因を、天皇型平等と人権の構造原理から明らかにしてきた。天皇を神的存在として国家統一をはかった一君万民・赤子思想は、抵抗権の確立を思想的に不可能にし、人権を展開するために必要な支柱を失わせてきた。政治的に効力を発揮した明治政府の宗教政策は、生活文化の中で民衆に浸透しており、今日も様々なところで無意識に国民の慣習となっている。一端をあげれば、無神論・無宗教を自負する国民の多くが行う初詣や七五三のお祓い、地鎮祭や公的機関での神棚の設置もこれと無関係ではない。今や恒例の年中行事になっているが、アメリカから入ってきたプロ野球が開幕前に神社で優勝祈願することにも象徴的に表れている。国民の多くはこれを宗教ではなく文化と認識しているが、その感覚が国家の政策によって植え付けられていることを知らない。明治政府の宗教政策が目論んでいたのは「記憶を超えるところから行われてきた慣習的行為」[75]による文化政策であり、民権運動の大阪自由党はそれを見抜いて「習慣の妄信」[76]と批判した（第七章三節参照）。問題はこの政治政策の意図を知らずに、日本人が無意識に文化として受容している現実である。

この状況下の社会において積極的に主張されるのが寛容の精神と多元主義である（第八章二節参照）。この二つの流行りの理念は明治政府が生み出した宗教政策を支えており、今日の日本社会でキリスト教的文化価値を圧迫する手段となっている。本来寛容論は異質な存在をも共同体の中で受け止める成熟した人格的概念によって成立するが、日本における多元化した社会で多様性を受け止める寛容論は、突出した宗教的存在を嫌い、平等論の名の下で均一化を図ることが多い。したがって、ある宗教的要素が突出するとき、たとえそれが優れた文化価値を意味していたとしても、平等という基準から出た杭として打たれる。しかし、その現実をよく見ると、文化社会の中に根付いている突出した宗教的要素を持った国家の価値観（天皇神権による皇室祭祀）という枠組みの中ですべてが均一化されていることに気づく。これは一君万民による天皇型平等理念の現代版である。この状況にある思想史的問題の本質は、神への服従が人間である支配者への義務より上にあることを根拠とする抵抗権の思想が、日本の場合、精神的に天皇が神的存在になる社会構造を持つため、自ずと抵抗権に限界が設けられていることである。したがって、日本で成立している人権は抵抗権なき人権であり、それを天皇型人権と呼んで欧米型と区別したのである。

欧米型人権も天皇型人権も宗教的要素を含んでいるが、その方向性は抵抗権の確立という点で真逆である。欧米において人権思想を社会的な価値として認識させることに貢献したのはキリスト教のプロテスタンティズムである。ところが、日本においては、抵抗権や人権を生み出す思想的力を歴史的に担った宗教は存在しなかった。実際に、日本国憲法が制定されるまで、日本では弱い立場にある人の権利を守る「人権宣言」はひとつも生み出されなかった。もちろん、個人や小さな団体ではそのような活動家が見受けられるが、それが社会的な価値となることはなかった。それどころか、板垣退助や西光万吉に見られるように、日本が生み出す平等理念は人権思想史から見ると問題があることを明らかにしてきた（第六章・第七章参照）。その原因は、宗教が国権と結びついているからである。神社仏閣も幕府の宗教政策や政治的支配の道具にされ続けてきた。国権の歯止めとなる宗教は、今のところ歴史において、キリスト教プロテスタンティズム以外には現れなかったのである。しかし、日本においては、プロテスタンティズムも思想的根拠を骨抜きにされ、効力を発揮できなかった。それだけ、日本の政治的宗教政策は優れており、抵抗思想に対する嗅覚が鋭いと言える。

第二項　近代社会の思想史的課題

この問題を思想史的に注目すると、ここには日本固有の問題を越えて、政教分離を試金石とする近代社会に共通な課題がある。それは、政教分離の社会であるがゆえに、抵抗権の根拠を宗教に置くことができないという問題である。抵抗権を思索する日本の法学者が悩んでいるのはこの問題である[77]。社会や国家は教会ではない。国家を一つの宗教と結びつけてしまったら、国家の暴走に歯止めをかける宗教的要素を喪失してしまう。問題は、教会ではない国家において、抵抗権の根拠を神なくしてどのように確保することができるのかということである。

この応用問題に取り組む前に、神学的な視点から思想的課題を整理しておく。

キリスト論の欠如

抵抗権の思想は、自由なる人間の本性が神への服従と結びついている中で発展してきた。ところが、キリスト教神学の観点で見ると、人権の形成過程の中でこの神が三位一体の神でなくなっていく。キリスト教は「三位一体なる神」を聖書の神と信じている。「父なる神」と「御子イエス・キリスト」と「聖霊なる神」が、人間を救われた神だと受け止める信仰である。キリスト教は一神教であるが、単純な一神教ではない。一つの神を信じているのではなく、父、子、聖霊なる神を信じているのである。もちろん三つの神を信じている多神教ではない。「三つにいまして一つなる神」(『讃美歌』六六番)を信じているのである。これは数学や理性を越えている。通常、一+一+一は三であるが、一+一+一は一だと言っているのである。合理性を越えているので神と呼ばれているのかもしれないが、重要なことは十字架において人間を救う存在として自己を啓示された合理性を越える神への信仰が、歴史の中で人権理念を創造してきたことである。

ところが、人権思想史において、この神が三位一体の神でなくなっていくのである。たとえば、アメリカの建国の父祖たちは宗教心を持っていたが、イエス・キリストの神性を受け止められなかった(第四章参照)。彼らはイエスを神ではなく、教師や模範者として受け止めた。その思想史的理由は啓蒙主義の影響である。合理性を重んじていく人々には、イエスの神性を理解することが難しい。それゆえ創造主なる神だけで考えるのである。教派で言えば、三位一体の神を否定して、神の唯一性を信じるユニテリアンの傾向が強くなる。(78) この影響が日本に入るので、日本においても人権運動家たちのキリスト教はユニテリアン的であった(第七章参照)。けれども、興味深いことにアメリカやイギリスでは、その背後でイエス・キリストに集中していく信仰復興運動が起こっていた。合理性が支配していく社会の中で、反動のように十字架によるキリストの贖いが強調される運動が起こるのである。それはアメリカ建国時代だけでなく、奴隷解放運動や女性の権利拡張運動が主張されたときにも、背後で第二次・第三次大覚醒運動が原動力として影響を与えていた。ところが、日本においては、英米のようにイエス・キリストに集中していく運動が社会勢力としてほとんど起こらなかった。「贖罪愛」に基づく賀川豊彦の社会運動は、協同組合運動として大きな功績を残したが、革命思想に立つ社会運動家から排斥され、神学的にキリスト教会の内から批判が起こり、社会勢力になりきれなかった。(79) 結果的に日本の歴史の中では、人権運動がそのはじめから無神論的になっていったのである。それを物語るのが本書第七章で扱った植木枝盛のたどった道である。

日本におけるキリスト論への懐疑と反発

植木に表れている思想的課題は、その後も継承されている。人権思想史をたどる中で注目した抵抗権の思想は、神への服従が人間である支配者への義務より上位にあることが根拠とされていたけれども、日本の人権運動においてはその始まりから、人間の自由と神への服従の結びつきが不明確なまま、この運動を担う「宗教的確信というエネルギー」なしで進んできた。

その原因の一つは、植木をはじめとして人権運動家に共通するキリスト論・贖罪論の欠如の傾向にある。たとえば、吉野作造はキリストの神性において問題を持っていた。バプテスト教会で受洗した吉野は、後にその説教に不満を持ち、キリストの神性が曖昧な海老名弾正の教会に転会する。海老名のキリスト論は「人性の至聖至善なる所は即ち吾人が神と尊崇するものと類を同うするものと考え(80)」、人間性の至聖至善に神性を見て、先の植木のキリスト論と似た仕方で「神の子」としての人間を捉えている。その海老名のもとで教会生活を送った吉野作造も、キリストの十字架による贖罪なしに人間を神の子と捉えていた。一方、鈴木安蔵に至っては、熱心なキリスト教徒の両親のもとで育ち、妻も栗原基という熱心なキリスト教徒の家庭で育っていたにもかかわらず、のちの鈴木家はキリスト教会とは無縁の生活を送るようになる。

鈴木安蔵は時代的に日本にプロテスタント教会が伝わって三世代目にあたるが、この三人の流れの中に「キリスト論と贖罪論」という日本のプロテスタンティズムの課題が凝縮している。つまり、日本においてプロテスタンティズムが骨抜きにされた一つの理由は政府の宗教政策にあるが、もう一つの理由は啓蒙主義に抗う信仰運動を内的に起こせなかったことにある。けれども思想史的に見ると、それは日本固有の問題ではなく、二〇世以降に広がった世界史的な課題でもある。啓蒙主義的な思想が強くなると共に、聖書を文献学的な単なる資料として読む傾向が強くなり、聖書に証しされているキリストに確信が持てないのである。その動きを担っていたのがリベラルなプロテスタントの新約聖書学者たちであった。

日本において、この学問的傾向に反発が表れたのは文学の世界からであった。一九七四年、この傾向を察知した雑誌『文学界』は、遠藤周作や三浦綾子などイエス・キリストを描く文学者に注目し、「なぜ『イエス』を書くか」という座談会を企画した[81]。座談会のメンバーは、遠藤周作、小川国夫、堀田雄康、高堂要である。そこでは、はっきりとイエスの実在を疑うプロテスタント神学への反発が表れていた。けれども、カトリックの遠藤周作においても、その姿が「日本的イエス」であって、贖罪思想は欠けていた[82]。人間の罪と神の愛に焦点をあてるが、罪の処置についていては保留しているのである。その点、同じカトリックの永井隆は異なる。永井隆は敬虔なカトリック信者で、『長崎の鐘』や『この子を残して』などの文学作品を通して戦後の日本人の心に語りかける言葉を残したが、究めてプロテスタント的な要素を強く持っていた。遠藤は神を「沈黙」させて人間に語らせるが、永井は人間に黙らせて、聖書を通して神に語らせたのである。したがって、永井隆にはキリストの十字架による贖罪から、歴史の中に起こる不条理な出来事を「摂理（プロヴィデンス）」として捉える眼差しを持っていた[83]。しかし、文学者たちのイエス・キリストに注目した働きは広く国民の意識に影響を与え、知的好奇心を高めたけれども、残念ながら人権意識に変化を与えるほどの影響力はなかった。

キリスト教精神が形成した人権社会

人権思想においてキリスト論が重要となる理由は、聖書で語られている神が社会の底辺に降ってきて、人間の最も深い罪の暗闇を知る存在として自己を啓示したからである。その神を根拠として、人間の支配者からくる非聖書的な命令に抵抗する「宗教的確信というエネルギー」が生まれた。欧米の社会ではキリストに倣って神と人に仕える精神が社会的価値として育まれてきた。支配者が非人間的なあり方を強要すれば、それに抗う精神が共有されてきたのである。その精神は、支配者の地位を表す用語にも表れている。ギールケはホッブズ、ロック、ルソーの先駆者として近代市民主権論を確立したアルトジウスから支配者のあり方を紹介している。すなわち、「最高執政官としての支配者」の「最高」とは「下位にあるものとの関係」で「他者の権力」の「僕（minister）」なのである(84)。ピューリタン革命時代の法律家ウィリアム・プリン（一六〇〇―一六六九年）も、王とは「仕える存在（the ministerial）」であり、「王国を支配する絶対君主ではなく、実際は奉仕者（servants）であり、その存在に法的な権威と権力が備わっているのだ(85)」と述べた。実際に英語圏の文化では首相をプライム・ミニスターと呼ぶ。ミニスターとは「奉仕者」を意味し、キリスト教世界では「み言葉に仕える者」という福音伝道者を表していた。聖書の次の言葉がその精神をよく表している。

> あなたがたも知っているように、異邦人の間では、支配者と見なされている人々が民を支配し、偉い人たちが権力を振るっている。しかし、あなたがたの間では、そうではない。あなたがたの中で偉くなりたい者は、皆に仕える者になり、いちばん上になりたい者は、すべての人の僕になりなさい。人の子〔キリスト〕は仕えられるためではなく仕えるために、また、多くの人の身代金として自分の命を献げるために来たのである。（マルコによる福音書第一〇章四二―四五節）〔傍点筆者〕

聖書では、指導者は上に立って威張って支配しているのではなく、人々に仕える存在であることを、神自身が示している。このキリストに倣って従うことが聖書のメッセージの一つであり、ここから「サーバント・リーダー」という言葉も生まれてきた[86]。日本では首相のことを「総理大臣」と呼ぶが、「大臣」の意味は天皇に仕える官職である。欧米型であれば人民への奉仕者になるが、日本で上に立つ者は天皇の家来という意味を持つ。ここにも天皇型が文化に染み付いており、日本において人権を確立し難い文化であることが表れている。

課題の整理

以上のようにして、日本における人権の思想史的課題を神学的な視座から掘り下げてきた。日本の人権法制化過程において、キリスト教は潜在的な仕方で抵抗権の思想的影響を与えたが、植木枝盛に表れているように、抵抗権の思想的根拠を不確かなままにした。鈴木安蔵もキリスト教の影響で抵抗権のセンスを持っていたが、その影響は潜在的なもので止まっている。むしろ日本では明治政府の政策が涵養した天皇型人権の構造原理が力を発揮していた。それは天皇を神的存在とする一君万民の国体思想と不可分であった。これらを一言で言えば、日本は抵抗権の根拠を思想的に欠いているということである。

戦後ＧＨＱの宗教政策について再検討した岡﨑匡史は、「マッカーサーや宣教師たちの宗教心に燃え上がった『日本キリスト教化運動』でさえも、日本の『国体』を変更させることはできなかった。国の魂を入れる体である日本の国体は、占領期を通じても変わることなく継続し生き延びた」と指摘している[87]。岡﨑によれば、占領下の日本のキリスト教化が失敗に終わる理由は、日本側の巧妙な国体護持の政策が見抜けず、昭和天皇の存在により万世一系という永続性に対する信念が戦前と戦後を連続して保持されたこと、そしてＧＨＱが「信教の自由」の原理を貫いたことにより「学校教育で宗教教育が禁止されたことが、キリスト教布教を阻止した[88]」と述べている。

岡崎の指摘は、天皇の「人間宣言」や「神道指令」に関して無自覚のうちに陥っていた安易な通念を批判して、戦前と戦後の国体護持に関する多くの興味ある事実や論点を提示している。しかし、キリスト教布教の失敗要因については、実証の次元が主として政治政策や社会学などにあるため、現実社会の中で生きた多様な人々の意識や行動のなかに国家と宗教の関わりを問うという発想が十分でなく、再考の余地を残している。たとえば、キリスト教布教の阻止の要因を公教育での宗教教育の禁止にあるとする論理は、韓国でキリスト教が浸透した事実を説明することができない。むしろ抵抗権に焦点を当てることで、日本でキリスト教が浸透しない理由と韓国で受容された理由が明らかになるだろう。日本では国家統一のため抵抗権の思想的根拠となるキリスト教の影響を摘み取ってきた。植民地支配を経験した韓国では、キリスト教が彼らの独立と抵抗運動の担い手となったのである。

いずれにしても、日本においては、天皇が、支配者への義務の上位にある神的存在に位置づけられているので、思想的に抵抗権の根拠を欠いている。しかしこの問題は、支配者への義務の上位にキリスト教の神を置き換えても解決しない。確かに、歴史的に見れば抵抗権の根拠には宗教的な要素がある。けれども、宗教を社会に求めることはできない。社会や国家は宗教団体ではないからである。知識として抵抗権の歴史的形成過程に宗教的要素があったことを社会が認識しておくことは重要であるが、信仰内容の伝道はキリスト教会の課題とすべきであって、社会の課題とすべきではない。そこで、教会ではない国家において、抵抗権の根拠を神なくしてどのように確保することができるのか、という近代社会における世界史的な問いに戻るのである。

さらに、日本の国体を変更することは、人権と抵抗権の構造原理を考えれば理想的帰結であるが、現実路線で考えれば、これだけ長い歴史の中で継続している政治形態の急な変更は危険な混乱を引き起こす要因になることも認識すべきであろう。遠い将来において思想的に成熟した日本人が人権を確立するために主体的な判断をする時が来るかもしれないが、少なくともこの書物を読んでいる世代に起こることは考え難い。一方で、鈴木安蔵がしたように、成り行きに任せて楽観的に判断することは無責任である（第二部への導入的結語参照）。なぜならば、天皇型平等理念に基づく人権思想は、操作不能な国家的暴走を引き起こす可能性を常に孕んでいるからである。すると、取り組まなければならない当面の課題は、自由と人権に関して成熟した理解をもつ将来の日本人を輩出するために、精神的な領域で継続している日本独特の国体の構造原理の中で、人権を守り、かつ天皇型人権が暴走しない仕組みを思想的にいかに構築できるかということにかかってくる。最後に、その問題に取り組んで結びとしたい。

第三項　日本における人権思想の展開の可能性

抵抗権の思想は、神への服従が人間である支配者への義務より上位にあることが根拠とされていた。近代社会の課題は、この支配者に勝る位置に、宗教的要素を持つ神ではなく何を置けばよいかということである。そこには、たとえ支配者であっても従わなければならない価値があり、それに仕えるために彼らがたてられているところの支配者の根拠があらねばならない。

ある者はそこに憲法を考えるかもしれない。けれども、憲法はこの位置に置くことができない。なぜならば、憲法は時の政府や民衆によって変えることのできるものだからである。ここに位置するものは、人間によって変えることのできない普遍的な価値を置かなければならない。もう少し具体的に言えば、歴史的に認められてきた文化価値を置かなければならないのである。

この点で参考にできるのは、本書第三章でも触れたイギリス・ピューリタン革命の挫折と王政復古の教訓である。王政復古は、「デモクラティックな手続きによって、デモクラシーを破壊する結末(89)」であった。その決断は民衆によってなされたのであるが、それが人権の放棄に至ることまで自覚されていなかった。つまり、民主主義的な社会形態においては、それを担う人間の形成が課題となる。キリスト教会においては、その構成員の信仰が抵抗権に至る文化価値を育んだが、教会ではない社会の構成員にいかにして国権に勝る共通の精神的価値基準が与えられるかが問われるのである。

大木英夫はこの問題と真剣に取り組んだ一人としてピューリタニズムの精神に生きていたジョン・ミルトンに注目した。[90] ミルトンはピューリタン革命から王政復古に至る時代の流れの中で、民衆が自らの意志で自由を放棄する選択をしたという問題に向き合った。そこで注目したのが、新しい社会に生きる人間形成の問題である。彼は、真の問題が制度ではなく、制度の中に生きる人間にあると見抜いた。デモクラシーの真の問題は、デモクラシーに生きる人間の問題である。そこで王に勝る価値を自覚した人間が求められる。人権を守るデモクラティックな社会においては、非人間的あり方からの自由という価値を自覚した主体性の確立が求められる。教会においては礼拝がそれを担っていたが、教会ではない社会の中では何によってその価値を自覚した人間を形成できるのかという問題が生起する。ミルトンはその価値を「教育」によって与える必要があると訴え、「人々の精神に（内なる真実の自由の源泉たる）徳を注ぎ込み、国家をよく統治し、できうるかぎり長期間、これを保持するためには教育こそが最重要の課題」であると主張した。[91]

そこでさらなる問いは、教育が担うところの支配者への義務より上位にある抵抗権の根拠となり得るものは何かということである。その一つの可能性として挙げられるものは、歴史的に形成され、文化価値として認められてきた「公共の福祉」としての人権理念である。本書第三章で触れたが、ここで言う「公共の福祉」とは、古代ギリシア思想が語るところの肉体的・精神的な健康状態だけでなく、キリスト教がそれを発展させたところの、生まれながらの人間が本来持っている自然権に通じる事柄を意味している。この理念はピューリタン革命時に広く用いられた「人民の福祉」から来ているが、古くはローマ帝国時代のストア派の思想家キケロが語った「人民の福祉が最高の法」という言葉にまでさかのぼる。「福祉」と訳されるラテン語のサルス（salus）は、もともと肉体的・精神的な健康状態を意味したが、ラテン語のウルガータ聖書の中で「救い（salvation）」を意味する言葉として用いられた。つまり、肉体的な健康状態だけでなく、全人格的な存在を救う意味も含まれて用いられるようになったのである。ピューリタンたちはこの言葉を抵抗の根拠として主張した。そして王も「人民の福祉」に仕えることを求め、それに反することにおいて抵抗したのである。さらに、この抵抗の根拠はピューリタニズムの影響を受けた世俗の法学者（コモン・ローヤー）たちによっても主張された。ここで第三章でも引用したヘンリー・パーカーの言葉をもう一度引用する。

彼〔王〕の尊厳は、人民を保護するために立てられたのであって、人民が彼に奉仕するためにつくられたのではない。このことは、われわれをしてそこからすべての政治の最高極地、すべての法をして法たらしめる至上の法、すなわち人民の福祉（Salus Populi）へと導く。王の大権法自体この法に従属する。……君主たちの征服の権利といえども、すべての権力の源であり目的である人民に属するものを自由にすることはできない。(92)〔傍点筆者〕

……全世界をして次のことを判断してもらおう。すなわち、すべての民間人は、たとえ裁判官からであれ、彼自身の父からであれ、逃げ出す自信がまったく無いというわけでなくても、攻撃を受けたならば武器をとって自分自身を守るであろう。しかし、ここで全国民が敵意と危険にさらされていながら、まったく逃げ出せる可能性がないのに、国王が彼らを守ることを許可しない場合、彼らは自分たちののどを殺害者たちに渡し服従しなければならない。このようなことが人間理性の最も明白な光、最も強い傾向に反していないかどうか判断させよう。(93)

ピューリタン革命前夜、イギリス人の意識は、君主や支配者も「人民の福祉」に従属すべきことを求め、それが君主によって実現されない場合は抵抗する権利があるということを主張した。それはピューリタニズムの思想が長い時間をかけて人民に浸透していたがゆえに歴史となった出来事である。人々が共通に認識したその理念は、世界初の人権項目を含めた憲法草案を生み出すパトニー会議や『人民協約』でも主張され、「公共の福祉」という言葉でアメリカ諸州の憲法、「アメリカ独立宣言」、そして日本国憲法へと継承された。それを教育が担うという提案である。当然のことながらそこでは〈人間とは何か〉という人間観が重要になってくる。

宮沢俊義はそこに宗教的要素を排除した「すべての人間は、本質的に、自由な存在として取り扱われること」(94)という人間性を主張した。しかし彼は、その人間の自由が悪を選択する自由にも成り得ることを忘れている(95)。同様の批判は、近代人権宣言の成立過程に抵抗権の重要性を看取した小貫幸浩がその結論において「抵抗権を基礎づけるところの価値理念は自由である」と判断したことにも当てはまる(96)。そして、宮沢の路線は公立教育の中で大きな課題と限界にぶつかる。たとえば、現代でも二〇一八年から小学校で、二〇一九年から中学校で全面的に実施される道徳教育の教科化が問題となっているが(97)、そこで培われる人間性は国家によって容易に変えられる可能性を持っている。つまり、同じ教育という手段で逆の価値を形成することも可能なのである。実際に、明治政府が教育に注目してその手段を利用したことは本書第七章でも確認した通りである。さらに現実的なことを考えると、日本の伝統では上位の身分にある存在に忠誠を尽くすことを人間観の基準に置く傾向が強くある（第六章参照）。すると思想的に、国家が主張することに抵抗する人間は、非人間的あるいは非国民として認識される可能性があるのである。つまり、自由の選択として、この伝統的精神からも自由になって、非人間的な扱いを強いる支配に抵抗する人間観を、何を基準にして、どこで涵養できるかという問いが残る。それを「公共の福祉」へと導いた歴史的人間観を基準にして人間の尊厳を確立していくというのが本書の提案である。

問題はどこでこの文化価値を涵養できるかである。日本の土壌は、「公共の福祉」を基準にすることが思想史的に見て難しい。それは、大日本帝国憲法を制定する過程において、すでに人民の福祉という基準を排除してきたことからも理解できる。明治憲法は起草過程において井上毅が草案を作成するが、近年の研究の進展により、ドイツ人の政府法律顧問のヘルマン・ロエスレルの起草文が彼に大きな影響を与えたことが判明している。この資料を掘り起こした稲田正次は、ロエスレルのドイツ語の起草文と井上毅が伊藤博文に提出した草案を見比べて、井上がロエスレルの案をいかに取捨したかを明らかにした。(98)ロエスレルは、生存権、財産権、言論・出版・集会の自由等、人権を保障するとともに、法の前の平等と人民の福祉の増進を強調した。(99)けれども、井上はこの部分をすべて削除している。(100)また井上はロエスレルの「朕は国家の隆盛《りゅうせい》と人民の福祉を以て朕が中心の幸福とし」という文言を削除している。(101)このことからもわかるように、日本の為政者たちは人権の保障とその根拠となる人民の福祉の法的確立を嫌っていたのである。

明治政府は人間の命や人民の福祉を基準とすることを避け、天皇あるいは国家を中心とする方向へ導いた。この傾向は現在も生きている。具体的には、「公共の福祉」という公共性を、国家の公益性と認識させることで実現可能である。実際に現在、自民党の改憲案において「公共の福祉」を「公益及び公の秩序」に変更し、国家の都合で解釈可能な道が拓かれようとしている。(102)自民党改憲案『Q&A』では、変更する理由を「従来の『公共の福祉』という表現は、その意味が曖昧で、分りにくいもの(103)」であるからと説明している。そこで明らかにした意味が、公益や公共の秩序が個々人の人権を制約できるという道である。これについて『Q&A』では、「個人が人権を主張する場合に、人々の社会生活に迷惑を掛けてはならないのは、当然のことです。そのことをより明示的に規定しただけであり、これにより人権が大きく制約されるものではありません(104)」と述べている。けれども、「社会生活に迷惑」という解釈の基準が国体や国家の利益に触れる場合は、原理的にそれに対する人権も抵抗権も認められない。それを法的に確立する方向に現在動いている。思想史的に見れば、これは高レベルの危険信号である。人権を犠牲にして国益を優先させる可能性があることは、歴史が証明している。要するに、暗い時代の精神が襲う中で、自由な存在としての人間性を担い、養う場がどこに存在するかという問いが突きつけられているのである。

そこで重要な役割を担い得るのが私立学校の存在である。真の教育は、国家のためではなく、国家を越えた視点に立ってなされるべきものである。そのためには、国家から切り離された教育が可能な私立学校が必要不可欠である。(105) 抵抗権の思想的感覚を涵養する私立学校教育の一つの可能性の例証として、SEALDs のメンバーの発言を紹介する。この運動体は「自由と民主主義のための学生緊急行動（Students Emergency Action for Liberal Democracy－s）」として、二〇一五年から二〇一六年八月まで活動していた日本の学生による政治団体である。彼らの運動は社会に広まり、その存在が注目された。その設立の中心となったメンバーとの対談の中で、一人の私立学校に通う学生が次のように発言した。

憲法制定権力は国民の側にあると思うんですよ。ただ、僕は神も必要だと思うんですよ。……神っていうか、人権は「与えられる」って書いてるんですよ。それを解釈するときに、天とか神みたいなものに与えられるって書いてある。人間の社会って、人間だけで回していると狂ってくると思うんですよね。外部に神みたいな存在をピョーンと置いて、それにしがみついて生きてるんじゃないかなって。だから変えちゃいけないものってあるんじゃないかって気がするんですよ。いくら国民の意思でも、国民が間違う可能性があるじゃないですか。だから、そうなったときにも歯止めになるように、立憲主義があるんだと思う。(106)

政府に対する抗議行動を起こしたこの学生は、人権や立憲主義を支えるために君主に勝る存在が必要であると直感した。人間である国民や国家も間違いを犯す可能性があるので、歯止めとなるものを求めたのである。これは抵抗権の根拠として君主に勝る存在が必要との意識と結びつく。この感覚はプロテスタント・キリスト教の伝統を持つ学校のエートスが養ったのかもしれない。(107) この感覚を公共の福祉という歴史的人間観で社会的に共有していくのが本書の提案であるが、私立学校のエートスがこの歴史的文化価値の涵養に貢献できる可能性がある。

もちろん、現実には私立学校において課題が山積している。たとえば、近年文科省が私立学校の中に介入することが増えている。[108] 様々な通達の中には、学校の規則の変更にまで及んでいる。国からの助成金を頼りにしている私立学校は、次第に飼いならされた猫状態になりつつあるのが現状である。これを防ぐためには、建学の精神による教育を理解した自発的結社の意識が社会に必要である。国家の助成金ではなく、学校の理念を共有する人々による寄付によって支える精神と、またその精神を支える社会的システム（税の控除等）が求められるであろう。これらは強制ではなく、自発的意志によって成り立つ。そこには人間性に関する共感が求められる。女性や子どもの学ぶ権利に使命感を感じた宣教師たちの歴史的な働きはその重要な一つに数えることができるだろう。様々な政治的圧力に耐えて、日本においてミッション・スクールがなした功績と影響の歴史を鑑みるとき、ここに一つの可能性と古くて新しいミッション（使命）があると言える。[109] もちろん、真逆の価値観を持つ私立学校も起こり得るが、思想史的に洞察すれば、優れた人間性はその時代を越えて文化と歴史を形成していく。この人間性に共感する主体性を重んじた人格的人間形成の場が求められているのである。

最後に、ピューリタニズムの伝統に生きた二人の人物、ペンシルヴァニア州を創設したウィリアム・ペンとイギリス神学者P・T・フォーサイスの示唆に富む言葉を紹介して結びとしたい。

人間が政治体制に拠っているのではなく、むしろ政治体制が人間に拠っているのである。人間を良くしよう。そうすれば政治は悪くなり得ない。もしそれが病めば彼らが癒すだろう。（ウィリアム・ペン）

あなたの倫理は、状況を革命によってではなく、浸透と教育によって変えるに違いない。その効果は革命的だが、方法はそうであってはならない。[110]（P・T・フォーサイス）〔傍点筆者〕

注

序論

（1）自由民主党『日本国憲法改正草案　Q&A　増補版』（憲法改正推進本部、二〇一三年）一三頁。
（2）山路愛山「日本の歴史に於ける人権發達の痕迹」『明治文学全集35　山路愛山全集』（筑摩書房、一九六五年）三一四―三一五頁参照。
（3）河上肇「日本独特の国家主義」『河上肇著作集　第八巻』（筑摩書房、一九六四年）一九〇頁。
（4）自由民主党『日本国憲法改正草案　Q&A』（憲法改正推進本部、二〇一二年）参照。
（5）「２０１２・５・３　自主憲法を願う道民集会　第一部　礒崎陽輔・参議院議員講演１」http://www.nicovideo.jp/watch/sm17744864（二〇一八年九月一日閲覧）。
（6）自由民主党『日本国憲法改正草案　Q&A　増補版』三七頁。
（7）自由民主党『日本国憲法改正草案　Q&A　増補版』一三頁。
（8）菅野完『日本会議の研究』（扶桑社、二〇一六年）参照。成澤宗男編『日本会議と神社本庁』（金曜日、二〇一六年）参照。
（9）伊藤哲夫『日本国家の「かたち」を考える』（日本政策研究センター、二〇一二年）四頁。
（10）伊藤哲夫『日本国家の「かたち」を考える』三頁。
（11）以下も参照。伊藤哲夫『教育勅語の真実』（致知出版社、二〇一一年）。伊藤哲夫『明治憲法の真実』（致知出版社、二〇一三年）。伊藤哲夫編著『これがわれらの憲法改正提案だ』（日本政策研究センター、二〇一七年）。
（12）白井聡『国体論』（集英社新書、二〇一八年）一四、三三九頁。
（13）白井聡『国体論』三三八頁。
（14）矢部宏治『日本はなぜ、「基地」と「原発」を止められないのか』（集英社インターナショナル、二〇一四年）二八四頁。
（15）矢部宏治『日本はなぜ、「基地」と「原発」を止められないのか』二七六頁。
（16）矢部宏治が皇室に敬愛の念を強く抱いていることは、天皇の言葉を紹介した『天皇メッセージ』の刊行からも明らかであろう。矢部宏治『天皇メッセージ』（小学館、二〇一九年）参照。
(17)衆議院憲法審査会議事録「第一八九回国会　憲法審査会　第四号（平成二七年六月一一日（木曜日））」http://www.shugiin.go.jp/internet/itdb_kaigirokua.nsf/html/kaigirokua/025018920150611004.htm（二〇一八年九月二七日閲覧）。
(18)宮澤俊義については、拙著『人権思想とキリスト教』（教文館、二〇一六年）三一―四頁も参照。
(19)宮沢俊義『法律学全集四　憲法Ⅱ』（有斐閣、一九七一年）八一頁。
(20)宮沢俊義『憲法Ⅱ』八〇頁。
(21)宮沢俊義『憲法Ⅱ』八〇―八一頁。
(22)宮沢俊義『憲法Ⅱ』七九、八〇頁。
(23)宮沢俊義『憲法Ⅱ』七九頁。
(24)宮沢俊義『憲法Ⅱ』八一頁参照。
(25)丸山眞男「草稿断簡」一九四五年一一月一日、『丸山眞男講義録　第二冊』（東京大学出版会、一九九九年）一八一頁。
(26)W・ドバリー『朱子学と自由の伝統』山口久和訳（平凡社、一九八七年）一三九―四〇頁。
(27)鈴木貞美『生命観の探究』（作品社、二〇〇七年）七―一五頁参照。
(28)鈴木貞美『生命観の探究』一二頁。
(29)鈴木貞美『生命観の探究』五五頁。
(30)鈴木貞美『生命観の探究』五六頁。
(31)最澄「決権実論」安藤俊雄・薗田香融校注『日本思想体系4　最澄』（岩波書店、一九七四年）二五六頁。
(32)最澄「顕戒論」『最澄』一五五頁。
(33)安藤昌益「刊本自然真営道　巻一」安藤昌益研究会編『安藤昌益全集　第一三巻』（農山漁村文化協会、一九八六年）二〇〇―二〇一頁。
(34)ハーバート・ノーマン「忘れられた思想家　安藤昌益のこと」大窪愿二編訳『ハーバート・ノーマン全集　第三巻』（岩波書店、一九七七年）二八三―二八四頁。
(35)櫻井庄太郎「日本社會における平等思想」『社会学評論』二巻二号（日本社会学会、一九五一年）一二九、一三三頁。
(36)櫻井庄太郎「日本社會における平等思想」一三九頁。
(37)櫻井庄太郎「日本社會における平等思想」一三八頁参照。
(38)羽仁五郎『日本における近代思想の前提』（岩波書店、一九四九年）二〇七頁。

(39) 櫻井庄太郎「日本社會における平等思想」一四〇頁。
(40) 櫻井庄太郎「日本社會における平等思想」一四〇頁。
(41) 櫻井庄太郎「日本社會における平等思想」一四四―一四五頁。
(42) 櫻井庄太郎「日本社會における平等思想」一三九頁。
(43) 鈴木貞美『生命観の探究』六九頁。
(44) 鈴木貞美「明治期日本における『自由・平等』――福沢諭吉、西周、加藤弘之をめぐって」『日本研究』四〇巻(国際日本文化研究センター、二〇〇九年)三八一―三八二頁参照。
(45) 鈴木貞美「明治期日本における『自由・平等』」三八二頁。
(46) 鈴木貞美「明治期日本における『自由・平等』」三八三頁。
(47) 鈴木貞美「明治期日本における『自由・平等』」三七七頁。
(48) 鈴木貞美「明治期日本における『自由・平等』」三八三頁。
(49) 鈴木貞美『生命観の探究』一二、一三頁。
(50) 鈴木貞美『生命観の探究』六五四頁。
(51) 鈴木貞美『生命観の探究』六五五頁。
(52) 鈴木貞美『生命観の探究』四六二―四六三、六五五―六五六頁参照。
(53) 鈴木貞美『生命観の探究』六五五頁。
(54) 鈴木貞美『生命観の探究』四六三頁。
(55) 鈴木貞美『生命観の探究』六五六頁参照。
(56) 宮村治雄『日本政治思想史』(放送大学教育振興会、二〇〇五年)七頁。
(57) 鈴木貞美「明治期日本における『自由・平等』」三八三頁。
(58) 鈴木貞美「明治期日本における『自由・平等』」三七七頁。
(59) 宮村治雄『日本政治思想史』七四頁。
(60) 宮村治雄『日本政治思想史』八九頁。
(61) 贖罪信仰から人権の法制化に至る思想史的考察をしたものに、青山学院大学総合研究所キリスト教文化研究部編『贖罪信仰の社会的影響』(教文館、二〇一九年)がある。
(62) 鈴木貞美「明治期日本における『自由・平等』」三八〇頁。

（63）宮村治雄『日本政治思想史』七八頁。

（64）「どちりいな―きりしたん　後期版」海老沢有道校注『日本思想体系第二五巻　キリシタン書　排耶書』（岩波書店、一九七〇年）四七七頁。

（65）『キリシタン文学双書　ぎやどぺかどる』（教文館、二〇〇一年）一四八頁。

（66）宮村治雄『日本政治思想史』八五頁。

（67）宮村治雄『日本政治思想史』八八頁。

（68）宮村治雄『日本政治思想史』九二頁。

（69）宮村治雄『日本政治思想史』二一三頁。

（70）宮村治雄『日本政治思想史』二一二―二一三頁参照。

（71）宮村治雄『日本政治思想史』一〇五頁。

（72）福澤諭吉『文明論之概略』（岩波書店、一九六二年）一八二頁。宮村治雄『日本政治思想史』二五一頁参照。

（73）宮村治雄『日本政治思想史』二九九―三一四頁参照。

（74）John Neville Figgis, *Studies of political thought from Gerson to Grotius, 1414-1625* (Cambridge: The University Press, 1916) 28. 訳文に関して、野田良之「基本的人権の思想史的背景――とくに抵抗権理論をめぐって」『基本的人権3　歴史Ⅱ』（東京大学出版会、一九六八年）九頁参照。

（75）Figgis, *Studies of political thought from Gerson to Grotius* 30. 野田良之「基本的人権の思想史的背景」九頁参照。

（76）野田良之「基本的人権の思想史的背景」九頁。

（77）Georg Jellinek, *Die Erklärung der Menschen-und Bürgerrechte*, vierte Auflage, München und Leipzig, 1927. イェリネック対ブトミー『人権宣言論争』初宿正典編訳（みすず書房、一九九五年）に収録。イェリネックについての法学者の研究として以下のものが参照できる。種谷春洋『アメリカ人権宣言史論』（有斐閣、一九七一年）。種谷春洋『近代寛容思想と信教自由の成立』（成文堂、一九八六年）。深瀬忠一「一七八九年人権宣言研究序説（一）（二）（三）（四）」『北大法学論集』一四巻三号・四号、一五巻一号、一八巻三号、四〇巻一号（北海道大学法学部、一九六四年、一九六八年、一九八九年）。小貫幸浩「近代人権宣言と抵抗権の本質について」『早稲田法学会誌』四一号（早稲田大学法学会、一九九一年）。

（78）『人権宣言論争』一〇頁。

（79）『人権宣言論争』一〇頁。

（80）『人権宣言論争』九九頁。

(81)『人権宣言論争』九八頁。

(82)E・トレルチ「近代世界の成立に対するプロテスタンティズムの意義」『トレルチ著作集八巻　プロテスタンティズムと近代世界I』堀孝彦他訳（ヨルダン社、一九八四年）八九頁。

(83)トレルチ「近代世界の成立に対するプロテスタンティズムの意義」九〇頁。

(84)『人権宣言論争』九—一〇頁。

(85)『人権宣言論争』九頁。

(86)『人権宣言論争』一九九頁。

(87)トレルチ「近代世界の成立に対するプロテスタンティズムの意義」八九—九〇頁。

(88)大木英夫『人格と人権　下』（教文館、二〇一三年）参照。

(89)古関彰一によれば、「押しつけ論」の引き金になったのは一九五七年のR・ウォードの論文であったとしている。Robert E. Ward, "The Origins of the Present Japanese Constitution" in *American Political Science Review* (Jan. 1957): 1001-1002, 1010. 古関彰一『日本国憲法の誕生』（岩波書店、二〇〇九年）一八一頁参照。また、それ以前にも憲法改定過程を観察していたアメリカ人ジャーナリストの次のような日記が公刊されていた。「このアメリカ製日本憲法はそれ自身悪い憲法ではない。……悪いのは——根本的に悪いのは——この憲法が日本の国民大衆の中から自然に発生したものではないということだ。それは日本政府につかませた外国製憲法でその上高等学校の生徒さえ一寸読んだだけで外国製だということに感づくのに国産品だと称して国民に提供されたのだ」。M・ゲイン『ニッポン日記　上』井本威夫訳（筑摩書房、一九五一年）一一四—一一五頁。

(90)この点について、鈴木は新聞で次のように述べている。「別に同人たち共通の参考資料としたものはないが、明治一五《(マヽ)》年の植木枝盛の『東洋大日本国憲法《(マヽ)》』、土佐立志社の『日本憲法見込案』など日本最初の民主主義的結社自由党の母体たる人々の書いたものを始めとして、明治初期真に大弾圧にこうして情熱を傾けて書かれた二〇余の草案を参考にした。外国の資料としては、一七九一年のフランス憲法、アメリカ合衆国憲法、ソ連憲法、ワイマール憲法、プロイセン憲法がある」（『毎日新聞』一九四五年一二月二九日付。堀真清「植木枝盛の憲法草案（一八八一年）」一九九頁より再引用）。

(91)本書巻末資料「憲法対観表」参照。

(92)野田良之「基本的人権の思想史的背景」参照。小貫幸浩「近代人権宣言と抵抗権の本質について」参照。野田も小貫もイェリネックの研究に同意しながらも、実定法の影響を重視するところから、結局フランス人権宣言の成立を中世の抵抗思想からの影響に注視しているように思える。

(93) ここで紹介する一連の逸話(キリシタンの娘、高山右近、徳川家康等)については、拙著『人権思想とキリスト教』五一八頁を参照。

(94) 海老沢有道『キリシタンの弾圧と抵抗』(雄山閣、一九八一年)二五頁参照。ルイス・フロイス『フロイス日本史1 豊臣秀吉篇Ⅰ』松田毅一・川崎桃太訳(中央公論社、一九七七年)三二〇―三二一頁参照。

(95) 片岡弥吉『日本キリシタン殉教史』(時事通信社、一九七九年)七一頁。

(96) 片岡弥吉『日本キリシタン殉教史』三四〇頁。

(97) 片岡弥吉『日本キリシタン殉教史』三四〇頁。

(98) 宮田登『生き神信仰』(塙新書、一九七〇年)参照。

(99) 安丸良夫・宮地正人校注『日本近代思想体系5 宗教と国家』(岩波書店、一九八八年)二八一―三一六頁参照。

(100) 山住正己校注『日本近代思想体系6 教育の体系』(岩波書店、一九九〇年)三八五―四〇七頁参照。

(101) キリスト教学校教育同盟百年史編纂委員会編『キリスト教学校教育同盟百年史』(教文館、二〇一二年)三五―三七頁参照。

(102) ホーリネス・バンド弾圧史刊行会編『ホーリネス・バンドの軌跡』(新教出版社、一九八三年)参照。

(103) ホーリネス・バンド弾圧史刊行会編『ホーリネス・バンドの軌跡』七八四頁参照。

(104) 金田隆一『戦時下キリスト教の抵抗と挫折』(新教出版社、一九八五年)三〇二―三〇三頁参照。

(105) 鈴木貞美『生命観の探究』六九頁。

(106) 筆者は『人権思想とキリスト教』においてこれを「日本型人権」と呼んだ。けれども、「日本型」という呼称は、江戸時代や明治時代以降の近代的平等理念に通じる思想家をも含める誤解を生じさせる。したがって、対象を限定し、その特徴を示すため、「天皇型人権」という名称を採用した。拙著『人権思想とキリスト教』七二頁参照。

(107) 第一部の骨格はすでに拙著『人権思想とキリスト教』で示している。しかし、そこでは十分に説明できていない事柄、たとえばルター、カルヴァンたちの運動と抵抗権・人権との思想的なつながり、アメリカでの人権法制化を果たした理神論者たちに与えた信仰復興運動の影響、鈴木安蔵や植木枝盛の思想形成期等を大幅に補完して叙述した。したがって、部分的に文章が重なっている箇所があることの断りを入れておく。また先の拙著の目的が副題で示したように「教会の使命と課題」に集中していたが、本書では日本社会の精神構造を明確に示し、宗教団体ではない「社会の使命」に注目して展開している。この違いがはっきり現れるのは第二部においてであることを補足しておく。

(108) 大木英夫については特に以下の研究を参考にしている。大木英夫『ピューリタニズムの倫理思想』(新教出版社、一九六六年)。大木英夫『ピューリタン』(聖学院大学出版会、二〇〇六年)。大木英夫『人格と人権　下』(教文館、二〇一三年)。

第一部第一章

(1)「独立宣言」『アメリカ古典文庫16　アメリカ革命』(研究社出版、一九七八年)一三九—一四〇頁。
(2)「ペンシルヴェニア邦憲法(一七七六年)」『アメリカ革命』一四五頁。
(3)禁断の果実を林檎として描いた理由の一つはラテン語の「悪」が林檎と同じ綴り(malus)であることから来ていると考えられる。
(4)カルヴァン『旧約聖書註解　創世記I』二・九、渡辺信夫訳(新教出版社、一九八四年)六四頁。
(5)詩編第二四篇三節、五三篇三節参照。ローマの信徒への手紙第三章一〇—一二節参照。
(6)渋谷浩編訳『自由民への訴え』(早稲田大学出版部、一九七八年)六八—六九頁参照。
(7)John Locke, *Two Treatises of Government in the Former, the False Principles and Foundation of Sir Robert Filmer and his Followers are Detected and Overthrown, the Latter is an Essay Concerning the True Original, Extent, and End of Civil Government* (London: Awnsham Churchill, 1690) 223. [Early English Books Online]
(8)他にも次の箇所があげられるだろう。「[キリストは]十字架にかかって、自らその身に私たちの罪を担ってくださいました。わたしたちが、罪に対して死んで、義によって生きるようになるためです。そのお受けになった傷によって、あなたがたはいやされました(ペテロの手紙一第二章二四節)」。「あなたがたは、わたしたちの主イエス・キリストの恵みを知っています。すなわち、主は豊かであったのに、あなたがたのために貧しくなられた。それは、主の貧しさによって、あなたがたが豊かになるためです(コリントの信徒への手紙二第八章九節)」。
(9)中村敏『日本キリスト教宣教史』(いのちのことば社、二〇〇九年)六一頁参照。
(10)二〇一七年度の統計データでは日本のキリスト教人口は〇・八三パーセントとなっている。日本宣教リサーチ編『JMR調査レポート(二〇一八年度)』(東京基督教大学国際宣教センター、二〇一九年)八頁。
(11)中村敏『日本キリスト教宣教史』六一—六五頁参照。
(12)鯖田豊之『生きる権利・死ぬ権利』(新潮社、一九七六年)四一—五五参照。古屋安雄「第一部　歴史的考察」大木英夫・古屋安雄『日本の神学』(ヨルダン社、一九八九年)四九—五〇頁参照。
(13)鯖田豊之『生きる権利・死ぬ権利』四三頁。

（14）キリスト教の教理には、復活したイエスと同じように「からだの甦り」（使徒信条）の信仰がある。コリントの信徒への手紙一第一五章参照。
（15）鯖田豊之『生きる権利・死ぬ権利』四二―四三頁。
（16）鯖田豊之『生きる権利・死ぬ権利』四三頁参照。
（17）鯖田豊之『生きる権利・死ぬ権利』四三頁。
（18）鯖田豊之『生きる権利・死ぬ権利』四五―四九頁参照。
（19）『神道事典』縮刷版（弘文堂、一九九九年）三一頁参照。
（20）『神道事典』三一頁参照。
（21）『神道事典』三一頁。
（22）『神道事典』三一頁。

第一部第二章

（1）George W. Forell, *Luther's Works: Career of the Reformer II*, vol. 32 (Philadelphia: Fortress Press, 1958) 112.「私はここに立っている。それ以外のことはできない」という言葉は、印刷社がルターの言葉に付け加えたものだと言われている。Cf. Heiko Oberman, *Luther – Man between God and the Devil*, trans. by Eileen Walliser-Schwartzbart (New Haven: Yale University Press, 1989) 35-40.
（2）泉谷周三郎は「かれ〔ルター〕はヴォルムスでの激しい精神的苦闘の疲労と病気の悪化により、この自然世界のなかで幻想や妄想に悩まされる日々を過ごさなければならなかった」と紹介している。小牧治・泉谷周三郎『人と思想9　ルター』（清水書院、一九七〇年）八九頁。
（3）抵抗権について、特に宗教改革以前にさかのぼる思想史研究として以下のものがある。Kurt Wolzendorff, *Staatsrecht und Naturrecht in der Lehre vom Widerstandsrecht des Volkes gegen rechtswidrige Ausübung der Staatsgewalt: zugleich ein Beitrag zur Entwicklungsgeschichte des modernen Staatsgedankens* (Breslau: M. & H. Marcus, 1916). Fritz Kern, *Kingship and law in the Middle Ages*, translated with an introduction by S.B. Chrimes (Oxford: Basil Blackwell, 1939). 天野和夫『抵抗権の合法性』（法律文化社、一九七三年）。野田良之「基本的人権の思想史的背景」。小貫幸浩「近代人権宣言と抵抗権の本質について」。松本昌悦「基本権保障の本質と抵抗権の理論」『早稲田法学会誌』一四号（早稲田大学法学会、一九六四年）。
（4）野田良之「基本的人権の思想史的背景」七頁。

（5）改革運動前夜の背景に三つの要因を見る見方は、アリスター・マクグラスの研究から示唆を受けている。マクグラス『宗教改革の思想』高柳俊一訳（教文館、二〇〇〇年）二一一—二一六参照。
（6）R・W・スクリブナー、C・スコット・ディクスン『ドイツ宗教改革』森田安一訳（岩波書店、二〇〇九年）二一一頁。
（7）アリスター・マクグラス『プロテスタント思想文化史』佐柳文男訳（教文館、二〇〇九）二一八—二一九頁参照。マクグラス『宗教改革の思想』二二一—二二三頁参照。
（8）マルティン・ルター「キリスト教界の改善についてドイツ国民のキリスト教貴族に与う」成瀬治訳、『世界の名著18 ルター』（中央公論社、一九六九年）九九頁。
（9）ルター「ドイツ国民のキリスト教貴族に与う」一〇〇—一〇七頁参照。
（10）K・ブラシュケ『ルター時代のザクセン』寺尾誠訳（一九八一年、ヨルダン社）二〇一—二〇六頁参照。
（11）ルター「ドイツ国民のキリスト教貴族に与う」八六頁。
（12）マクグラス『プロテスタント思想文化史』二九頁参照。
（13）E・トレルチ「近代世界の成立に対するプロテスタンティズムの意義」『トレルチ著作集八巻　プロテスタンティズムと近代世界I』堀孝彦他訳（ヨルダン社、一九八四年）四三頁。
（14）ヘンリー・ベッテンソン編『キリスト教文書資料集』（聖書図書刊行会、一九六二年）一七四頁。
（15）ヘンリー・ベッテンソン編『キリスト教文書資料集』一七九頁。
（16）ルター「ドイツ国民のキリスト教貴族に与う」八五頁。
（17）中村賢二郎、倉松平編『宗教改革と都市』（刀水書房、一九八三年）九頁参照。
（18）ピーター・H・ウィルソン『神聖ローマ帝国』山本文彦訳（岩波書店、二〇〇五年）六五頁。
（19）ピーター・H・ウィルソン『神聖ローマ帝国』一〇〇頁参照。
（20）マクグラス『プロテスタント思想文化史』三九頁参照。
（21）渡辺一夫『フランス・ユマニスムの成立』（岩波書店、一九五八年）三頁。
（22）渡辺一夫『フランス・ユマニスムの成立』一一—一二頁参照。
（23）マクグラス『宗教改革の思想』六六頁参照。
（24）城戸由紀子は、前者を「ユマニスト」、後者を「福音主義者」と呼んでいる。城戸由紀子「訳者解説」ステファヌス・ユニウス・ブルトゥス『僭主に対するウィンディキアエ』城戸由紀子訳（東信堂、一九九八年）二六四頁。
（25）Henri Hauser et Augustin Renaudet, *Les débuts de l'âge moderne. La Renaissance et la Réforme*, (Presses Universitaires de France: Paris,

1946) 235. 渡辺一夫「ルネサンスの二つの巨星」『ルネサンス』（中央公論新社、二〇〇八年）九五頁より引用。
（26）マクグラス『プロテスタント思想文化史』三七―三九頁参照。
（27）マクグラスは「本来、それは赦しに対する感謝の表現として慈善事業に寄付することだった」と述べている。マクグラス『宗教改革の思想』一五四頁参照。
（28）Cf. Stephen Greenblatt, *Hamlet in Purgatory* (princeton, NJ: Princeton University Press, 2001).
（29）M. Luther, *Luther's Works: Career of the Reformer I*, vol. 31, J.J. Pelikan, H.C. Oswald & H.T. Lehmann, ed., (Philaderphia: Fortress Press, 1957) 26.『九十五カ条の提題』二七項目の言葉。
（30）ブラシュケ『ルター時代のザクセン』二一三頁。
（31）マクグラス『プロテスタント思想文化史』五一―五二頁参照。
（32）K・G・アッポルド『宗教改革小史』徳善義和訳（教文館、二〇一二年）一九頁。
（33）Cf. Elizabeth L. Eisenstein, *The Printing Press as an Agent of Change* (Cambridge: Cambridge University Press, 1980).
（34）ベルント・メラー『帝国都市と宗教改革』森田安一・棟居洋・石引正志訳（教文館、一九九〇年）参照。
（35）A.G. Dikens, *The German Nation and Martin Luther* (Harper & Row: 1974) 182.
（36）スクリブナー『ドイツ宗教改革』一一四頁参照。
（37）R.W. Dale, *Essay and Addresses*, 2nd ed. (New York: A. C. Armstrong & Son, 1899) 308.
（38）ルター「キリスト者の自由」『世界の名著18　ルター』塩谷饒訳（中央公論社、一九六九年）六〇―六一頁参照。
（39）この逸話は日本の実践神学者加藤常昭がドイツ留学時代に経験した話を筆者が直接聞いたものである。
（40）ルター「キリスト者の自由」七三―七四頁参照。
（41）ルター「ドイツ国民のキリスト教貴族に与う」八六頁。
（42）ルター「ドイツ国民のキリスト教貴族に与う」八六頁。
（43）ルター「ドイツ国民のキリスト教貴族に与う」八八頁。
（44）ルター「ドイツ国民のキリスト教貴族に与う」八八頁。
（45）ルター「ドイツ国民のキリスト教貴族に与う」八八頁。
（46）ルター「ドイツ国民のキリスト教貴族に与う」九七頁。
（47）ルター「ドイツ国民のキリスト教貴族に与う」一〇五頁。
（48）カルヴァンの思想と人権思想との関係については以下のものが参照できる。J. B. Torrance, "Interpreting the Word by the

Light of Christ", in R. Schnucker (ed.), *Calviniana* (Kirksville, Mo., 1989) 255-267.

(49) アリストテレス「政治学」『世界の名著8　アリストテレス』田中美知太郎責任編集（中央公論社、一九七二年）六九頁。

(50) カルヴァンは人間の「社会的動物」という用語を古代ローマ時代のストア派セネカやキリスト教弁証家ラクタンティウスから引用している。カルヴァン『キリスト教綱要』Ⅱ・二・一三、渡辺信夫訳（新教出版社、一九六二年）四九頁。

(51) カルヴァン『旧約聖書註解　創世記Ⅰ』二・一八、渡辺信夫訳（新教出版社、一九八四年）七二頁。

(52) 久米あつみ『人類の知的遺産28　カルヴァン』（講談社、一九八〇年）三七頁より引用。カルヴァン『新約聖書註解XIV　ペテロ・ユダ・ヨハネ書』乾慶四郎・久米あつみ訳（新教出版社、一九六三年）七三頁参照。カルヴァン『旧約聖書註解　創世記Ⅰ』二・二一、七六頁参照。

(53)『キリスト教綱要』第四篇の表題に「外的手段」とだけ記されている。カルヴァン『キリスト教綱要』Ⅳ／一・二〇・四、渡辺信夫訳（新教出版社、一九六四年）参照。

(54) カルヴァン『キリスト教綱要』Ⅱ・二・一三、四九頁。

(55) カルヴァン『キリスト教綱要』Ⅱ・二・一三、四九頁。

(56) カルヴァン『キリスト教綱要』Ⅳ／二・二〇・四、渡辺信夫訳（新教出版社、一九七一年）二三四―二三五頁。

(57) カルヴァン『キリスト教綱要』Ⅱ・七・一〇、渡辺信夫訳（新教出版社、一九六二年）一五一―一五二頁。『キリスト教綱要』Ⅲ・一九・一五、渡辺信夫訳（新教出版社、一九六四年）一〇一―一〇四頁参照。『キリスト教綱要』Ⅳ／二・二〇、二三一―二六七頁参照。『キリスト教綱要』第四篇表題参照。

(58) カルヴァン『キリスト教綱要』Ⅳ／一・二、二五七―二五八頁参照。『キリスト教綱要』Ⅳ／二・二〇・四、二三四―二三五。カルヴァン『新約聖書註解Ⅶ　ローマ書』渡辺信夫訳（新教出版社、一九五九年）一三章一節参照。

(59) カルヴァン『キリスト教綱要』Ⅳ・二〇・三二、二六六頁。初版（一五三六年）の『キリスト教綱要』では次のように言われていた。「もし上の者が何か主に反対することを命じたならば、それには一顧も与えないでよい」。ジャン・カルヴァン「キリスト教綱要（初版）（一五三六年）」『宗教改革著作集第九巻　カルヴァンとその周辺Ⅰ』（教文館、一九八六年）三七三頁。

(60) カルヴァン『キリスト教綱要』Ⅳ・二〇・三二、二六六頁。

(61) カルヴァン『キリスト教綱要』Ⅳ・二〇・三一、二六五頁。

(62) カルヴァン「キリスト教綱要（初版）（一九三六年）」三七三頁参照。

（63）Quentin Skinner, *The foundations of modern political thought: the Age of Reformation*, vol. 2 (Cambridge University Press, 1978) 207-208.（クエンティン・スキナー『近代政治思想の基礎』門間都喜郎訳［春風社、二〇〇五年］四八六頁参照）。

（64）Cf. Skinner, *The foundations of modern political thought*, vol. 2, 195-200. 邦訳、四七三―四七八頁参照。

（65）Cf. Skinner, *The foundations of modern political thought*, vol. 2, 204-205. 邦訳、四八二―四八三頁参照。カルヴァンに影響を与えたと考えられるブツァーの「下位の官憲」による抵抗権についてこれまで注目されていなかったが、ジョン・ミルトンはブツァーについて詳しく研究しており、重要な要素を理解していた。Cf. John Milton, *the Tenure of Kings and Magistrates, in Complete Prose Works of John Milton*, vol.3, ed. Meritt Y. Hughes (New Haven: Yale University Press, 1962) 247. Cf. Bucer, Martin. *Sacra Quatuor Euangelia* (1553).

　また、下位の官憲職には触れていないが、ブツァーは一五二三年八月ストラスブールで説教した要旨を出版し、権力を持つ者たちが自分の利益のために行動しやすいので、「（もしあなたが可能ならば）上の階級の人々とその生活を注意しなさい。（もしできるのならば）〔福音を語るものへの妨害を〕やめさせなさい」と警鐘を鳴らし、抵抗権につながる思想が語られていた。原題は *Das yin selbs niemat, sonder anderen leben soll und wie der mensch dahyn kummen mög* (Strasbourg, 1523)『自分自身のために生きる人はいない。他者のために生きるべきである。どのようにして人はそこに生きることができるのか』。上記の引用は以下の英訳。Martin Butzer, "Instruction in Christian Love", tr. Paul Traugott Fuhrmann, in *Calvin and the Reformed Tradition*, ed. James Leo Garrett, Jr. (U.S.A.: Broadman Press, 1980) 59.

　ブツァーの下位の官憲職による抵抗権のカルヴァンへの影響について、以下の研究がある。Cf. Hans Baron, "Caivinist Republicanism and its Historical Roots" *Church History*, vol. 8, No. 1 (Mar., 1939): 30-42. 近藤勝彦『デモクラシーの神学思想』（教文館、二〇〇〇年）六九―七二、七九頁注33参照。

（66）Skinner, *The foundations of modern political thought*, vol. 2, 196. 邦訳、四七四頁。

（67）Cf. Skinner, *The foundations of modern political thought*, vol. 2, 197-200. 邦訳、四七五―四七八頁参照。

（68）Skinner, *The foundations of modern political thought*, vol. 2, 206. 邦訳、四八五頁。「俗権提携型宗教改革」とは、改革者が世俗の権力（諸侯や行政長官や市議会）とどう関わったかに注目したもので、政治権力と教会との間の緊密な関係に注目するときに使われる用語である。マクグラス『キリスト教思想史入門』神代真砂実・関川泰寛訳（キリスト新聞社、二〇〇八年）二一二頁参照。

（69）Skinner, *The foundations of modern political thought*, vol. 2, 209. 邦訳、四八七頁参照。

（70）同様にカルヴァンではなくルター派の抵抗権思想に注目したものに以下の研究がある。Robert von Friedeburg, *Self-defence and religious strife in early modern Europe: England and Germany, 1530-1680* (Ashgate, 2002). Richard R. Benert, *Inferior Magistrates in Sixteen-Century Political and Legal Thought* (Ph.D. Dissertation, University of Minnesota, 1967).

（71）ルター派思想の抵抗論理への影響をたどれば、さらに中世の抵抗思想やローマ法思想またはゲルマン法思想にまでさかのぼる可能性もあるだろう。以下を参照。Fritz Kern, *Kingship and law in the Middle Ages*. オットー・フォン・ギールケ『ヨハネス・アルトジウス』笹川紀勝・本間信長・増田明彦訳（勁草書房、二〇一一年）六六―七〇頁参照。天野和夫『抵抗権の合法性』。野田良之「基本的人権の思想史的背景」。小貫幸浩「近代人権宣言と抵抗権の本質について」。松本昌悦「基本権保障の本質と抵抗権の理論」。

（72）Cf. Skinner, *The foundations of modern political thought*, vol. 2, 235-236. 邦訳、五一五―五一六頁参照。

（73）「モナルコマキ」とはウィリアム・バークレー（一五四六―一六〇八年）が著書『王国および王権について――ブキャナン、ブルトゥス、ブッシェ、その他のモナルコマキを駁する六巻（一六〇〇年）』（*De regno et regali potestate: aduersus Buchananum, Brutum, Boucherium, & reliquos monarchomachos, libri sex, 1600*）で用いた名称である。広義には臣民のために王に対する抵抗権を要求したすべての人を指し、宗教改革者たちからジョン・ミルトンやジョン・ロックそしてアメリカ革命の思想家にまで至る。狭義には一五七三年から一五九九年にわたりフランス・スコットランド・スペインで絶対君主主義に激しく反対し、暴君を殺す道徳的権利があると主張した著作者たちを指す。モナルコマキについては以下を参照。ルドルフ・トロイマン『モナルコマキ』小林孝輔・佐々木高雄訳（学陽書房、一九七六年）。山下威士・丸山正次「モナルコマキ研究序説――16世紀の国家理論、特にVindiciae contra tyrannosをめぐって」『埼玉大学紀要　社会科学篇』第二五巻（埼玉大学教養学部、一九七七年）。ギールケ『ヨハネス・アルトジウス』。Stephanus Junius Brutus, the Celt, *Vindiciae contra tyrannos, or, Concerning the legitimate power of a prince over the people, and of the people over a prince*, edited and translated by George Garnett (Cambridge: Cambridge University Press, 1994)（邦訳ブルトゥス『僭主に対するウィンディキアエ』）。テオドール・ド・ベーズ「為政者の臣下に対する権利」丸山忠孝訳『宗教改革著作集　第一〇巻　カルヴァンとその周辺Ⅱ』（教文館、一九九三年）。

（74）John Witte, Jr., *The reformation of rights: law, religion, and human rights in early modern Calvinism* (Cambridge University Press, 2007) 115.

（75）Skinner, *The foundations of modern political thought*, vol. 2, 193, 206. 邦訳、四七一、四八五頁。

（76）カルヴァン『カルヴァン新約聖書註解Ⅴ　使徒行伝　上』益田健次訳（新教出版社、一九六八年）一五七頁。

（77）カルヴァン『カルヴァン新約聖書註解Ⅵ　使徒行伝　下』益田健次訳（新教出版社、一九七三年）五二五頁。

(78) たとえば、ベーズ「為政者の臣下に対する権利」一〇八頁参照。Cf. Skinner, *The foundations of modern political thought*, vol. 2, 229. 邦訳、五〇八頁参照。
(79) ギールケ『ヨハネス・アルトジウス』二〇一頁。
(80) ギールケ『ヨハネス・アルトジウス』三八頁。
(81) ベーズ「為政者の臣下に対する権利」一二六頁。
(82) Cf. Brutus, *Vindiciae contra tyrannos* 71ff. ブルトゥス『僭主に対するウィンディキアエ』九六頁以下参照。
(83) ギールケ『ヨハネス・アルトジウス』二三四頁。
(84) ギールケ『ヨハネス・アルトジウス』六七、六八頁。
(85) Skinner, *The foundations of modern political thought: the Renaissance*, vol.1(Cambridge: Cambridge University Press , 1978) 84-85. 邦訳、一〇〇頁。
(86) 近藤恒一『ペトラルカ』(岩波書店、二〇〇二年)二二四頁。
(87) ペトラルカ『無知について』近藤恒一訳(岩波書店、二〇一〇年)七二頁。
(88) ペトラルカ『無知について』八二頁。
(89) 田中浩「「近代精神の父・キケロ」について考える——ルネサンス・宗教改革・市民革命とのかかわりで」『歴史と神学——大木英夫教授喜寿記念献呈論文集　下巻』(聖学院大学出版会、二〇〇六年)。
(90) 田中浩「「近代精神の父・キケロ」について考える」三八八頁。
(91) 田中浩「「近代精神の父・キケロ」について考える」三九三頁。
(92) 田中浩「「近代精神の父・キケロ」について考える」四三二頁。
(93) 田中浩「「近代精神の父・キケロ」について考える」四一二頁。
(94) キケロ「法律について」Ⅲ・三・八『キケロー選集8』岡道男訳(岩波書店、一九九九年)二七六頁参照。
(95) カルヴァンの抵抗権思想の影響については以下を参照。Skinner, *The foundations of modern political thought: the Renaissance*, vol.2. John Witte, Jr., *The reformation of rights*. 住田博子『カルヴァン政治思想の形成と展開』(新教出版社、二〇一八年)。
(96) E・トレルチ「ストア的＝キリスト教的自然法と近代的世俗的自然法」『トレルチ著作集七巻　キリスト教と社会思想』住谷一彦他訳(ヨルダン社、一九八一年)二六二頁。トレルチ「近代世界の成立に対するプロテスタンティズムの意義」八五―八八頁参照。カルヴァン以降の抵抗権の思想的発展については、以下のものが参照できる。Cf. Bodo Nischan, "Confessionalism and Absolutism: the case of Brandenburg" in *Calvinism in Europe, 1540-1620*, eds. Andrew Pettegree, Alastair Duke,

Gillian Lewis (Cambridge: Cambridge University Press, 1994) 197-204. A. E. McGrath, *A Life of John Calvin* (Oxford: Blackwell Publishers, 1993) 186-188, A・E・マクグラス『ジャンアウグスティヌス・カルヴァンの生涯　下』芳賀力訳（キリスト新聞社、二〇一〇年）一一七—一二一頁参照。

（97）カルヴァン『キリスト教綱要』Ⅱ・七・一〇、一五一—一五二頁参照。『キリスト教綱要』Ⅳ・二〇、二三一—二六七頁参照。

第一部第三章

（1）本章では以下の文献を参考にしている。Cf. *Reform and Reformation: England and the Continent c1500-c1750*, Derek Baker ed. (Oxford : Basil Blackwell, 1979). *Handbook of European History 1400-1600: Late Middle Ages, Renaissance and Reformation*, Thomas A. Brady, Jr., Heiko A. Oberman, James D. Tracy, ed. (Leiden; New York : E.J. Brill, 1994). マクグラス『プロテスタント思想文化史』。大木英夫『ピューリタン』。ウィリストン・ウォーカー『宗教改革』塚田理・八代崇訳（ヨルダン社、一九八六年）。大澤麦『自然権としてのプロパティ』（成文堂、一九九五年）。

（2）マクグラス『プロテスタント思想文化史』一一六—一一七頁参照。

（3）Cf. Perry Miller, *Orthodoxy in Massachusetts, 1630-1650* (Cambridge, Masssachusetts: Harvard University Press, 1933).

（4）Cf. A. S. P. Woodhouse, *Puritanism and Liverty* (London: J. M. Dent & Sons, 1938).

（5）ジェームズ・I・パッカー『ピューリタン神学総説』松谷好明訳（一麦出版社、二〇一一年）四一頁。ジェームズ・パッカーは「ピューリタン」という語の使用を詳細に検討して五つのグループに適応した分類を紹介している。しかし、彼自身は本文に引用した定義により、聖書翻訳をしたウィリアム・ティンダルをピューリタニズムの始まりと見ている（同書三二頁参照）。

（6）渋谷浩『自由民への訴え』三七六頁。

（7）Cf. Christina Hallowell Garrett, *The Marian exiles: a study in the Origins of Elizabethan Puritanism* (Cambridge: The Univ. Press, 1966). Cf. Dan G. Danner, *Pilgrimage to Puritanism: history and theology of the Marian exiles at Geneva, 1555-1560* (New York: Peter Lang, 1999).

（8）Woodhouse, *Puritanism and Liverty xxxvii*.

（9）A・シンプソン『英米におけるピューリタンの伝統』木下尚一・秋山健訳（未來社、一九六六年）二九頁。

（10）William Haller, *The Rise of Puritanism* (Philadelphia: University of Pennsylvania, 1984) 3.

（11）ピューリタニズムについては大木英夫の以下の研究に多く負っている。大木英夫『ピューリタニズムの倫理思想』（新教出版社、一九六六年）。大木英夫『ピューリタン』（聖学院大学出版会、二〇〇六年）。

（12）カートライトについては、松谷好明『イングランド・ピューリタニズム研究』（聖学院大学出版会、二〇〇七年）の第一章に優れた研究がある。

（13）Cf. Peter Lake, *Anglicans and Puritans?: Presbyterianism and English Conformist Thought from Whitgift to Hooker*, (London: Unwin Hyman, 1988)13-15.

（14）二〇一五年六月一六日、全国の国立大学八六校の学長が集まった会議で、下村博文・文部科学相は国立大学の学長らに、入学式や卒業式での国旗掲揚、国歌斉唱を行うよう要請した。

（15）シンプソン『英米におけるピューリタンの伝統』一八―一九頁参照。

（16）Thomas Goodwin, *The Works of Thomas Goodwin*, Vol. 2, (Edinburgh: James Nichol, 1861) xxiii.

（17）Cf. Haller, *The Rise of Puritanism* 217.

（18）大木英夫『ピューリタン』七三頁。大木英夫『ピューリタニズムの倫理思想』六一頁参照。

（19）パッカー『ピューリタン神学総説』三五二頁。

（20）大木英夫『ピューリタン』七〇頁参照。

（21）大木英夫『ピューリタン』六二、七四頁参照。

（22）ピューリタンの信仰の自由を求める運動（ピューリタン）とイギリス人の権利を求める運動（コモン・ローヤー）が結合する捉え方は、大木英夫に依拠している。大木英夫『ピューリタニズムの倫理思想』三〇八―三二二頁参照。大木英夫『ピューリタン』八三―九六頁参照。

（23）James I, *The true lawe of free monarchies: or The reciprock and mutuall dutie betwixt a free king, and his naturall subiectes* (Edinburgh : Printed by Robert VValdegraue, printer to the Kings maiestie, Anno Dom. 1598). 大木英夫『ピューリタニズムの倫理思想』三一二頁参照。

（24）Edward Coke, *The Reports of Sir Edward Coke, Knt.: in thirteen parts*, vol. VI (London: Joseph Butterworth and Son, 1826) 282.

（25）Thomas Goodwin, *The Works of Thomas Goodwin*, Vol. 2, xxiii.

（26）Thomas Goodwin, *The Works of Thomas Goodwin*, Vol. 2, xxiii.

（27）John Lilburne, "A Worke of the Beast. Or A relation of a most vnchristian Censure" (1638) 20. [Early English Books Online]（「獣の所業」渋谷浩編訳『自由民への訴え』二一六頁）

（28）John Bunyan, *The Pilgrim's Progress: from This World to That Which is to Come*, ed. James Blanton Wharey (Oxford, Clarendon Press, 1960).
（29）Edward Johnson, *Wounder-working Providence of Sions Savior in New England* (Andover, Massachusetts: Warren F. Draper, 1867) 95-96.
（30）大木英夫『ピューリタン』一二九頁。
（31）ジェームズ・L・アダムズ『自由と結社の思想』柴田史子訳（聖学院大学出版会、一九九七年）一一八―一二一頁参照。
（32）香内三郎「ピュアリタン革命における『説教』の位置」東京大学新聞研究所編『コミュニケーション――行動と様式』（東京大学出版会、一九七四年）四三一頁以下参照。
（33）Christopher Hill, *Society and Puritanism in pre-Revolutionary England* (London: Secker & Warburg, 1964) 201.
（34）イギリスにおける安息日遵守（サバタリアニズム）の重要性と研究史については以下を参照。大木英夫『ピューリタニズムの倫理思想』二四二―二六二頁。松谷好明『イングランド・ピューリタニズム研究』四九―八二頁参照。
（35）大澤麦『自然権としてのプロパティ』三七―三八頁参照。
（36）大木英夫『ピューリタン』一三〇頁。
（37）大木英夫『ピューリタン』八六―九六頁参照。
（38）ピューリタン革命時代の党派の一つで、革命軍内部の独立派と対立した。世界初の人権項目を含んだ憲法草案『人民協約』を提出したのはこのグループである。
（39）John Lilburne, "Liberty Vindicated against Slavery" (1646) 30. [Early English Books Online]
（40）大木英夫『ピューリタニズムの倫理思想』三六八頁。
（41）キケロ「法律について」Ⅲ・三・八『キケロー選集8』二七六頁参照。
（42）キケロ「法律について」Ⅱ・五・一一『キケロー選集8』二三〇頁。
（43）ペトラルカ『無知について』七二―七三、七八頁。
（44）Skinner, *The foundations of modern political thought*, vol.2, 196. 邦訳、四七四頁。
（45）Cf. Skinner, *The foundations of modern political thought*, vol.2, 197. 邦訳、四七五頁参照。
（46）カルヴァン『キリスト教綱要』Ⅳ・二〇・三一、二六六頁参照。
（47）カルヴァン『キリスト教綱要』Ⅳ・二〇・二、二三三頁。
（48）Brutus, *Vindiciae contra tyrannos* 93. 邦訳『僭主に対するウィンディキアエ』一一六頁。なお、以下の引用は概ね邦訳によるが、本書全体の訳語の統一の観点から、また引用の便宜上から改訳したところがある。

(49) Brutus, *Vindiciae contra tyrannos* 49. 邦訳、七〇頁。

(50) Brutus, *Vindiciae contra tyrannos* 68. 邦訳、九二頁。

(51) Brutus, *Vindiciae contra tyrannos* 104. 邦訳、一二九頁。

(52) Brutus, *Vindiciae contra tyrannos* 12. 邦訳、二九頁。

(53) Brutus, *Vindiciae contra tyrannos* 10. 邦訳、二七頁。

(54) Brutus, *Vindiciae contra tyrannos* 49. 邦訳、七〇頁。

(55) Cf. Brutus, *Vindiciae contra tyrannos* 68. 邦訳、九二頁。

(56) Cf. Brutus, *Vindiciae contra tyrannos* 115. 邦訳、一四一頁。

(57) Cf. Brutus, *Vindiciae contra tyrannos* 157. 邦訳、一八三頁。

(58) Cf. Brutus, *Vindiciae contra tyrannos* 10. 邦訳、二七頁。

(59) Brutus, *Vindiciae contra tyrannos* 30. 邦訳、四九頁。旧約聖書によれば十戒は二枚の石板に刻まれた。二枚の区分には第四戒をどちらに入れるかで分かれるが、前半は神との関係、後半は人間関係について語られている。『聖書　新共同訳』出エジプト記第二〇章参照。

(60) Cf. Brutus, *Vindiciae contra tyrannos* 129-131. 邦訳、一五六頁。

(61) Brutus, *Vindiciae contra tyrannos* 172. 邦訳、一九九頁。

(62) Brutus, *Vindiciae contra tyrannos* 33. 邦訳、五三頁。

(63) Brutus, *Vindiciae contra tyrannos* 70. 邦訳、九五頁。

(64) Brutus, *Vindiciae contra tyrannos* 74,Cf.71. 邦訳、九九頁、九六頁参照。

(65) Brutus, *Vindiciae contra tyrannos* 74. 邦訳、九九頁。

(66) Brutus, *Vindiciae contra tyrannos* 78. 邦訳、一〇二頁。

(67) Brutus, *Vindiciae contra tyrannos* 97. 邦訳、一二一頁。

(68) Brutus, *Vindiciae contra tyrannos* 97. 邦訳、一二一頁。

(69)「人民全体が国王の上位に位置するのと同じく、王国の役人たちも、たとえ一人一人をとってみれば国王の下位にあるとしても、全体としては国王の上位にあるとみなされるべきである」。Brutus, *Vindiciae contra tyrannos* 78. 邦訳、一〇二頁。

(70) Brutus, *Vindiciae contra tyrannos* 172. 邦訳、一九九頁。

（71）Cf. Brutus, *Vindiciae contra tyrannos* 131. 邦訳、一五七頁。
（72）Brutus, *Vindiciae contra tyrannos* 31. 邦訳、四九頁。
（73）「第一表の法を犯す者が、第二表の法を犯す者より、それだけ容赦なく残酷な神の復讐に遭遇する」。Brutus, *Vindiciae contra tyrannos* 31. 邦訳、五〇頁。
（74）Brutus, *Vindiciae contra tyrannos* 31. 邦訳、五〇頁。
（75）Brutus, *Vindiciae contra tyrannos* 75. 邦訳、一〇〇頁。
（76）「僭主は、あらゆる事柄を、公共の福利を基準としてではなく、自己自身の欲望のみから判断するものです」。Brutus, *Vindiciae contra tyrannos* 12. 邦訳、二九頁。
（77）Cf. George Buchanan, *De jure regni apud Scotos, or, A dialogue, concerning the due privilege of government in the kingdom of Scotland, betwixt George Buchanan and Thomas Maitland*, translated out of the original Latine into English by Philalethes (1680). [Early English Books Online] ブキャナンについては、小林麻衣子「ジョージ・ブキャナンの抵抗権論」『一橋論叢』一二七巻二号（日本評論社、二〇〇二年）一九八—二一五頁を参照。
（78）Buchanan, *De jure regni apud Scotos* 126.
（79）Buchanan, *De jure regni apud Scotos* 126-127.
（80）Cf. Buchanan, *De jure regni apud Scotos* 81-85.
（81）Buchanan, *De jure regni apud Scotos* 42.
（82）Buchanan, *De jure regni apud Scotos* 69.
（83）Buchanan, *De jure regni apud Scotos* 69.
（84）Cf. Brutus, *Vindiciae contra tyrannos* 59-63. 邦訳、八一—八五頁参照。
（85）Buchanan, *De jure regni apud Scotos* 72.
（86）Skinner, *The foundations of modern political thought*, vol.2, 341. 邦訳、六二二頁。
（87）ギールケ『ヨハネス・アルトジウス』六五頁。
（88）Skinner, *The foundations of modern political thought*, vol.2, 341. 邦訳、六二二頁。
（89）小林麻衣子「ジョージ・ブキャナンの抵抗権論」二〇九頁。
（90）J.W. Gough, *Fundamental Law in English Constitutional History* (Oxford: Clarendon Press, 1955) 99. William Fulbecke, *Direction or preparative to the study of the law* (London: Thomas Wight, 1600) 4. [Early English Books Online]

（91）Francis Bacon, *The essayes or counsels, ciuill and morall* (London : Iohn Haviland for Hanna Barret, 1625) 323. [Early English Books Online]

（92）Samuel Rutherford, *Lex, Rex: The Law and the Prince* (London: Iohn Field, 1644) 218. [Early English Books Online]

（93）一六四三年に匿名で著された下記の冊子では、人民の福祉が王と議会と法廷を基礎づけるところの法を法たらしめるものと訴えている Cf. *Touching the fundamentall lawes, or politique constitution of this kingdome, the Kings negative voice, and the power of Parliaments* (London: Thomas Underhill, 1643) 3, 7. [Early English Books Online]

（94）リルバーンについては以下の研究がある。Pauline Gregg, *Free-Born John: the Biography of John Lilburne* (London: Phoenix Press, 2000). 山田園子「ジョン・リルバーンにおける宗教と政治」『社会思想史研究』五（北樹出版、一九八一年）。山田園子「ジョン・リルバーンの自然法思想」『名古屋大学法政論集』八六号（名古屋大学、一九八〇年）。田村秀夫『イギリス革命思想史』（創文社、一九七四年）。浜林正夫『イギリス革命の思想構造』（未來社、一九八四年）。山本隆基『レヴェラーズ政治思想の研究』（法律文化社、一九八六年）。

（95）Cf. Gregg, *Free-Born John* 46-47, 220.

（96）John Lilburne, "A Worke of the Beast. Or A relation of a most vnchristian Censure" (1638) 19-20. [Early English Books Online]（「獣の所業」渋谷浩編訳『自由民への訴え』二六頁）なお、以下の引用は概ね邦訳によるが、本書全体の訳語の統一の観点から、また引用の便宜上から改訳したところがある。パーカーにおけるモナルコマキの伝統については以下を参照。ジュリアン・H・フランクリン『ジョンロックと主権理論』今中比呂志・渡辺有二訳（御茶の水書房、一九八〇年）三四頁。大澤麦『自然権としてのプロパティ』四九―五〇頁。

（97）パーカーの研究については以下を参照。Michael Mendle, *Henry Parker and the English Civil War: the Political Thought of the Public's "Privado"* (Cambridge University Press, 1995). 浜林正夫「イギリス革命期の経済思想（Ⅲ）――ヘンリ・パーカー」『商学討究』一〇巻一号（小樽商科大学、一九五九年）。

（98）Henry Parker, "Observations upon some of His Majesties late Answers and Expresses" (London, 1642) 1,2. [Early English Books Online]（「国王陛下の最近の回答と発言の若干に関する考察」渋谷浩編訳『自由民への訴え』四六、四七頁）なお、以下の引用は概ね邦訳によるが、本書全体の訳語の統一の観点から、また引用の便宜上から改訳したところがある。

（99）Henry Parker, "Observations upon some of His Majesties late Answers and Expresses" 2-3. 邦訳、四九頁。

（100）浜林正夫「イギリス革命期の経済思想（Ⅲ）」二七―二八頁参照。

（101）Henry Parker, "Observations upon some of His Majesties late Answers and Expresses" 18. 邦訳、六六、六七頁。

（102）Goodwin, "Anti-Cavalierisme. Or, Truth Pleading as well the necessity, as the Lawfulness of this present VVar" (London: G.B. and R.W. for Henry Overton, 1642)" 7. [Early English Books Online]

（103）Goodwin, "Anti-cavalierisme" 7.

（104）Goodwin, "Anti-cavalierisme" 9.

（105）Goodwin, "Right and Might Well Met. or, A briefe and unpartiall enquiry into the late and present procedings of the army under the command of his excellency the Lord Fairfax" (London: Matthew Simmons for Henry Crips, 1648) 39-40 [Early English Books Online].「正義と力の調和」『自由民への訴え』二四〇頁参照。

（106）A.S.P. Woodhouse ed., *Puritanism and Liberty: Being the Army Debates (1647-9) from the Clarke Manuscripts with Supplementary Documents* (London: J.M. Dent, 1938) 36.

（107）Thomas Carlyle, ed., *Oliver Cromwell's Letters and Speeches : with elucidations*, vol. II. (London : Chapman and Hall, 1871) 84.

（108）Harold Laski, "*Political Thought In England: Locke to Bentham*" (London: Oxford University Press, 1920) 55.（ラスキ『イギリス政治思想Ⅱ――ロックからベンサムまで』堀豊彦・飯坂良明訳、岩波書店、一九五八年、二八頁）。ロックの人権理念におけるピューリタニズムの影響について、次の指摘もある。「自然状態は自然法によって支配されている。自然法とは、ホッブスがなしたそれとは異なり、現実の法律のアンチテーゼではなく、むしろその前提条件である。それは、いかなる時でもいかなる場所でも人間の行為を支配する規範体系である。それを取り扱うものは理性であり、そして自然状態において理性は人間が平等であることを示す。この平等から人間の自然権が生まれるのであり、その自然権をばロックは、ピューリタン革命時代のインディペンデントと同様に、生命や自由や財産と同一視したのである」。Laski, "*Political Thought In England*" 40. 邦訳、一九―二〇頁。訳文は大木英夫『ピューリタニズムの倫理思想』三六八頁を参照。

（109）大澤麦『自然権としてのプロパティ』九頁。三〇五頁参照。

（110）Cf. Laski, "*Political Thought In England*" 30. 邦訳一三頁。

（111）A・D・リンゼイ『わたしはデモクラシーを信じる』永岡薫他訳（聖学院大学出版会、二〇〇九年）。『キリスト教諸教会とデモクラシー』山本俊樹・大澤麦訳（聖学院大学出版会、二〇〇六年）。

（112）Cf. Woodhouse ed., *Puritanism and liberty*.『デモクラシーにおける討論の誕生』渋谷浩・大澤麦（聖学院大学出版会、一九九九年）参照。

（113）大澤麦『自然権としてのプロパティ』一二〇頁参照。

（114）Cf. Thomas Carlyle, ed., *Oliver Cromwell's letters and speeches*, vol. I. (London : Chapman and Hall, 1873) 232-233. Cf. W.C. Abbot, ed., *the writings and Speeches of Oliver Cromwell*, vol. 1, (Oxford, 1988) 256. 大木英夫『ピューリタン』一五四—一五五頁参照。

（115）Woodhouse, *Puritanism and liberty* 104.

（116）大木英夫『ピューリタン』一六六—一六七頁参照。

（117）グレッグによれば、この呼称はクロムウェルが後述するパトニー会議で名づけたとされる。Cf. Pauline Gregg, *Free-Born John* 221. レヴェラーズについては以下を参照。渋谷浩『ピューリタニズムの革命思想』（御茶の水書房、一九七八年）。川村大膳『人民協約の研究』（弘文堂、一九六二年）。小池正行『変革期における法思想と人間』（木鐸社、一九七四年）。田村秀夫『イギリス革命思想史』（創文社、一九六一年）。M・トルミー『ピューリタン革命の担い手たち』大西晴樹・浜林正夫訳（ヨルダン社、一九八三年）二六一—三〇八頁参照。浜林正夫『イギリス革命の思想構造』。山本隆基『レヴェラーズ政治思想の研究』（法律文化社、一九九五年）。大澤麦『自然権としてのプロパティ』（成文堂、一九八六年）。友田卓爾『レベラー運動の研究』（渓水社、二〇〇〇年）。

（118）渋谷浩『自由民への訴え』三八二頁。

（119）渋谷浩『自由民への訴え』三八三頁。

（120）Cf. John Lilburne, "Englands Birth-Right Justified" (1645). Cf. Lilburne, "Innocency and Truth Justified" (1646) 64.

（121）Woodhouse, *Puritanism and liberty* 53.

（122）Woodhouse, *Puritanism and liberty* 56.

（123）Woodhouse, *Puritanism and liberty* 69.

（124）大澤麦『自然権としてのプロパティ』一三七頁参照。

（125）大澤麦はレヴェラーズの指導者の一人リチャード・オーヴァトンの研究から自然の諸原理が「人間の心に書き付けられた神法たる自然法にほかならない」と指摘している。大澤麦『自然権としてのプロパティ』一三七頁参照。

（126）Goodwin, "Anti-Cavalierisme" 16.

（127）Henry Parker, "Observations upon some of His Majesties late Answers and Expresses" (1642) 16-17. 邦訳、六四—六五頁参照。

（128）Henry Parker, "Observations upon some of His Majesties late Answers and Expresses" (1642) 20.

（129）ピューリタニズムにおける自然法と抵抗権の結びつきについては、大木英夫『ピューリタニズムの倫理思想』三八〇—三九二頁を参照。

（130）大木英夫『ピューリタン』一六一頁。

（131）大木英夫『ピューリタン』一九五頁。

（132）白井聡『国体論』三三八頁。
（133）大木英夫『ピューリタン』一九七頁参照。
（134）渋谷浩編訳『自由民への訴え』参照。
（135）石田雄『日本の政治と言葉　上――「自由」と「福祉」』（東京大学出版会、一九八九年）三二一―三七頁参照。

第一部第四章

（1）メイフラワー号によるアメリカ移住については以下を参照。Kate Caffrey, *The Mayflower* (New York: Stein and Day, 1975). Cf. Susan Hardman Moore, *Pilgrims: New World Settlers and the Call of Home* (New Haven: Yale University Press, 2007). 大木英夫『ピューリタン』九七―一一一頁。
（2）大木英夫『ピューリタン』一〇一頁。
（3）森本あんり『アメリカ・キリスト教史』（新教出版社、二〇〇六年）二七頁参照。
（4）Kate Caffrey, *The Mayflower* 340-341.
（5）大木英夫『ピューリタン』一〇九頁より引用。Cf. Kate Caffrey, *The Mayflower* 83-86.
（6）ロジャー・ウィリアムズの研究に関する日本語文献として以下のものが参照できる。井上公正『ジョン・ロックとその先駆者たち』（御茶の水書房、一九七八年）一三四―一六四頁参照。久保田泰夫『ロジャー・ウィリアムズ』（彩流社、一九九八年）。森本あんり『アメリカ的理念の身体』（創文社、二〇一二年）。
（7）Cf. Edwin Scott Gaustad, Philip L. Barlow, *New historical atlas of religion in America* (Oxford University Press, 2001).
（8）Haratio Rogers et al. ed., *The early records of the town of Providence*, vol. I (Providence: Snow Farnham & City printers, 1892) 1.
（9）『人権宣言論争』初宿正典編訳（みすず書房、一九九五年）九〇頁。
（10）本節は、拙編著『贖罪信仰の社会的影響』（教文館、二〇一九年）第五章に寄稿した「人権法制化に与えた信仰復興運動の影響」の一部を再録したものである。
（11）森本あんり『アメリカ・キリスト教史』六一頁。
（12）森本あんり『アメリカ・キリスト教史』六一頁。
（13）森本あんり『反知性主義』（新潮選書、二〇一五年）九七頁参照。
（14）ジョン・ウィッテ『自由と家族の法的基礎』大木英夫・髙橋義文監訳（聖学院大学出版会、二〇〇八年）一一三頁。
（15）増井志津代『植民地時代アメリカの宗教思想』（上智大学出版、二〇〇六年）一八八頁。

(16) Cf. John Locke, "A Paraphrase and Notes on the Epistles of St. Paul to the Galatians, 1 and 2 Corinthians, Romans, Ephesians", in *The works of John Locke*, vol. 8 (Germany: Scientia Verlag Aalen, 1963). ロックの聖書注解邦訳は大澤麦が翻訳した以下を参照。ジョン・ロック「『パウロ書簡注解』序文――パウロに相談することによりパウロ書簡を理解するための一試論」大澤麦・野呂有子訳『聖学院大学総合研究所紀要』一三号（聖学院大学総合研究所、一九九八年）二三七―二六五頁。「『ガラテヤ人への手紙注解』」大澤麦・野呂有子訳『聖学院大学総合研究所紀要』一四号（聖学院大学総合研究所、一九九八年）二〇五―二九九頁。「『コリント人への第一の手紙注解』（上）」大澤麦・相沢一訳『聖学院大学総合研究所紀要』一四号（聖学院大学総合研究所、一九九九年）二五一―三五三頁。「『コリント人への第一の手紙注解』（下）」大澤麦・相沢一・川添美央子訳『聖学院大学総合研究所紀要』一八号（聖学院大学総合研究所、二〇〇〇年）一四一―二三九頁。「『コリント人への第二の手紙注解』」大澤麦・相沢一・川添美央子訳『聖学院大学総合研究所紀要』一九号（聖学院大学総合研究所、二〇〇〇年）一八七―二九八頁。「『ローマ人への手紙注解』（上）」大澤麦・相沢一・川添美央子訳『聖学院大学総合研究所紀要』二一号（聖学院大学総合研究所、二〇〇一年）七三―一五〇頁。「『ローマ人への手紙注解』（中）」大澤麦・相沢一・川添美央子訳『聖学院大学総合研究所紀要』二三号（聖学院大学総合研究所、二〇〇一年）八七―一六四頁。「『ローマ人への手紙注解』（下）」大澤麦・相沢一・川添美央子訳『聖学院大学総合研究所紀要』二五号（聖学院大学総合研究所、二〇〇二年）一六二―二五七頁。「『エペソ人への手紙注解』」大澤麦・相沢一訳『聖学院大学総合研究所紀要』二五号（聖学院大学総合研究所、二〇〇三年）一四〇―二四三頁。

(17) 森本あんり『アメリカ・キリスト教史』六一頁参照。

(18) 曾根暁彦『アメリカ教会史』（日本基督教団出版局、一九七四年）一一八頁。

(19) ピューリタニズムと信仰復興運動の関係については以下を参照。Robert C. Monk, *John Wesley: His Puritan Heritage* (New York: Abingdon Press, 1966). John A. Newton, *Methodism and the Puritans* (London: Dr. William's Trust, 1964). ジェームズ・I・パッカー『ピューリタン神学総説』松谷好明訳（一麦出版社、二〇一一年）四一―五九頁。

(20) 『フランクリン自伝』松本慎一・西川正身訳（岩波文庫、一九五七年）一六九―一七二頁参照。

(21) George Whitefield, *The Works of the Reverend George Whitefield*, vol. IV (Lndon: Printed for Edward and Charles Dilly, 1771) 306.

(22) Goodwin, *The Works of Thomas Goodwin*, Vol. 2, lxxi.

(23) Jonathan Edwards, *The Works of Jonathan Edwards* (Edinburgh: The Barnner of the Truth Trust, 1834) 376-377.

(24) Edwards, *The Works of Jonathan Edwards* 376.

(25) パッカー『ピューリタン神学総説』二一九―二二〇頁参照。

（26）Cf. Mark K. Olson, *John Wesley's 'A Plain Account of Christian Perfection' The Annotated Edition*, (United State: Alethea in Heart Ministries, 2005). パッカー『ピューリタン神学総説』二七頁参照。

（27）Cf. J.K. Hopkins, *A Woman to Deliver Her People: Joanna Southcott and English millenarianism in an era of revolution* (Austin: University of Texas Press, 1982) 77-104. Cf. E.P. Tompson, *The Making of the English Working Class* (Harmondsworth, Penguin, 1968) 424. 浜林正夫『イギリス宗教史』（大月書店、一九八七年）二〇〇―二〇三頁参照。

（28）Mark K. Olson, *John Wesley's 'A Plain Account of Christian Perfection' The Annotated Edition.* ジョン・ウェスレー『キリスト者の完全』藤本満訳（インマヌエル綜合伝道団、二〇〇六年）。ウェスレーの贖罪信仰と社会倫理の関係については、拙論「フォーサイスとウェスレー――キリスト者の完全をめぐって」『青山学院大学宗教主任研究叢書　キリスト教と文化』三三号、二〇一八年、五七―九〇頁を参照。

（29）信仰復興運動と社会倫理の関係のより詳細な考察については、拙著『フォーサイス神学の構造原理』（新教出版社、二〇一〇年）を参照。

（30）R. W. Dale, "Christ and the State"." In *Fellowship with Christ* (New York: A. C. Armstrong & Son, 1891) 209.

（31）森本あんり『反知性主義』九三頁。

（32）Albert David Beldon, *George Whitefield, The Awakener*, 2d ed. (London: Rockliff pub. Corp., 1953) 240.

（33）森本あんり『アメリカ的理念の身体』二〇七頁参照。森本あんり『反知性主義』七九―八〇頁参照。

（34）パッカー『ピューリタン神学総説』二五、五五―五九頁参照。

（35）John Cotton, "Letter from Mr. John Cotton to Lord Say and Seal" (1636), in *The Puritans*, vol. 1, ed. Perry Miller and Thomas H. Johnson; bibliographies revised for the Torchbook edition by George McCandlish, (New York : Harper & Row, 1963) 209; in *Puritan Political Ideas: 1558-1794*, Edmund S. Morgan ed. (Indianapolis, Bobbs-Merrill, 1965) 169.

（36）Cf. John Adams, *The works of John Adams, second President of the United States*, vol. 4, Charles Francis Adams ed. (Boston: Little, Brown and Company 1851) 290-297. ウィッテ『自由と家族の法的基礎』六七頁参照。

（37）Solomon Paine, "Apology", *A Short View of the Difference Between the Church of Christ and Established Churches in the Colony of Connecticut, in Their Foundation and Practice, with Their Ends: Being Discovered by the Word of God, and Certain Laws of Said Colony, Called Ecclesiastical.* (Newport, 1752) 9. 森本あんり『アメリカ的理念の身体』七四頁より引用。

（38）森本あんり『アメリカ的理念の身体』七六頁参照。

（39）森本あんり『反知性主義』一一五―一一八頁。

（40）Thomas Jefferson, *The Writings of Thomas Jefferson*, vol.8, H. A. Washington ed. (Washington, D.C.: Taylor and Maury, 1854) 113.
（41）John Adams, *The works of John Adams, second President of the United States*, vol. 9, Charles Francis Adams ed. (Boston: Little, Brown and Company 1854) 636.
（42）John Adams, *The works of John Adams, second President of the United States*, vol. 2, Charles Francis Adams ed. (Boston: Little, Brown and Company 1850) 399.
（43）ジョン・ウィッテ『自由と家族の法的基礎』九五頁。
（44）John Witte Jr., *Religion and the American Constitutional Experiment: Essential Rights and Liberties*, (Boulder: Westview Press, 2000) 91-92.
（45）『人権宣言集』高木八尺・末延三次・宮沢俊義編（岩波書店、一九七〇年）一〇九頁。
（46）『人権宣言集』一一二頁。
（47）『人権宣言集』一〇九頁。
（48）「公共の福祉」という表現はすでにモナルコマキの主張に現れていた。Cf. Brutus, *Vindiciae contra tyrannos* 75. 邦訳、一〇〇頁参照。Cf. Buchanan, *De jure regni apud Scotos* 69.
（49）John Adams, *The works of John Adams*, vol. 4, 297.
（50）森本あんり『反知性主義』一一五―一二〇頁参照。
（51）森本あんり『反知性主義』一一九頁。
（52）「ヴァジニア邦憲法（一七七六年）」『アメリカ革命』斎藤眞・五十嵐武士訳（研究社、一九七八年）一三二頁。
（53）「独立宣言」『アメリカ古典文庫16　アメリカ革命』（研究社出版、一九七八年）一三九―一四〇頁。
（54）「ペンシルヴァニア憲法」については、『アメリカ革命』一四五―一六二頁に収録。
（55）「ペンシルヴェニア邦憲法（一七七六年）」『アメリカ革命』一四七頁。
（56）「ペンシルヴェニア邦憲法（一七七六年）」『アメリカ革命』一六〇頁。
（57）『人権宣言論争』九六頁。
（58）「ペンシルヴェニア邦憲法（一七七六年）」『アメリカ革命』一四五頁。
（59）マクグラス『プロテスタント思想文化史』一七〇頁。
（60）森本あんり『反知性主義』九九頁。
（61）森本あんり『反知性主義』一〇〇頁。

(62) カルヴァン『キリスト教綱要』I・一（新教出版社、一九六二年）四七頁参照。
(63) 大塚野百合『スザンナ・ウェスレーものがたり』（教文館、二〇一五年）参照。
(64) 杉野健太郎編『アメリカ文化入門』（三修社、二〇一〇年）一一七頁。
(65)『讃美歌・讃美歌第二編』（日本基督教団出版局、一九七一年）一四二番。
(66)『人権宣言論争』九九頁。
(67)『人権宣言論争』九八頁。
(68) トレルチ「近代世界の成立に対するプロテスタンティズムの意義」九〇頁。

第一部第五章

(1)『人権宣言論争』初宿正典編訳（みすず書房、一九九五年）九—一〇頁。
(2)『人権宣言論争』一九九頁。
(3) 高柳賢三・大友一郎・田中英夫編著『日本国憲法制定の過程I』（有斐閣、一九七二年）三五—三六頁。
(4) The Secretary of State to the Acting Political Adviser in Japan (Atcheson), 16 Oct. 1945, *FRUS*, 1945, Vol. VI, 757. 古関彰一『日本国憲法の誕生』五三頁から引用。また一九七二年のインタビューでは「これで憲法ができると希望を抱いたのです」と述懐している。NHK・ETV特集『焼け跡から生まれた憲法草案』（二〇〇七年放映）。
(5)『毎日新聞』（一九四六［昭和二一］年五月二七日）二頁参照。否定的な意見のほとんどは、自衛権放棄に対する不安であった。
(6) 鈴木安蔵についての研究書は少ないが、以下のものが参照できる。鈴木安蔵博士追悼論集刊行会編『日本憲法科学の曙光』（勁草書房、一九八七年）。竹中佳彦『日本政治史の中の知識人　下』（木鐸社、一九九五年）四二九—四六八頁。小西豊治『憲法「押しつけ」論の幻』（講談社現代新書、二〇〇六年）。金子勝『鈴木安蔵先生から受け継ぐもの』（二〇〇五年、自費出版）。河野朋子「鈴木安蔵と憲法研究会草案に関する一考察」『アジア太平洋論叢』九号（アジア太平洋研究会、二〇〇七年）五五—八六頁。
(7) 日本国憲法の成立に鈴木安蔵並びに「憲法研究会」の影響があることは、当事者周辺と一部の学者たちの間で認識されるに留まっていた。出版物においては一九六〇年代後半頃に公になり始めた。たとえば以下のものがある。佐藤達夫『日本国憲法成立史　第二巻』（有斐閣、一九六四年）。鈴木安蔵『憲法学三十年』（評論社、一九六七年）。高柳賢三・大友一郎・田中英夫編著『日本国憲法制定の過程I、II』（有斐閣、一九七二年）。鈴木安蔵『憲法制定前後』（青木書店、一九

七七年）。鈴木安蔵博士追悼論集刊行会編『日本憲法科学の曙光』（勁草書房、一九八七年）。
（8）古関の書物は、二〇〇九年に改訂増補版が『日本国憲法の誕生』と題して岩波書店から出版されている。
（9）大澤豊監督、映画『日本の青空』（有限会社インディーズ、二〇〇七年）。
（10）この番組は書籍化され、NHK取材班編著『日本人は何を考えてきたのか――明治編　文明の扉を開く』（NHK出版、二〇一二年）に収録されている。
（11）金子勝や小林孝輔は、鈴木安蔵が「青年時代キリスト教に入信した」と「クリスチャンとして」誤解していたが、正確には洗礼を受けてはいない。金子は後に『鈴木安蔵先生から受け継ぐもの』（二〇〇五年、自費出版、九頁）で改めている。また鈴木の父親は鈴木の誕生前に肺結核で死去している。小林孝輔「回想の鈴木安蔵先生」二五七頁。金子勝「鈴木憲法学生誕の経緯」一三一、一三三―一三四頁参照。どちらも『日本憲法科学の曙光』に所収。
（12）鈴木は菊川・石田との出会いの後「第二高等学校社会思想研究会」を結成するが、その案内文書に当時の心境を窺える内容が書かれてある。金子勝「鈴木憲法学生誕の経緯」『日本憲法科学の曙光』一三七―一四〇頁所収。また幼少期の心境については、後に治安維持法で検挙されたときの調書記録が参考になる。金子勝「鈴木憲法学生誕の経緯」一四〇―一五〇頁に収録。
（13）『毎日新聞』（福島版）「高校風土記・相馬編⑪」一九七六年六月一五日付。金子勝「鈴木憲法学生誕の経緯」一三三頁から引用。
（14）「三日間の謹慎と操行の一等格下げ。大方四等に、五等になれば落第」（金子勝「鈴木憲法学生誕の経緯」一三三頁参照）。
（15）金子勝「鈴木憲法学生誕の経緯」一三三頁。
（16）長尾正昭編『第三高等学校基督教青年会百年史』（第三高等学校基督教青年会百年史刊行会、一九九〇年）二四―三一頁参照。本庄豊「（1）続々・京都府警察部機密資料――京都学連事件――岡本八枝太と栗原基　下」『洛南タイムス』二〇〇五年一二月一〇日、四頁参照。
（17）鈴木安蔵と吉野作造の関係について、堅田剛「最優秀賞受賞論文　吉野作造と鈴木安蔵――五つの『絶筆』をめぐって」（『吉野作造記念館吉野作造研究』吉野作造記念館編集、五号、二〇〇八年一〇月、一―一一頁）が参照できる。
（18）『明治文化全集』第三巻（評論社、一九二八年）四二〇頁以下。
（19）起草者を植木枝盛に確定するまでの変遷については、小西豊治『憲法「押しつけ」論の幻』四七―五六頁参照。
（20）家永三郎『植木枝盛研究』（岩波書店、一九八四年）五頁参照。

（21）金子勝『鈴木安蔵先生から受け継ぐもの』一二三頁。
（22）鈴木安蔵『自由民権・憲法発布』（白揚社、一九三九年）一二五―一二六頁参照。鈴木安蔵『明治初年の立憲思想』（育生社、一九三八年）二六一頁以下参照。
（23）植木枝盛の研究者家永三郎は次のように述べて鈴木を高く評価する。「枝盛研究史上における鈴木の功績は高く評価されねばならないが、鈴木の功績は、単にその研究結果についてのみ認められるのではなく、同時に、彼が枝盛の全貌研究のために不可欠の根本史料を採訪し、その保存をはかった労について、いっそう大きな功績があることを忘れてはならない」（家永三郎『植木枝盛研究』四―五頁参照）。
（24）鈴木安蔵「民権期の憲法起草運動と現憲法制定の過程」自由民権百年全国集会実行委員会会報『自由民権百年　第三号』（一九八一年五月一日）五―六頁。
（25）鈴木安蔵『憲法学三十年』一五三頁。
（26）ミッション・スクールへ通った経緯には栗原基の影響も考えられる。なぜならば、長女は栗原基の家で過ごした日々が多く、その後も彼女はバプテスト系のミッション・スクール（捜真学院）で教員生活を送るのである。
（27）筆者は鈴木安蔵の長女理智子に家庭生活での鈴木安蔵についてインタビューした（二〇一三年）。
（28）植木枝盛については以下を参照。家永三郎『植木枝盛研究』。家永三郎他編『植木枝盛集』全一〇巻（岩波書店、一九九〇―一九九一年）。中村克明『植木枝盛』。家永三郎「植木枝盛とキリスト教」『福音と世界』一二（五）（新教出版社、一九五七年、六四―七一頁）。堀真清「植木枝盛の憲法草案（一八八一年）――合衆国憲法と日本国憲法を架橋するもの」『西南学院大学法学論集』（二三号、西南学院大学学術研究所、一九九一年、一七一―二二一頁）。小畑隆資「『共生』の課題――植木枝盛とキリスト教」『文化共生学研究』第一号（岡山大学大学院文化研究、二〇〇三年）。小畑隆資「植木枝盛とキリスト教――枝盛における『天賦自由』論の成立」『文化共生学研究』第二号（岡山大学大学院文化研究、二〇〇四年）。
（29）植村正久「最近死去せる名流」『植村全集　第七巻』（植村全集刊行會、一九三二年）五七六頁参照。
（30）自由民権運動とキリスト教徒との関係については戦後いくつかの研究があるが、未開拓の領域と言える。以下を参照。隅谷三喜男「天皇制の確立過程とキリスト教」『明治期研究叢書Ⅳ　民権論からナショナリズムへ』（御茶の水書房、一九七七年［一九五七年初版］）。土肥昭夫『日本プロテスタント・キリスト教史』（新教出版社、一九八〇年）九〇―一〇三頁。萩原俊彦『近代日本のキリスト者研究』（耕文社、二〇〇〇年）三九―五〇頁。
（31）千葉卓三郎については以下を参照。色川大吉編著『五日市憲法草案とその起草者たち』（日本経済評論社、二〇一五年）。

伊藤始・杉山秀子・望月武人『五日市憲法草案をつくった男・千葉卓三郎』（くもん出版、二〇一四年）。
(32) 植木枝盛「駁淺野氏續宗教論」東京大学法学部明治新聞雑誌文庫編『朝野新聞　縮刷版４』（ぺりかん社、一九八一年）明治九年一〇月二五日付（中須賀竹治）。
(33) 坂本直寛は後に牧師として献身することになる。坂本については、松岡僖一『幻視の革命』（法律文化社、一九八六年）、土居晴夫『龍馬の甥　坂本直寛の生涯』（リーブル出版、二〇〇七年）参照。
(34) 家永三郎『植木枝盛研究』三七八―三七九頁参照、佐波亘編『植村正久と其の時代　第三巻』（教文館、一九六六年）一六頁参照。
(35) 家永三郎『植木枝盛研究』六六頁参照。
(36) 家永三郎『植木枝盛研究』八七―八八頁参照。
(37) 家永三郎『植木枝盛研究』八八―八九頁参照。
(38) 宇野昨弥「耶蘇教ノ自由」『七一雑報』明治一四年一二月二日、六巻第四八号（雑報社、一八八一年）八頁。家永三郎『植木枝盛研究』三七九―三八〇頁参照。家永は「十二月二十日号」としているが一二月二日号の誤り。
なお、家永はこの説教内容について「はたしてこの伝道師は衷心から革命を支持する真情を持していたのであろうか」と疑問を投げかけ、「おそらく民権過激論の本場である高知立志社での説教であることを考え聴衆の反応を計算した上での言説にすぎなかったのではなかろうか」と述べている（同書三八〇頁参照）。けれども『七一雑報』に投書していることや、この説教者が民権運動家の自由の精神に対して問いかけている文言などが後で触れる植村正久や小崎弘道も主張していることから、さらに明治一四年の政変が起こった時代状況を考えると、あり得た言説ではないかと思われる。
(39) 家永三郎『植木枝盛研究』一〇九―一一〇頁参照。
(40) 宇野昨弥「耶蘇教ノ自由」七―八頁。
(41) 宇野昨弥「耶蘇教ノ自由」八頁。
(42) トクヴィル『上木自由之論』（『アメリカのデモクラシー』の当時の邦訳本）。植木が閲読した欧米に関する翻訳書については家永三郎『植木枝盛研究』三四九―三五一頁参照。
(43) 植木枝盛『植木枝盛集　第三巻』（岩波書店、一九九〇年）一六―一八頁所収。
(44) 「自由ハ鮮血ヲ以テ買ハザル可カラザル論」『植木枝盛集　第三巻』四〇―四一、四三頁。
(45) 本文で紹介するもの以外では、以下の二つの文章を参照。
「畢竟《ひっきょう》自由と申すものは箇様に尊いが故十分万全に之を保ち之を守り行かんと思い、仍《ヨ》て国を建て政府など云う会所を置き又法律を設け役人を雇て愈《いよいよ》この人民の自由権利を護らしめ、……己に右の通り政府を置くも法律を設くるも役人を雇うも皆自由のためならざるはなく、然して戦を為るも争を為るも亦自由の関係なるもの多し。例えば亜米利加の英吉利国に叛て独立を為したるは、同地の人民が英吉利の政府より暴虐なる政を受け自由権利を圧しつけられて竟にこらえる能わず、十三州の民申合わせて七年の間戦を為し、とうとう之に打ち勝てそれより英吉利国の支配を脱けたるものにて、矢張自由の争いじゃ」（植木枝盛「民権自由論」一八七九年［明治一二年］『植木枝盛集　第一巻』［岩波書店、一九九〇年］一二頁）。

「天下に歴史夥しと雖も、未だ曾て米国独立の史より快なるは有らず、天下に戦争多しと雖も、未だ曾て米国独立の戦より義なるは有らず。予や髫齢《ちょうれい》より以還、美理堅《メリケン》の史を読むこと已《すで》に数回にして、未だ倦むことを知らず、自ら以為《おも》えらく只だ此の戦争の如きは、寔《まこと》に是れ自由の天に轟き、地に震う所以の者なり。宜《うべ》なるかな自由閣の警鐘、之を撃ち之を撃ち、之を撃ち之を破るに及んで、其の声囂々《ごうごう》として遥かに九皐《きゅうこう》に徹すれば、則ち山川の是《これ》に撼揺し、鬼神の是に泣哭すること、言うを得べからざるなり。独立の檄文、之を草し之を書し、之を飛ばして宇内《うだい》に布告するに及んでは、則ち坤輿《こんよ》の是に響動し、億兆の是に感起する者、測るを得べからざるなり」（「自由詞林」一八八七年［明治二〇年］『植木枝盛集　第一巻』二八二頁。原文漢文をよみくだし文で引用）。

(46) 植木枝盛「天賦人権弁」一八八三年（明治一六年）『植木枝盛集　第一巻』六一頁。
(47) 植木枝盛「天賦人権弁」『植木枝盛集　第一巻』一七二頁。
(48) 『アメリカ革命』一三九頁。
(49) 植木枝盛「言論自由論」一八八〇年（明治一三年）『植木枝盛集　第一巻』六一頁。
(50) 佐波亘編『植村正久と其の時代　第三巻』一二六頁。
(51) 資料「憲法対観表」参照。
(52) 鈴木安蔵『憲法制定前後』（青木書店、一九七七年）九九―一〇〇頁参照。
(53) 鈴木安蔵「民権期の憲法起草運動と現憲法制定の過程」『自由民権百年　第三号』（一九八一年五月一日）五頁。
(54) 鈴木安蔵「民権期の憲法起草運動と現憲法制定の過程」五頁。
(55) 田畑忍「日本国憲法と抵抗権」憲法研究所編『憲法研究所特集4　抵抗権』（法律文化社、一九六五年）五―六頁参照。田畑忍「抵抗権と抵抗義務について――日本国憲法に於ける抵抗権と抵抗義務」日本法哲学会編『抵抗権』法哲学年報、一九五九巻（有斐閣、一九六〇年）参照。
(56) 鈴木安蔵「民権期の憲法起草運動と現憲法制定の過程」四頁。

(57) 鈴木安蔵「民権期の憲法起草運動と現憲法制定の過程」六頁。
(58) 自由民主党『日本国憲法改正草案 Q&A』（憲法改正推進本部、二〇一二年一〇月発行）参照。
(59) 高橋源一郎「高橋源一郎の歩きながら考える」『朝日新聞』二〇一七年一月一九日、一七頁参照。
(60)「日本の民主化、皇室から」『日本経済新聞』二〇一六年一〇月二八日、三頁。
(61)「三笠宮さまの意見書全文」『日本経済新聞電子版』https://www.nikkei.com/article/DGXMZO09086380S6A101C1I00000/（閲覧二〇一九年五月一一日）。
(62)「三笠宮さまの意見書全文」。

第二部

(1) 山路愛山「日本の歴史に於ける人權發達の痕迹」『明治文学全集35　山路愛山全集』（筑摩書房、一九六五年）三一四―三一五頁。
(2) 山路愛山「日本の歴史に於ける人權發達の痕迹」三一五頁。
(3) 山路愛山「日本の歴史に於ける人權發達の痕迹」三一六頁。
(4) 山路愛山「日本の歴史に於ける人權發達の痕迹」三二〇頁。
(5) 山路愛山「日本の歴史に於ける人權發達の痕迹」三二三―三二四頁。

第二部第六章

(1) コリントの信徒への手紙一第一二章一二―三一節『聖書　新共同訳』（日本聖書協会、一九九七年）三一六頁参照。
(2) 加藤周一は、日本の精神に影響を与えている平等観を「自由なき平等」という言葉で以下のように語った。「戦後の日本は、自由なく平等あり。戦前の日本は自由なく平等なし。……何故平等は、日本人の心理に定着し、自由は、定着しなかったか。その理由は、平等原理が徳川時代（ムラの寄合）以来、明治維新（身分制度廃止）を通って、一五年戦争（国民総動員）まで、日本の歴史に内在したのに対し、個人の自由、さらに其の基本的人権という考え方は、日本の歴史に外からもちこまれたものだったからだろう、と私は考える。一方が定着し他方が定着しなかったのは、一方が内在的傾向の延長であったのに対し、他方が内在的傾向と異質だったからにちがいない。そこで私は、二つ三つのことに注意した方がよかろう、と思う。第一に、自由なき平等原理は、危険な状態だろうということ。……今日の日本は、自由なき平等主義というよりも、実は自由の錯覚と平等主義の組み合わされた社会である」。加藤周一「『自由と（または）平等』という語

の要約」『自由民権百年』（自由民権百年全国集会実行委員会、一九八四年）一五頁。
（3）赤子論としての平等観については、村松晋（聖学院大学教授）から示唆を得た。
（4）朝日平吾「死の叫び声」橋川文三編『現代日本思想体系31　超国家主義』（筑摩書房、一九六四年）六一頁。
（5）橋川文三「昭和維新試論」『橋川文三著作集9』（筑摩書房、二〇〇一年）一五九頁。
（6）吉野作造『講學餘談』（文化生活研究會、一九二七年）一三六頁。
（7）吉野作造『講學餘談』一三六頁。
（8）吉野作造『講學餘談』一四四頁。
（9）橋川文三『橋川文三著作集9』一六二頁。
（10）橋川文三『橋川文三著作集9』一六六頁。
（11）橋川文三『橋川文三著作集9』一六二頁。
（12）橋川文三『橋川文三著作集9』一六二頁。
（13）朝日平吾「死の叫び声」六三頁。
（14）橋川文三『橋川文三著作集9』一六六頁。
（15）中島岳志『朝日平吾の鬱屈』（筑摩書房、二〇〇九年）二〇〇頁。
（16）西光万吉「水平社が生まれるまで」『西光万吉著作集　第一巻』（濤書房、一九七一年）五〇頁参照。
（17）西光万吉「水平社が生まれるまで」五〇頁。
（18）西光万吉「宣言（全国水平社創立大会）」『西光万吉著作集　第一巻』六頁。
（19）西光万吉「よき日のために（水平社創立趣意書）」『西光万吉著作集　第一巻』一七頁。
（20）吉田智弥『忘れ去られた西光万吉』（明石書店、二〇〇二年）三六―四一頁参照。
（21）師岡祐行『西光万吉』（清水書院、一九九二年）八三頁。
（22）紫朗（西光万吉）「解放と改善」（『警鐘』一九二一年一一月号）。師岡祐行『西光万吉』八四頁より引用。
（23）解放令とその周辺の基本資料として、ひろたまさき校注『日本近代思想体系22　差別の諸相』（岩波書店、一九九〇年）を参照。また、明治期日本における差別と政治政策については『差別の諸相』「解説」の、ひろたまさき「日本近代社会の差別構造」を参考にした。
（24）遠山茂樹校注『日本近代思想体系2　天皇と華族』（岩波書店、一九八八年）参照。
（25）ひろたまさき「日本近代社会の差別構造」四六五頁参照。

(26) 藤野豊『水平運動の社会思想史的研究』(雄山閣出版、一九八九年)四三頁。
(27) 藤野豊『水平運動の社会思想史的研究』四九頁。
(28) 西光万吉「略歴と感想」『西光万吉著作集　第一巻』八八頁。
(29) 西光万吉「略歴と感想」八八頁。
(30) 西光万吉「略歴と感想」八九頁。
(31) 西光万吉「『マツリゴト』についての粗雑なる考察――民族国家の家長的主権および私財奉還思想の断片的説明」『西光万吉著作集　第二巻』(濤書房、一九七四年)に収録。
(32) 阪本清一郎「七十年の友、故西光万吉について」『西光万吉著作集　第一二巻』四七七頁参照。木村京太郎によれば、西光自身この文章を「いわゆる思想犯の転向声明書とでもいうべきものである」と述べている。木村京太郎「西光さん――その人と作品」『西光万吉著作集　第一巻』四三六頁参照。
(33) 西光万吉「明治維新のスローガンと昭和維新のスローガン」『西光万吉著作集　第二巻』二七、三一頁。
(34) 『神道事典』縮刷版(弘文堂、一九九九年)三九〇頁。
(35) 西光万吉「明治維新のスローガンと昭和維新のスローガン」三一頁。
(36) 西光万吉「君民一如搾取なき高次的タカマノハラを展開せよ」『西光万吉著作集　第二巻』一九四―一九五頁。
(37) 西光万吉「水平社が生まれるまで」四九頁参照、「農民運動の思い出」『西光万吉著作集　第一巻』八二、八五頁参照、「略歴と感想」八六頁参照。
(38) 西光万吉「水平社が生まれるまで」四九頁。
(39) 西光万吉「『マツリゴト』についての粗雑なる考察」一九頁。
(40) 西光万吉「高次的タカマノハラを展開する皇道経済の基礎問題」『西光万吉著作集　第二巻』一〇頁。
(41) 西光万吉「君民一如搾取なき高次的タカマノハラを展開せよ」二〇二頁。
(42) 西光万吉「日本的なるもの」『西光万吉著作集　第二巻』六三頁。
(43) 西光万吉「日本的なるもの」六七頁。
(44) 西光万吉「奉還思想を基礎とする日本的皇産主義」『西光万吉著作集　第二巻』三八頁。
(45) 「大日本帝国憲法」江村栄一校注『日本近代思想体系9　憲法構想』(岩波書店、一九八九年)四三一頁。
(46) 西光万吉「奉還思想を基礎とする日本的皇産主義」三五頁参照。
(47) 西光万吉「奉還思想を基礎とする日本的皇産主義」三五頁。

(48) 西光万吉「奉還思想を基礎とする日本的皇産主義」三六頁。

(49) 西光万吉「奉還思想を基礎とする日本的皇産主義」三七頁。

(50) 西光万吉「皇産分用論」『西光万吉著作集　第二巻』七八頁。

(51) 西光万吉「奉還思想を基礎とする日本的皇産主義」三七頁。

(52) 西光万吉「『わんとうろうとう』雑記」『西光万吉著作集　第二巻』二五四頁。

(53) 西光万吉「『わんとうろうとう』雑記」二五七頁。

(54) 西光万吉「『わんとうろうとう』雑記」二五七―二五八頁。

(55) 西光万吉「漫談・新生問答（二）」『新生運動』第五号（一九三八年八月一五日）六頁。

(56) 吉田智弥『忘れ去られた西光万吉』（明石書店、二〇〇二年）五四―五五頁。

(57) 吉田智弥『忘れ去られた西光万吉』八〇―八一頁。

(58) 原武史は、この思想が朝鮮王朝時代の政治思想にも見られると考えている。原武史『直訴と王権』（一九九六年、朝日新聞社）参照。

(59) 一九三〇年代に出版された書物の中で「一君万民」を書名に掲げているものに以下の三冊がある。『一君万民の理想』（夕刊帝国新聞社、一九三三年）。国修社編『一君万民の理想』（国修社、一九三六年）。『昭和維新はいつか――一君万民の理想普及版』（国修社、一九三六年）。

さらに、目次の中で「一君万民」を主題にして扱っている書物に以下の二二冊が挙げられる。なお文献は「国立国会図書館デジタルコレクション」(http://dl.ndl.go.jp) で閲覧することができる。徳富猪一郎『国民小訓』（民友社、一九二五年）。大村桂巌『国民教育の根本義』（教育研究会、一九二七年）。河野省三『国民道徳本義』（天地書房、一九三二年）。菅舜英『親鸞の教行と国家社会主義』（前衛閣、一九三二年）。山道襄一『日本再建論』（千倉書房、一九三二年）。『皇道政治樹立を謀る「五・一五」の全貌と解説』（忠誠堂編輯部、一九三三年）。鈴木達治『自由教育の片鱗』（横浜高等工業学校、一九三三年）。多賀宗之『日本民族の根本自覚』（朝光会本部、一九三三年）。久米嵒『皇政明誼論』（周天宇、一九三四年）。坂本清馬『大日本皇国天皇憲法論』（昭和神聖会高知支部、一九三五年）。『中学国文教科書教授備考――修正二三版用　巻5』（光風館書店、一九三五年）。岸田菊伴『新国政をリードする力――総選挙と二・二六異変の後を承けて!!』現代パンフレット　第三一〇輯（新東京社、一九三六年）。『日本肇国の大精神』（始良郡教育会、一九三六年）。蘆田均著『新興日本叢書第一巻　新興日本の将来』（日本青年館、一九三六年）。杉平儔治『青年教師に送る』（文化書房、一九三七年）。徳富猪一郎『戦時慨言』（民友社、一九三七年）。小倉鏗爾『我国体と皇道』（ダイヤモンド社、一九三七年）。児玉四郎『雪と春蘭と鶯――明治天皇聖徳を仰ぎまつりて』（中仙印刷所、一九三八年）。中山忠直『日本に適する政治』（中山忠直、一九四〇年）。亘理章三郎『漢土の王道思想』（金港堂、一九四一年）。山崎又次郎『新体制の基礎帝国憲法論』（清水書店、一九四三年）。石田憲次『近代英国の諸断面』（星野書店、一九四四年）。

(60)「青年将校運動とは何か」高橋正衛編『現代史資料(5) 国家主義運動（二）』（みすず書房、一九六四年）七六八頁。この座談会に出席した青年将校は以下の五名である。栗原安秀、山口一太郎、香田清貞、野中四郎、安藤輝三。この座談会の記事は、雑誌『日本評論』一九三六（昭和一一）年三月号に「青年将校に物を訊く」と題して掲載された。この掲載を許可したのが当時『日本評論』の編集長であった室伏高信である。彼は後に憲法研究会のメンバーになり、抵抗権、革命権の条文を削除することになる。高橋正衛「資料解説」『国家主義運動（二）』xliii-xliv 参照。

(61)「青年将校運動とは何か」七六八頁。

(62)「青年将校運動とは何か」七六九―七七〇頁。

(63) この論文は、戦後「国民主義の「前期的」形成」と改題し、『日本政治思想史研究』に収録した。丸山眞男『日本政治思想史研究』（東京大学出版会、一九八五年［新装第二版］）三七三頁。

(64) 丸山眞男『日本政治思想史研究』三三八頁。

(65) 丸山眞男『日本政治思想史研究』三七四頁。

(66) 丸山眞男『日本政治思想史研究』三九九頁。

(67) 丸山眞男『日本政治思想史研究』三七五頁。

(68) 丸山眞男『日本政治思想史研究』三七四頁。

(69) 丸山眞男『日本政治思想史研究』三七四頁参照。

(70) 諸橋轍次『大漢和辭典　第一巻』（大修館書店、一九四三年）一三頁。

(71) 河竹黙阿彌「夜討曾我狩場曙」河竹繁俊校訂編纂『黙阿彌全集　第十巻』（春陽堂、一九二五年）三七五頁。この作品が最初に書かれたのは一八七四（明治七）年、現在定本となっているのは一八八一（明治一四）年のものである。

(72) 河竹黙阿彌「夜討曾我狩場曙」三七四―三七五頁。

(73) 中村哲・丸山眞男他編『政治学事典』（平凡社、一九五四年）六七―六八頁。

(74)『政治学事典』六八頁。

(75)『政治学事典』六八頁。

(76) 井上勲「ネーションの形成」『近代日本思想史体系3　近代日本政治思想史Ⅰ』（有斐閣、一九七一年）七五―一〇八頁参照。
(77) 井上勲「ネーションの形成」八八頁。
(78) 井上勲「ネーションの形成」八三頁。
(79) 遠山茂樹『岩波現代文庫学術32　明治維新』(岩波書店、二〇〇〇年)八〇頁注二二参照。
(80) 井上勲「ネーションの形成」八八頁。
(81) 諸橋轍次『大漢和辭典　第一巻』一三頁。
(82) 高須芳次郎「解題」『水戸學体系　第二巻　會澤正志齋集』(水戸學体系刊行会、一九四一年)七頁。
(83) 高須芳次郎「解題」一二頁。
(84) 會澤正志齋「下学邇言」『水戸學体系　第二巻』一九八—一九九頁。
(85) 會澤正志齋「下学邇言」二〇一頁。
(86) 會澤正志齋「下学邇言」二〇二頁。
(87) 會澤正志齋「迪彝篇」『水戸學体系　第二巻』三五八—三五九頁。
(88) 會澤正志齋「迪彝篇」三五七—三五八頁参照。
(89) 會澤正志齋「新論」『水戸學体系　第二巻』九五頁。
(90) 會澤正志齋「新論」九五頁。
(91) 會澤正志齋「新論」五〇頁。
(92) 寺尾五郎『革命家吉田松陰』(徳間書店、一九七三年)一一五頁参照。
(93) 高須芳次郎「解題」一四頁。
(94) 高須芳次郎「解題」一四頁。
(95) 丸山眞男『日本政治思想史研究』三五七頁。
(96) 井上勲「ネーションの形成」八八頁。
(97) 岡崎正道「吉田松陰の思想(I)」『*Artes liberates*』第六五号(岩手大学人文社会学部、一九九九年一二月)四九頁。
(98) 吉田松陰「詩文拾遺」(「来原良三に復する書」)『吉田松陰全集　第七巻』(岩波書店、一九三九年)三五二頁。
(99) 吉田松陰「詩文拾遺」三五九頁。
(100) 吉田松陰「睡餘事録」『吉田松陰全集　第十巻』(岩波書店、一九三九年)三三一頁。
(101) 吉田松陰「詩文拾遺」三五二頁参照。

(102)吉田松陰「将及私言」『吉田松陰全集　第一巻』（岩波書店、一九四〇年）二九八―二九九頁。
(103)吉田松陰「武教全書講録」『吉田松陰全集　第四巻』（岩波書店、一九三八年）二一一―二一二頁。
(104)寺尾五郎『革命家吉田松陰』九八―九九頁。
(105)小野沢精一『新釈漢文体系26　書経　下』（明治書院、一九八五年）四五一頁。
(106)吉田松陰「講孟余話」『吉田松陰全集　第三巻』（岩波書店、一九三九年）一三四頁。
(107)吉田松陰「獄舎問答」『吉田松陰全集　第二巻』（岩波書店、一九三九年）二七〇頁。
(108)吉田松陰「丙辰幽室文稿」『吉田松陰全集　第四巻』一四一頁。
(109)吉田松陰「大義を議す」「戊午幽室文稿」『吉田松陰全集　第五巻』（岩波書店、一九三九年）一九二頁。
(110)吉田松陰「丙辰幽室文稿」一三九―一四〇頁。
(111)吉田松陰「講孟余話」四六三頁。
(112)吉田松陰「講孟余話」四六三頁。
(113)吉田松陰「丙辰幽室文稿」一八六頁。
(114)橋川文三「近代主義と反近代主義1　忠誠意識の変容」『近代日本社会思想史I』（有斐閣、一九六八年）一五一頁。
(115)吉田松陰「丙辰幽室文稿」一四〇―一四一頁。
(116)井上勲「ネーションの形成」九二頁。
(117)寺尾五郎『革命家吉田松陰』九四頁。
(118)吉田松陰「討賊始末」『吉田松陰全集　第四巻』参照。
(119)寺尾五郎『革命家吉田松陰』九七頁。
(120)寺尾五郎『革命家吉田松陰』一四六頁。
(121)吉田松陰「獄舎問答」二七六頁。
(122)吉田松陰「獄舎問答」二七五―二七六頁。
(123)吉田松陰「戊午幽室文稿」『吉田松陰全集　第五巻』（岩波書店、一九三九年）九八頁。
(124)吉田松陰「戊午幽室文稿」九八頁。
(125)吉田松陰「獄舎問答」二七〇頁。
(126)吉田松陰「獄舎問答」二七七頁。
(127)吉田松陰「獄舎問答」二七九頁。

(128) 民主主義と同様の響きを持つ「民は国の本」という封建領主の仁政観はすでに水戸学の中にもあった。けれども、それは農作物を藩主に献げる限りにおいて慈愛を示しているのであって、君主に抵抗するに至っては、愛民は奸心への猜疑に変わり、「愚民」と呼ぶようになるのである。遠山茂樹『明治維新』八六頁注二六参照。

(129) 吉田松陰「土屋蕭海宛」（安政三年四月五日）信夫清三郎『象山と松陰』（河出書房新社、一九七五年）一九五頁より引用。

(130) 吉田松陰「戊午幽室文稿」九五頁。

(131) 吉田松陰「獄舎問答」二七八頁。

(132) 吉田松陰「獄舎問答」二八三頁。

(133) 長谷川昭道の読み仮名について、「あきみち」とするものもあるが、孫の飯島忠夫が「せうだう」と表記しているのに従い「しょうどう」とした。長谷川昭道についての研究はほとんどなされていない。本書では長谷川の孫である飯島忠夫と沖田行司の以下の研究を参考にしている。飯島忠夫『日本精神叢書四十　長谷川昭道の皇道述義』文部省教學局編纂（内閣印刷局、一九四〇年）。飯島忠夫「長谷川昭道と其の學説」『長谷川昭道全集　上巻』（信濃毎日新聞社、一九三五年）七—五八頁。沖田行司『日本近代教育の思想史研究』（日本図書センター、一九九二年）。沖田行司「王政復古期の教育と伝統主義——長谷川昭道の皇学を中心として」『人文学』一三九号（同志社大学人文学会、一九八三年）三六—六一頁。沖田行司「幕末国学における洋学受容の一形態——長谷川昭道の場合」『文化學年報』三三号（同志社大学文化学会、一九八四年）一三六—一五五頁。海後宗臣『海後宗臣　教育改革論集』（東京書籍、二〇一八年）二六三—二七〇頁。

(134) 長谷川昭道「皇道述義」『長谷川昭道全集　上巻』一〇〇頁（漢文をよみくだし文に改めた）。

(135) 飯島忠夫『長谷川昭道の皇道述義』六頁参照。

(136) 沖田行司「幕末国学における洋学受容の一形態」一三八頁。

(137) 長谷川昭道「九經談總論評説　下」『長谷川昭道全集　上巻』五九三頁。

(138) 長谷川昭道「九經談總論評説　下」五九四—五九五頁。

(139) 長谷川昭道「九經談總論評説　下」五九五—五九六頁。

(140) 長谷川昭道「皇道述義」二〇四頁。

(141) 「三才トハ日・地・人ナリ」。長谷川昭道「皇道述義」一〇五頁参照。

(142) ここではまた、自然科学と君臣関係の類推をよく表しているものとして以下の二つの文章を引用する。
「人あれば、即ち君臣あり。君臣は人倫の元始にして、人倫の大綱也。故に、先ぞ《[ママ]》君臣の大道を述ぶ。君臣は日地の大義也。天日、始めて大虚に出現し、一天の眞中に正座し玉いて、一天の大君たり。一天は卽ち、天日の分内なり。大地、後に生出する者は、卽ち天日の分内に生じて、天日の臣たる也。故に、天日の覆育を受け、天日の命令に従いて、天中を施轉し、萬物を生（養か）育す。天日、上位にして尊く、大地、下に在りて卑しく、其分、嚴呼として犯す可らず。其位、確乎として易う可からず。是れ日地、萬世一定不易の大經・大法なり。是れ卽ち、人倫君臣の大本にして、君臣の道、由つて立つ所以也」。長谷川昭道「皇道述義」一七一―一七二頁。

「日地、先ず君を生じて、此國を賜い、次に、臣民を生じて、此君に賜う。此に於て、始めて君臣の名有り。是れ人倫・君臣の元始なり。故に、君は本にして、臣民は末也。臣民は君の用に供給する者也。君、上に在りて尊く、臣民、下に在りて卑しく、君、上に在りて撫育し、臣民、下に在りて奉戴し、君、上に在りて令し、臣民、下に在りて奔走す。其分嚴呼として、犯す可からず。其位確乎として、易う可からざること、猶、日地の分位、犯易す可からざるが如し。是を、君臣は日地の大義とは申す也」。長谷川昭道「皇道述義」一七二―一七三頁。他にも同書一一八頁も参照。

(143) たとえば次のような文章がある。「此神皇は天日を父とし、大地を母として、葦芽の萌騰《もえあが》る如くに生り出で給える神人にて坐ます也。之を二典に徴するに、古事記には如《ごと》二葦牙ノ一因リテ二萌騰之物ニ一而成ル神ノ名ハ宇麻志阿斯訶備比古遅《うましあしかびひこじ》ノ神と記し、書紀には、天地之中ニ生ズ二一物ヲ一、狀チ如シ二葦牙ノ一便ハチ化テ爲ルレ神ト、號ス二國常立尊ト一と記され、同じく一書には、國中ニ生ズレ物ヲ、狀チ如シ二葦牙之抽ケ出ルガ一也。因ツテレ此ニ、有リ二化生之神一、號ス二可美葦牙彦舅《うましかあびひこじ》ノ尊ト一と見えたり。然れば、御名をも初めには葦牙日子父《あしかびひこじ》ノ神とは申しける也。後に改めて、國常立尊と稱せられしことなるべし。其事の詳なること、第二の巻に述ぶ。扨て、第一に日體成り、第二に地體成り、第三に人を生ず。此に於て、三才具わりて、三才の大經・大法も、亦隨って成立すること也」。長谷川昭道「皇道述義」一二八―一二九頁参照。

(144) 天皇への忠誠を表す文章としては、次の文章がある。「臣民は忠を主とするは、凡そ人臣たる者の其君に事うるや、唯、斯の忠誠を以て其の始終を一貫するに在る而已。是れ人臣の要道なり。……是故に、古昔、賢聖の臣の天皇に事へまつるや、大地の天日を尊戴し、天日の意に承順して、以て萬物を育養し、善く天日生々の大徳を賛成するが如く、各ゝ其身を致し、其の忠誠を盡して、以て天皇を尊戴し、天皇の神意に承順し、萬姓を撫血愛養し、善く天皇深仁の大徳を賛成し、以て天下をして至治の化を蒙らしめ、萬世をして天皇の徳澤を仰がしむ。是を以て、其の功烈古今を掩い、令名後代に輝き、子孫も亦皇統と共に無究に傳う。是れ其の忠誠の一貫なるの致す所也」。長谷川昭道「皇道述義」一九四頁。

(145) 以下の言葉を参照。「君臣は人倫の大綱也。故に、君臣の道、其の關係する所、至大にして至重也。是を以て、君臣の大義、明かなるときは、教化行われて、天下治り、君臣の大義、明かならざるときは教化敗れて天下亂る。是れ皇國の治日多くして、西夷の亂日多き所以也。治日多くして、然る後、天下の人倫、得て全うす可き也。故に、西夷の人、能く彝倫を説けども、彝倫常に全からず」。長谷川昭道「皇道述義」二〇四頁。

(146) 以下の言葉を参照。「西洋の學、大に天文を明かにし、地理を詳にし、萬物の形體に精通し、兵術、醫業、器械、航海等に熟達し、又能く富强を致候に至り候ては、能く其善を擇んで之を用い、玉えるときは、大に皇道皇法の御裨益となり、皇國の御光輝を振張せらる丶に足り候義に御座候處、三才の大經大法に至り候ては、茫乎として之を辨識不レ仕候義に付、其不善所に至り候ては、大に三才の大經大法に悖戾致し候事に之れあり。然る所以の者は、卽ち其人々未だ三才の本體を眞知不レ仕、萬物萬道の大本を眞識不レ仕候よりの弊害と奉レ存候。漢土人能く三才の道義を談じ候えども、未だ三才の形體を詳かに不レ仕候義に付、其道義に於ても亦未だ甚だ盡さゞる所有レ之、西洋の人能く三才の形體を語り候得共、未だ三才の道義を明に不レ仕候に付、其形體も亦未だ甚だ盡さざる所有レ之候義に御座候。素より道義の外に形體無レ之、形體の外に道義無レ之、道義と形體と全く同一致の者に御座候間、其形體に詳かに、其道義に明かにして、初めて三才の本體、三才の大道、天地萬物萬道萬事の大本大始全體を全識眞知可レ仕義に御座候。掛まくも恐れ多き御事に御座候得共、上古の神皇、大に三才の形體を詳かにせさせられ、大に三才の道義を明にせさせられ、大に天地萬物萬道萬事の大元大始全體を全識眞知せさせられ候故に、天日を以て天地萬物萬道萬事の太元太始と定めさせられ、御身を以て日子と稱させられ、大統を天つ日嗣と稱させられ、皇太子を日嗣の御子と稱させられ、皇后皇女を日女と稱させられ、人を日止《ひと》と唱えさせられ、日止は日精の此身に止るの義に御座候」。長谷川昭道『長谷川昭道全集　下巻』一七四—一七五頁。

(147) 長谷川昭道「皇道述義」一五二頁。

(148) 長谷川昭道「皇道述義」一七五頁。

(149) 長谷川昭道「皇道述義」二七五頁。

(150) 鈴木貞美『生命観の探究』（作品社、二〇〇七年）一二、一三頁。

(151) 鈴木貞美「明治期日本における『自由・平等』——福沢諭吉、西周、加藤弘之をめぐって」『日本研究』四〇巻（国際日本文化研究センター、二〇〇九年）三八三頁。

(152) 山本七平「『神学なき西欧化』の悲劇」『ティリッヒ著作集』月報第一二号（別巻二付録）一九八〇年四月。

(153) 天皇への忠誠において身分の相違が無くなることについては、次のような言葉が典型的となる。「貴賤・賢愚・老若・男女を言わず、謹みて唯ゝ一意に神皇を尊崇し、皇國を敬重し、皇道を遵奉し、皇法を恭承し、人倫を明にし、風俗を惇うし、其の職を愼み、其の分を守り、其の心力を盡し、其の事業を修め、上下心を一にし、億兆志を同じくし、共に天皇を尊戴し」〔傍点筆者〕。長谷川昭道「皇道述義」二七八頁。

(154) 長谷川は天皇への忠誠を「是れ卽ち、人の人たる所以の大道にして、鳥獸魚木に異なる所以の徳業なり」と述べており、逆にこれに従わない場合は人として認めていないことが理解できる。長谷川昭道「皇道述義」二七九頁。

(155)長谷川昭道『長谷川昭道全集　下巻』一八九頁。

(156)長谷川昭道『長谷川昭道全集　下巻』一八八頁。

(157)長谷川昭道『長谷川昭道全集　下巻』一六九―二〇一頁参照。

(158)飯島忠夫「長谷川昭道と其の學説」四八頁。

(159)「皇道興隆の御下問」と「大教宣布の詔」の起草に関わったことは、長谷川の草案と文案を見比べるとわかる。飯島忠夫「長谷川昭道と其の學説」五〇―五三頁参照。草案は長谷川昭道『長谷川昭道全集　下巻』二一七―二一八頁に収録。「皇道興隆に關する御下問」「皇道興隆の御下問」は原田俊明編『惟神叢書第七編　詔勅』（神宮皇學館惟神道場、一九四一年）に収録。

(160)島薗進も、「学制」の時期においても「『皇学』的な面がまったく排除されたわけでもなかった」と指摘している。島薗進『国家神道と日本人』（岩波新書、二〇一〇年）一二八―一二九頁参照。

(161)「一君万民」と「天皇赤子」の平等理念が民衆に広がっていく経緯については、本書第七章第二節「天皇型平等思想の台頭」を参照。

第二部第七章

（1）本章執筆の基本資料として以下を参考にした。安丸良夫・宮地正人校注『日本近代思想体系5　宗教と国家』（岩波書店、一九八八年）。遠山茂樹校注『日本近代思想体系2　天皇と華族』（岩波書店、一九八八年）。ひろたまさき『日本近代思想体系22　差別の諸相』（岩波書店、一九九〇年）。由井正臣・藤原彰・吉田裕校注『日本近代思想体系4　軍隊　兵士』（岩波書店、一九八九年）。特に明治政府の宗教政策について、『宗教と国家』「解説」の安丸良夫「近代転換期における宗教と国家」と宮地正人「国家神道形成過程の問題点」、『天皇と華族』の遠山茂樹「解説」を参考にした。また明治期の軍事組織と軍隊教育については、『軍隊　兵士』の由井正臣・藤原彰・吉田裕「解説」を参考にした。

（2）「王政復古の沙汰書」『天皇と華族』三頁。

（3）多田好問編『岩倉公實記　中巻』（原書房、一九六八年）六一―六二頁参照。坂本是丸『明治維新と国学者』（大明堂、一九九三年）八頁参照。大久保利謙『岩倉具視　増補版』（中公新書、一九九〇年）一九九頁参照。

（4）井上順孝・阪本是丸編著『日本型政教関係の誕生』（第一書房、一九八七年）九一―九二頁参照。

（5）「浦上キリシタン弾圧に関する対話書」『宗教と国家』三〇九頁。

（6）安丸良夫「近代転換期における宗教と国家」『宗教と国家』四九八―四九九頁参照。島薗進は、この点で津和野派の大国隆正の影響に注目している。島薗進『国家神道と日本人』一一六―一二二頁参照。

（7）神祇官とは朝廷の祭祀・宣教・諸国の官社を司る最高国家機関のことである。建物が消失したことにより応仁の乱以降幕末期まで神祇官は再興されなかったが、国学の興隆や神国意識の高まりと共に、神祇官を再興することが祭政一致の国柄の象徴であるという思想が台頭した。維新政府はこうした思想を継承して再興した。「祭政一致ノ制度ニ復シ神祇官ヲ再興シ諸家執奏配下ヲ廃シ諸神社神主等神祇官ニ付属セシムルヲ令ス」『宗教と国家』四二五頁。阪本是丸「明治神祇官」『神道事典』縮刷版（弘文堂、二〇一五年）一四三頁参照。

（8）一八六八年（明治元年）三月二八日「仏語を以て神号と為す神社は其事由を録上せしめ及仏像を以て神体と為す神社を改め社前に仏像仏具ある者は之を除去せしむ」（太政官）『宗教と国家』四二五頁。

（9）『神道事典』一三八頁参照。

（10）明治初期の天皇制的祭祀の形成過程は、村上重良『天皇の祭祀』（岩波新書、一九七七年）が詳しい。

（11）明治天皇が氷川神社に参拝した際（一八六八年一〇月二八日）、「神祇を崇《とうと》び祭祀を重んずるは、皇国の大典にして、政教の基本なり」と述べて、そこに祭政一致の理念の実現を見ていた。引用は村上重良『天皇の祭祀』五四頁参照。

（12）一八七一（明治四）年五月から七月にかけて全国の神社を官社と諸社に分け、官幣社、国幣社、府社、県社、郷社、村社、無格社に序列化する社格制度が制定。島薗進『国家神道と日本人』一〇頁参照。

（13）村上重良『天皇の祭祀』七五頁参照。

（14）一八七一（明治四）年七月、すべての国民が地域の神社に氏子として住民登録することを目指した。全国民を神社に登録させ、神社への帰属を確認。島薗進『国家神道と日本人』一〇頁参照。

（15）坂本是丸「日本型政教関係の形成過程」井上順孝・坂本是丸編著『日本型政教関係の誕生』（第一書房、一九八七年）二四―二五頁。

（16）関連する法は以下のものである。「一、天下人民華族以下家屋の内神棚を設け皇太神宮御麻を安置す可き事。……一、氏子人民婚姻及移転寄留旅行等の事あれは必す神社へ参拝す可き事。一、華族士民毎朝神棚を拝み呪文を誦して後公私の事業を修む可き事。但氏神社の祠掌毎月一度毎戸巡行して弊帛を置き神棚を拝し毎戸の勤惰検査せしむ可き事」。坂本是丸「日本型政教関係の形成過程」二四―二五頁。

（17）『宗教と国家』四九三頁。

（18）安丸良夫『神々の明治維新』（岩波新書、一九七九年）二〇八―二〇九頁。井上順孝・阪本是丸編著『日本型政教関係の誕生』参照。
(19)「浦上四番崩れの発端」『宗教と国家』二八三頁。
(20)「浦上キリシタン弾圧に関する対話書」『宗教と国家』三〇三―三一三頁参照。
(21)「浦上キリシタン弾圧に関する対話書」『宗教と国家』三〇五頁。
(22)「浦上キリシタン弾圧に関する対話書」『宗教と国家』三〇六頁。
(23)「浦上キリシタン弾圧に関する対話書」『宗教と国家』三一〇頁。
(24)「浦上キリシタン弾圧に関する対話書」『宗教と国家』三〇九頁。
(25)「浦上キリシタン弾圧に関する対話書」『宗教と国家』三〇九頁。
(26)「アダムス書翰における岩倉の天皇制理解」『宗教と国家』三一四頁。
(27)たとえば和歌山藩の家老、水野忠央の家士二八名は、一八五三(嘉永六)年に次のように述べている。「さて、貿易を進め、その国の人民に厚く利を取らせ、能なつけ、それより衆をたぶらかすに妖教の耶蘇をすすめ、次第に国民と親しく相なり、人々もその法を深く信仰いたすにいたる、あるいは阿片煙草の類にて、人々これに心酔いたし、その味を忘れ得ず、ついには精心かれつかるを知らず、かくそくし、その国の人心ゆるみ、気おこたり候油断を伺い、それより軍艦をさし向け、一挙に攻敗り、その国を手に入候仕方、多年の工夫をこらし候事、甚巧に御座候」。藤井貞文『開国期基督教の研究』(国書刊行会、一九八六年)二〇二頁。
(28)「アダムス書翰における岩倉の天皇制理解」三一二頁。
(29)古屋安雄「第一部　歴史的考察」大木英夫・古屋安雄『日本の神学』(ヨルダン社、一九八九年)七六―七八頁参照。
(30)藤井貞文『開国期基督教の研究』二一〇頁参照。
(31)「アダムス書翰における岩倉の天皇制理解」三一五―三一六頁。
(32)「アダムス書翰における岩倉の天皇制理解」三一四頁。
(33)「浦上キリシタン弾圧に関する対話書」三〇五頁。
(34)「浦上キリシタン弾圧に関する対話書」三一〇頁。
(35)山崎渾子『岩倉使節団における宗教問題』(思文閣出版、二〇〇六年)参照。
(36)「法令一覧」(「宣布大教詔(大教宣布の詔)」)一八七〇(明治三)年一月三日、『宗教と国家』四三一頁。
(37)「法令一覧」(「三条ノ教則ヲ定ム」)一八七二(明治五)年四月二八日、『宗教と国家』四四六頁。
(38)安丸良夫「近代転換期における宗教と国家」『宗教と国家』五一九頁参照。

（39）島地黙雷「三条教則批判建白書」『宗教と国家』二三六頁。
（40）「尊王遵朝云々。臣謹て案ずるに、尊王は国体也、教に非ざる也」。島地黙雷「三条教則批判建白書」『宗教と国家』二三九頁。同書五四三頁も参照。
（41）「法令一覧」一八七五（明治八）年一一月二七日、『宗教と国家』四六八頁。
（42）安丸良夫「近代転換期における宗教と国家」五四八頁。
（43）「法令一覧」一八八二（明治一五）年一月二四日、『宗教と国家』四八〇頁。
（44）安丸良夫『神々の明治維新』二〇八―二〇九頁参照。
（45）このことから、国事で祭祀を行う「国家神道」と民間で宗教活動を行う「教派神道」が成立した。平野武『明治憲法制定とその周辺』（二〇〇四年、晃洋書房）一九六頁参照。
（46）敬神会社の安中有年の言葉。『開知新聞』明治一三年三月二八日。宮地正人「国家神道形成過程の問題点」『宗教と国家』五八八頁より引用。
（47）島薗進『国家神道と日本人』一五頁。
（48）『神道事典』九、一八頁参照。
（49）たとえば、千家尊福も反対していたが次のように軌道修正した。「神道を以て宗教の外の者とし、神社を以て尊王愛国の人心を養成する基礎として教化」。千家尊福「神道のあり方につき意見書」『宗教と国家』八三―八八頁参照。
（50）安丸良夫「近代転換期における宗教と国家」五五一頁。
（51）ルカによる福音書第二三章二節、ヨハネによる福音書第一九章一二節、使徒言行録第一七章七節参照。P・ティリッヒ「キリスト教思想史Ⅰ――古代から宗教改革まで」『ティリッヒ著作集　別巻二』（白水社、一九八〇年）六七頁参照。
（52）塩野七生『ローマ人の物語Ⅴ』（新潮社、一九九六年）二六六―二六七頁、二九三―二九七頁参照。塩野七生『ローマ人の物語XIII』（新潮社、二〇〇四年）二〇二―二〇三頁参照。塩野七生「ローマ史から読む世界の今」『月刊Ｗｉｌｌ』二〇〇九年六月号（ワックマガジン、二〇〇九年）二七八―二九一頁参照。養老孟司『バカの壁』（新潮社、二〇〇三年）一九五頁参照。
（53）「日本の多神教とローマの多神教は、性質が違います。他者の大切にしていることを受容するという態度では、反対としてもよいくらいに。それがもしかしたら、日本が朝鮮を植民地にした時の態度に表れていたのかもしれない」。塩野七生「ローマ史から読む世界の今」二八〇頁。
（54）『朝日新聞』一九九〇年二月一五日。古屋安雄「社会的政治的視点から見た天皇制」『天皇制の検証』（新教出版社、一九九一年）六六頁より引用。
(55)伊藤博文『伊藤博文傳　中巻』（春畝公追頌會、一九四〇年）二九六、二九七頁。平野武『明治憲法制定とその周辺』六四頁参照。
(56)シュタインについては平野武が優れた考察をしている。平野武『明治憲法制定とその周辺』参照。
(57)「須多因氏講義筆記」『明治文化全集第一巻　憲政篇』（日本評論新社、一八八九年）五一四、五一六頁。
(58)平野武『明治憲法制定とその周辺』二一〇―二一一頁。
(59)稲田正次『明治憲法成立史　下巻』（有斐閣、一九六二年）五六七頁。
(60)「大日本帝国憲法」『日本近代思想体系9　憲法の構想』（岩波書店、一九八九年）四三一頁。
(61)美濃部達吉『逐条憲法精義』（有斐閣、一九二七年）四〇〇―四〇二頁参照。『宗教と国家』五五三―五五四頁参照。
(62)稲田正次『明治憲法成立史の研究』（有斐閣、一九七九年）二三九―二四六頁参照。
(63)島薗進『国家神道と日本人』二〇、二六、九四頁参照。
(64)原武史『天皇は宗教とどう向き合ってきたか』（潮出版社、二〇一九年）二八頁。
(65)山崎渾子『岩倉使節団における宗教問題』参照。
(66)伊藤博文『伊藤博文傳　中巻』三〇五―三〇六頁。
(67)伊藤博文『伊藤博文傳　中巻』三一八頁。
(68)稲田正次『教育勅語成立過程の研究』（講談社、一九七一年）一〇七頁。
(69)稲田正次『教育勅語成立過程の研究』一〇九頁。
(70)稲田正次『教育勅語成立過程の研究』一〇九頁。
(71)稲田正次『教育勅語成立過程の研究』一一一頁。
(72)稲田正次『教育勅語成立過程の研究』一二二頁。
(73)キリスト教学校教育同盟百年史編纂委員会編『キリスト教学校教育同盟百年史』（教文館、二〇一二年）三五―三七頁参照。
(74)稲田正次『教育勅語成立過程の研究』一一九―一二〇頁参照。
(75)稲田正次『教育勅語成立過程の研究』一一三―一一四頁参照。
(76)稲田正次『教育勅語成立過程の研究』一一四頁。
(77)稲田正次『教育勅語成立過程の研究』一一四頁。

(78)稲田正次『教育勅語成立過程の研究』一一八―一一九頁参照。
(79)稲田正次『教育勅語成立過程の研究』一二六頁。
(80)傳記編纂委員會編『井上毅傳』(國學院大學圖書館、一九六六年)四二三頁。稲田正次『教育勅語成立過程の研究』一二八頁参照。
(81)武田清子「森有礼における教育人間像――「個人」と「国家」をめぐって」『人間観の相克』(弘文堂、一九五九年)一九一頁より引用。
(82)武田清子「森有礼における教育人間像」二一九頁。
(83)武田清子「森有礼における教育人間像」二一九―二二〇頁。
(84)武田清子「森有礼における教育人間像」二二三頁。
(85)武田清子「森有礼における教育人間像」一九四頁。
(86)稲田正次『教育勅語成立過程の研究』一二九頁。
(87)「王政復古の沙汰書」『天皇と華族』三―四頁。
(88)遠山茂樹「解説」『天皇と華族』五三三頁参照。
(89)加藤弘之『国体新論』(一八七五年)、植手通有編『日本の名著34　西周　加藤弘之』(中央公論社、一九八四年)三八一―四〇七頁。
(90)似たような言説は、浦田長民『大道本義』の中の「天皇は人也、我も亦《また》人也」という言葉がある。安丸良夫「近代転換期における宗教と国家」『宗教と国家』五四八頁より引用。
(91)遠山茂樹「解説」『天皇と華族』五三二頁。
(92)大村益次郎「朝廷の兵制につき意見書」『軍隊　兵士』七頁参照。
(93)油井正臣「明治初期の建軍構想」『軍隊　兵士』四二八頁参照。大村益次郎「朝廷の兵制につき意見書」六―八頁参照。
(94)「徴兵規則」『軍隊　兵士』三六頁。
(95)「徴兵の詔と告諭」『軍隊　兵士』六八頁。
(96)この書物はオランダ留学をした津田がライデン大学でフィセリング教授から学んだ口述筆記ノートの翻訳であり、日本最初の西洋法学の紹介書である。その中で「人権」の言葉を使った次の一節がある。「法論の本意は人々をして其自立自主の権を保たしむるに在り。彼国に昔時一切の人権を奪いて生まれながら死人に同しうする刑ありたれども今は廃したり。是法学の一層高きを加えし一證なり。法学人道と異なり。人道は仁義礼謙を説き、法学は唯事の曲直、理の当否を論す」。

尾川昌法『人権のはじまり』（部落問題研究所、二〇〇八年）一八―一九頁より引用。

(97)「徴兵令」『軍隊　兵士』七五、八九頁参照。

(98) 吉田裕「『国民皆兵』の理念と徴兵制」『軍隊　兵士』四六五頁参照。

(99) 藤原彰「統帥権独立と天皇の軍隊」『軍隊　兵士』四七八―四七九頁参照。藤原彰「成立期における日本軍隊の特質」『竹橋事件の兵士たち』（徳間書店、一九七九年）一五五―一五七頁参照。

(100) 藤原彰「成立期における日本軍隊の特質」一五六頁。

(101)「読法」『軍隊　兵士』一七九頁。

(102) 遠山茂樹『遠山茂樹著作集　第三巻』（岩波書店、一九九一年）六六頁参照。

(103) 小崎弘道「日本基督教史」『小崎弘道全集　第二巻』（日本図書センター、二〇〇〇年）一八七頁参照。

(104) 竹橋事件については以下の書物を参考にした。竹橋事件百周年記念出版編集委員会編『竹橋事件の兵士たち』（徳間書店、一九七九年）。澤地久枝『火はわが胸中にあり』（岩波書店、二〇〇八年）。

(105) 麻生三郎「竹橋事件の真相を追う」『竹橋事件の兵士たち』二七―三一頁参照。松尾章一「『竹橋事件』研究史小論」同書二二九頁参照。

(106) 麻生三郎「竹橋事件の真相を追う」三五―三九頁参照。

(107) 麻生三郎「竹橋事件の真相を追う」三八頁。

(108) 麻生三郎は内山が自由党左派の指導者星亨《とおる》の著書を読んでいたのではないかと推測している。麻生三郎「竹橋事件の真相を追う」三九頁参照。

(109)「軍人勅諭」『軍隊　兵士』一七二、一七四頁。

(110)「軍人勅諭」『軍隊　兵士』一七四―一七五頁

(111)「軍隊内務書」『軍隊　兵士』二一四頁。

(112)「軍人勅諭」『軍隊　兵士』一七四頁。

(113) 吉田裕「『国民皆兵』の理念と徴兵制」『軍隊　兵士』四六七―四六九頁参照。

(114) 稲田雅洋『自由民権運動の系譜』（吉川弘文館、二〇〇九年）六二頁。

(115) 稲田雅洋『自由民権運動の系譜』五九―六〇頁。

(116) 稲田雅洋『自由民権運動の系譜』七五―七六頁。

(117) 遠山茂樹「自由民権運動における士族的要素」「征韓論・自由民権論・封建論」『遠山茂樹著作集　第三巻』（岩波書店、

一九九一年）所収。
(118) 板垣退助監修、遠山茂樹・佐藤誠朗校訂『自由党史　上』（岩波文庫、一九五三年）二九―三一頁参照。
(119) 板垣退助監修『自由党史　上』三〇頁。
(120) 板垣退助監修『自由党史　上』三〇頁。
(121) 遠山茂樹「征韓論・自由民権論・封建論」四三頁。
(122) 板垣退助監修『自由党史　上』三〇頁。
(123) 遠山茂樹「自由民権運動における士族的要素」二頁。なお、この資料の出典は植木枝盛『立志社始末記要』である。同書三二三頁参照。後藤靖「植木枝盛著『立志社始末記要』」『史学雑誌』第六五編第一号、六九頁参照。
(124) 遠山茂樹「征韓論・自由民権論・封建論」二二頁より引用。
(125) 板垣退助監修『自由党史　上』三〇頁。
(126) 板垣退助監修『自由党史　上』二七―二八頁。
(127) 板垣退助から影響を受けた杉田定一の言葉。鶉山会発行『杉田鶉山翁』。遠山茂樹「征韓論・自由民権論・封建論」四六頁より引用。
(128) 板垣退助監修『自由党史　上』二七―二八頁。
(129) 板垣退助『一代華族論』（社會政策社、一九一二年）。
(130) 板垣退助『一代華族論』（忠誠堂、一九一九年）。以下本文では忠誠堂版を用いる。
(131) 和田三郎「緒言」『一代華族論』一頁。
(132) 板垣退助『一代華族論』二頁。
(133) 板垣退助『一代華族論』一五〇頁。
(134) 和田三郎「緒言」三―四頁。
(135) 板垣退助『一代華族論』三頁。
(136) 板垣退助『一代華族論』一一一頁。
(137) 板垣退助『一代華族論』四―五頁。
(138) 板垣退助『一代華族論』五頁。
(139) 板垣退助『一代華族論』七頁。
(140) 板垣退助『一代華族論』八頁。

(141) 板垣退助『一代華族論』九一頁。
(142) 板垣退助『一代華族論』二七頁。
(143) 板垣退助『一代華族論』二七頁。
(144) 板垣退助『一代華族論』一一五頁。
(145) 板垣退助『一代華族論』一一六頁。
(146) 板垣退助『一代華族論』一四九—一五二頁参照。
(147) 板垣退助『一代華族論』一六五頁。
(148) 板垣退助『一代華族論』二八頁。
(149) 板垣退助『一代華族論』一一四、一一六頁参照。
(150) 小崎弘道「國家と宗教」『小崎弘道全集 第二巻』(日本図書センター、二〇〇〇年) 三八六頁。
(151) たとえば、加治時次郎『第二維新』(生活社、一九二一年) がある。
(152) 遠山茂樹「征韓論・自由民権論・封建論」四二頁参照。
(153) 自由民権運動とキリスト教徒との関係については以下を参照。隅谷三喜男「天皇制の確立過程とキリスト教」『明治期研究叢書Ⅳ 民権論からナショナリズムへ』(御茶の水書房、一九七七年［一九五七年初版］)。土肥昭夫『日本プロテスタント・キリスト教史』(新教出版社、一九八〇年) 九〇—一〇三頁。萩原俊彦『近代日本のキリスト者研究』(耕文社、二〇〇〇年) 三九—五〇頁。
(154) 「最近死去せる名流」『植村全集 第七巻』(植村全集刊行會、一九三二年) 五七七頁。
(155) 「眞正なる自由」『植村全集 第七巻』(植村全集刊行會、一九三二年) 五三四頁。この文章は自由民権運動家片岡健吉の追悼会において語られた説教である。
(156) 「眞正なる自由」五三三頁。
(157) ここで用いる「福音主義」とは、聖書に基づいてキリストの十字架による贖いを、説教によって明らかにしようとする立場を表している。拙書『フォーサイス神学の構造原理』(新教出版社、二〇一〇年) 一五二—一五三頁参照。
(158) 植村正久「今日の宗教論および道徳論」『植村正久著作集 第一巻』(新教出版社、一九六六年) 三〇八頁。
(159) P. T. Forsyth, *Faith, Freedom, and The Future* (London: Independent Press, 1955) 50. フォーサイスについては、拙書『フォーサイス神学の構造原理』を参照。
(160) 大阪自由党に関しては、北崎豊二『近代地方民衆史研究』(法律文化社、一九八五年) 第四章、第五章を参照。

(161) 北崎豊二『近代地方民衆史研究』に収録。
(162) 『文明雑誌』第三号。北崎豊二『近代地方民衆史研究』二一二頁。
(163) 『文明雑誌』第四号。北崎豊二『近代地方民衆史研究』二一四―二一五頁。
(164) 『文明雑誌』第四号。北崎豊二『近代地方民衆史研究』二一五頁。
(165) 『文明雑誌』第四号。北崎豊二『近代地方民衆史研究』二一三―二一四頁。
(166) 『文明雑誌』第四号。北崎豊二『近代地方民衆史研究』二一四頁。
(167) 遠山茂樹「自由民権運動における士族的要素」一一―一二頁参照。
(168) 多田好問編『岩倉公實記　下巻』(岩倉公舊蹟保存會、一九二七年)五四七頁参照。
(169) 多田好問編『岩倉公實記　下巻』九一〇頁。
(170) 多田好問編『岩倉公實記　下巻』九一一頁。
(171) 多田好問編『岩倉公實記　下巻』九一一頁。
(172) 多田好問編『岩倉公實記　下巻』九一一頁。
(173) 遠山茂樹「自由民権運動における士族的要素」一〇―一一頁参照。
(174) 遠山茂樹「自由民権運動における士族的要素」一二―一三頁参照。
(175) 多田好問編『岩倉公實記　下巻』七七六頁。
(176) 鈴木安蔵「民権期の憲法起草運動と現憲法制定の過程(訪問取材)」『自由民権百年』第三号、一九八一・五・一(自由民権百年全国集会実行委員会会報、一九八一年)六頁。
(177) 鈴木安蔵「日本国憲法制定前後」『自由民権百年の記録』(三省堂、一九八二年)七二頁。
(178) 植木枝盛「駁淺野氏續宗教論」東京大学法学部明治新聞雑誌文庫編『朝野新聞　縮刷版4』(ぺりかん社、一九八一年)明治九年一〇月二四・二五日付(中須賀竹治)。「宗教概論」一八七七年(明治一〇年)一月二二日・二三日(未刊稿本)。「論祭祖先拝陵墓謬」『七一雑誌』第二巻第二号、一八七七(明治一〇)年一月一二日(『植木枝盛集　第三巻』収録)。
(179) 植木枝盛「無神論」『植木枝盛集　第三巻』二九二―二九三頁。
(180) 家永三郎『植木枝盛研究』(岩波書店、一九八四年)九一―九三頁、三七七―三八二頁参照。
(181) 小畑隆資「植木枝盛とキリスト教――枝盛における『天賦自由』論の成立」『文化共生学研究』第二号(岡山大学大学院文化科学研究科、二〇〇四年)を参照。

(182) 小畑隆資「『共生』の課題――植木枝盛とキリスト教」『文化共生学研究』第一号（岡山大学大学院文化科学研究科、二〇〇三年）五三頁。

(183) 植木枝盛「極楽モ自由ノ中ニ在リ、阿弥陀仏モ自由ノ中ニ在リ」『植木枝盛集　第三巻』二七三頁。

(184) 植木枝盛「高天原モ自由ノ中ニ在リ　八百万ノ神モ自由ノ中ニ在リ」『植木枝盛集　第三巻』二八三頁。

(185) 「夫れ人の思考力想像力は己れより尊き者にも卑き者にも及ばずと云うことは無きなり今禽獣の如きは元來思想の智なし故に人間より卑き所に在て其れより尊き人間を想像することは能うまじ然るに禽獣は人を想像する能わざれども人に形体あるを以て禽獣も人を見ることを得るなり人の上帝に於けるは之に異なり人は思想の二力あるを以て見ることを得ざる者をも想像することを得るなり上帝は虚靈なり故に人之を見ることを得ずと雖ども唯目視する能わざるのみ之を心視することを得べきなり人若し善く思想の力を用いて以て宇宙間の事物を觀察すれば直ちに上帝を見ずと雖ども其實に在る有るを知るべし蓋し上帝の我々を造りて思想の二力を賦したる所以は一には以て目に見るを得ざるの上帝を心視せしめんが爲めならん人彼の希臘の瑣剌庭等を見よ瑣氏の時分に耶蘇の道未だ希臘に傳わらざりしに瑣氏は善く思想觀察を以て上帝の在ることを知れり以て一證とすべし其れ既に必ず億測す可らざる者に非ずとすれば之を揆測することは人間の必要なる所ろなり」〔傍点筆者〕。植木枝盛「駁淺野氏續宗教論」『朝野新聞　縮刷版4』明治九年一〇月二四・二五日付（中須賀竹治）。

(186) 「思想せよ思想せよ。天我に賦するに思想の力を以てし、我に許すに其自由を以てす」。植木枝盛「思想論」『植木枝盛集　第三巻』五三頁。

(187) 植木は人間の存在を禽獣とは異なる「霊才（霊的存在）」として捉え、「思想論」においてはそれは「覚」「悟」「記」「思」「像」という五つの働きがあるとした。これが『天道溯原』（一八五四年）に依拠している。小畑隆資「植木枝盛とキリスト教」五六―六〇頁参照。

(188) 小畑隆資「植木枝盛とキリスト教」六五頁。

(189) 小畑隆資「植木枝盛とキリスト教」六九頁注三〇。

(190) この点に関して、家永は植木が自己神格化していき、自己否定の要素が希薄であることを指摘しているが、これも人間の罪に関する認識と関わるであろう。罪をどこで認識するかということであるが、キリストの神性の否定は自己相対化していく術を失っていく。家永三郎『植木枝盛研究』三九六―四〇三頁参照。

(191) 「無天雑録」『植木枝盛集　第九巻』（岩波書店、一九九一年）六九頁。この文言について、家永三郎『植木枝盛研究』三八〇頁も参照。

(192) 松岡僖一『幻視の革命――自由民権と坂本直寛』（法律文化社、一九八六年）四一頁。
(193) 佐波亘編『植村正久と其の時代　第三巻』（教文館、一九六六年）二六―二七頁。
(194) 植木枝盛「高天原モ自由ノ中ニ在リ　八百万ノ神モ自由ノ中ニ在リ」『植木枝盛集　第三巻』二八三頁。
(195) 植木の自己神格化に対する批判について、家永三郎『植木枝盛研究』三九六―四〇三頁参照。
(196) 武田清子『人間観の相克』二九―六三頁参照。
(197) 宮沢俊義『憲法Ⅱ』（有斐閣、一九七一年）七九―八〇頁参照。

第二部第八章

(1) 当時のキリスト教徒で抵抗権の思想的継承者として注目したものとして以下の書物が参考にできる。隅谷三喜男「天皇制の確立過程とキリスト教」『明治期研究叢書Ⅳ　民権論からナショナリズムへ』（御茶の水書房、一九七七年［一九五七年初版］）。武田清子『人間観の相克』（弘文堂、一九五九年）。和田守「天皇制国家と信教の自由――立憲政治の展開を通して」『日米における政教分離と「良心の自由」』（ミネルヴァ書房、二〇一四年）。柳生圀近『日本的プロテスタンティズムの政治思想』（新教出版社、二〇一六年）。
(2) 武田清子『人間観の相克』一六五―一七一頁参照。海老沢有道著『維新変革期とキリスト教』（新生社、一九六八年）四四七―四六七頁参照。
(3) この文書はフランス国ユニウエール紙に掲載された要旨の抜粋を翻訳してカトリックの機関紙「天主ノ番兵」（一〇月三一日、一〇三号）に掲載されたものである。高木一雄『キリシタン文化研究シリーズ19　明治カトリック教会史研究（中）』（キリシタン文化研究会、一九七九年）三五六頁より引用。
(4) 高木一雄『明治カトリック教会史研究（中）』三五六頁。
(5) 高木一雄『明治カトリック教会史研究（中）』三五八頁参照。
(6) 『明治天皇紀　巻二百三十二』（宮内庁、一九七一年）。高木一雄『明治カトリック教会史研究（中）』三六二頁より引用。
(7) 『明治天皇紀　巻二百三十三』。高木一雄『明治カトリック教会史研究（中）』三六一頁より引用。
(8) 『明治天皇紀　巻二百三十三』、高木一雄『明治カトリック教会史研究（中）』三五八頁より引用。
(9) 『昭和天皇実録　第三』宮内庁編修（東京書籍、二〇一五年）四〇二頁。
(10) 『昭和天皇実録　第八』宮内庁編修（東京書籍、二〇一六年）五〇一頁参照。
(11) 小崎弘道については、以下を参照。隅谷三喜男『日本社会とキリスト教』（東京大学出版会、一九五四年）二六頁。武田清子『人間観の相克』六五―八八頁。熊野義孝『日本キリスト教神学思想史』（新教出版社、一九六八年）一八一―二一五頁。土肥昭夫「小崎弘道の思想と行動」『キリスト教社会問題研究』一六・一七号（同志社大学キリスト教社会問題研究会、一九七〇年）一―三七頁。宮田光雄『権威と服従』（新教出版社、二〇〇三年）四八―五二頁。坂井悠佳「小崎弘道の「国家主義的」キリスト教」加藤信朗監修『キリスト教と日本の深層』（オリエンス宗教研究所、二〇一二年）一三四―一四九頁。

(12) 小崎弘道「七十年の回顧」『小崎弘道全集　第三巻』（日本図書センター、二〇〇〇年）二〇頁。

(13) 小崎弘道「七十年の回顧」二〇頁。

(14) 小崎弘道「七十年の回顧」二一―二二頁。

(15) 小崎弘道「七十年の回顧」二一―二二頁。

(16) 小崎弘道「六合雑誌発行ノ趣意」『六合雑誌』第一号（青年会雑誌局、一八八〇年一〇月一一日）四頁。

(17) 小崎弘道「六合雑誌発行ノ趣意」八頁。

(18) 小崎弘道「六合雑誌発行ノ趣意」六頁。

(19) 小崎弘道「六合雑誌発行ノ趣意」六頁。

(20) 小崎弘道「六合雑誌発行ノ趣意」八頁。

(21) 「政府将ニ神道ヲ以テ國教トセラレントスルノ風説」『六合雑誌』第一五号（青年会雑誌局、一八八一年一二月九日）。「神祇省設置ノ風説」『六合雑誌』第一六号（一八八一年一二月二七日）。引用は「神祇省設置ノ風説」三頁。

(22) 小崎弘道「各政党ノ現況」『東京毎週新報』一八八三（明治一六）年八月二二日、第二号（警醒社、一八八三年）二頁。

(23) この論文は無署名であったが、誤って長らく植村正久のものとされてきた。佐波亘編『植村正久と其の時代　第四巻』（教文館、一九三八年）に「『基督教と皇室』と題する、植村正久の明快なる論文が載せられてある」との解説があり（八〇八頁）、『植村正久著作集　第一巻』（新教出版社、一九六六年、三七―四四頁）にも収められた。しかし、『小崎弘道自筆集11』には、「基督教と皇室」と題する毛筆の草稿があり、ほぼ同じ文章であること、また小崎執筆の『基督教ト国家』（警醒社、一八八九年八月）に論旨が似ていることから、今日小崎の論文とされている。『天皇と華族』（岩波書店、一九八八年）では植村の名前で収録されたが、関係者の指摘により『近代史料解説総目次・索引』（岩波書店、一九九二年、二二六頁）には著者は無署名とせず小崎の名前が（推定）として記されることになった。

かく言う筆者も同じ過ちを犯してきたので、『人権思想とキリスト教　第二版』（教文館、二〇一六年）でこれを修正した。

この点についての指摘は、吉馴明子『海老名弾正の政治思想』（東京大学出版会、一九八二年）六七頁。遠山茂樹「編者より」（『日本近代思想体系　第一八巻』付録月報、一九八八年）九頁。土肥昭夫「小崎弘道自筆集・自筆稿目録」『基督教研究』第六〇巻二号（京都同志社大學神學科内基督教研究會、一九九九年）一六七頁。土肥昭夫・田中真人編著『近代天皇制とキリスト教』（人文書院、一九九六年）二五四頁参照。

本書では、遠山茂樹校注『天皇と華族』（岩波書店、一九八八年）一九八―二〇六頁に収録されたものを用いている。

（24）『天皇と華族』一九八頁。

（25）『天皇と華族』一九八頁。

（26）この論文は皇室との関係に限定してキリスト教について述べているが、一方で、人民や社会への影響について、人民の福祉、政治、道徳、学問へのキリスト教のよき影響があることを指摘している。特に、キリスト教が人民の福祉の確立に影響していることを洞察している点は優れている。人民の福祉とキリスト教人権との関係については、本書第三章、終章を参照。

（27）『天皇と華族』一九九頁。

（28）聖書的根拠に以下の箇所が挙げられている。ローマの信徒への手紙第一三章一―七節。ペトロの手紙一第二章一三―一四、一八節。コロサイの信徒への手紙第三章二二―二三節。『天皇と華族』一九九頁。

（29）聖書的根拠に使徒言行録第四章一九―二〇節、五章二九節が挙げられている。

（30）『天皇と華族』二〇一頁。

（31）『天皇と華族』二〇一頁。

（32）『天皇と華族』二〇一頁。

（33）『天皇と華族』二〇一頁。

（34）P・ティリッヒ『ティリッヒ著作集　別巻二』七二頁。ユスティノス「ローマ人元老院に宛てたキリスト教徒のための弁明」柴田有訳『キリスト教教父著作集　第一巻　ユスティノス』（教文館、一九九二年）一四八―一四九頁参照。

（35）欧米の良心、品行そして道徳思想はキリスト教から生まれたこと、国を破壊に陥れる勢力は不平不満によっており、その不平をいやすのは宗教であって、キリスト教が社会の秩序に大いなる力があることを歴史が実証していることを訴えた。したがって、我が国の皇室を安寧し、社会の秩序を保持するのは、キリスト教の力だと主張している。『天皇と華族』二〇四―二〇五頁参照。

（36）『天皇と華族』二〇六頁。

(37)『天皇と華族』二〇二頁。
(38)天皇を神格化する動きへの反対は、この当時各方面からもまだ行われていた時代であった。けれども、教育勅語以降、その発言は厳しい弾圧にさらされることになり、次第に影を潜めていった。
(39)小崎弘道『政教新論』（警醒社、一八八六年）。本書では『小崎弘道全集　第三巻』（日本図書センター、二〇〇〇年）に収録された文章を使用。
(40)小崎弘道『政教新論』二九六頁。
(41)小崎弘道『政教新論』二九九頁。
(42)小崎弘道『政教新論』三〇九―三一〇頁。
(43)小崎弘道『政教新論』三三五頁。
(44)小崎弘道『政教新論』三三七―三三九頁参照。
(45)小崎弘道『政教新論』三一〇頁。
(46)小崎弘道『政教新論』三一六―三一七頁。
(47)小崎弘道『政教新論』三三二頁。
(48)小崎弘道『政教新論』三三四頁。
(49)小崎弘道『政教新論』三三四頁。
(50)本書において會澤安や吉田松陰の愚民観を紹介したが、それが具体化している様を描写する小崎の次の言葉は、今日の日本社会をも言い当てている言葉として聞こえる。

「儒教主義の尤も不可なる所は人爲を以て社會に嚴格なる貴賤尊卑上下の區別を立て、一般の人民を凡て愚蒙幼穉（ぐもうようち）視し荏弱（じんじゃく）過り易き同等の人類に無上の權力を與え、政治宗教學文其他一切の人事を以て其人に一任することなり」〔傍点原著〕。小崎弘道『政教新論』三三五頁。現代語訳すると、「儒教思想の最も良くないところは、人為的に厳格な身分の区別を設けて、一般の民衆を愚かで幼稚な者と見做し、弱い同じ人間に権力を与えて、政治・宗教・学問その他一切の事柄をその人間に任せてしまうことである」ということである。今日も、国の大事な取り決めは民衆に知らされず、知らぬ間に重要な案件が進められている現状を鑑みる時、日本の国政の基本路線は変わっていないように思えるのは筆者だけであろうか。
(51)デールとフォーサイスの神学、並びに彼らの神学の明治初期の日本の神学者への影響については、拙書『フォーサイス神学の構造原理』（新教出版社、二〇一〇年）を参照。

(52) 小崎弘道『政教新論』三三二—三三三頁。
(53) 小崎弘道『政教新論』三七四—三七五頁。
(54) 小崎は一九一三年英国に行き、フォーサイスと直接面談をして、贖罪信仰や新神学への問題について教えを受けている。小崎弘道「我が國の宗教思想」『小崎弘道全集　第二巻』（日本図書センター、二〇〇〇年）三二四—三二五頁参照。
(55) 小崎弘道「日本帝国の教化」『小崎弘道全集　第二巻』五七六頁。
(56) 小崎弘道「國家と宗教」『小崎弘道全集　第二巻』五〇四頁。
(57) 小崎弘道「國家と宗教」五〇五頁。
(58) 小崎弘道「國家と宗教」五〇七頁。
(59) 武田清子『人間観の相克』八五頁。
(60) 土肥昭夫「小崎弘道の思想と行動」三六頁。
(61) 坂井悠佳「小崎弘道の「国家主義的」キリスト教」加藤信朗監修『キリスト教と日本の深層』一四六頁。
(62) 小崎弘道「國家と宗教」四三一—四三二頁参照。
(63) 小崎弘道「國家と宗教」四三五頁。
(64) 小崎弘道「日本基督教史」『小崎弘道全集　第二巻』一三五頁。
(65) 小崎弘道「日本基督教史」一三六頁。
(66) この文章は植村たちが連名で（押川方義、植村正久、三並良、丸山通一、巌本善治）いくつかの雑誌に寄稿したものである。「敢て世の識者に告白す」『郵便報知新聞』（一八九一年二月二一日）。鈴木範久『内村鑑三日録１８８８〜１８９１——一高不敬事件〈上〉』（教文館、一九九三年）二六一頁より引用。
(67) チェンバレン「武士道——新宗教の発明」『日本事物誌１』（平凡社、一九六九年）八六—一〇二頁に収録。
(68) 小崎弘道「國家と宗教」四四八頁より引用。チェンバレン「武士道」八七頁参照。
(69) 小崎弘道「國家と宗教」四四九頁。
(70) 小崎弘道「國家と宗教」五一七頁。
(71) 小崎弘道「國家と宗教」五〇八頁。
(72) 小崎弘道「國家と宗教」四三五頁、四六九—四七〇参照。
(73) 小崎弘道「七十年の回顧」二一一—二一二頁。
(74) 小崎弘道「我が國の宗教思想」三七八頁。

(75) 小崎弘道「我が國の宗教思想」三七八―三七九頁。
(76) 小崎弘道「我が國の宗教思想」三七九頁。
(77) 小崎弘道「我が國の宗教思想」三七九頁。
(78) 小崎弘道「我が國の宗教思想」三七九頁。
(79) ジョン・ヒック、ポール・F・ニッター『キリスト教の絶対性を超えて』八木誠一・樋口恵訳（春秋社、一九九三年）参照。
(80) 小崎弘道「國家と宗教」五〇五頁。
(81) 小崎弘道「日本帝国の教化」五七八頁。
(82) 一九九〇年代の有識者達がこぞって日本の多神教と寛容を称賛した事例については、古屋安雄「社会的政治的視点から見た天皇制」（『天皇制の検証』新教出版社、一九九一年）に紹介がある。
一方、加藤周一が次のように指摘したのは的を射ている。「この議論は、理屈として弱い。多神教がこの神もあの神もよろしいというのはその体系内部での話である。別の民族の別の多神教の体系に対しても寛大であるとは限らないだろう。また多神教の体系は、その多数の神の間に上下の階層的構造を備えることが多く、最高神を別にする体系に対しては攻撃的であり得る」（『朝日新聞』一九九〇年二月一五日）。古屋安雄「社会的政治的視点から見た天皇制」六六頁より引用。

また、宗教的寛容の視点から宗教的多元主義の問題を指摘したものに、近藤勝彦の研究が参照できる。近藤勝彦『デモクラシーの神学思想』（教文館、二〇〇〇年）二九六―三〇一頁参照。近藤勝彦『キリスト教弁証学』（教文館、二〇一六年）五八三―五八九頁参照。
(83) 小崎弘道「國家と宗教」四七〇―四七一頁。
(84) 小崎弘道「國家と宗教」四七一頁。
(85) 小崎弘道「國家と宗教」四五七―四五八頁。
(86) 小崎弘道「我が國の宗教思想」二九三頁。
(87) 小崎弘道「我が國の宗教思想」二九三―二九四頁参照。
(88) 三教会同については、土肥昭夫「三教会同 ―― 政治、教育、宗教との関連において（一）」（『キリスト教社会問題研究』、一一号、一九六七年、九〇―一一五頁）、「三教会同 ―― 政治、教育、宗教との関連において（二）」（『キリスト教社会問題研究』一四―一五号、一九六九年、七二―九三頁）が詳しい。
(89) 土肥昭夫「三教会同 ―― 政治、教育、宗教との関連において（一）」九六頁参照、植村正久とその時代。床次竹二郎

「三教會同に關する私見　其二」佐波亘編『植村正久と其の時代　第二巻』（教文館、二〇〇〇［一九三八］年）参照。
(90) 床次竹二郎「三教會同に關する私見　其二」七〇五頁。
(91) 小崎弘道「國家と宗教」五〇四頁。
(92) 小崎弘道『政教新論』三九三頁。
(93) 安丸良夫「近代転換期における宗教と国家」『宗教と国家』（岩波書店、一九八八年）四九四頁。
(94) ピューリタンたちにとって永遠の命と死は、「キリストの声に聴き従うか、それを拒否するかという相違に基づく、神の現在的審判の啓示」であり、教会とは「キリストの権威に従う者と反抗する者という、神との関係における現状の大きな相違を永遠に証言する」ものであった。それゆえ、救いの約束と永遠の死という「現実性の領域」に生きていた彼らにとって、それらをうやむやにして、信仰とは無関係に教会の一員にしてしまう国教会に対して、激しい怒りを覚えたのである。R.W.Dale, *Essay and Addresses* (New York: A. C. Armstrong & Son, 1899) 180,181,184,Cf.198.
(95) 小崎弘道「國家と宗教」四八〇頁。
(96) キリスト教には「からだのよみがえり」（使徒信条）の信仰があり、ギリシア的霊魂不滅とは異なる。
(97) 小崎弘道「日本帝国の教化」六一一―六一二頁参照。Cf. P. T. Forsyth, *God the Holy Father.* (London: Independent Press, 1957).
(98) 拙著『フォーサイス神学の構造原理』参照。
(99) 小崎弘道「國家と宗教」五〇五―五〇六頁。
(100) 橋川文三『超国家主義』（筑摩書房、一九六四年）四三頁参照。
(101) 恵泉女学園の創設者で、戦争中、学校に御真影を掲げることを拒否し、自らの神以外の神を拝むことを排斥し続け、たびたび検挙された河井道は、戦後ＧＨＱから天皇が処刑されることになったらどうするかと問われた時、「もし陛下の身にそういうことが起これば、私がいの一番に死にます」と答えたと言われている。岡本嗣郎『陛下をお救いなさいまし』（集英社、二〇〇二年）二〇四頁参照。戦後の他のキリスト者の様子については拙著『人権思想とキリスト教』（教文館、二〇一六年）第四章参照。
(102) 岡崎匡史『日本占領と宗教改革』（学術出版会、二〇一二年）三〇九頁。
(103) 「皇上は神なり。之に向って宗教的礼拝を為すべしと云わば是れ人の良心を束縛し、奉教の自由を奪わんとするものなり、帝国憲法を蹂躪するものなり、吾輩死を以て、之に抗せざるを得ず」（傍点筆者）「敢て世の識者に告白す」『郵便報知新聞』（一八九一年二月二一日）。鈴木範久『内村鑑三日録１８８８～１８９１――一高不敬事件〈上〉』二六一頁より引用。

(104) 植村正久「不敬罪とキリスト教」(『福音週報』第五〇号、明治二四年二月二〇日)『植村正久著作集　第一巻』(新教出版社、一九六六年)二八九頁。
(105) 植村正久「今日の宗教論および徳育論」(『日本評論』第四九号、明治二六年三月四日)『植村正久著作集　第一巻』三〇八頁。
(106) 植村正久「今日の宗教論および徳育論」三〇八頁。
(107)「神道は宗教ではないのか」。植村の国家神道への批判については『植村全集　第五巻』(植村全集刊行會、一九三三年)所収の以下の二つの文章が参照できる。「實に堪るものでない」(『福音新報』一九一一年五月)五八二―五八五頁。「神道との軋轢」(『福音新報』一九二一年二月)五九四―五九六頁。
(108) 植村正久「天長節」(『福音新報』第五四〇号、明治三八年一一月二日)『植村正久著作集　第一巻』一六九頁。
(109) 植村正久「天長節」(『福音新報』第五九〇号、明治二七年一一月二日)『植村正久著作集　第一巻』一〇一―一〇二頁。
(110) 植村正久「天長節」一六八頁。
(111) 植村正久「今日の宗教論および徳育論」三〇八頁。
(112) 植村正久「實に堪るものでない」五八三頁。
(113)「敢て世の識者に告白す」『郵便報知新聞』(一八九一年二月二一日)。鈴木範久『内村鑑三日録1888～1891――一高不敬事件〈上〉』二六一頁より引用。
(114) 土肥昭夫『天皇とキリスト』(新教出版社、二〇一二年)一三六頁。
(115) 本多庸一の問題については、落合建仁の書物から示唆を受けた。落合建仁『日本プロテスタント教会史の一断面』(日本キリスト教団出版局、二〇一七年)、特に第一〇章参照。
(116) 植村正久「故本多庸一氏の記念に供す」(『福音新報』第八七七号、明治四五年四月)『植村正久著作集　第六巻』(新教出版社、一九六七年)四六六頁。
(117) 植村正久「故本多庸一氏の記念に供す」四六六頁。
(118)「東北の人物」『太陽』(明治三二年九月五日号、三五―三七頁)氣賀健生『本多庸一』(教文館、二〇一二年)九四頁より引用。
(119) 小川原正道は、消失した本多庸一の後期の日記を書き写した岡田哲蔵の「本多先生日記抜粋」から、本多と桂総理との面談を実証する資料を「幻の日記」として紹介している。小川原正道『明治の政治家と信仰』(吉川弘文館、二〇一三年)七二―七三頁参照。

（120）本多庸一「獻堂式說教」（明治三九年六月一七日、仙臺美以教會にて）『本多庸一先生遺稿』（日本基督教興文協會、一九一八年）八七―八九頁。
（121）本多庸一「恭しく　天長節を迎ふ」（明治四〇年一〇月二八日、越中富山市に於て）『本多庸一先生遺稿』一一九頁。
（122）本多庸一「恭しく　天長節を迎ふ」一二〇頁。
（123）本多庸一「新日本メソヂスト教會組織の必要并其の新しき一斑」（明治四〇年六月一六日）『本多庸一先生遺稿』三九〇―三九一頁。
（124）本多庸一「傳道本戦の時期」（明治三五年三月）『本多庸一先生遺稿』二二三頁。
（125）本多庸一「傳道本戦の時期」二二三頁。
（126）本多庸一「新日本メソヂスト教會組織の必要并其の新しき一斑」三九〇頁。
（127）本多庸一「傳道本戦の時期」二二四頁。
（128）本多庸一「傳道本戦の時期」二一七頁。
（129）本多庸一「新しき教」『本多庸一先生遺稿』（明治四一年一〇月四日）一二三頁。
（130）本多庸一「新しき教」一二三頁。
（131）小川原正道『明治の政治家と信仰』五〇―七四頁参照。
（132）信仰の自由を求めたキリシタンの訴えは、政府によって浦上四番崩れをもたらし、外交問題に発展したことで政教分離を求められ、最終的に日本型政教分離の構造を作り出した（第七章参照）。
（133）『宗教と国家』五五八―五五九頁。

終章

（1）鈴木安蔵博士追悼論集刊行会編『日本憲法科学の曙光』（勁草書房、一九八七年）四四頁。
（2）『日本憲法科学の曙光』四一頁。
（3）島薗進『国家神道と日本人』（岩波新書、二〇一〇年）二二二頁。
（4）久能靖著『カラー図説　天皇の祈りと宮中祭祀』（勉誠出版、二〇一三年）四〇頁。吉田裕他編『平成の天皇制とは何か』（岩波書店、二〇一七年）参照。松谷好明『キリスト者への問い』（一麦出版社、二〇一八年）参照。
（5）高橋紘『平成の天皇と皇室』（文藝春秋、二〇〇三年）一一七頁。
（6）岡﨑匡史『日本占領と宗教改革』（学術出版会、二〇一二年）。

（7）島薗進「敗戦と天皇の聖性をめぐる政治――『国体護持』と『国体のカルト』の制御」『現代神から大衆天皇制へ』吉馴明子編著（刀水書房、二〇一七年）四八頁参照。
（8）岡﨑匡史『日本占領と宗教改革』一四一頁。
（9）たとえばマッカーサーの次の言葉にも表れている。「キリスト教だけが自由を重要視し日本に民主主義をもたらすことを現実化できる。なぜなら人間の尊厳を自明とし、全知全能の神がすべての創造主であると信じているからである」。"Report on Trip to Japan," 29 January 1947, George D Stoddard Miscellaneous Papers, HI, CA, Box 127. 岡﨑匡史『日本占領と宗教改革』二八六頁より引用。
（10）岡﨑匡史『日本占領と宗教改革』三〇二―三〇四頁参照。
（11）Cf. Witte Jr., *Religion and the American Constitutional Experiment* 37-100. ウィッテ『自由と家族の法的基礎』大木英夫・髙橋義文監訳（聖学院大学出版会、二〇〇八年）九五―一〇二頁参照。森本あんり『アメリカ的理念の身体』（創文社、二〇一二年）一〇四―一一三頁参照。藤本龍児「アメリカにおける国家と宗教――リベラル・デモクラシーと政教分離」『宗教研究』八九巻二号（日本宗教学会、二〇一五年）三二三―三五〇頁参照。
（12）Everson v. Board of Education of Ewing Twp., 330 U.S. 1, 15–16, 67 S. Ct. 504, 511–12, 91 L. Ed. 711 (1947). [Westlaw Next]
（13）詳細な分析は以下を参照。Cf. Witte Jr., *Religion and the American Constitutional Experiment* 185-232.
（14）ウィリアム・P・ウッダード『天皇と神道』阿部美哉訳（サイマル出版会、一九八八年）二八八頁参照。
（15）竹前栄治『GHQの人びと』（明石書店、二〇〇二年）二七四頁。
（16）"Memorandum, from: Bunce, To: Col. Dyke, Subject: Shinto and Politics," 30 October 1945, Box 5932-29, CIE(A)08682-08685, GHQ/SCAP Records, RG331, NA. 岡﨑匡史『日本占領と宗教改革』一七五頁より引用。
（17）岡﨑匡史『日本占領と宗教改革』一六七頁。一五五―一六三頁参照。
（18）「憲法調査会第三委員会第十四回会議議事録」一九六〇（昭和三五）年三月九日、憲法調査会編『憲法調査会三委員会会議議事録一―二〇』（大蔵省印刷局、合本のため発行年なし）一〇―一一頁。憲法調査委員会での文部大臣・前田多門の証言。岡﨑匡史『日本占領と宗教改革』一五四頁より引用。
（19）岡﨑匡史『日本占領と宗教改革』一七五―一七六頁参照。
（20）岡﨑匡史『日本占領と宗教改革』二〇三頁。
（21）岡﨑匡史『日本占領と宗教改革』二〇三頁。
（22）岡﨑匡史『日本占領と宗教改革』二〇三頁。

（23）岡﨑匡史『日本占領と宗教改革』一九七頁。
（24）『神道事典』縮刷版（弘文堂、一九九九年）一三八―一四一頁参照。
（25）ウッダード『天皇と神道』一五七―一六〇頁参照。
（26）ウィッテ『自由と家族の法的基礎』一〇八―一一六頁参照。藤本龍児「アメリカにおける国家と宗教」一四七―一五六頁参照。
（27）John T. Noonan Jr., *The Lustre of Our Country: The American Experience of Religious Freedom* (Berkeley: Univ. of California Press) 231.
（28）Witte Jr., *Religion and the American Constitutional Experiment* 236-237.
（29）Cf. Noonan Jr., *The Lustre of Our Country* 285-304.
（30）自由民主党『日本国憲法改正草案』（自由民主党憲法改正推進本部、二〇一二年）四六頁。
（31）五百旗頭真『米国の日本占領政策　上』（中央公論社、一九八五年）二六四頁参照。五百旗頭真『米国の日本占領政策　下』（中央公論社、一九八五年）四一―六九頁参照。岡﨑匡史『日本占領と宗教改革』六六―七〇頁参照。
（32）「米、英、華三國宣言の條項受諾に關する我國の申入」外務省編『日本外交年表竝主要文書　下』（原書房、一九六六年）六三二頁。
（33）「合衆國、連合王國、『ソヴィエト』社會主義共和國連邦及中華民國の各政府の名に於ける合衆國政府の日本國政府に對する回答」外務省編『日本外交年表竝主要文書　下』六三五頁。
（34）「昭和二十年八月十四日午前十一時宮中防空室ニテ御前會議」参謀本部所蔵編『敗戦の記録　普及版』（原書房、二〇〇五年）二九〇頁。
（35）「終戦の詔書」『日本外交年表竝主要文書　下』六三七頁。
（36）「憲法調査会第二回総会」における金森徳次郎の証言。「憲法調査会第二回総会速記録」高見勝利編『金森徳次郎著作集 Ⅲ』（慈学社、二〇一四年）三八頁。
（37）「高柳会長とマッカーサー元帥及びホイットニー準将との間に交わされた書翰（昭和三四年二月）」憲法調査会編、一九五九年、一三頁参照。Commission on the Constitution, "Correspondence between Chairman Takayanagi and General MacArthur and General Whitney" 12.（憲00114102）（国立公文書館デジタルアーカイブ）。
（38）金森徳次郎の研究については、霜村光寿『金森徳次郎の憲法思想の史的研究』（同成社、二〇一四年）がある。また二〇一三―二〇一四年にかけて『金森徳次郎著作集』三巻本が慈学社より出版されている。
（39）金森徳次郎『帝國憲法要綱』（巖松堂書店、一九二八年〔一九二一年〕）二―三頁。

（40）金森徳次郎「私説の骨子」（内閣総理大臣官房総務課資料、資00068100）。
（41）金森徳次郎「国体明徴に関する声明案」一九三五年八月一日（内閣総理大臣官房総務課資料、資00067100）。
（42）「憲法調査会第二回総会速記録」二八頁。
（43）金森徳次郎「憲法改正草案に関する想定問答」（井手成三関係文書、寄贈00876100〜寄贈00879100）。
（44）金森徳次郎『帝國憲法要綱』一五―一六頁。
（45）「第六十七回帝国議会衆議院治安維持法外一件法律案委員会（速記）」第三回、一九三五年三月一一日付、一四頁。帝国議会の議事録については、国立国会図書館「帝国議会会議録検索システム」（http://teikokugikai-i.ndl.go.jp/）を使用。
（46）米原謙『国体論はなぜ生まれたか』（ミネルヴァ書房、二〇一五年）一四〇頁参照。
（47）「第九〇回帝国議会衆議院議事速記録」第五号、一九四六年六月二六日付、七五頁。
（48）佐藤達夫『ネパールの伊藤博文』（啓正社、一九七二年）二一五―二一六頁。
（49）「第九〇回帝国議会衆議院議事速記録」第五号、七六頁。
（50）「第九〇回帝国議会衆議院議事速記録」第五号、七六頁。
（51）「憲法調査会第二回総会速記録」五七頁。
（52）「金森六原則」国立国会図書館、佐藤達夫文書一八三（国立国会図書館電子展示会「日本国憲法の誕生」資料四―八参照、http://www.ndl.go.jp/constitution/shiryo/04/122shoshi.html、二〇一七年一〇月二五日閲覧）。入江俊郎論集刊行会『憲法成立の経緯と憲法上の諸問題――入江俊郎論集』（第一法規出版、一九七六年）三六四―三六五頁参照。
（53）入江俊郎論集刊行会『憲法成立の経緯と憲法上の諸問題』三六五頁。
（54）「憲法調査会第二回総会速記録」五八頁。
（55）自由民主党『日本国憲法改正草案Q&A』（憲法改正推進本部、二〇一二年）参照。
（56）自由民主党『日本国憲法改正草案Q&A増補版』（憲法改正推進本部、二〇一三年）三七頁。
（57）自由民主党『日本国憲法改正草案Q&A増補版』三七頁。
（58）自由民主党『日本国憲法改正草案Q&A増補版』三七頁。
（59）自由民主党『日本国憲法改正草案Q&A増補版』三七頁。
（60）自由民主党『日本国憲法改正草案Q&A増補版』一三頁。
（61）自由民主党『日本国憲法改正草案Q&A増補版』一三頁。
（62）自由民主党『日本国憲法改正草案Q&A増補版』一五頁。

(63) 自由民主党『日本国憲法改正草案 Q&A 増補版』一五頁。
(64) 河上肇「日本独特の国家主義」『河上肇著作集 第八巻』(筑摩書房、一九六四年)一九〇頁。
(65) 河上肇「日本独特の国家主義」一九〇頁。
(66) 河上肇「日本独特の国家主義」一九〇頁。
(67) 河上肇「日本独特の国家主義」一九〇頁。
(68) 河上肇「日本独特の国家主義」一九〇頁。
(69) 河上肇「日本独特の国家主義」一九一頁。
(70) 河上肇「日本独特の国家主義」一九二頁。
(71) 河上肇「日本独特の国家主義」一九二頁。
(72) 河上肇「日本独特の国家主義」一九三頁。
(73) 河上肇「日本独特の国家主義」二〇八頁。
(74)「2012・5・3 自主憲法を願う道民集会 第一部 礒崎陽輔・参議院議員講演1」http://www.nicovideo.jp/watch/sm17744864(二〇一八年九月一日閲覧)。
(75) Adam Smith, *An Inquiry into the Nature and Causes of the Wealth of Nations*, ed. Edwin Cannan (New York, Modern Library, 1937) 829. アダム・スミス『国富論(四)』水田洋監訳・杉山忠平訳(岩波書店、二〇〇一年)二三二頁参照。この言葉は、customs と呼ばれる関税について、それが消費税よりも古くから行われている「慣習的支払い」からきていると推測したアダム・スミスの言葉である。事実、慣習とは記憶にないほど遠い昔から行われてきた行為であり、われわれはそれを「文化」と呼んでいる。
(76)『文明雑誌』第三号。北崎豊二『近代地方民衆史研究』(法律文化社、一九八五年)二一二頁。
(77) 憲法研究所編『憲法研究所特集4 抵抗権』(法律文化社、一九六五年)参照。日本法哲学会編『抵抗権』法哲学年報、一九五九巻(有斐閣、一九六〇年)六―一七、二六―三〇、六七―八九頁参照。
(78) Cf. Mark W. Harris, *Historical dictionary of Unitarian Universalism*, 2ed., (Lanham: Rowman & Littlefield, 2018) 25-26.
(79) 賀川豊彦の運動は再評価すべきものであり、さらなる研究が求められるが、彼の欠点も明らかである。その点については拙論「歴史の中の社会運動――社会的福音の影響をめぐって」『キリスト教と文化』二八号(青山学院大学宗教主任研究叢書、二〇一三年)四五―七〇頁を参照。
(80)『新人』(明治三五年一月一日号)一五頁。近藤勝彦「植村正久の贖罪理解とその今日的意義」(『神学』六八号、教文館、二〇〇六年）より再引用。

（81）「なぜ「イエス」を書くか――『死海のほとり』『或る聖書』をめぐって」『文学界』第二八巻第二号（文藝春秋、一九七四年）一五二―一七五頁参照。

（82）「なぜ「イエス」を書くか」一六五―一六六頁参照。

（83）『永井隆全集Ⅱ』（サンパウロ、二〇〇三年）七二―八〇頁参照。

（84）オットー・フォン・ギールケ『ヨハネス・アルトジウス』笹川紀勝・本間信長・増田明彦訳（勁草書房、二〇一一年）三五頁。

（85）William Prynne, *The Sovereign Power of Parliaments and Kingdoms* (1643), 39, 85. [Early English Books Online]

（86）ロバート・K・グリーンリーフ『サーバントリーダーシップ』金井真弓訳（英治出版、二〇〇八年）参照。

（87）岡﨑匡史『日本占領と宗教改革』三一七頁。

（88）岡﨑匡史『日本占領と宗教改革』三二二頁。

（89）大木英夫『ピューリタン』（聖学院大学出版会、二〇〇六年）一九五頁。

（90）大木英夫『ピューリタン』一九七頁参照。

（91）ジョン・ミルトン『イングランド国民のための第一弁護論および第二弁護論』新井明・野呂有子訳（聖学院大学出版会、二〇〇三年）四〇一頁。

（92）Henry Parker, "Observations upon some of His Majesties late Answers and Expresses" (1642) 2-3. 邦訳四九頁。

（93）Henry Parker, "Observations upon some of His Majesties late Answers and Expresses" (1642) 16-17. 邦訳六四―六五頁参照。

（94）宮沢俊義『憲法Ⅱ』（有斐閣、一九七一年）七九頁。

（95）イギリス植民地時代のアメリカ・マサチューセッツ総督のジョン・ウィンスロップ（一五八八―一六四九年）は、すでに自然的人間の持つ自由が「善をなすだけでなく悪をもなす自由である」と指摘している。ジョン・ウィッテは、ウィンスロップの取り組みから、自然的人間の自由の解決のために共同体の慈善と規律に服する社会契約への自発的参加が不可欠であることを暗示している。John Winthrop, *Winthrop's Journal*, ed. James K. Hosmer, vol.2 (New York: C. Scribner's Sons, 1908) 238. ジョン・ウィッテ『自由と家族の法的基礎』五三―六〇頁参照。

（96）小貫幸浩「近代人権宣言と抵抗権の本質について」『早稲田法学会誌』四一号（早稲田大学法学会、一九九一年）一四七頁。

（97）文部科学省「道徳教育の充実に関する懇談会」http://www.mext.go.jp/b_menu/shingi/chousa/shotou/096/（二〇一四年一二

月二二日閲覧）。

(98) 稲田正次『明治憲法成立史の研究』（有斐閣、一九七九年）二三九—二五三頁参照。

(99) 稲田正次『明治憲法成立史の研究』二三九—二四二頁参照。

(100) 稲田正次『明治憲法成立史の研究』二四六頁参照。

(101) 稲田正次『明治憲法成立史の研究』二四七頁参照。

(102) 自由民主党『日本国憲法改正草案　Q&A　増補版』一三頁参照。

(103) 自由民主党『日本国憲法改正草案　Q&A　増補版』一三頁。

(104) 自由民主党『日本国憲法改正草案　Q&A　増補版』一四頁。

(105) 特に人権思想の影響史的考察からして、キリスト教学校教育に対する期待と責任は大きい。キリスト教学校は国家と対峙するにあたり負の歴史もあるが、それでも明治期に軽んじられていた女子と子どもに教育を受ける権利を主張して実践した場所は、宣教師が開設したキリスト教学校であった。また、政治的に妥協したことはあっても、教育環境の中でわずかでも自由な気風を失わなかったのも事実である。

(106) 高橋源一郎、SEALDs『民主主義ってなんだ？』（河出書房新社、二〇一五年）五七頁。

(107) この学生が通う明治学院大学は、天皇制に対する学問の自由の姿勢を学長声明として発表した歴史を持つ。岩波書店編集部編『ドキュメント　明治学院大学１９８９——学問の自由と天皇制』（岩波書店、一九八九年）参照。

(108) 他にも課題としてあげられる問題を二つあげる。一つは、学問の自由が侵されている危険があることである。たとえば、一九八九年に起きた明治学院の事件が挙げられる。前年の一九八八年、天皇の病状悪化が公表されると全国的に自粛ブームが広まった。多くの大学が学園祭等を中止していた時、明治学院大学では「当面特別のことはしない」ということの根拠を、歴史的・教育的意味を含めた文章で「学長声明」として発表した。この動向が報道されると、脅迫電話が学長宅のみならず教員宅にもかかってきた。これについて古屋安雄は、「天皇制についての画一主義にプロテストすることが、現代においても今尚いかに困難であるかを如実に示すものである」と指摘している。それは同時に、学問の場での自由な発言や思索が難しい現実を示している。近年では二〇一六年六月二五日自民党のホームページで「学校教育における政治的中立性についての実態調査」が行われた（七月一八日終了）。これは「政治的中立を逸脱するような不適切な事例」を募集するもので、「教育の政治的中立はありえない」「子供たちを戦場に送るな」と主張する教員を報告するものである。インターネット上では「密告フォーム」とも呼ばれて注目されたが、教員が萎縮する大きな効果を発揮したと考えられる。つまり、自分たちの国の将来を考えるために、教育現場で政治的な事柄に対して自由に発言することがいよいよ難しくなってきたのである。岩波書店編集部編『ドキュメント　明治学院大学１９８９――学問の自由と天皇制』参照。古屋安雄「社会的政治的視点から見た天皇制」『天皇制の検証』（新教出版社、一九九一年）参照。

もう一つの最も深刻な課題は、その私立学校の教職員の中に、建学の精神の担い手になるべき存在が少ないことである。教職員だけでなく、理事会・評議員の構成メンバーにも影響している。学校の意思決定に位置する者が寄付行為に謳われている精神を理解できないとき、精神よりも利便性や収益を優先して柱を崩すことはいくらでも起こり得る。

(109) この可能性はキリスト教学校に限られないだろう。本書が今後の課題として残しているものは、最澄が説いた仏性平等の理念や農民たちの一揆に影響を与えた抵抗思想による公共の福祉への貢献である（序論参照）。日本における仏教の人権への影響は今後の可能性として積極的に取り組むべき課題である。さらに、宗教的要素を持たない私立学校でなくても、同じ文化価値を重んじる建学の理念で教育と研究に取り組んでいる限り、公共の福祉を担い得るであろう。

(110) P. T. Forsyth, *Socialism, the Church and Poor* (London: Hodder & Stoughton, 1908) 11-12, 13.

参考文献

洋書

Adams, John, *The works of John Adams, second President of the United States*, vol. 2, Charles Francis Adams ed. (Boston: Little, Brown and Company 1850).

Adams, John, *The works of John Adams, second President of the United States*, vol. 4, Charles Francis Adams ed. (Boston: Little, Brown and Company 1851).

Adams, John, *The works of John Adams, second President of the United States*, vol. 9, Charles Francis Adams ed. (Boston: Little, Brown and Company 1854).

Bacon, Francis, *The essayes or counsels, ciuill and morall* (London : Iohn Haviland for Hanna Barret, 1625). [Early English Books Online]

Baker, Derek ed., *Reform and Reformation: England and the Continent c1500-c1750* (Oxford: Basil Blackwell, 1979).

Beldon, A. D., George Whitefield, *The Awakener*, 2nd ed. (London: Rockliff, 1953).

Benert, Richard R. *Inferior Magistrates in Sixteen-Century Political and Legal Thought* (Ph.D. Dissertation, University of Minnesota, 1967).

Brady, Thomas A., Jr., Heiko A. Oberman, James D. Tracy, eds., *Handbook of European History 1400-1600: Late Middle Ages, Renaissance and Reformation* (Leiden ; New York : E.J. Brill , 1994).

Brutus, Stephanus Junius, the Celt, *Vindiciae contra tyrannos, or, Concerning the legitimate power of a prince over the people, and of the people over a prince*, edited and translated by George Garnett (Cambridge: Cambridge University Press, 1994).

Buchanan, George, *De jure regni apud Scotos, or, A dialogue, concerning the due priviledge of government in the kingdom of Scotland, betwixt George Buchanan and Thomas Maitland*, translated out of the original Latine into English by Philalethes (1680). [Early English Books Online]

Bunyan, John, *The Pilgrim's Progress: from This World to That Which is to Come*, ed. James Blanton Wharey (Oxford, Clarendon Press, 1960).

Butzer, Martin, "Instruction in Christian Love", tr. Paul Traugott Fuhrmann, in *Calvin and the Reformed Tradition*, ed. James Leo Garrett, Jr.

(U.S.A.: Broadman Press, 1980).

Caffrey, Kate, *The Mayflower* (New York: Stein and Day, 1975).

Coke, Edward, *The Reports of Sir Edward Coke, Knt.: in Thirteen Parts*, John Henry Thomas&John Farquhar Fraser eds., vol. VI (London: Joseph Butterworth and Son, 1826).

Cotton, John, "Letter from John Cotton to Lord Say" (1636), in *The Puritans*, vol. 1, ed. Perry Miller and Thomas H. Johnson; bibliographies revised for the Torchbook edition by George McCandlish, (New York : Harper & Row, 1963); in *Puritan Political Ideas: 1558-1794*, Edmund S. Morgan ed. (Indianapolis, Bobbs- Merrill, 1965).

Cromwell, Oliver, *Oliver Cromwell's Letters and Speeches: With Elucidations*, Thomas Carlyle ed., vol. II (London: Chapman and Hall, 1871).

Cromwell, Oliver, *Oliver Cromwell's Letters and Speeches: With Elucidations*, Thomas Carlyle ed., vol. I (London : Chapman and Hall, 1873).

Cromwell, Oliver, *The Writings and Speeches of Oliver Cromwell*, W. C. Abbot ed. (Oxford: Clarendon Press, 1989).

Dale, R. W., "Christ and the State." *Fellowship with Christ* (New York: A. C. Armstrong & Son, 1891).

Dale, R. W., *Essay and Addresses*, 2nd ed. (New York: A. C. Armstrong & Son, 1899).

Danner, Dan G., *Pilgrimage to Puritanism: history and theology of the Marian exiles at Geneva, 1555-1560* (New York: Peter Lang, 1999).

Dikens, A. G., *The German Nation and Martin Luther* (New York: Harper & Row, 1974).

Edwards, Jonathan, *The Works of Jonathan Edwards* (Edinburgh: The Barnner of the Truth Trust, 1834).

Eisenstein, Elizabeth L., *The Printing Press as an Agent of Change* (Cambridge: Cambridge University Press, 1980).

Figgis, John Neville, *Studies of political thought from Gerson to Grotius, 1414-1625* (Cambridge: The University Press, 1916).

Forsyth, P. T., *Socialism, the Church and Poor* (London: Hodder & Stoughton, 1908).

Forsyth, P. T., *Faith, Freedom, and the Future* (London: Independent Press, 1955)

Forsyth, P. T., *God the Holy Father* (London: Independent Press, 1957).

Friedeburg, Robert von, *Self-defence and religious strife in early modern Europe: England and Germany, 1530-1680* (Ashgate, 2002).

Fritz Kern, *Kingship and law in the Middle Ages*, translated with an introduction by S.B. Chrimes (Oxford: Basil Blackwell, 1939).

Fulbecke, William, *Direction or preparative to the study of the law* (London: Thomas Wight, 1600). [Early English Books Online]

Garrett, Christina Hallowell, *The Marian exiles: a study in the Origins of Elizabethan Puritanism* (Cambridge: The Univ. Press, 1966).

Gaustad, Edwin Scott, Barlow, Philip L., *New historical atlas of religion in America* (Oxford University Press, 2001).

George W. Forell, *Luther's Works: Career of the Reformer II*, vol. 32 (Philadelphia: Fortress Press, 1958).

Goodwin, John, "Anti-Cavalierisme. Or, Truth Pleading as well the necessity, as the Lawfulness of this present VVar" (London: G.B. and R.W. for Henry Overton, 1642). [Early English Books Online]

Goodwin, "Right and Might Well Met. or, A briefe and unpartiall enquiry into the late and present procedings of the army under the command of his excellency the Lord Fairfax" (London: Matthew Simmons for Henry Crips, 1648). [Early English Books Online]

Goodwin, Thomas, *The Works of Thomas* Goodwin, vol. 2 (Edinburgh: James Nichol, 1861).

Gough, J.W., *Fundamental Law in English Constitutional History* (Oxford: Clarendon Press, 1955).

Greenblatt, Stephen, *Hamlet in Purgatory* (princeton, NJ: Princeton University Press, 2001).

Gregg, Pauline, *Free-Born John: the Biography of John Lilburne* (London: Phoenix Press, 2000).

Haller, William, *The Rise of Puritanism* (Philadelphia: University of Pennsylvania, 1984).

Harris, Mark W., *Historical dictionary of Unitarian Universalism*, 2ed., (Lanham: Rowman & Littlefield, 2018).

Hill, Christopher, *Society and Puritanism in Pre-Revolutionary England* (London: Secker & Warburg, 1964).

Hopkins, J. K., *A Woman to Deliver Her People: Joanna Southcott and English Millenarianism in an Era of Revolution* (Austin: University of Texas Press, 1982).

James I, *The true lawe of free monarchies: or The reciprock and mutuall dutie betwixt a free king, and his naturall subiectes* (Edinburgh : Printed by Robert VValdegraue, printer to the Kings maiestie, Anno Dom. 1598). [Early English Books Online]

Jefferson, Thomas, *The Writings of Thomas Jefferson*, vol.8, H. A. Washington ed. (Washington, D.C.: Taylor and Maury, 1854).

Johnson, Edward, *Wonder-working Providence of Sions Savior in New England* (Andover, Massachusetts: Warren F. Draper, 1867).

Peter Lake, *Anglicans and Puritans?: Presbyterianism and English Conformist Thought from Whitgift to Hooker*, (London: Unwin Hyman, 1988).

Laski, Harold, "*Political Thought In England: Locke to Bentham*" (London: Oxford University Press, 1920).（ラスキ『イギリス政治思想Ⅱ――ロックからベンサムまで』堀豊彦・飯坂良明訳、岩波書店、一九五八年）。

Lilburne, John, "A Worke of the Beast. Or A relation of a most vnchristian Censure" (1638). [Early English Books Online]

Lilburne, John, "Englands Birth-Right Justified" (1645). [Early English Books Online]

Lilburne, John, "Liberty Vindicated against Slavery" (1646). [Early English Books Online]

Lilburne, John, "Innocency and Truth Justified" (1646). [Early English Books Online]

Locke, John, "A Paraphrase and Notes on the Epistles of St. Paul to the Galatians, 1 and 2 Corinthians, Romans, Ephesians", in *The works of John Locke*, vol. 8 (Germany: Scientia Verlag Aalen, 1963).

Locke, John, *Two Treatises of Government in the Former, the False Principles and Foundation of Sir Robert Filmer and his Followers are Detected and Overthrown, the Latter is an Essay Concerning the True Original, Extent, and End of Civil Government* (London: Awnsham Churchill, 1690). [Early English Books Online]

Luther, Martin, *Luther's Works: Career of the Reformer I*, vol. 31, J.J. Pelikan, H.C. Oswald & H.T. Lehmann, ed. (Philaderphia: Fortress Press, 1957).

Mendle, Michael, *Henry Parker and the English Civil War : the Political Thought of the Public's "Privado"* (Cambridge University Press, 1995).

Miller, Perry, *Orthodoxy in Massachusetts, 1630-1650* (Cambridge, Massachusetts: Harvard University Press, 1933).

Milton, John, *the Tenure of Kings and Magistrates*, in *Complete Prose Works of John Milton*, vol.3, ed. Meritt Y. Hughes (New Haven: Yale University Press, 1962).

Monk, Robert C., *John Wesley: His Puritan Heritage* (New York: Abingdon Press, 1966).

Moore, Susan Hardman, *Pilgrims: New World Settlers and the Call of Home* (New Haven: Yale University Press, 2007).

Newton, John A., *Methodism and the Puritans* (London: Dr. William's Trust, 1964).

Nischan, Bodo, "Confessionalism and Absolutism: The Case of Brandenburg.", *Calvinism in Europe, 1540-1620*, Andrew Pettegree, Alastair Duke & Gillian Lewis eds. (Cambridge: Cambridge University Press, 1994).

John T. Noonan Jr., *The Lustre of Our Country: The American Experience of Religious Freedom* (Berkeley: Univ. of California Press).

Oberman, Heiko, *Luther - Man between God and the Devil*, trans. by Eileen Walliser-Schwartzbart (New Haven: Yale University Press, 1989).

Olson, Mark K., *John Wesley's 'A Plain Account of Christian Perfection' The Annotated Edition* (Alethea in Heart Minitstries, 2005).

Parker, Henry, "Observations upon some of His Majesties late Answers and Expresses" (London, 1642). [Early English Books Online]

Prynne, William, *The Sovereign Power of Parliaments and Kingdoms* (1643), 39, 85. [Early English Books Online]

Rogers, Haratio et al. eds., *The Early Records of the Town of Providence*, vol. I (Providence: Snow Farnham & City printers, 1892).

Rutherford, Samuel, *Lex, Rex: The Law and the Prince* (London: Iohn Field, 1644). [Early English Books Online]

Skinner, Quentin, *The foundations of modern political thought: the Renaissance*, vol.1 (Cambridge: Cambridge University Press , 1978)（スキナー、クエンティン『近代政治思想の基礎――ルネッサンス、宗教改革の時代』門間都喜郎訳、春風社、二〇〇五年）.

Skinner, Quentin, *The foundations of modern political thought: the Age of Reformation*, vol. 2 (Cambridge: Cambridge University Press, 1978)（スキナー、クエンティン『近代政治思想の基礎――ルネッサンス、宗教改革の時代』門間都喜郎訳、春風社、二〇〇五

年）。
Smith, Adam, *An Inquiry into the Nature and Causes of the Wealth of Nations*, ed. Edwin Cannan (New York: Modern Library, 1937)（アダム・スミス『国富論（四）』水田洋監訳、杉山忠平訳、岩波書店、二〇〇一年）.
Tompson. E. P., *The Making of the English Working Class* (Harmondsworth: Penguin, 1968).
Torrance, J. B., "Interpreting the Word by the Light of Christ." *Calviniana*, R. Schnucker ed. (Kirksville, Mo.: Sixteenth Century Journal Publishers, 1989).
Touching the fundamentall lawes, or politique constitution of this kingdome, the Kings negative voice, and the power of Parliaments (London: Thomas Underhill, 1643). [Early English Books Online]
Whitefield, George, *The Works of the Reverend George Whitefield*, vol.IV (London: Printed for Edward and Charles Dilly, 1771).
Winthrop, John, *Winthrop's Journal*, ed. James K. Hosmer, vol.2 (New York: C. Scribner's Sons, 1908).
Witte, John, Jr., *Religion and the American Constitutional Experiment: Essential Rights and Liberties*, (Boulder: Westview Press, 2000).
Witte, John Jr., *The reformation of rights: law, religion, and human rights in early modern Calvinism* (Cambridge University Press, 2007).
Wolzendorff, Kurt, *Staatsrecht und Naturrecht in der Lehre vom Widerstandsrecht des Volkes gegen rechtswidrige Ausübung der Staatsgewalt: zugleich ein Beitrag zur Entwicklungsgeschichte des modernen Staatsgedankens* (Breslau: M. & H. Marcus, 1916).
Woodhouse, A. S. P. ed., *Puritanism and Liberty: Being the Army Debates (1647-9) From the Clarke Manuscripts with Supplementary Documents* (London: J. M. Dent and Sons Limited, 1938).

和書

ＮＨＫ取材班編著『日本人は何を考えてきたのか――明治編　文明の扉を開く』ＮＨＫ出版、二〇一二年。

會澤正志齋「新論」『水戸學体系第二巻　會澤正志齋集』水戸學体系刊行会、一九四一年。

會澤正志齋「下学邇言」『水戸學体系第二巻　會澤正志齋集』水戸學体系刊行会、一九四一年。

會澤正志齋「迪彝篇」『水戸學体系第二巻　會澤正志齋集』水戸學体系刊行会、一九四一年。

青山学院大学総合研究所キリスト教文化研究部編『贖罪信仰の社会的影響――旧約から現代の人権法制化へ』教文館、二〇一九年。

朝日平吾「死の叫び声」橋川文三編『現代日本思想体系31　超国家主義』筑摩書房、一九六四年。

麻生三郎「竹橋事件の真相を追う」竹橋事件百周年記念出版編集委員会『竹橋事件の兵士たち――近頃人民一般苛政に苦しむ

により』徳間書店、一九七九年。

安藤昌益「刊本自然真営道　巻一」安藤昌益研究会編『安藤昌益全集　第十三巻』農山漁村文化協会、一九八六年。

アダムズ、ジェームズ・L『自由と結社の思想――ヴォランタリー・アソシエーション論をめぐって』柴田史子訳、聖学院大学出版会、一九九七年。

アッポルド、ケネス・K『宗教改革小史』徳善義和訳、教文館、二〇一二年。

アリストテレス「政治学」『世界の名著8　アリストテレス』田中美知太郎責任編集、中央公論社、一九七二年。

飯島忠夫「長谷川昭道と其の學説」『長谷川昭道全集　上巻』信濃毎日新聞社、一九三五年。

飯島忠夫『長谷川昭道の皇道述義　日本精神叢書四十』文部省教學局編、内閣印刷局、一九四〇年。

家永三郎「植木枝盛とキリスト教」『福音と世界』一二巻第五号、新教出版社、一九五七年。

家永三郎『植木枝盛研究』岩波書店、一九八四年。

家永三郎他編『植木枝盛集』全一〇巻、岩波書店、一九九〇―一九九一年。

イェリネック対ブトミー『人権宣言論争』初宿正典訳、みすず書房、一九九五年。

五百旗頭真『米国の日本占領政策――戦後日本の設計図　上』中央公論社、一九八五年。

五百旗頭真『米国の日本占領政策――戦後日本の設計図　下』中央公論社、一九八五年。

石田雄『日本の政治と言葉　上――「自由」と「福祉」』東京大学出版会、一九八九年。

板垣退助『一代華族論』社會政策社、一九一二年。

板垣退助『一代華族論』忠誠堂、一九一九年。

板垣退助監修、遠山茂樹・佐藤誠朗校訂『自由党史　上』岩波文庫、一九五三年。

伊藤哲夫『教育勅語の真実』致知出版社、二〇一一年。

伊藤哲夫『日本国家の「かたち」を考える』日本政策研究センター、二〇一二年。

伊藤哲夫『明治憲法の真実』致知出版社、二〇一三年。

伊藤哲夫編著『これがわれらの憲法改正提案だ――護憲派よ、それでも憲法改正に反対か?』日本政策研究センター、二〇一七年。

伊藤始・杉山秀子・望月武人『五日市憲法草案をつくった男・千葉卓三郎』くもん出版、二〇一四年。

伊藤博文『伊藤博文傳　中巻』春畝公追頌會、一九四〇年。

稲田正次『明治憲法成立史　下巻』有斐閣、一九六二年。

稲田正次『教育勅語成立過程の研究』講談社、一九七一年。

稲田正次『明治憲法成立史の研究』有斐閣、一九七九年。

稲田雅洋『自由民権運動の系譜――近代日本の言論の力』吉川弘文館、二〇〇九年。

井上勲「ネーションの形成」『近代日本思想史大系3　近代日本政治思想史Ⅰ』有斐閣、一九七一年。

井上公正『ジョン・ロックとその先駆者たち――イギリス寛容論研究序説』御茶の水書房、一九七八年。

井上順孝・阪本是丸編著『日本型政教関係の誕生』第一書房、一九八七年。

入江俊郎論集刊行会『憲法成立の経緯と憲法上の諸問題――入江俊郎論集』第一法規出版、一九七六年。

色川大吉編著『五日市憲法草案とその起草者たち』日本経済評論社、二〇一五年。

岩波書店編集部編『ドキュメント　明治学院大学1989――学問の自由と天皇制』岩波書店、一九八九年。

ウィッテ、ジョン『自由と家族の法的基礎』大木英夫・髙橋義文監訳、聖学院大学出版会、二〇〇八年。

ウィルスン、ピーター・H『神聖ローマ帝国　1495―1806』山本文彦訳、岩波書店、二〇〇五年。

植木枝盛「駁淺野氏續宗教論」東京大学法学部明治新聞雑誌文庫編『朝野新聞　縮刷版4』明治九年一〇月二四・二五日（中須賀竹治）、ぺりかん社、一九八一年。

植木枝盛「宗教概論」（一八七七年［明治一〇年］一月二二日・二三日、未刊稿本）。

植木枝盛「民権自由論」（一八七九）『植木枝盛集　第一巻』岩波書店、一九九〇年。

植木枝盛「言論自由論」（一八八〇）『植木枝盛集　第一巻』岩波書店、一九九〇年。

植木枝盛「自由詞林」（一八八七）『植木枝盛集　第一巻』岩波書店、一九九〇年。

植木枝盛「猿人君主」（一八七六）『植木枝盛集　第三巻』岩波書店、一九九〇年。

植木枝盛「自由ハ鮮血ヲ以テ買ワザル可カラザル論」（一八七六）『植木枝盛集　第三巻』岩波書店、一九九〇年。

植木枝盛「思想論」（一八七六）『植木枝盛集　第三巻』岩波書店、一九九〇年。

植木枝盛「論祭祖先拝陵墓謬」（『七一雑誌』第二巻第二号、一八七七年［明治一〇年］一月一二日）『植木枝盛集　第三巻』岩波書店、一九九〇年。

植木枝盛「極楽モ自由ノ中ニ在リ、阿弥陀仏モ自由ノ中ニ在リ」（一八八一）『植木枝盛集　第三巻』岩波書店、一九九〇年。

植木枝盛「高天原モ自由ノ中ニ在リ　八百万ノ神モ自由ノ中ニ在リ」（一八八一）『植木枝盛集　第三巻』岩波書店、一九九〇年。

植木枝盛「天賦人権弁」（一八八三［明治一六］年）『植木枝盛集　第一巻』岩波書店、一九九〇年。

植木枝盛「無神論」（一八八二）『植木枝盛集　第三巻』岩波書店、一九九〇年。

植木枝盛「無天雑録」『植木枝盛集　第九巻』岩波書店、一九九一年。

ウェスレー、ジョン『キリスト者の完全』藤本満訳、インマヌエル綜合伝道団、二〇〇六年。

植村正久「實に堪るものでない」（『福音新報』一九一一年五月）『植村全集　第五巻』植村全集刊行會、一九三三年。

植村正久「神道との軋轢」（『福音新報』一九二一年二月）『植村全集　第五巻』植村全集刊行會、一九三三年。

植村正久「眞正なる自由」『植村全集　第七巻』植村全集刊行會、一九三二年。

植村正久「最近死去せる名流」『植村全集　第七巻』植村全集刊行會、一九三二年。

植村正久『植村正久著作集　第一巻』新教出版社、一九六六年。

植村正久「天長節」（『福音新報』第五四〇号、明治三八年一一月二日）『植村正久著作集　第一巻』新教出版社、一九六六年。

植村正久「不敬罪とキリスト教」（『福音週報』第五〇号、明治二四年二月二〇日）『植村正久著作集　第一巻』新教出版社、一九六六年。

植村正久「今日の宗教論および徳育論」（『日本評論』第四九号、明治二六年三月四日）『植村正久著作集　第一巻』新教出版社、一九六六年。

植村正久「故本多庸一氏の記念に供す」（『福音新報』第八七七号、明治四五年四月）『植村正久著作集　第六巻』新教出版社、一九六七年。

ウォーカー、ウィリストン『キリスト教史3　宗教改革』塚田理・八代崇訳、ヨルダン社、一九八六年。

ウッダード、ウィリアム・P『天皇と神道――GHQの宗教政策』阿部美哉訳、サイマル出版会、一九八八年。

宇野昨弥「耶蘇教ノ自由」『七一雑報』六巻第四八号、雑報社、一八八一年一二月二日。

海老沢有道『維新変革期とキリスト教』新生社、一九六八年。

海老沢有道『キリシタンの弾圧と抵抗』雄山閣、一九八一年。

大木英夫『ピューリタニズムの倫理思想――近代化とプロテスタント倫理との関係』新教出版社、一九六六年。

大木英夫『ピューリタン――近代化の精神構造』聖学院大学出版会、二〇〇六年。

大木英夫『人格と人権――キリスト教弁証学としての人間学　下』教文館、二〇一三年。

大久保利謙『岩倉具視　増補版』中公新書、一九九〇年。

大澤麦『自然権としてのプロパティ――イングランド革命における急進主義政治思想の展開』成文堂、一九九五年。

大澤豊監督『日本の青空』インディーズ、二〇〇七年。

大塚野百合『スザンナ・ウェスレーものがたり――ジョン、チャールズ・ウェスレーの母』教文館、二〇一五年。

大村益次郎「朝廷の兵制につき意見書」由井正臣・藤原彰・吉田裕校注『日本近代思想大系4　軍隊　兵士』岩波書店、一九八九年。

岡﨑匡史『日本占領と宗教改革』学術出版会、二〇一二年。

岡崎正道「吉田松陰の思想（I）」『Artes liberates』第六五号、岩手大学人文社会学部、一九九九年一二月。

岡本嗣郎『陛下をお救いなさいまし――河井道とボナー・フェラーズ』集英社、二〇〇二年。

小川原正道『明治の政治家と信仰――クリスチャン民権家の肖像』吉川弘文堂、二〇一三年。

尾川昌法『人権のはじまり――近代日本の人権思想』部落問題研究所、二〇〇八年。

沖田行司「王政復古期の教育と伝統主義――長谷川昭道の皇学を中心として」『人文学』第一三九号、同志社大学人文学会、一九八三年。

沖田行司「幕末国学における洋学受容の一形態――長谷川昭道の場合」『文化學年報』第三三号、同志社大学文化学会、一九八四年。

沖田行司『日本近代教育の思想史研究――国際化の思想系譜』日本図書センター、一九九二年。

落合建仁『日本プロテスタント教会史の一断面――信仰告白と教会合同運動を軸として』日本キリスト教団出版局、二〇一七年。

小野沢精一『新釈漢文体系26　書経　下』明治書院、一九八五年。

小貫幸浩「近代人権宣言と抵抗権の本質について」『早稲田法学会誌』四一号、早稲田大学法学会、一九九一年。

小畑隆資「『共生』の課題――植木枝盛とキリスト教」『文化共生学研究』第一号、岡山大学大学院文化科学研究科、二〇〇三年。

小畑隆資「植木枝盛とキリスト教――枝盛における『天賦自由』論の成立」『文化共生学研究』第二号、岡山大学大学院文化科学研究科、二〇〇四年。

海後宗臣『海後宗臣　教育改革論集――カリキュラム・教育実践・歴史』東京書籍、二〇一八年。

加治時次郎『第二維新――根本的社会変革の提案』生活社、一九二一年。

片岡弥吉『日本キリシタン殉教史』時事通信社、一九七九年。

堅田剛「最優秀賞受賞論文　吉野作造と鈴木安蔵――五つの『絶筆』をめぐって」『吉野作造記念館吉野作造研究』第五号、吉野作造記念館編、二〇〇八年一〇月。

加藤周一「『自由と（または）平等』という語の要約」『自由民権百年』自由民権百年全国集会実行委員会、一九八四年。

金森徳次郎『帝國憲法要綱』巖松堂書店、一九二八年［一九二一年］。

金森徳次郎『金森徳次郎著作集Ⅰ』高見勝利編、慈学社、二〇一三年。

金森徳次郎『金森徳次郎著作集Ⅱ』高見勝利編、慈学社、二〇一四年。

金森徳次郎『金森徳次郎著作集Ⅲ』高見勝利編、慈学社、二〇一四年。

金森徳次郎「私説の骨子」内閣総理大臣官房総務課資料、資0068100。

金森徳次郎「国体明徴に関する声明案」一九三五年八月一日、内閣総理大臣官房総務課資料、資0067100。

金森徳次郎「憲法改正草案に関する想定問答」井手成三関係文書、寄贈00876100～寄贈00879100。

金子勝「鈴木憲法学生誕の経緯」鈴木安蔵博士追悼論集刊行会編『日本憲法科学の曙光――鈴木安蔵博士追悼論集』勁草書房、一九八七年。

金子勝『鈴木安蔵先生から受け継ぐもの――鈴木安蔵先生誕生百年記念シンポジウムの記録』自費出版、二〇〇五年。

金田隆一『戦時下キリスト教の抵抗と挫折』新教出版社、一九八五年。

カルヴァン、ジャン「キリスト教綱要（初版）（一五三六年）」『宗教改革著作集9　カルヴァンとその周辺Ⅰ』教文館、一九八六年。

カルヴァン、ジャン『キリスト教綱要Ⅱ』渡辺信夫訳、新教出版社、一九六二年。

カルヴァン、ジャン『キリスト教綱要Ⅲ』渡辺信夫訳、新教出版社、一九六四年。

カルヴァン、ジャン『キリスト教綱要Ⅳ／1』渡辺信夫訳、新教出版社、一九六四年。

カルヴァン、ジャン『キリスト教綱要Ⅳ／2』渡辺信夫訳、新教出版社、一九七一年。

カルヴァン、ジャン『旧約聖書註解Ⅰ　創世記』渡辺信夫訳、新教出版社、一九八四年。

カルヴァン、ジャン『新約聖書註解Ⅴ　使徒行伝　上』益田健次訳、新教出版社、一九六八年。

カルヴァン、ジャン『新約聖書註解Ⅵ　使徒行伝　下』益田健次訳、新教出版社、一九七三年。

カルヴァン、ジャン『新約聖書註解XIV　ペテロ・ユダ・ヨハネ書』乾慶四郎・久米あつみ訳、新教出版社、一九六三年。

カルヴァン、ジャン『新約聖書註解Ⅶ　ローマ書』渡辺信夫訳、新教出版社、一九五九年。

河上肇「日本独特の国家主義」『河上肇著作集　第八巻』筑摩書房、一九六四年。

河竹默阿彌「夜討曾我狩場曙」河竹繁俊校訂編纂『默阿彌全集　第十巻』春陽堂、一九二五年。

河野朋子「鈴木安蔵と憲法研究会草案に関する一考察」『アジア太平洋論叢』第一七号、アジア太平洋研究会、二〇〇七年。

川村大膳『人民協約の研究――イギリス清教徒革命の立憲運動』弘文堂、一九六二年。

北崎豊二『近代地方民衆史研究』法律文化社、一九八五年。

木村京太郎「西光さん――その人と作品」『西光万吉著作集　第一巻』濤書房、一九七一年。

キケロ「法律について」『キケロー選集8』岡道男訳、岩波書店、一九九九年。

キリスト教学校教育同盟百年史編纂委員会編『キリスト教学校教育同盟百年史』教文館、二〇一二年。

ギールケ、オットー・フォン『ヨハネス・アルトジウス――自然法的国家論の展開及び法体系学説史研究』笹川紀勝・本間信長・増田明彦訳、勁草書房、二〇一一年。

久能靖『カラー図説　天皇の祈りと宮中祭祀』勉誠出版、二〇一三年。

久保田泰夫『ロジャー・ウィリアムズ――ニューイングランドの政教分離と異文化共存』彩流社、一九九八年。

熊野義孝『日本キリスト教神学思想史』新教出版社、一九六八年。

久米あつみ『人類の知的遺産28　カルヴァン』講談社、一九八〇年。

グリーンリーフ、ロバート・K『サーバントリーダーシップ』金井壽宏監修、金井真弓訳、英治出版、二〇〇八年。

ゲイン、M『ニッポン日記　上』井本威夫訳、筑摩書房、一九五一年。

氣賀健生『本多庸一――信仰と生涯』教文館、二〇一二年。

憲法研究所編『憲法研究所特集4　抵抗権』法律文化社、一九六五年。

国修社編『一君万民の理想』国修社、一九三六年。

小池正行『変革期における法思想と人間』木鐸社、一九七四年。

香内三郎「ピュアリタン革命における『説教』の位置」東京大学新聞研究所編『コミュニケーション――行動と様式』東京大学出版会、一九七四年。

古在由重「人民の抵抗の原理」『自由民権百年』自由民権百年全国集会実行委員会、一九八四年。

小崎弘道「六合雑誌発行ノ趣意」『六合雑誌』第一号、青年会雑誌局、一八八〇年一〇月一一日。

小崎弘道『基督教ト国家』警醒社、一八八九年八月。

小崎弘道「日本基督教史」『小崎弘道全集　第二巻』日本図書センター、二〇〇〇年。

小崎弘道「我が國の宗教思想」『小崎弘道全集　第二巻』日本図書センター、二〇〇〇年。

小崎弘道「國家と宗教」『小崎弘道全集　第二巻』日本図書センター、二〇〇〇年。

小崎弘道「日本帝国の教化」『小崎弘道全集　第二巻』日本図書センター、二〇〇〇年。

小崎弘道「七十年の回顧」『小崎弘道全集　第三巻』日本図書センター、二〇〇〇年。

小崎弘道『政教新論』（警醒社、一八八六年）『小崎弘道全集　第三巻』日本図書センター、二〇〇〇年。

古関彰一『日本国憲法の誕生』岩波書店、二〇〇九年。

小西豊治『憲法「押しつけ」論の幻』講談社現代新書、二〇〇六年。

小林孝輔「回想の鈴木安蔵先生――その思想と行動」鈴木安蔵博士追悼論集刊行会編『日本憲法科学の曙光――鈴木安蔵博士追悼論集』勁草書房、一九八七年。

小林麻衣子「ジョージ・ブキャナンの抵抗権論」『一橋論叢』一二七巻二号、日本評論社、二〇〇二年。

小牧治・泉谷周三郎『人と思想9　ルター』清水書院、一九七〇年。

近藤勝彦『デモクラシーの神学思想――自由の伝統とプロテスタンティズム』教文館、二〇〇〇年。

近藤勝彦「植村正久の贖罪理解とその今日的意義」『神学』六八号、教文館、二〇〇六年。

近藤勝彦『キリスト教弁証学』教文館、二〇一六年。

近藤恒一『ペトラルカ――生涯と文学』岩波書店、二〇〇二年。

西光万吉「漫談・新生問答（二）」『新生運動』第五号、一九三八年八月一五日。

西光万吉『西光万吉著作集　第一巻』濤書房、一九七一年。

西光万吉「宣言（全国水平社創立大会）」『西光万吉著作集　第一巻』濤書房、一九七一年。

西光万吉「よき日のために（水平社創立主意書）」『西光万吉著作集　第一巻』濤書房、一九七一年。

西光万吉「水平社が生まれるまで」『西光万吉著作集　第一巻』濤書房、一九七一年。

西光万吉「農民運動の思い出」『西光万吉著作集　第一巻』濤書房、一九七一年。

西光万吉「略歴と感想」『西光万吉著作集　第一巻』濤書房、一九七一年。

西光万吉『西光万吉著作集　第二巻』濤書房、一九七四年。

西光万吉「高次的タカマノハラを展開する皇道経済の基礎問題」『西光万吉著作集　第二巻』濤書房、一九七四年。

西光万吉「『マツリゴト』についての粗雑なる考察――民族国家の家長的主権および私財奉還思想の断片的説明」『西光万吉著作集　第二巻』濤書房、一九七四年。

西光万吉「明治維新のスローガンと昭和維新のスローガン」『西光万吉著作集　第二巻』濤書房、一九七四年。

西光万吉「奉還思想を基礎とする日本的皇産主義」『西光万吉著作集　第二巻』濤書房、一九七四年。

西光万吉「日本的なるもの」『西光万吉著作集　第二巻』濤書房、一九七四年。

西光万吉「皇産分用論」『西光万吉著作集　第二巻』濤書房、一九七四年。

西光万吉「君民一如搾取なき高次的タカマノハラを展開せよ」『西光万吉著作集　第二巻』濤書房、一九七四年。

西光万吉「『わんとうろうとう』雑記」『西光万吉著作集　第二巻」濤書房、一九七四年。

最澄「決権実論」安藤俊雄・薗田香融校注『日本思想体系4　最澄』岩波書店、一九七四年。

最澄「顕戒論」安藤俊雄・薗田香融校注『日本思想体系4　最澄』岩波書店、一九七四年。

坂井悠佳「小崎弘道の「国家主義的」キリスト教」『キリスト教と日本の深層』加藤信朗監修、オリエンス宗教研究所、二〇一二年。

坂本是丸「日本型政教関係の形成過程」井上順孝・坂本是丸編著『日本型政教関係の誕生』第一書房、一九八七年。

坂本是丸『明治維新と国学者』大明堂、一九九三年。

阪本是丸「明治神祇官」『神道事典　縮刷版』弘文堂、二〇一五年［一九九九年］。

坂本清一郎「七十年の友、故西光万吉について」『西光万吉著作集　第二巻』濤書房、一九七四年。

櫻井庄太郎「日本社會における平等思想」『社会学評論』二巻二号、日本社会学会、一九五一年。

佐藤達夫『日本国憲法成立史　第二巻』有斐閣、一九六四年。

佐藤達夫『ネパールの伊藤博文』啓正社、一九七二年。

鯖田豊之『生きる権利・死ぬ権利』新潮社、一九七六年。

佐波亘編『植村正久と其の時代　第二巻』教文館、二〇〇〇年［一九三八年］。

佐波亘編『植村正久と其の時代　第三巻』教文館、一九六六年。

佐波亘編『植村正久と其の時代　第四巻』教文館、一九三八年。

澤地久枝『火はわが胸中にあり――忘れられた近衛兵士の叛乱　竹橋事件』岩波書店、二〇〇八年。

塩野七生『ローマ人の物語Ⅴ――ユリウス・カエサル　ルビコン以後』新潮社、一九九六年。

塩野七生『ローマ人の物語XIII――最後の努力』新潮社、二〇〇四年。

塩野七生「ローマ史から読む世界の今」『Ｗｉｌｌ』二〇〇九年六月号、ワックマガジン、二〇〇九年。

信夫清三郎『象山と松陰――開国と攘夷の論理』河出書房新社、一九七五年。

渋谷浩編訳『自由民への訴え――ピューリタン革命文書選』早稲田大学出版部、一九七八年。

渋谷浩『ピューリタニズムの革命思想』御茶の水書房、一九七八年。

島地黙雷「三条教則批判建白書」安丸良夫・宮地正人校注『日本近代思想大系5　宗教と国家』岩波書店、一九八八年。

島薗進『国家神道と日本人』岩波新書、二〇一〇年。

島薗進「敗戦と天皇の聖性をめぐる政治――『国体護持』と『国体のカルト』の制御」『現代神から大衆天皇制へ――昭和のキリスト教』吉馴明子編著、刀水書房、二〇一七年。

霜村光寿『金森徳次郎の憲法思想の史的研究』同成社、二〇一四年。

衆議院憲法審査会議事録「第一八九回国会　憲法審査会　第四号（平成二七年六月一一日（木曜日））」http://www.shugiin.go.jp/internet/itdb_kaigirokua.nsf/html/kaigirokua/025018920150611004.htm（二〇一八年九月二七日閲覧）。

自由民主党『日本国憲法改正草案』自由民主党憲法改正推進本部、二〇一二年。

自由民主党『日本国憲法改正草案　Q&A』自由民主党憲法改正推進本部、二〇一二年。

自由民主党『日本国憲法改正草案　Q&A　増補版』自由民主党憲法改正推進本部、二〇一三年。

白井聡『国体論――菊と星条旗』集英社新書、二〇一八年。

シンプソン、A『英米におけるピューリタンの伝統』木下尚一・秋山健訳、未來社、一九六六年。

菅野完『日本会議の研究』扶桑社、二〇一六年。

杉野健太郎編『アメリカ文化入門』三修社、二〇一〇年。

スクリブナー、R・W、ディクスン、C・スコット『ドイツ宗教改革』森田安一訳、岩波書店、二〇〇九年。

鈴木貞美『生命観の探究――重層する危機のなかで』作品社、二〇〇七年。

鈴木貞美「明治期日本における『自由・平等』――福沢諭吉、西周、加藤弘之をめぐって」『日本研究』四〇巻、国際日本文化研究センター、二〇〇九年。

鈴木範久『内村鑑三日録１８８８～１８９１――一高不敬事件〈上〉』教文館、一九九三年。

鈴木安蔵『明治初年の立憲思想』育生社、一九三八年。

鈴木安蔵『自由民権・憲法発布』白揚社、一九三九年。

鈴木安蔵『憲法学三十年』評論社、一九六七年。

鈴木安蔵『憲法制定前後――新憲法をめぐる激動期の記録』青木書店、一九七七年。

鈴木安蔵「民権期の憲法起草運動と現憲法制定の過程」『自由民権百年』第三号、自由民権百年全国集会実行委員会会報、一九八一年五月。

鈴木安蔵「日本国憲法制定前後」『自由民権百年の記録――自由民権百年全国集会報告集』三省堂、一九八二年。

鈴木安蔵博士追悼論集刊行会編『日本憲法科学の曙光――鈴木安蔵博士追悼論集』勁草書房、一九八七年。

住田博子『カルヴァン政治思想の形成と展開――自由の共同体から抵抗権へ』新教出版社、二〇一八年。

隅谷三喜男「天皇制の確立過程とキリスト教」『明治期研究叢書Ⅳ　民権論からナショナリズムへ』お茶の水書房、一九七七年［一九五七年初版］。

千家尊福「神道のあり方につき意見書」安丸良夫・宮地正人校注『日本近代思想大系5　宗教と国家』岩波書店、一九八八年。

曾根暁彦『アメリカ教会史』日本基督教団出版局、一九七四年。

高木一雄『キリシタン文化研究シリーズ19　明治カトリック教会史研究（中）』キリシタン文化研究会、一九七九年。

高木八尺・末延三次・宮沢俊義編『人権宣言集』岩波書店、一九七〇年。

高須芳次郎「解題」『水戸學体系　第二巻　會澤正志齋集』水戸學体系刊行会、一九四一年。

高橋源一郎「高橋源一郎の歩きながら考える」『朝日新聞』二〇一七年一月一九日。

高橋源一郎、SEALDs『民主主義ってなんだ？』河出書房新社、二〇一五年。

高橋紘『平成の天皇と皇室』文藝春秋、二〇〇三年。

高柳賢三・大友一郎・田中英夫編著『日本国憲法制定の過程Ⅰ』有斐閣、一九七二年。

高柳賢三・大友一郎・田中英夫編著『日本国憲法制定の過程Ⅱ』有斐閣、一九七二年。

武田清子『人間観の相克――近代日本の思想とキリスト教』弘文堂、一九五九年。

武田清子「森有礼における教育人間像――「個人」と「国家」をめぐって」『人間観の相克――近代日本の思想とキリスト教』弘文堂、一九五九年。

竹中佳彦『日本政治史の中の知識人――自由主義と社会主義の交錯（下）』木鐸社、一九九五年。

竹橋事件百周年記念出版編集委員会編『竹橋事件の兵士たち――近頃人民一般苛政に苦しむにより』徳間書店、一九七九年。

竹前栄治『GHQの人びと――経歴と政策』明石書店、二〇〇二年。

多田好問編『岩倉公實記　下巻』岩倉公舊蹟保存會、一九二七年。

多田好問編『岩倉公實記　中巻』原書房、一九六八年。

田中浩「「近代精神の父・キケロ」について考える――ルネサンス・宗教改革・市民革命とのかかわりで」『歴史と神学――大木英夫教授喜寿記念献呈論文集　下巻』聖学院大学出版会、二〇〇六年。

種谷春洋『アメリカ人権宣言史論』有斐閣、一九七一年。

種谷春洋『近代寛容思想と信教自由の成立――ロック寛容論とその影響に関する研究』成文堂、一九八六年。

田村秀夫『イギリス革命思想史――ピューリタン革命期の社会思想』創文社、一九七四年。

田畑忍「日本国憲法と抵抗権」憲法研究所編『憲法研究所特集4　抵抗権』法律文化社、一九六五年。

田畑忍「抵抗権と抵抗義務について――日本国憲法に於ける抵抗権と抵抗義務」日本法哲学会編『抵抗権』（法哲学年報、一九五九巻）有斐閣、一九六〇年。

チェンバレン、B・H「武士道――新宗教の発明」『日本事物誌1』平凡社、一九六九年。

ティリッヒ、P「キリスト教思想史I――古代から宗教改革まで」『ティリッヒ著作集　別巻二』大木英夫・清水正訳、白水社、一九八〇年。

寺尾五郎『革命家吉田松陰――草莽崛起と共和制への展望』徳間書店、一九七三年。

傳記編纂委員會編『井上毅傳』國學院大學圖書館、一九六六年。

土居晴夫『龍馬の甥　坂本直寛の生涯』リーブル出版、二〇〇七年。

遠山茂樹校注『日本近代思想大系2　天皇と華族』岩波書店、一九八八年。

遠山茂樹「解説」遠山茂樹校注『日本近代思想大系2　天皇と華族』岩波書店、一九八八年。

遠山茂樹「編者より」『日本近代思想大系18』付録月報、岩波書店、一九八八年。

遠山茂樹『遠山茂樹著作集　第三巻』岩波書店、一九九一年。

遠山茂樹「自由民権運動における士族的要素」『遠山茂樹著作集　第三巻』岩波書店、一九九一年。

遠山茂樹「征韓論・自由民権論・封建論」『遠山茂樹著作集　第三巻』岩波書店、一九九一年。

遠山茂樹『明治維新』岩波現代文庫、二〇〇〇年。

床次竹二郎「三敎會同に關する私見　其二」佐波亘編『植村正久と其の時代　第二巻』教文館、二〇〇〇年［一九三八年］。

ドバリー、W『朱子学と自由の伝統』山口久和訳、平凡社、一九八七年。

土肥昭夫「三教会同――政治、教育、宗教との関連において（一）」『キリスト教社会問題研究』一一号、一九六七年。

土肥昭夫「三教会同――政治、教育、宗教との関連において（二）」『キリスト教社会問題研究』一四―一五号、一九六九年。

土肥昭夫「小崎弘道の思想と行動」『キリスト教社会問題研究』一六・一七号、同志社大学キリスト教社会問題研究会、一九七〇年。

土肥昭夫『日本プロテスタント・キリスト教史』新教出版社、一九八〇年。

土肥昭夫「小崎弘道自筆集・自筆稿目録」『基督教研究』第六〇巻二号、京都同志社大學神學科内基督教研究會、一九九九年。

土肥昭夫・田中真人編著『近代天皇制とキリスト教』人文書院、一九九六年。

土肥昭夫『天皇とキリスト――近現代天皇制とキリスト教の教会史的考察』新教出版社、二〇一二年。

友田卓爾『レベラー運動の研究』渓水社、二〇〇〇年。

トルミー、M『ピューリタン革命の担い手たち――ロンドンの分離教会1616―1649』大西晴樹・浜林正夫訳、ヨルダン社、一九八三年。

トレルチ、E「ストア的＝キリスト教的自然法と近代的世俗的自然法」住谷一彦・小林純訳『トレルチ著作集七巻　キリスト教と社会思想』ヨルダン社、一九八一年。

トレルチ、E「近代世界の成立に対するプロテスタンティズムの意義」堀孝彦訳、『トレルチ著作集八巻　プロテスタンティズムと近代世界Ⅰ』ヨルダン社、一九八四年。

トロイマン、ルドルフ『モナルコマキ――人民主権論の源流』小林孝輔・佐々木高雄訳、学陽書房、一九七六年。

永井隆『永井隆全集Ⅱ』サンパウロ、二〇〇三年。

長尾正昭編『第三高等学校基督教青年会百年史』第三高等学校基督教青年会百年史刊行会、一九九〇年。

中島岳志『朝日平吾の鬱屈』筑摩書房、二〇〇九年。

中村哲・丸山眞男他編『政治学事典』平凡社、一九五四年。

中村克明『植木枝盛――研究と資料』関東学院大学出版会、二〇一二年。

中村賢二郎・倉松平編『宗教改革と都市』刀水書房、一九八三年。

中村敏『日本キリスト教宣教史――ザビエル以前から今日まで』いのちのことば社、二〇〇九年。

成澤宗男編『日本会議と神社本庁』金曜日、二〇一六年。

日本法哲学会編『抵抗権』（法哲学年報、一九五九巻）有斐閣、一九六〇年。

野田良之「基本的人権の思想史的背景――とくに抵抗権理論をめぐって」『基本的人権3　歴史Ⅱ』東京大学出版会、一九六八年。

ノーマン、ハーバート「忘れられた思想家　安藤昌益のこと」大窪愿二編訳『ハーバート・ノーマン全集　第三巻』岩波書店、一九七七年。

萩原俊彦『近代日本のキリスト者研究』耕文社、二〇〇〇年。

橋川文三編『現代日本思想体系31　超国家主義』筑摩書房、一九六四年。

橋川文三「近代主義と反近代主義1　忠誠意識の変容」古田光・作田啓一・生松敬三編『近代日本社会思想史Ⅰ』有斐閣、一九六八年。

橋川文三「昭和維新試論」『橋川文三著作集9』筑摩書房、二〇〇一年。

長谷川昭道「皇道述義」『長谷川昭道全集　上巻』信濃毎日新聞社、一九三五年。

長谷川昭道「九經談總論評説　下」『長谷川昭道全集　上巻』信濃毎日新聞社、一九三五年。

長谷川昭道『長谷川昭道全集　下巻』信濃毎日新聞社、一九三五年。

パッカー、ジェームズ・I『ピューリタン神学総説』松谷好明訳、一麦出版社、二〇一一年。

羽仁五郎『日本における近代思想の前提』岩波書店、一九四九年。

浜林正夫「イギリス革命期の経済思想（Ⅲ）――ヘンリ・パーカー」『商学討究』一〇巻一号、小樽商科大学、一九五九年、二七―二八頁。

浜林正夫『イギリス革命の思想構造』未來社、一九八四年。

浜林正夫『イギリス宗教史』大月書店、一九八七年。

原武史『直訴と王権――朝鮮・日本の「一君万民」思想史』朝日新聞社、一九九六年。

原武史『天皇は宗教とどう向き合ってきたか』潮出版社、二〇一九年。

ヒック、ジョン、ニッター、ポール・F『キリスト教の絶対性を超えて――宗教的多元主義の神学』八木誠一・樋口恵訳、春秋社、一九九三年。

平野武『明治憲法制定とその周辺』晃洋書房、二〇〇四年。

ひろたまさき編『日本近代思想大系22　差別の諸相』岩波書店、一九九〇年。

ひろたまさき「解説　日本近代社会の差別構造」ひろたまさき編『日本近代思想大系22　差別の諸相』岩波書店、一九九〇年。

深瀬忠一「一七八九年人権宣言研究序説（一）（二）（三）（四）」『北大法学論集』一四巻三号四号、一五巻一号、一八巻三号、四〇巻一号、北海道大学法学部、一九六四年、一九六八年、一九八九年。

福澤諭吉『文明論之概略』岩波書店、一九六二年。

藤井貞文『開国期基督教の研究』国書刊行会、一九八六年。

藤野豊『水平運動の社会思想史的研究』雄山閣出版、一九八九年。

藤原彰「成立期における日本軍隊の特質」竹橋事件百周年記念出版編集委員会『竹橋事件の兵士たち――近頃人民一般苛政に苦しむにより』徳間書店、一九七九年。

藤原彰「統帥権独立と天皇の軍隊」由井正臣・藤原彰・吉田裕校注『日本近代思想大系4　軍隊　兵士』岩波書店、一九八九年。

藤本龍児「アメリカにおける国家と宗教――リベラル・デモクラシーと政教分離」『宗教研究』八九巻二号、日本宗教学会、二〇一五年。

ブラシュケ、K『ルター時代のザクセン――宗教改革の社会・経済・文化史』寺尾誠訳、ヨルダン社、一九八一年。

フランクリン、B『フランクリン自伝』松本慎一・西川正身訳、岩波文庫、一九五七年。

フランクリン、ジュリアン・H『ジョンロックと主権理論――イギリス革命政治思想における混合王政と抵抗権』今中比呂志・渡辺有二訳、御茶の水書房、一九八〇年。

古屋安雄「第一部　歴史的考察」大木英夫・古屋安雄『日本の神学』ヨルダン社、一九八九年。

古屋安雄「社会的政治的視点から見た天皇制」東京ミッション研究所編『天皇制の検証――日本宣教における不可避な課題』新教出版社、一九九一年。

フロイス、ルイス『フロイス日本史1　豊臣秀吉篇Ⅰ』松田毅一・川崎桃太訳、中央公論社、一九七七年。

ブルトゥス、ステファヌス・ユニウス『僭主に対するウィンディキアエ――神、公共的国家、人民全体それぞれの権利の回復を僭主に抗して請求する』城戸由紀子訳、東信堂、一九九八年。

ベーズ、テオドール・ド「為政者の臣下に対する権利」丸山忠孝訳『宗教改革著作集10　カルヴァンとその周辺Ⅱ』教文館、一九九三年。

ペトラルカ『無知について』近藤恒一訳、岩波書店、二〇一〇年。

ベッテンソン、ヘンリー編『キリスト教文書資料集』聖書図書刊行会、一九六二年。

ホーリネス・バンド弾圧史刊行会編『ホーリネス・バンドの軌跡――リバイバルとキリスト教弾圧』新教出版社、一九八三年。

堀真清「植木枝盛の憲法草案（一八八一年）――合衆国憲法と日本国憲法を架橋するもの」『西南学院大学法学論集』第二三号、西南学院大学学術研究所、一九九一年。

本庄豊「（1）続々・京都府警察部機密資料――京都学連事件　岡本八枝太と栗原基　下」『洛南タイムス』二〇〇五年一二月一〇日。

本多庸一「献堂式説教」（明治三九年六月一七日、仙臺美以教會にて）『本多庸一先生遺稿』日本基督教興文協會、一九一八年。

本多庸一「恭しく　天長節を迎ふ」（明治四〇年一〇月二八日、越中富山市に於て）『本多庸一先生遺稿』日本基督教興文協會、一九一八年。

本多庸一「新しき教」（明治四一年一〇月四日）『本多庸一先生遺稿』日本基督教興文協會、一九一八年。

本多庸一「傳道本戦の時期」（明治三五年三月）『本多庸一先生遺稿』日本基督教興文協會、一九一八年。

本多庸一「新日本メソヂスト教會組織の必要并其の新しき一斑」（明治四〇年六月一六日）『本多庸一先生遺稿』日本基督教興

文協會、一九一八年。

マクグラス、A・E『キリスト教思想史入門——歴史神学概説』神代真砂実・関川泰寛訳、キリスト新聞社、二〇〇八年。

マクグラス、A・E『宗教改革の思想』高柳俊一訳、教文館、二〇〇〇年。

マクグラス、A・E『プロテスタント思想文化史—16世紀から21世紀まで』佐柳文男訳、教文館、二〇〇九年。

マクグラス、A・E『ジャン・カルヴァンの生涯——西洋文化はいかにして作られたか　下』芳賀力訳、キリスト新聞社、二〇一〇年。

増井志津子『植民地時代アメリカの宗教思想——ピューリタニズムと大西洋世界』上智大学出版、二〇〇六年。

松岡信一『幻視の革命——自由民権と坂本直寛』法律文化社、一九八六年。

松尾章一「『竹橋事件』研究史小論」竹橋事件百周年記念出版編集委員会『竹橋事件の兵士たち——近頃人民一般苛政に苦しむにより』徳間書店、一九七九年。

松谷好明『イングランド・ピューリタニズム研究』聖学院大学出版会、二〇〇七年。

松谷好明『キリスト者への問い——あなたは天皇をだれと言うか』一麦出版社、二〇一八年。

松本昌悦「基本権保障の本質と抵抗権の理論」『早稲田法学会誌』一四号、早稲田大学法学会、一九六四年。

丸山眞男『日本政治思想史研究　新装第二版』東京大学出版会、一九八五年。

丸山眞男「草稿断簡」一九四五年一一月一日、『丸山眞男講義録　第二冊』東京大学出版会、一九九九年。

美濃部達吉『逐条憲法精義』有斐閣、一九二七年。

宮沢俊義『法律学全集４　憲法Ⅱ』有斐閣、一九七一年。

宮田登『生き神信仰——人を神に祀る習俗』塙新書、一九七〇年。

宮田光雄『権威と服従——近代日本におけるローマ書十三章』新教出版社、二〇〇三年。

宮地正人「国家神道形成過程の問題点」安丸良夫・宮地正人校注『日本近代思想大系５　宗教と国家』岩波書店、一九八八年。

宮村治雄『日本政治思想史——「自由」の観念を軸にして』放送大学教育振興会、二〇〇五年。

ミルトン、ジョン『イングランド国民のための第一弁護論および第二弁護論』新井明・野呂有子訳、聖学院大学出版会、二〇〇三年。

村上重良『天皇の祭祀』岩波新書、一九七七年。

メラー、ベルント『帝国都市と宗教改革』森田安一・棟居洋・石引正志訳、教文館、一九九〇年。

森島豊『フォーサイス神学の構造原理——Atonementをめぐって』新教出版社、二〇一〇年。

森島豊「歴史の中の社会運動――社会的福音の影響をめぐって」『キリスト教と文化』二八号、青山学院大学宗教主任研究叢書、二〇一三年。

森島豊『人権思想とキリスト教――日本の教会の使命と課題』教文館、二〇一六年。

森本あんり『アメリカ・キリスト教史――理念によって建てられた国の軌跡』新教出版社、二〇〇六年。

森本あんり『アメリカ的理念の身体』創文社、二〇一二年。

森本あんり『反知性主義――アメリカが生んだ「熱病」の正体』新潮選書、二〇一五。

師岡祐行『西光万吉』清水書院、一九九二年。

諸橋轍次『大漢和辭典　第一巻』大修館書店、一九四三年。

文部科学省「道徳教育の充実に関する懇談会」http://www.mext.go.jp/b_menu/shingi/chousa/shotou/096/（二〇一四年一二月二一日閲覧）。

柳生圀近『日本的プロテスタンティズムの政治思想――無教会における国家と宗教』新教出版社、二〇一六年。

安丸良夫『神々の明治維新――神仏分離と廃仏毀釈』岩波新書、一九七九年。

安丸良夫「近代転換期における宗教と国家」安丸良夫・宮地正人校注『日本近代思想大系5　宗教と国家』岩波書店、一九八八年。

安丸良夫・宮地正人校注『日本近代思想大系5　宗教と国家』岩波書店、一九八八年。

矢部宏治『天皇メッセージ』小学館、二〇一九年。

矢部宏治『日本はなぜ、「基地」と「原発」を止められないのか』集英社インターナショナル、二〇一四年。

山崎渾子『岩倉使節団における宗教問題』思文閣出版、二〇〇六年。

山路愛山「日本の歴史に於ける人権發達の痕迹」『明治文学全集35　山路愛山集』筑摩書房、一九六五年。

山下威士・丸山正次「モナルコマキ研究序説――16世紀の国家理論、特にVindiciae contra tyrannosをめぐって」『埼玉大学紀要　社会科学篇』第二五巻、埼玉大学教養学部、一九七七年。

山住正己編『日本近代思想大系6　教育の体系』岩波書店、一九九〇年。

山田園子「ジョン・リルバーンにおける宗教と政治」『社会思想史研究』五、北樹出版、一九八一年。

山田園子「ジョン・リルバーンの自然法思想」『名古屋大学法政論集』八六号、名古屋大学、一九八〇年。

山本隆基『レヴェラーズ政治思想の研究』法律文化社、一九八六年。

山本七平「『神学なき西欧化』の悲劇」『ティリッヒ著作集』月報第一二号（別巻二付録）、白水社、一九八〇年四月。

油井正臣「明治初期の建軍構想」由井正臣・藤原彰・吉田裕校注『日本近代思想大系4　軍隊　兵士』岩波書店、一九八九年。

由井正臣・藤原彰・吉田裕校注『日本近代思想大系4　軍隊　兵士』岩波書店、一九八九年。

由井正臣・藤原彰・吉田裕「解説」由井正臣・藤原彰・吉田裕校注『日本近代思想大系4　軍隊　兵士』岩波書店、一九八九年。

ユスティノス「ローマ人元老院に宛てたキリスト教徒のための弁明」柴田有訳『キリスト教教父著作集1　ユスティノス』教文館、一九九二年。

養老孟司『バカの壁』新潮社、二〇〇三年。

吉田松陰「討賊始末」『吉田松陰全集　第四巻』岩波書店、一九三八年。

吉田松陰「武教全書講録」『吉田松陰全集　第四巻』岩波書店、一九三八年。

吉田松陰「丙辰幽室文稿」『吉田松陰全集　第四巻』岩波書店、一九三八年。

吉田松陰「丙辰幽室文稿」『吉田松陰全集　第四巻』岩波書店、一九三八年。

吉田松陰「講孟余話」『吉田松陰全集　第三巻』岩波書店、一九三九年。

吉田松陰「獄舎問答」『吉田松陰全集　第二巻』岩波書店、一九三九年。

吉田松陰「詩文拾遺（「来原良三に復する書」）」『吉田松陰全集　第七巻』岩波書店、一九三九年。

吉田松陰「睡餘事録」『吉田松陰全集　第十巻』岩波書店、一九三九年。

吉田松陰「戊午幽室文稿」『吉田松陰全集　第五巻』岩波書店、一九三九年。

吉田松陰「将及私言」『吉田松陰全集　第一巻』岩波書店、一九四〇年。

吉田智弥「忘れ去られた西光万吉――現代の部落「問題」再考」明石書店、二〇〇二年。

吉田裕「『国民皆兵』の理念と徴兵制」由井正臣・藤原彰・吉田裕校注『日本近代思想大系4　軍隊　兵士』岩波書店、一九八九年。

吉田裕他編『平成の天皇制とは何か――制度と個人のはざまで』岩波書店、二〇一七年。

吉馴明子『海老名弾正の政治思想』東京大学出版会、一九八二年。

吉野作造『講學餘談』文化生活研究會、一九二七年。

米原謙『国体論はなぜ生まれたか――明治国家の知の地形図』ミネルヴァ書房、二〇一五年。

リンゼイ、A・D『わたしはデモクラシーを信じる』永岡薫・山本俊樹・佐野正子訳、聖学院大学出版会、二〇〇一年。

リンゼイ、A・D『キリスト教諸教会とデモクラシー』山本俊樹・大澤麦訳、聖学院大学出版会、二〇〇六年。

ルター、マルティン「キリスト教界の改善についてドイツ国民のキリスト教貴族に与う」成瀬治訳『世界の名著18　ルター』中央公論社、一九六九年。

ルター、マルティン「キリスト者の自由」塩谷饒訳『世界の名著18　ルター』中央公論社、一九六九年。

ロック、ジョン「『パウロ書簡注解』序文——パウロに相談することによりパウロ書簡を理解するための一試論」大澤麦・野呂有子訳『聖学院大学総合研究所紀要』一三号、聖学院大学総合研究所、一九九八年、二三七—二六五頁。

ロック、ジョン「『ガラテヤ人への手紙注解』」大澤麦・野呂有子訳『聖学院大学総合研究所紀要』一四号、聖学院大学総合研究所、一九九八年、二〇五—二九九頁。

ロック、ジョン「『コリント人への第一の手紙注解』(上)」大澤麦・相沢一訳『聖学院大学総合研究所紀要』一四号、聖学院大学総合研究所、一九九九年、二五一—三五三頁。

ロック、ジョン「『コリント人への第一の手紙注解』(下)」大澤麦・相沢一・川添美央子訳『聖学院大学総合研究所紀要』一八号、聖学院大学総合研究所、二〇〇〇年、一四一—二三九頁。

ロック、ジョン「『コリント人への第二の手紙注解』」大澤麦・相沢一・川添美央子訳『聖学院大学総合研究所紀要』一九号、聖学院大学総合研究所、二〇〇〇年、一八七—二九八頁。

ロック、ジョン「『ローマ人への手紙注解』(上)」大澤麦・相沢一・川添美央子訳『聖学院大学総合研究所紀要』二一号、聖学院大学総合研究所、二〇〇一年、七三—一五〇頁。

ロック、ジョン「『ローマ人への手紙注解』(中)」大澤麦・相沢一・川添美央子訳『聖学院大学総合研究所紀要』二三号、聖学院大学総合研究所、二〇〇一年、八七—一六四頁。

ロック、ジョン「『ローマ人への手紙注解』(下)」大澤麦・相沢一・川添美央子訳『聖学院大学総合研究所紀要』二五号、聖学院大学総合研究所、二〇〇二年、一六二—二五七頁。

ロック、ジョン「『エペソ人への手紙注解』」大澤麦・相沢一訳『聖学院大学総合研究所紀要』二五号、聖学院大学総合研究所、二〇〇三年、一四〇—二四三頁。

渡辺一夫『フランス・ユマニスムの成立』岩波書店、一九五八年。

渡辺一夫「ルネサンスの二つの巨星」『ルネサンス』中央公論新社、二〇〇八年。

和田三郎「緒言」『二代華族論』忠誠堂、一九一九年。

和田守「天皇制国家と信教の自由——立憲政治の展開を通して」『日米における政教分離と「良心の自由」』ミネルヴァ書房、二〇一四年。

叢書・資料集・その他

「2012・5・3　自主憲法を願う道民集会　第一部　礒崎陽輔・参議院議員講演1」http://www.nicovideo.jp/watch/sm17744864（二〇一八年九月一日閲覧）。

ETV特集『焼け跡から生まれた憲法草案』NHK、二〇〇七年。

「アダムス書翰における岩倉の天皇制理解」安丸良夫・宮地正人校注『日本近代思想大系5　宗教と国家』岩波書店、一九八八年。

『アメリカ古典文庫16　アメリカ革命』斎藤眞・五十嵐武士訳、研究社、一九七八年。

「安保法集会、会場許可せず」『朝日新聞』二〇一五年一〇月二三日。

「一君万民の理想」夕刊帝国新聞社、一九三三年。

「ヴァジニア邦憲法（一七七六年）」五十嵐武士訳、『アメリカ古典文庫16　アメリカ革命』斎藤眞・五十嵐武士訳、研究社、一九七八年。

「浦上四番崩れの発端」安丸良夫・宮地正人校注『日本近代思想大系5　宗教と国家』岩波書店、一九八八年。

「浦上キリシタン弾圧に関する対話書」安丸良夫・宮地正人校注『日本近代思想大系5　宗教と国家』岩波書店、一九八八年。

「王政復古の沙汰書」遠山茂樹校注『日本近代思想大系2　天皇と華族』岩波書店、一九八八年。

『開知新聞』明治十三年三月二十八日。

「各政党ノ現況」『東京毎週新報』第二号、警醒社、一八八三（明治一六）年八月二二日。

「合衆國、連合王國、『ソヴィエト』社會主義共和國連邦及中華民國の各政府の名に於ける合衆國政府の日本國政府に對する回答」外務省編『日本外交年表竝主要文書　下』原書房、一九六六年。

「金森六原則」国立国会図書館、佐藤達夫文書 一八三（国立国会図書館電子展示会「日本国憲法の誕生」資料四―八参照、http://www.ndl.go.jp/constitution/shiryo/04/122shoshi.html、二〇一七年一〇月二五日閲覧）。

『キリシタン文学双書　ぎやどぺかどる』教文館、二〇〇一年。

「基督教と皇室」遠山茂樹校注『日本近代思想大系2　天皇と華族』岩波書店、一九八八年。

『近代史料解説総目次・索引』岩波書店、一九九二年。

「軍人勅諭」由井正臣・藤原彰・吉田裕校注『日本近代思想大系4　軍隊　兵士』岩波書店、一九八九年。

「軍隊内務書」由井正臣・藤原彰・吉田裕校注『日本近代思想大系4　軍隊　兵士』岩波書店、一九八九年。

「憲法調査会第二回総会速記録」高見勝利編『金森徳次郎著作集Ⅲ』慈学社、二〇一四年。

「高校風土記・相馬編⑪」『毎日新聞』（福島版）、一九七六年六月一五日。

「皇后陛下お誕生日に際し（平成二五年）」宮内庁、二〇一三年一〇月二〇日、二〇一五年一〇月二五日アクセス。

『賛美歌・賛美歌第二篇』日本基督教団出版局、一九七一年。

「資料解説」高橋正衛編『現代史資料(5) 国家主義運動（二）』みすず書房、一九六四年。

「終戰の詔書」外務省編『日本外交年表竝主要文書 下』原書房、一九六六年。

『昭和維新はいつか――一君万民の理想普及版』国修社、一九三六年。

『昭和天皇実録 第三』宮内庁編修、東京書籍、二〇一五年。

『昭和天皇実録 第八』宮内庁編修、東京書籍、二〇一六年。

「昭和二十年八月十四日午前十一時宮中防空室ニテ御前會議」参謀本部所蔵編『敗戦の記録 普及版』原書房、二〇〇五年。

「神祇省設置ノ風説」『六合雑誌』第一六号、一八八一年一二月二七日。

『神道事典 縮刷版』弘文堂、二〇一五年［一九九九年］。

「須多因氏講義筆記」『明治文化全集第一巻 憲政篇』日本評論新社、一八八九年。

「青年将校運動とは何か」高橋正衛編『現代史資料(5) 国家主義運動（二）』みすず書房、一九六四年。

「政府將ニ神道ヲ以テ國教トセラレントスルノ風説」『六合雑誌』第一五号、青年会雑誌局、一八八一年一二月九日。

『世界』八六三号、岩波書店、二〇一四年一二月。

「第六十七回帝国議会衆議院治安維持法外一件法律案委員会（速記）」第三回、一九三五年三月一一日付（国立国会図書館「帝国議会会議録検索システム」（http://teikokugikai-i.ndl.go.jp/））。

「第九〇回帝国議会衆議院議事速記録」第五号、一九四六年六月二六日付（国立国会図書館「帝国議会会議録検索システム」（http://teikokugikai-i.ndl.go.jp/））。

「大日本帝国憲法」江村栄一編『日本近代思想大系9 憲法構想』岩波書店、一九八九年。

「高柳会長とマッカーサー元帥及びホイットニー準将との間に交わされた書翰（昭和三四年二月）」憲法調査会編、一九五九年。Commission on the Constitution, "Correspondence between Chairman Takayanagi and General MacArthur and General Whitney"（憲00114102）（国立公文書館デジタルアーカイブ）。

「徴兵規則」由井正臣・藤原彰・吉田裕校注『日本近代思想大系4 軍隊 兵士』岩波書店、一九八九年。

「徴兵の詔と告諭」由井正臣・藤原彰・吉田裕校注『日本近代思想大系4 軍隊 兵士』岩波書店、一九八九年。

「徴兵令」由井正臣・藤原彰・吉田裕校注『日本近代思想大系4　軍隊　兵士』、岩波書店、一九八九年。

『詔勅』原田俊明編、惟神叢書第七編、神宮皇學館惟神道場、一九四一年。

『デモクラシーにおける討論の誕生――ピューリタン革命におけるパトニー討論』渋谷浩・大澤麦訳、聖学院大学出版会、一九九九年。

「読法」由井正臣・藤原彰・吉田裕校注『日本近代思想大系4　軍隊　兵士』岩波書店、一九八九年。

「独立宣言（一七七六年）」斎藤眞訳、『アメリカ古典文庫16　アメリカ革命』斎藤眞・五十嵐武士訳、研究社、一九七八年。

「どちりいな―きりしたん　後期版」海老沢有道校注『日本思想体系25　キリシタン書　排耶書』岩波書店、一九七〇年。

「なぜ「イエス」を書くか――『死海のほとり』『或る聖書』をめぐって」『文学界』第二八巻第二号、文藝春秋、一九七四年。

「日本の民主化、皇室から」『日本経済新聞』二〇一六年一〇月二八日、三頁。

「米、英、華三國宣言の條項受諾に關する我國の申入」外務省編『日本外交年表竝主要文書　下』原書房、一九六六年。

「ペンシルヴェニア邦憲法（一七七六）」五十嵐武士訳、斎藤眞・大橋健三郎・本間長世・亀井俊介編『アメリカ古典文庫16　アメリカ革命』研究社、一九七八年。

「法令一覧」（「宣布大教詔（大教宣布の詔）」）一八七〇年（明治三年）一月三日、安丸良夫・宮地正人校注『日本近代思想大系5　宗教と国家』岩波書店、一九八八年。

「法令一覧」（「三条ノ教則ヲ定ム」）一八七二年（明治五年）四月二八日、安丸良夫・宮地正人校注『日本近代思想大系5　宗教と国家』岩波書店、一九八八年。

「法令一覧」一八七五年（明治八年）一一月二十七日、安丸良夫・宮地正人校注『日本近代思想大系5　宗教と国家』岩波書店、一九八八年。

「法令一覧」一八八二年（明治十五年）一月二十四日、安丸良夫・宮地正人校注『日本近代思想大系5　宗教と国家』岩波書店、一九八八年。

『毎日新聞』一九四六年五月二七日。

「三笠宮さまの意見書全文」『日本経済新聞電子版』https://www.nikkei.com/article/DGXMZO09086380S6A101C1I00000/（閲覧二〇一九年五月一一日）。

『明治文化全集　第三巻』評論社、一九二八年。

『TMR調査レポート（二〇一八年度）』日本宣教リサーチ編、東京基督教大学国際宣教センター、二〇一九年。

図版出典一覧

・皇国イデオロギーと日本の伝統思想の相関図　三五頁
　筆者作成
・聖餐卓を仕切る障壁　六五頁
　月本昭男監修『世界の美しい教会』学研パブリッシング、二〇一三年、七五頁。
・ヴォルムス帝国議会のレリーフ　六七頁
　松田至弘『ルターとクラーナハへの旅』牧野出版、二〇〇一年、二四頁。
・ポータル（門）八一頁
　月本昭男監修『世界の美しい教会』学研パブリッシング、二〇一三年、二五頁。
・一六世紀半ばのヨーロッパ　九六頁
　木下康彦・木村靖二・吉田寅編『詳説世界史研究』山川出版社、一九九五年、二五三頁をもとに作成。
・聖母子像「サルス・ポプリ・ロマーニ」(*Salus Populi Romani*)　一一一頁
　Wikipedia (https://en.wikipedia.org/wiki/Salus_Populi_Romani)
・水平社の団体旗「荊冠旗」一九三頁
　水平社博物館編『水平社の源流』解放出版社、二〇〇二年、一五七頁。
・北一輝家の仏間　三〇七頁
　橋川文三編『現代日本思想体系31　超国家主義』筑摩書房、一九六四年、四三頁。
・「万世一系の天皇の御統治の下に万民一体となり」(金森図)　三二八頁
　『誕生日本国憲法』独立行政法人国立公文書館、二〇一七年、一八頁。

あとがき

戦後日本のキリスト教神学界を牽引した大木英夫氏と古屋安雄氏はかつて『日本の神学』（ヨルダン社、一九八九年）を共著で世に出した。彼らが意図していたことは「日本を神学」することであった。日本を神学の対象とする。彼らの構想に基づき聖学院大学に開設された研究科は「アメリカ・ヨーロッパ文化学」と名づけられた。その研究科には欧米思想史を専門とする名だたる研究者が顔を揃えた。海外からも当代一流の研究者を招き、最新の研究を味わえる場所が作られた。この研究科に所属する学生の中に日本研究をする者がいた。ある研究会の中で一人の教員が根本的なことを問うた。「なぜアメリカ・ヨーロッパ文化学という名の研究科で日本研究をする者がいるのか」。すると大木氏と古屋氏がその意味を次のように説明した。「ここで求められているのは欧米の長い神学思想史に基づいて日本を神学することである。欧米の神学研究のまねごとのような『日本における神学研究』でもなければ、欧米神学を日本化して『日本的神学』なるものを作るのでもない。欧米の神学に学びながら日本という国家を対象化する神学的研究を求めているのである」。知性は時に国家の奴隷となることがある。そのため学問は権力からの自立を求められる。大木氏と古屋氏は、日本を深く捉える学問的可能性として「神学」を日本に紹介した。国家を相対化し、超越的な視点から日本を捉えるには神学的視座が必要だと主張した。「神学ほど面白い学問はない。今ほど神学が面白い時代はない」（前掲書一〇頁）。筆者は円熟した域に達する両氏のもとで神学教育を受けた。自覚していなかったが、本書は大木英夫氏と古屋安雄氏から薫陶を受けた研究であることをはっきりと表している。

自覚していなかった理由は、本書の取り組みの発端が神学研究を目的として始めたものではなく、単に知識として日本の法制史の確認をしたかったからである。民主党政権から自民党政権に変わる二〇一二年頃、「押しつけ憲法」論を主張する政党が政権を握ることで、憲法改正が現実味を帯びてきた。そこで本当に「押しつけ」なのかを確認する中で、思想史的にキリスト教人権思想の影響があることに気づいた。それをまとめた論文は中外日報社の「涙骨賞」最優秀賞（二〇一五年）に選ばれた。

そこからさらに本書の本領を発揮する天皇型人権の成立過程と構造原理を示した第二部の研究に進めたのは以下の三つの契機による。一つは、先の涙骨賞を通してキリスト教以外の優れた宗教学者と出会えたことである。特に、直接話す機会があった山折哲雄氏と島薗進氏との出会いは、筆者にキリスト教以外の宗教的影響に注目する機会を与えてくれた。第二は、キリスト教人権理念が日本国憲法の法制化過程に影響を与えながらも、それを支える抵抗権を確立できなかったことに対する問いである。しかも、その原因が一個人の判断に由来するものでなく、日本社会全体に浸透している精神性からの判断であった。戦争中弾圧を経験したキリスト教徒やリベラルな人々もこの決断から自由ではなかった。どこでその精神性が醸成されたのか思想史的に探り当てたかった。第三は、近代日本思想史を専門とする村松晋氏との出会いである。村松氏は筆者に「天皇赤子」の平等論が日本にあることを教えてくれ、キリスト教人権思想と相容れない要素であることを暗示してくれた。第二部は天皇赤子平等論の思想史的淵源を探る中で思索を重ねて形になっていった。

本書はここ数年の研究を下敷きにしているが、いわゆる論文集ではなく、「抵抗権と人権の思想史」という主題のもとで、欧米型と天皇型の生成過程と攻防を描いていった。二〇一七年に一度原稿を書き終えたが、まだ内容に納得できず、検討と思索を重ねた結果、ずいぶん月日が経ってしまった。関係するいくつかの論文は分解し、本書の構成に沿って再統合した結果、省かれたものもあり、訂正した箇所もあり、随所に散在するという形で保存されたものもある。参考までに初出は以下の通りである。

「日本におけるキリスト教人権思想の影響と課題」（『キリスト教と文化』青山学院大学宗教主任研究叢書、三一号、二〇一六年）。

『人権思想とキリスト教――日本の教会の使命と課題』（教文館、二〇一六年）。

「日本型平等思想の淵源――日本の平等観の構造原理と限界」（『キリスト教と文化』青山学院大学宗教主任研究叢書、三二号、二〇一七年）。

「人権法制化に与えた信仰復興運動の影響」（青山学院大学総合研究所キリスト教文化研究部編『贖罪信仰の社会的影響』教文館、二〇一九年、第五章に収録）。

「日本型平等思想の成立における宗教的要素――『一君万民』と『天皇赤子』をめぐって」（『キリスト教と文化』青山学院大学宗教主任研究叢書、三四号、二〇一九年）。

「抵抗権の思想史的系譜――宗教改革からピューリタン革命まで」（『キリスト教と文化』青山学院大学宗教主任研究叢書、三五号、二〇二〇年）。


研究を進める中で心掛けていたことは、戦後の優れた思想家たちが何に取り組んでいたのかを確認することであった。筆者の求める歴史資料のほとんどは先達たちの手によってまとめられており、優れた研究を残してくれていた。彼らの取り組みを辿ることで、戦後思想家たちに新しく出会うという楽しい経験を重ねた。残念に思うことは、彼らの積み上げた遺産が手付かずのまま放置され、これを継承・発展させる研究が少ないことである。

『近現代日本史と歴史学――書き替えられてきた過去』（中公新書、二〇一二年）の著者成田龍一氏によれば、歴史の描写はその時代に生きる者が置かれた場所で変わる。「出来事を新たな目で解釈したときに、今まで気がつかなかった事実に意味が与えられることが少なくありません。もちろん、出来事それ自体が変化するわけではありません。……出来事の解釈が変わるのです。……世の中の変化が歴史の見方を変え、通説を支えていた解釈を変えます」（前掲書iii―iv頁）。本書も二〇一一年以降の変動の中に身を置いた視点で描かれたものである。これを積極的に受け止めれば、その時代の要請を受けて取り組んだことで、これまで見えなかったものが見えたのである。その意味で本書の研究は時代が産んだものと言えるかもしれない。もちろん、本書で触れることのできなかった議論も多々ある。特に仏教思想が与えた平等観への影響は今後改めて勉強しなおしたいと考えている。各専門領域からお気づきの点があればご教示いただけるとまことにもって幸いである。

ここまで読んでくださったことに感謝するとともに、この国の人間性に与えるある仕組みを知った読者に、国連難民高等弁務官であった緒方貞子氏の言葉を贈りたい。

制度や法よりも前にまずは人間を大事にしないといけない。耐えられない状況に人間を放置しておくということに、どうして耐えられるのでしょうか。……見てしまったからには何かをしないとならないでしょう？　したくなるでしょう？　理屈ではないのです。自分に何ができるのか、できることに限りはあるけれど、できることから始めよう。（『聞き書　緒方貞子回顧録』岩波書店、二〇一五年、二五〇頁）

本書の執筆を終えるにあたり、改めて研究成果を概観して思うことがある。本書が方法論と使命感において大木英夫氏と古屋安雄氏の意志を体現し継承していることは筆者の驚きであり、喜びでもある。あの当時、誰も期待しておらず、才能も能力も乏しい筆者に、当代一流の研究環境を与え、神学の面白さを教えてくださった両恩師、大木英夫氏と故古屋安雄氏に本書を献げ、感謝の意を表したい。

本研究を進めるにあたり多くの方々の支えがあったことをここに記して感謝の意を表したい。本研究の発端となる成果に目を止めてくださった山折哲雄氏、島薗進氏、末木文美士氏、そして中外日報社は、筆者の狭い視野を広げ、さらなる研究推進の道を拓いてくださった。特に島薗進氏には折りあるごとに助言と励ましをいただいた。故和田守氏は拙論にいつも適切な長いコメントをくださり、亡くなられる直前まで本書の原稿を読んでくださり、筆者の最も信頼する研究者の一人であった。同年代で同じ志を持つ村松晋氏との学問的友情と交わりは筆者の励ましであった。神学研究会を指導してくださる近藤勝彦氏は抵抗権の根拠をめぐる思想史研究で多くの示唆を与えてくださった。松谷好明氏と高橋義文氏は拙い文章を読んでくださり、時間をかけて丁寧なコメントをしてくださった。落合建仁氏は日本に関する部分を読んで誤植を指摘してくださった。金子勝氏は鈴木安蔵に関する貴重な情報を与えてくださった。大学院生の渡辺宏紀君は本書原稿の読み合わせに付き合ってくれた。大学院生の諸岡優鷹君と吉澤直晃君は索引項目の作成を手伝ってくれた。心からの感謝の意を表したい。また青山学院大学の宗教主任たちと総合文化政策学部の教員たちにも、交わりと励ましにお礼を申し上げたい。特に合同ゼミで中野昌宏氏と飯笹佐代子氏と共に取り組めることは筆者の喜びであった。その他にも名前を記すことのできない多くの方々の交わりと支えがあった。その中でも、妻の両親は子育てを支えるだけでなく、研究について一般人の視点からの鋭い問いを投げかけてくれた。筆者の両親は原稿に目を通してコメントするだけでなく、愚かな息子を変わらず受け止める存在であり続けてくれた。研究生活に伴う犠牲を受け止め、傍にあって支えてくれている妻祥子と三人の娘たちは常に筆者の支えであり、喜びであった。記して感謝のしるしとしたい。

本研究の一部は二〇一五―二〇一八年度科学研究費助成金若手研究（B）（JSPS 科研費15K21350）のほか、公益財団法人上廣倫理財団研究助成を受けている。出版に際しては青山学院大学総合文化政策学会の出版助成金を受けている。記して感謝申し上げたい。最後に、本書の出版を快く引き受けてくださった教文館の渡部満社長と髙木誠一氏、編集実務を担当された森本直樹氏に心からの謝意を申し上げたい。

本書の表紙にはアルブレヒト・デューラーの版画『騎士と死と悪魔』を用いていただいた。存在を脅かす悪魔に囲まれた死の陰の谷を歩む老齢の騎士は、怯むことなく、恐れることなく、周囲に囚われずに集中して前に向かって進んでいく。彼の穏やかな鋭い眼光は超越した確かな信頼に支えられている。その眼差しと姿勢は抵抗権の思想を物語る一つの姿であるだろう。

二〇二〇年二月一一日　信教の自由を守る日に

森島　豊

人名索引

あ

か

さ

た

な

は

ま

や

ら

わ

事項索引

あ

か

さ

た

ま

や

ら

わ

憲法対観表

この表は、植木枝盛の日本国国憲按を基準にして、彼が参照したアメリカの憲法と独立宣言から重なる項目を併記し、同項目について鈴木安蔵と日本国憲法の条項を並べて、該当箇所の影響と類似性を対観できるようにした。

アメリカ	植木：日本国国憲按
修正1条（1791年） 連邦議会は、国教の樹立に関し、自由な宗教活動を禁止し、言論または出版の自由、平和的に集会し、苦情の救済を求めて政府に請願する人民の権利を縮減する法律を制定してはならない。	第五条　日本国家ハ日本各人ノ自由権利ヲ殺減スル規則ヲ作リテ之ヲ行フヲ得ス
	第六条　日本国家ハ日本国民各自ノ私事ニ干渉スルコトヲ施スヲ得ス
	第四十一条　日本ノ人民ハ自ラ好ンテ之ヲ脱スルカ及自ラ諾スルニ非サレハ日本人タルコトヲ削カルヽコトナシ
修正14条（1868年） 第1節 合衆国に生まれ、または帰化し、その管轄権に服しているすべての人は、合衆国及びそれぞれの居住する州の市民である。いかなる州も、合衆国の市民の特権または免除を縮減する法律を制定し執行してはならない。いかなる州も、人から法のデュー・プロセスによらずして生命、自由もしくは財産を剥奪してはならない。またいかなる州も、その管轄権の中で何人にも法の平等な保護を否定してはならない。	第四十二条　日本ノ人民ハ法律上ニ於テ平等トナス
修正13条（1865年） 第1節 奴隷またはその意に反する苦役は、当事者が適法に有罪判決を受けた犯罪に対する処罰の場合を除いては、合衆国またはその権限の及ぶいかなる場所においても存在してはならない。	第四十三条　日本ノ人民ハ法律ノ外ニ於テ自由権利ヲ犯サレサルヘシ

鈴木：憲法草案要綱	日本国憲法
国民ノ言論学術芸術宗教ノ自由ニ妨ケル如何ナル法令ヲモ発布スルヲ得ス	第11条（基本的人権の享有）　国民は、すべての基本的人権の享有を妨げられない。この憲法が国民に保障する基本的人権は、侵すことのできない永久の権利として、現在及び将来の国民に与へられる。
	第11条（基本的人権の享有）　国民は、すべての基本的人権の享有を妨げられない。この憲法が国民に保障する基本的人権は、侵すことのできない永久の権利として、現在及び将来の国民に与へられる。
国民ハ法律ノ前ニ平等ニシテ出生又ハ身分ニ基ク一切ノ差別ハ之ヲ廃止ス	第14条（法の下の平等）　すべて国民は、法の下に平等であつて、人種、信条、性別、社会的身分又は門地により、政治的、経済的又は社会的関係において、差別されない。
	第11条（基本的人権の享有） 第18条（奴隷的拘束及び苦役からの自由）　何人も、いかなる奴隷的拘束も受けない。又、犯罪に因る処罰の場合を除いては、その意に反する苦役に服させられない。

アメリカ	植木：日本国国憲按
修正14条（1868年） 第1節	第四十四条　日本ノ人民ハ生命ヲ全フシ四肢ヲ全フシ形体ヲ全フシ健康ヲ保チ面目ヲ保チ地上ノ物件ヲ使用スルノ権ヲ有ス
	第四十五条　日本ノ人民ハ何等ノ罪アリト雖モ生命ヲ奪ハサルヘシ
	第四十六条　日本ノ人民ハ法律ノ外ニ於テ何等ノ刑罰ヲモ科セラレサルヘシ又タ法律ノ外ニ於テ麹治セラレ逮捕セラレ拘留セラレ禁錮セラレ喚問セラルヽコトナシ
修正5条（1791年） 何人も、大陪審の告発または起訴によらなければ死刑を科される罪または懲役刑の科される破廉恥罪について責を負わされない。	第四十七条　日本人民ハ一罪ノ為メニ身体汚辱ノ刑ヲ再ヒセラルヽコトナシ
	第四十八条　日本人民ハ拷問ヲ加ヘラルヽコトナシ
修正1条（1791年）	第四十九条　日本人民ハ思想ノ自由ヲ有ス

鈴木：憲法草案要綱	日本国憲法
国民ハ健康ニシテ文化的水準ノ生活ヲ営ム権利ヲ有ス 経済生活ハ国民各自ヲシテ人間ニ値スヘキ健全ナル生活ヲ為サシムルヲ目的トシ正義進歩平等ノ原則ニ適合スルヲ要ス	第13条（個人の尊重等）　すべて国民は、個人として尊重される。生命、自由及び幸福追求に対する国民の権利については、公共の福祉に反しない限り、立法その他の国政の上で、最大の尊重を必要とする。 第25条（生存権等）　すべて国民は、健康で文化的な最低限度の生活を営む権利を有する。 2. 国は、すべての生活部面について、社会福祉、社会保障及び公衆衛生の向上及び増進に努めなければならない。
	第36条（拷問等の禁止）　公務員による拷問及び残虐な刑罰は、絶対にこれを禁ずる。
	第31条（適正手続の保障）　何人も、法律の定める手続によらなければ、その生命若しくは自由を奪はれ、又はその他の刑罰を科せられない。
国民ハ拷問ヲ加ヘラルルコトナシ	第36条（拷問等の禁止）　公務員による拷問及び残虐な刑罰は、絶対にこれを禁ずる。
国民ノ言論学術芸術宗教ノ自由ニ妨ケル如何ナル法令ヲモ発布スルヲ得ス	第19条（思想及び良心の自由）　思想及び良心の自由は、これを侵してはならない。

アメリカ	植木：日本国国憲按
	第五十条　日本人民ハ如何ナル宗教ヲ信スルモ自由ナリ
	第五十一条　日本人民ハ言語ヲ述フルノ自由権ヲ有ス
	第五十二条　日本人民ハ議論ヲ演フルノ自由権ヲ有ス
	第五十三条　日本人民ハ言語ヲ筆記シ板行シテ之ヲ世ニ公ケニスルノ権ヲ有ス
	第五十四条　日本人民ハ自由ニ集会スルノ権ヲ有ス
	第五十五条　日本人民ハ自由ニ結社スルノ権ヲ有ス
修正14条（1868年） 第1節	第五十六条　日本人民ハ自由ニ歩行スルノ権ヲ有ス
	第五十七条　日本人民ハ住居ヲ犯サレサルノ権ヲ有ス
	第五十八条　日本人民ハ何クニ住居スルモ自由トス又タ何クニ旅行スルモ自由トス
	第五十九条　日本人民ハ何等ノ教授ヲナシ何等ノ学ヲナスモ自由トス
	第六十条　日本人民ハ如何ナル産業ヲ営ムモ自由トス

鈴木：憲法草案要綱	日本国憲法
	第20条（信教の自由） 信教の自由は、何人に対してもこれを保障する。いかなる宗教団体も、国から特権を受け、又は政治上の権力を行使してはならない。 2. 何人も、宗教上の行為、祝典、儀式又は行事に参加することを強制されない。 3. 国及びその機関は、宗教教育その他いかなる宗教的活動もしてはならない。
国民ノ言論学術芸術宗教ノ自由ニ妨ケル如何ナル法令ヲモ発布スルヲ得ス	第21条（表現の自由） 集会、結社及び言論、出版その他一切の表現の自由は、これを保障する。 ２．検閲は、これをしてはならない。通信の秘密は、これを侵してはならない。
労働者其ノ他一切ノ勤労者ノ労働条件改善ノ為ノ結社並運動ノ自由ハ保障セラルヘシ	
	第22条（居住、移転及び職業選択等の自由等） 何人も、公共の福祉に反しない限り、居住、移転及び職業選択の自由を有する。
	第23条（学問の自由） 学問の自由は、これを保障する。
	第22条（居住、移転及び職業選択等の自由等） 何人も、公共の福祉に反しない限り、居住、移転及び職業選択の自由を有する。

アメリカ	植木：日本国国憲按
修正4条（1791年） 不合理な捜索及び逮捕・押収に対してその身体、住居、書類及び所有物が保障されるという人民の権利は侵されてはならない。また令状は宣誓または確約によって裏付けられた、相当な理由に基づいていて、かつ、捜索される場所及び押収される人または物を特定的に記述していない限り、発せられてはならない。	第六十一条　日本人民ハ法律ノ正序ニ拠ラスシテ室内ヲ探検セラレ器物ヲ開視セラルヽコトナシ
	第六十二条　日本人民ハ信書ノ秘密ヲ犯サレザルベシ
	第六十三条　日本人民ハ日本国ヲ辞スルコト自由トス
「独立宣言」いかなる形体の政府であれ、こうした政府本来の目的を破壊するようになれば、そうした政府をいつでも改変し廃止することは国民の権利である。そして、国民の安全と幸福とに最も役立つと思われる原理や権限組織に基づいて、新しい政府を設立する権利を国民はもっている。	第六十四条　日本人民ハ凡ソ無法ニ抵抗スルコトヲ得
修正14条（1868年）	第六十五条　日本人民ハ諸財産ヲ自由ニスルノ権アリ
	第六十六条　日本人民ハ何等ノ罪アリト雖モ其私有ヲ没収セラルヽコトナシ
	第六十七条　日本人民ハ正当ノ報償ナクシテ所有ヲ公用トセラルコトナシ

鈴木：憲法草案要綱	日本国憲法
	第35条（住居等の不可侵） 何人も、その住居、書類及び所持品について、侵入、捜索及び押収を受けることのない権利は、第33条の場合を除いては、正当な理由に基いて発せられ、且つ捜索する場所及び押収する物を明示する令状がなければ、侵されない。
	第21条2. 検閲は、これをしてはならない。通信の秘密は、これを侵してはならない。
	第22条（居住、移転及び職業選択等の自由等） 何人も、公共の福祉に反しない限り、居住、移転及び職業選択の自由を有する。 2. 何人も、外国に移住し、又は国籍を離脱する自由を侵されない。
(削除した鈴木私案) 政府憲法ニ背キ国民ノ自由ヲ抑圧シ権利ヲ毀損スルトキハ国民之ヲ変更スルヲ得	
	第29条（財産権） 財産権は、これを侵してはならない。

アメリカ	植木：日本国国憲按
	第六十八条　日本人民ハ其名ヲ以テ政府ニ上書スルコトヲ得各其身ノタメニ請願オナスノ権アリ其公立会社ニ於テハ会社ノ名ヲ以テ其書ヲ呈スルコトヲ得
修正15条（1870年） 第1節 合衆国市民の投票権は、合衆国及び州によって、人種、肌の色あるいは以前奴隷であったことを理由として否定され縮減されてはならない。 修正19条（1920年） [1] 合衆国市民の投票権は、合衆国または州によって、性別のゆえに否定されあるいは縮減されてはならない。	第六十九条　日本人民ハ諸政官ニ任セラルヽノ権アリ
「独立宣言」これらの権利を確保するために、人びとの間に政府が設置されるのであって、政府の権力はそれに被治者が同意を与える場合にのみ、正当とされるのである。いかなる形体の政府であれ、こうした政府本来の目的を破壊するようになれば、そうした政府をいつでも改変し廃止することは国民の権利である。そして、国民の安全と幸福とに最も役立つと思われる原理や権限組織に基づいて、新しい政府を設立する権利を国民はもっている。……権力の一連の濫用と簒奪とが、一貫した目的の下に行なわれ、国民を絶対的な専制政治の下に引き入れようとする意図を明らかにしているときには、そのような政府を転覆し、自らの将来の安全を擁護する新しい組織をつくることは、国民の権利であり、また義務でもある。	第七十条　政府国憲ニ違背スルトキハ日本人民ハ之ニ従ハザルコトヲ得 第七十一条　政府官吏圧制ヲ為ストキハ日本人民ハ之ヲ排斥スルヲ得政府威力ヲ以テ擅恣暴逆ヲ逞フスルトキハ日本人民ハ兵器ヲ以テ之ニ抗スルコトヲ得 第七十二条　政府恣ニ国憲ニ背キ擅ニ人民ノ自由権利ヲ残害シ建国ノ旨趣ヲ妨クルトキハ日本国民ハ之ヲ覆滅シテ新政府ヲ建設スルコトヲ得

鈴木：憲法草案要綱	日本国憲法
国民ハ国民請願国民発案及国民表決ノ権利ヲ有ス	
民族人種ニヨル差別ヲ禁ス	第44条（議員及び選挙人の資格） 両議院の議員及びその選挙人の資格は、法律でこれを定める。但し、人種、信条、性別、社会的身分、門地、教育、財産又は収入によつて差別してはならない。
（削除した鈴木私案） 政府憲法ニ背キ国民ノ自由ヲ抑圧シ権利ヲ毀損スルトキハ国民之ヲ変更スルヲ得	第98条（憲法の最高法規性等） この憲法は、国の最高法規であつて、その条規に反する法律、命令、詔勅及び国務に関するその他の行為の全部又は一部は、その効力を有しない。
（削除した鈴木私案） 政府憲法ニ背キ国民ノ自由ヲ抑圧シ権利ヲ毀損スルトキハ国民之ヲ変更スルヲ得	
（削除した鈴木私案） 政府憲法ニ背キ国民ノ自由ヲ抑圧シ権利ヲ毀損スルトキハ国民之ヲ変更スルヲ得	

アメリカ	植木：日本国国憲按
修正3条（1791年） 平時においては、所有者の同意なしに兵士を家宅に宿営させてはならない。戦時においても、法律で定められた方法によらない限り同様とする。	第七十三条　日本人民ハ兵士ノ宿泊ヲ拒絶スルヲ得
修正6条（1791年） すべての刑事訴追の場合に、被告人は、犯罪が行われた州ないしあらかじめ法律で定められた地区の公平な陪審員による迅速な公開の裁判を受ける権利を有する。被告人は、嫌疑の性質と原因を告知され、自己に不利益な証人に対決し、自己に有利な証人を強制的な令状により喚問してもらい、弁護のために弁護士の補助を受ける権利を有する。	第七十四条　日本人民ハ法庭ニ喚問セラルヽ時ニ当リ詞訴ノ起ル原由ヲ聴クヲ得己レヲ訴フル本人ト対決スルヲ得己レヲ助クル証拠人及表白スルノ人ヲ得ルノ権利アリ

鈴木：憲法草案要綱	日本国憲法
	第34条（抑留及び拘禁に関する手続の保障） 何人も、理由を直ちに告げられ、且つ、直ちに弁護人に依頼する権利を与へられなければ、抑留又は拘禁されない。又、何人も、正当な理由がなければ、拘禁されず、要求があれば、その理由は、直ちに本人及びその弁護人の出席する公開の法廷で示されなければならない。 第37条（刑事被告人の権利） すべて刑事事件においては、被告人は、公平な裁判所の迅速な公開裁判を受ける権利を有する。 2. 刑事被告人は、すべての証人に対して審問する機会を充分に与へられ、又、公費で自己のために強制的手続により証人を求める権利を有する。 3. 刑事被告人は、いかなる場合にも、資格を有する弁護人を依頼することができる。被告人が自らこれを依頼することができないときは、国でこれを附する。

《著者紹介》

森島　豊（もりしま・ゆたか）

1976年生まれ。東京神学大学大学院前期博士課程修了。聖学院大学大学院後期博士課程修了（Ph.D）。現在、青山学院大学教授・大学宗教主任。「日本におけるキリスト教人権思想の影響と課題」により、中外日報社『涙骨賞』最優秀賞受賞（2015年）。『抵抗権と人権の思想史』により、青山学院学術賞受賞（2021年）。

著書『フォーサイス神学の構造原理──Atonementをめぐって』（新教出版社、2010年）、『これからの日本の説教──説教者加藤常昭をめぐって』（編著、キリスト新聞社、2011年）、『イエス・キリストを説教するとは』（共著、キリスト新聞社、2014年）、『人権思想とキリスト教──日本の教会の使命と課題』（教文館、2016年）、『新キリスト教組織神学事典』（共著、教文館、2018年）、『聞き書き 加藤常昭──説教・伝道・戦後をめぐって』（共著、2018年、教文館）、『いつも喜びをもって──エフェソの信徒への手紙・フィリピの信徒への手紙講解説教』（共著、教文館、2018年）、『贖罪思想の社会的影響──旧約から現代の人権法制化まで』（編著、教文館、2019年）、『近代日本宗教史第五巻』（共著、春秋社、2021年）、『大学の祈り──見えないものに目を注ぎ』（共著、日本キリスト教団出版局、2022年）、『夜明けを共に待ちながら──香港への祈り』（共著、教文館、2022年）他。

訳書『説教を巡る知恵の言葉　下──古代から現代まで』（共訳、キリスト新聞社、2011年）。

抵抗権と人権の思想史

──欧米型と天皇型の攻防

2020年3月30日　初版発行
2023年9月30日　第2版発行

著　者　森島　豊
発行者　渡部　満
発行所　株式会社　教　文　館
〒104-0061　東京都中央区銀座4-5-1
電話 03(3561)5549　FAX 03(5250)5107
URL http://www.kyobunkwan.co.jp/publishing/
印刷所　モリモト印刷株式会社

配給元　日キ販　〒162-0814　東京都新宿区新小川町9-1
電話 03(3260)5670　FAX 03(3260)5637

ISBN 978-4-7642-7441-9　Printed in Japan